衛生管理 上

第1種用

受験から
実務まで

中央労働災害防止協会

序

　わが国の業務上疾病者数は，長期的には減少していたものの，近年は増加傾向となっています。特に腰痛や熱中症等が数多く発生し，有機溶剤中毒，一酸化炭素中毒，酸素欠乏症等の職業性疾病も後を絶たない状況にあります。

　また，一般定期健康診断の結果，何らかの所見を有する労働者の割合は5割を超え，さらに年々増加を続けています。仕事や職業生活に関する強い不安，悩み，ストレスを感じる労働者の割合も約8割に上り，過重労働による心身の疾患の問題や，年間2万人を超える自殺者の問題も含めメンタルヘルス対策は，社会的にも緊近の課題といえます。

　このような状況の中で，事業場における衛生管理を適切に進めていくためには，衛生管理者をはじめ，衛生管理スタッフが作業環境管理，作業管理，健康管理等の衛生管理に関する十分な知識を有していることが不可欠です。

　本書は「第一種衛生管理者免許試験」の試験科目及び範囲にあわせて編纂しており，受験勉強の参考書となるように工夫したものです。なお本書は，衛生管理者が日常の衛生管理業務においても活用できるように，実務的な知識等も加えて，編集しています。改訂に当たっては，最新の法令・統計及び知見に基づき内容の見直しを行いました。

　本書が，衛生管理スタッフをはじめ，広く関係者に活用され，各事業場の安全衛生水準の一層の向上にお役に立つことを願っております。

　令和6年2月

中央労働災害防止協会

【改訂執筆協力者】

池田　和博　NPO 法人北海道安全衛生研究所　会長 兼 所長

今川　輝男　中央労働災害防止協会　近畿安全衛生サービスセンター

角元　利彦　元 公益社団法人日本作業環境測定協会　専務

堀江　正知　産業医科大学　副学長（兼任）産業保健管理学研究室　教授

前田　啓一　前田労働衛生コンサルタント事務所　労働衛生コンサルタント

松葉　　斉　松葉労働衛生コンサルタント事務所　労働衛生コンサルタント

（敬称略　50音順）

凡例〜本書で使用する法令等の略語は次のとおりです。

労働安全衛生法	安衛法	電離放射線障害防止規則	電離則
労働安全衛生法施行令	安衛令	酸素欠乏症等防止規則	酸欠則
労働安全衛生規則	安衛則	粉じん障害防止規則	粉じん則
有機溶剤中毒予防規則	有機則	石綿障害予防規則	石綿則
鉛中毒予防規則	鉛則	事務所衛生基準規則	事務所則
特定化学物質障害予防規則	特化則	労働基準法	労基法
高気圧作業安全衛生規則	高圧則	労働基準法施行規則	労基則
四アルキル鉛中毒予防規則	四アルキル鉛則	女性労働基準規則	女性則

※　本書に収録した関係法令は，令和5年12月31日までに公布されたものである。ただし，施行が令和6年4月1日までのものは，本文に施行日とともに記載した。

目　　次

第6章　作業管理

第7章　健康管理

「第一種衛生管理者免許試験」試験科目及び範囲に対応する本書の記載箇所

試験科目	範　囲	本書　対応範囲		頁
労働衛生	衛生管理体制		第2章　衛生管理体制	27
	作業環境要素		第3章　作業環境要素	45
	職業性疾病		第4章　職業性疾病	73
	作業環境管理		第5章　作業環境管理	119
	作業管理		第6章　作業管理	179
	健康管理		第7章　健康管理	221
	健康の保持増進対策		第8章　健康保持増進対策とメンタルヘルス対策	289
	メンタルヘルス対策			
	労働衛生教育	衛生管理　上　第1種用	第9章　労働衛生教育	315
	労働衛生管理統計		第10章　労働衛生管理統計	331
	救急処置		第11章　救急処置	341
	事業場における安全衛生水準の向上を図ることを目的として事業場が一連の過程を定めて行う自主的活動（危険性又は有害性等の調査及びその結果に基づき講ずる措置を含む。）		第2章　衛生管理体制　4　労働安全衛生マネジメントシステムとリスクアセスメント	39
労働生理	人体の組織及び機能		第12章　労働生理　1　人体の構造及び機能	380
	環境条件による人体の機能の変化		第12章　労働生理　3　環境条件による人体の機能の変化	421
	労働による人体の機能の変化			
	疲労及びその予防		第12章　労働生理　4　疲労及びその予防	425
	職業適性		第12章　労働生理　2　ライフサイクルと人体の機能の変化	418
			第7章　健康管理　5　適正配置	262
関係法令	労働基準法		（衛生管理　下　第1種用）	
	労働安全衛生法			
	作業環境測定法及びじん肺法			
	並びにこれらに基づく命令中の関連条項			

（注）　試験科目と範囲については，衛生管理者規程第6条による。

第1章
は じ め に

学習のポイント

○　労働衛生管理の目標と衛生管理者の役割を学習する。

1 労働衛生管理とは

(1) 労働衛生管理の目標

　衛生管理者が労働衛生を担当するときに，まず必要なのは労働衛生の目的あるいは目標は何かを認識することである。ILO（国際労働機関）とWHO（世界保健機関）が1950年に採択し，1995年に改訂した「労働衛生の目的」では次のようにうたわれている。

労働衛生の目的
　『あらゆる職業に従事する人々の肉体的，精神的及び社会的福祉を最高度に増進し，かつこれを維持させること。
　作業条件にもとづく疾病を防止すること。
　健康に不利な諸条件から雇用労働者を保護すること。
　作業者の生理的，心理的特性に適応する作業環境にその作業者を配置すること。
　以上を要約すれば，人間に対し仕事を適応させること，各人をして各自の仕事に対し適応させるようにすること。』（後段省略）

　労働衛生管理の目標は，職場における危険有害要因(ハザード)を除去又は低減し，労働に起因する健康障害を防止するのみならず，労働者の健康の保持増進を図り，快適職場の形成を図っていくことである。
　安衛法には法の目的について，第1条に次のように規定されている。
　「この法律は，労働基準法と相まって，労働災害の防止のための危害防止基準の確立，責任体制の明確化及び自主的活動の促進の措置を講ずる等その防止に関する総合的計画的な対策を推進することにより職場における労働者の安全と健康を確保するとともに，快適な職場環境の形成を促進することを目的とする。」
　また，安衛法第3条第1項には事業者の責務について次のように規定されている。
　「事業者は，単にこの法律で定める労働災害の防止のための最低基準を守るだけでなく，快適な職場環境の実現と労働条件の改善を通じて職場における労働者の安全と健康を確保するようにしなければならない。(後略)」
　労働衛生管理を進めるためには，このような総合的な施策の推進が求められ，管理すべき領域は広範囲であるといえる。労働衛生管理を行うに当たって，「作業環境管理」，「作業管理」，「健康管理」の3管理を核にして，事業場において3管理が有機的かつ総合的に実施されるための「総括管理」と，「労働衛生教育（管理）」が必要となる。

⑵　衛生管理者とは

　職場の安全と衛生を確保するのは，事業者^(注)の責務である。このため，安衛法では，事業場のトップが総括安全衛生管理者となり，安全衛生管理にリーダーシップを発揮することを求めている。衛生管理者は，事業場トップである総括安全衛生管理者が行うべき事業場の安全衛生管理のうち，労働衛生に関する技術的事項を管理することが安衛法に定められている。つまり，衛生管理のキーパーソンとなって事業場トップをサポートして，産業医，作業環境測定士，産業看護職（保健師など）といった専門スタッフや現場の管理監督者などと連携し，事業場の労働衛生水準を高めるための活動の企画・立案，労働衛生計画の作成・実施・評価・改善に取り組んでいくのが衛生管理者の役割である。

2 衛生管理者の役割

関連ページ　31頁

　安衛法では衛生管理者に，上述のように総括安全衛生管理者が統括管理しなければならないとされている業務（**表1－1**）のうち，衛生に係る技術的事項を管理させることとしている。

　併せて安衛則（第11条）には，衛生管理者の職務等として次の事項が規定されている。

・少なくとも毎週1回作業場等を巡視し，設備，作業方法又は衛生状態に有害のおそれがあるときは，直ちに，労働者の健康障害を防止するため必要な措置を講ずること。

・事業者は，衛生管理者に対し，衛生に関する措置をなし得る権限を与えなければ

表1－1　総括安全衛生管理者の業務（安衛法第10条及び安衛則第3条の2）

1　労働者の危険又は健康障害を防止するための措置に関すること。
2　労働者の安全又は衛生のための教育の実施に関すること。
3　健康診断の実施その他健康の保持増進のための措置に関すること。
4　労働災害の原因の調査及び再発防止対策に関すること。
5　安全衛生に関する方針の表明に関すること。
6　危険性又は有害性等の調査及びその結果に基づき講ずる措置に関すること。（リスクアセスメントとリスク低減措置）
7　安全衛生に関する計画の作成，実施，評価及び改善に関すること。

(注) 事業者とは，事業を行う者で労働者を使用する者をいう（安衛法第2条第3号）。

ならないこと。

　また，安衛法では，事業者の責務として快適な職場環境の実現を求めており，衛生管理者の主な職務について，業務上疾病を予防することにとどまらず，労働者の健康を保持増進すること，快適な職場環境の形成を促進することを求めている。

(1)　業務上疾病への対応

関連ページ　74頁，116頁

　業務上疾病には，例えば騒音による難聴や，粉じんによるじん肺のように，業務と疾患の因果関係が明らかな「職業病」と，発病原因の一つに作業関連要因があるものや，作業関連要因が発病原因にはならないが，増悪，促進の原因となるような「その他の作業関連疾患」の一部が含まれる。

　業務上疾病は業務に起因した労働災害で，労災補償を行わなければならないものを指す。具体的には労基則では，別表第1の2で「業務上の疾病の範囲」を11種類（**表1−2**）に大きく分けている。

　衛生管理者は，これらの業務上疾病を予防し，又は早期発見し対応をとるなどの役割がある。

(2)　快適職場環境の形成，健康保持増進

　安衛法では事業者の責務として，単に労働災害の防止のための最低基準を守るだけでなく，快適な職場環境の実現と労働条件の改善を通じて職場における労働者の安全と健康を確保することを求めている。このため，衛生管理者は健康管理や業務上疾病を予防するという観点のみならず，さらに一歩進んで，労働者が快適に働ける職場環

表1−2　業務上の疾病の範囲（労基則 別表第1の2）

1　業務上の負傷に起因する疾病
2　物理的因子による疾病（略）
3　身体に過度の負担のかかる作業態様に起因する疾病（略）
4　化学物質等による疾病（略）
5　粉じんを飛散する場所における業務によるじん肺症又はじん肺法に規定するじん肺と合併した疾病（略）
6　細菌，ウイルス等の病原体による疾病（略）
7　がん原性物質若しくはがん原性因子又はがん原性工程における業務による疾病（略）
8　長期間にわたる長時間の業務その他血管病変等を著しく増悪させる業務による脳出血，くも膜下出血等の疾病（略）
9　人の生命にかかわる事故への遭遇その他心理的に過度の負担を与える事象を伴う業務による精神及び行動の障害等の疾病（略）
10　前各号に掲げるもののほか，厚生労働大臣の指定する疾病
11　その他業務に起因することの明らかな疾病

境の形成を目指すとともに，職業生活の全期間を通じた継続的かつ計画的な心身両面にわたる積極的な健康保持増進を図っていく必要がある。

　また，労働者の健康を保持増進していくためには，職場には労働者自身の力だけでは取り除くことができない健康障害要因，ストレス要因などが存在しているので，労働者の自助努力とともに，事業者による健康管理の積極的推進が必要である。

　なお，快適な職場環境の形成には，障害者や高齢者などいろいろな特性を持つ人が，安全かつ快適に働けるための環境づくりといった側面もある。

(3)　安全配慮義務

　安全配慮義務は，労働契約法に定められた事業者に課せられた義務である。労働契約上，事業者が労働者に対して負う義務は，労働者の労務の提供に対する賃金の支払いにとどまらず，労務の提供に際して労働者の身体，生命に生ずる危険から労働者を保護するものである。

　事業者が安全配慮義務を果たすには，安衛法やその関連法令を順守したり，通達等に示された措置を実施したりするだけではなく，業務により負傷や疾病等が発生するおそれがないか自ら予見し，労働災害を防ぐために必要な対策を講じることが民事上求められている（**図1－1**）。この安全配慮義務はそもそも，民事裁判における判例を通じて確立されたが平成19年に制定・公布された労働契約法第5条において規定され，成文化されている。

　安全配慮義務の内容は，事業者とともに実際には管理監督者を通じて履行されるこ

（「裁判例にみる安全配慮義務の実務」安西愈監修，中央労働災害防止協会編・発行より）
図1－1　安全配慮義務の範囲

ととなる。労働衛生に関する技術的事項を担う衛生管理者は，事業者がこうした法律上の義務を果たさなければならないことを理解し，職務に当たる必要がある。

⑷　衛生管理者への期待

AI（人工知能）やIoT（モノのインターネット）をはじめとする技術革新の急速な進展，本格的な少子高齢化社会の到来等に伴い，労働者を取り巻く環境も大きく変容しつつある。また，労働者の健康に対する意識は，国民生活の質的向上の志向と相まって，心身両面にわたる健康の保持増進へと大きく変化している。

一方，サービス経済化の著しい進展に伴い，非工業的業種である第三次産業では，就業者数の大幅な増加がみられ，これらの産業で働く労働者のための労働衛生管理は，有害業務に関する職業性疾病や作業関連疾患の予防よりは，生活習慣病対策，情報機器作業対策，職場環境・労働態様の大きな変化に伴うストレス対応やメンタルヘルス対策，過重労働対策，さらには事務所における労働衛生管理等が中心となっている。

このような状況の中で，衛生管理者の職務は拡大しているが，「労働衛生管理」は衛生管理者1人で行うものではない。次のようなことに留意しながら，衛生管理者としての職務を遂行することが求められている。

ア　企業の組織目標への貢献（トップの補佐）

企業の発展にとって，従業員が安心して健康に働ける環境づくりをすることにより，その能力を最大限に発揮できるようにすることは重要である。そのため，衛生管理者は，経営管理，人事管理のなかで重要な役割を担っていることを認識し，関係する部門や事業場トップと積極的にかかわり，労働衛生管理を担う者として事業場での課題を見い出し，課題解決のための企画，調整を行うことが期待されている。

㈎　衛生管理者の職務に関係する部門等との連携（コーディネーター）

事業場における労働衛生管理を効果的に行うには，関係部門との連携，協働が必要不可欠である。衛生管理者は，専門スタッフとして自ら労働衛生管理に携わるとともにコーディネーターの役割を果たすことが求められている。衛生管理者の各職務に応じて異なるが，一般的に関係する部門等を**表1－3**に例示する。

㈏　安全管理との関係

労働衛生管理と安全管理は，同じ機械・設備，環境，作業を対象としている場合も多く，一体的に推進するものである。法定の衛生委員会も「安全衛生委

表1−3　衛生管理者の職務に一般的に関係する部門等の例

事業場内の部門，組織等	事業場外の団体，組織等
○健康管理部門（含：産業医） ○人事・労務・総務部門 ○安全・保安・環境部門 ○経理部門 ○生産技術部門（含：保全） ○購買部門 ○各部門及びラインの管理監督者 ○（安全）衛生委員会 ○労働組合	○行政官庁 ○労働基準協会等 ○労働衛生関係機関，医療機関 ○業種別団体 ○工業団地等地域組織 ○安全衛生協力会等 ○労働災害防止団体 ○健康保険組合

員会」として開催されていたり，労働衛生管理と安全管理や環境管理などを同一部署で担当している場合も多い。

　このため，衛生管理者は安全管理に関する知識も身に付け，事業場の安全衛生全般に目配りをした上で，労働衛生管理を展開する必要がある。

3　労働衛生の現状

(1)　労働災害及び業務上疾病の発生状況

　わが国の労働災害による死傷者数は，昭和36年をピークとしてその後，おおむね減少傾向にあるが，令和4年の死傷者数は132,355人と，前年より増加した（図1−2）。また，死亡者数については，令和4年は774人となった。

　一方，令和4年の休業4日以上の業務上疾病者数は9,506人と前年に比べ増加した。その内訳は業務上の負傷に起因する疾病が7,081人と全体の約74％を占めており，この中でも腰痛（災害性腰痛）が5,959人で，業務上の負傷に起因する疾病の84.2％を占めている。じん肺及びじん肺合併症は120人で，業務上疾病のうちの1.3％を占めている（図1−3，図1−4）。

ア　じん肺の発生状況

　じん肺法に基づき，事業場において実施されたじん肺健康診断における有所見者数，有所見率とも昭和57年まで増加傾向であった。昭和58年から減少傾向に転じ，令和4年にはじん肺有所見者数は946人で，有所見率0.3％となっている（表1−4）。

　業種別では，金属製品製造業，鋳物業，一般機械器具製造業などで高い有所見率を示している。

（注）平成23年は，東日本大震災を直接の原因とする死傷者数（2,827人），死亡者数（1,314人）
を含む。
（資料：Aは平成23年までは「労災保険給付データ」及び厚生労働省安全課調べ，平成24年から
は「労働者死傷病報告」，Bは厚生労働省「業務上疾病調」，Cは厚生労働省安全課調べ）

図1−2　労働災害及び業務上疾病の推移

（注）「じん肺及びじん肺合併症」数は，管理4決定数と合併症
り患件数の和（随時申請にかかるものを含む）。
（資料：厚生労働省「業務上疾病調」）

図1−3　疾病分類別業務上疾病者数（令和4年）

（注）　「じん肺及びじん肺合併症」数は，管理４決定数と合併症り患件数の和（随時申請に
　　　かかるものを含む）。
（資料：厚生労働省「業務上疾病調」）

図１−４　年別業務上疾病者数

表１−４　年別健康診断結果

	定期健康診断 有所見率(%)	特殊健康診断 有所見率(%)	じん肺健康診断 有所見率(%)	定期健康診断 受診労働者数(人) 有所見者数(人)	特殊健康診断 受診労働者数(人) 有所見者数(人)	じん肺健康診断 受診労働者数(人) 有所見者数(人)
平成22年	52.5	6.3	1.6	14,539,258 7,629,997	2,138,360 134,272	243,636 3,915
平成23年	52.7	6.2	1.4	13,121,381 6,913,366	2,093,544 129,499	234,477 3,235
平成24年	52.7	6.3	1.3	13,096,696 6,900,380	2,101,445 131,454	235,923 2,965
平成25年	53.0	6.0	1.0	13,262,069 7,031,313	2,229,617 134,434	243,740 2,493
平成26年	53.2	5.8	0.9	13,492,886 7,183,780	2,347,420 135,678	251,730 2,225
平成27年	53.6	5.6*	0.8	13,476,904 7,222,817	2,575,063 144,842	249,759 1,935
平成28年	54.1*	6.0*	0.6*	17,353,929* 9,384,261*	2,910,631* 175,061*	300,551* 1,807
平成29年	54.1*	6.1*	0.6*	17,655,958* 9,609,687*	3,008,834* 183,589*	303,294* 1,684
平成30年	55.8*	6.2*	0.4*	17,959,844* 10,029,102*	3,115,040* 194,176*	306,475 1,366
令和元年	57.0	6.2	0.4	18,115,778 10,323,944	3,196,111 197,928	318,984 1,211
令和２年	58.5	5.7	0.4	12,480,197 7,301,931	2,886,849 164,214	271,502 1,116
令和３年	58.7	5.1	0.3	12,918,763 7,580,352	3,105,058 157,436	297,837 954
令和４年	58.3	5.1	0.3	月1〜9分 8,437,764 4,936,041 月10〜12分 4,799,249 2,761,648	3,180,836 160,817	292,090 946

（注）・定期健康診断結果は，厚生労働省「定期健康診断結果調」より。
　　　・令和４年は，令和４年10月の労働安全衛生規則の改正前と後に分けて発表された。
　　　・有所見者数は，安衛則第44条及び第45条で規定する健康診断項目のいずれかが有所見であった者（他覚所見のみ
　　　　を除く）の人数。
　　　・特殊健康診断結果は厚生労働省「特殊健康診断結果調」より。
　　　・じん肺健康診断結果は厚生労働省「じん肺健康管理実施結果調」より。随時申請によるものは含まれない。
　　　・＊部分は公表後に値を修正されている。

図１－５　酸素欠乏症発生件数の推移（硫化水素中毒含まず）（資料：厚生労働省公表データ）

（資料：厚生労働省労働基準局補償課職業病認定対策室）

図１－６　「労働者災害補償保険法」に基づく石綿による肺がん及び中皮腫の労災保険給付支
　　　給決定状況

イ　酸素欠乏症等の発生状況

　　酸素欠乏症の発生状況は，長期的にみれば，発生件数，被災労働者数ともに減
少傾向を示しているが，令和４年は被災労働者数は増加した。酸素欠乏危険場所
における酸素欠乏症，硫化水素中毒は依然として発生している（**図１－５**）。

ウ　職業がんの労災補償状況

　　労働者災害補償保険法に基づく石綿による肺がん及び中皮腫の労災保険給付支
給決定件数は**図１－６**のとおりであり，令和４年度は中皮腫597件，肺がん418件
で合計1,015件でほぼ横ばい状態が続いている。国の人口動態調査によると中皮
腫の死亡総数は1,554人（令和４年）でその多くが石綿ばく露に起因すると考え
られることに注意する必要がある。

（資料：厚生労働省職業病認定対策室調）

図1－7　脳・心臓疾患，及び精神障害等に係る労災補償支給決定状況

　また，製造禁止になって50年以上経過しているベンジジンやベーターナフチルアミン等による尿路系のがんなどの職業がんの発生も継続しており，発がん性のある化学物質については取扱いを終えた後も継続的な管理が必要である。

エ　**過労死等の労災補償状況の推移**

　脳・心臓疾患（死亡を含む）に係る支給決定件数は，令和４年度は194件で２年前と同数となっており，特に運輸業，郵便業で全体の３割を占めている。また，精神障害（自殺を含む）に係る支給決定件数は，令和４年度には710件と前年度比81件の増加となった（**図1－7**）。脳・心臓疾患，過労死による労災案件は減少傾向にある一方，精神障害に係る労災は新型コロナ禍に重なるかのように増加傾向を示している。

オ　**自殺者の推移**

　自殺者は平成10年以降３万人を超えていたが，平成24年から３万人を下回り，令和４年の自殺者数は21,881人でおおむね30年前のレベルとなっている。そのなかで被雇用者（有職者）はここ数年横ばい状態にある（**図1－8**）。

（資料：警察庁／厚生労働省自殺対策推進室）

図1−8　全国の自殺者の推移

（資料：厚生労働省）

図1−9　職場における熱中症による死傷者の推移

カ　熱中症による死傷者数の推移

　　職場における熱中症による死傷者数は，平成29年までは毎年400〜500人台で推移していた。平成30年は記録的な猛暑で，1,178人と突出しており，令和4年は前年比47％増の827人となっている（**図1−9**）。

⑵　定期健康診断の実施結果

　　常時50人以上の労働者を使用する事業者から厚生労働省に報告のあった定期健康診断結果の報告によると，令和4年における有所見率は58.3％であった（**表1-4**，19頁）。

⑶　特殊健康診断の実施結果

　　ガス，蒸気，粉じん，有害放射線，振動，騒音，異常気圧その他の有害要因にさらされる業務による健康障害に関しては，これらの要因による影響をみるための特別の項目による特殊健康診断を実施することとされている。

　　現在，法令で特殊健康診断の実施が義務付けられている業務は，①有機溶剤業務（有機則），②鉛業務（鉛則），③四アルキル鉛等業務（四アルキル鉛規則），④特定化学物質の製造，取扱いの業務（特化則），⑤高圧室内業務及び潜水業務（高圧則），⑥放射線業務（電離則），⑦石綿等の取扱い，若しくは試験研究のための製造又は石綿分析用試料等の製造の業務（石綿則），⑧粉じん作業（じん肺法），⑨除染等業務（東日本大震災により生じた放射性物質により汚染された土壌等を除染するための業務等に係る電離放射線障害防止規則）の9種類である。

　　なお，それら以外に「塩酸，硫酸等歯又はその支持組織に有害な物のガス，蒸気又は粉じんを発散する場所における業務に対する歯科医師による健康診断」が安衛則に規定されている。また，情報機器作業，騒音作業等についても通達で特殊健康診断を実施することとされている。

　　令和4年の特殊健康診断の実施事業場数，受診者，有所見率は**表1-5**のとおり。

⑷　ストレスがある労働者の割合

　　厚生労働省が実施した令和4年「労働安全衛生調査（実態調査）」によると，現在の仕事や職業生活に関することで，強い不安，悩み，ストレス（以下「ストレス」という）となっていると感じる事柄がある労働者の割合は82.2％となっている（**図1-10**）。

　　ストレスを感じている事柄（主なもの3つ以内）は「仕事の量」が36.3％（同43.2％）で最も多かった（297頁，第8章7，**表8-2**参照）。

　　なお，労働安全衛生調査（厚生労働省）の対象事業場（主要産業における常用労働者10人以上を雇用する民営事業場）のうち，常用労働者50人以上を雇用する事業場について，令和4年の安衛法に基づくストレスチェックを実施した事業場割合は93.0％であった。

表1−5　令和4年特殊健康診断実施状況（対象作業別）

対象作業		健診実施事業場数	受診労働者数	有所見者数	有所見率(%)
	有機溶剤	40,725	699,721	23,208	3.3
	鉛	3,337	47,726	678	1.4
	四アルキル鉛	15	51	3	5.9
	電離放射線	16,082	358,795	35,665	9.9
	除染等電離放射線	671	7,073	598	8.5
高気圧	高圧室	36	436	21	4.8
	潜水	332	2,637	125	4.7
	（小計）	368	3,073	146	4.8
製造禁止物質	黄りんマッチ	8	50	0	0.0
	ベンジジン	26	107	4	3.7
	4−アミノジフェニル	9	53	0	0.0
	4−ニトロジフェニル	6	50	1	2.0
	ビス（クロロメチル）エーテル	7	7	0	0.0
	β−ナフチルアミン	9	28	0	0.0
	ベンゼン含有ゴムのり	23	141	7	5.0
	（小計）	88	436	12	2.8
特定化学物質	ジクロルベンジジン	40	348	5	1.4
	α−ナフチルアミン	66	902	9	1.0
	塩素化ビフェニル	296	3,264	20	0.6
	o−トリジン	84	642	13	2.0
	ジアニシジン	36	235	5	2.1
	ベリリウム	142	979	12	1.2
	ベンゾトリクロリド	12	238	1	0.4
	アクリルアミド	609	6,188	57	0.9
	アクリロニトリル	337	6,259	44	0.7
	アルキル水銀化合物	50	218	2	0.9
	エチレンイミン	47	367	78	21.3
	塩化ビニル	212	2,596	85	3.3
	塩素	1,028	18,070	63	0.3
	オーラミン	44	256	14	5.5
	o−フタロジニトリル	17	99	1	1.0
	カドミウム	567	4,579	143	3.1
	クロム酸	2,617	29,859	424	1.4
	クロロメチルメチルエーテル	110	902	6	0.7
	五酸化バナジウム	292	3,706	150	4.0
	コールタール	572	13,957	52	0.4
	シアン化カリウム	825	9,099	109	1.2
	シアン化水素	255	3,606	30	0.8
	シアン化ナトリウム	677	7,341	98	1.3
	3,3'−ジクロロ−4,4'−ジアミノジフェニルメタン	343	3,562	105	2.9
	臭化メチル	148	1,138	11	1.0
	重クロム酸	596	4,662	82	1.8
	水銀	668	4,728	110	2.3
	トリレンジイソシアネート	578	8,570	56	0.7
	ニッケルカルボニル	88	1,092	3	0.3
	ニトログリコール	19	101	3	3.0
	p−ジメチルアミノアゾベンゼン	24	157	0	0.0
	p−ニトロクロルベンゼン	22	292	21	7.2
	フッ化水素	2,322	41,862	190	0.5
	β−プロピオラクトン	33	160	0	0.0
	ベンゼン	1,436	22,787	413	1.8
	ペンタクロルフェノール	21	298	1	0.3

対象作業		健診実施事業場数	受診労働者数	有所見者数	有所見率(%)
特定化学物質	マゼンタ	44	240	1	0.4
	マンガン	3,907	65,152	519	0.8
	沃化メチル	253	1,219	14	1.1
	硫化水素	587	10,886	47	0.4
	硫酸ジメチル	166	1,563	28	1.8
	ニッケル化合物（ニッケルカルボニルを除き，粉状の物に限る）	2,222	60,504	256	0.4
	砒素及びその化合物（アルシン及び砒化ガリウムを除く）	882	12,329	117	0.9
	酸化プロピレン	212	2,839	6	0.2
	1,1−ジメチルヒドラジン	33	314	4	1.3
	インジウム及びその化合物	862	11,582	118	1.0
	エチルベンゼン	16,796	166,177	1,386	0.8
	コバルト及びその化合物	3,446	81,335	283	0.3
	1,2−ジクロロプロパン	92	862	89	10.3
	クロロホルム	2,855	34,835	1,508	4.3
	四塩化炭素	509	3,049	149	4.9
	1,4−ジオキサン	985	9,246	474	5.1
	1,2−ジクロロエタン	665	5,537	233	4.2
	ジクロロメタン	4,212	50,379	3,260	6.5
	ジメチル−2,2−ジクロロビニルホスフェイト	37	255	6	2.4
	スチレン	4,620	42,778	3,297	7.7
	1,1,2,2−テトラクロロエタン	229	1,304	44	3.4
	テトラクロロエチレン	564	3,861	286	7.4
	トリクロロエチレン	1,104	6,915	443	6.4
	メチルイソブチルケトン	8,754	97,693	892	0.9
	ナフタレン	1,380	23,094	361	1.6
	リフラクトリーセラミックファイバー	1,405	29,048	277	1.0
	オルト−トルイジン	143	1,275	28	2.2
	三酸化二アンチモン	864	15,188	59	0.4
	溶接ヒューム	20,991	224,118	1,837	0.8
	（小計）	94,052	1,166,696	18,438	1.6
石綿	アモサイト	519	5,543	41	0.7
	クロシドライト	320	4,384	36	0.8
	石綿（アモサイト及びクロシドライトを除く）	1,600	21,644	203	0.9
	石綿の製造・取扱い業務の周辺業務	1,820	17,981	303	1.7
	（小計）	4,259	49,552	583	1.2
	法定特殊健診計	159,597	2,333,123	79,331	3.4
指導勧奨によるもの	紫外線，赤外線	3,136	74,673	2,037	2.7
	騒音	6,513	339,033	43,543	12.8
	マンガン化合物（塩基性酸化マンガン）	36	1,083	53	4.9
	黄りん	38	2,814	15	0.5
	有機りん剤	57	1,338	40	3.0
	亜硫酸ガス	23	220	15	6.8
	二硫化炭素（有機溶剤業務に係るものを除く）	19	347	37	10.7
	ベンゼンのニトロアミド化合物	10	111	15	13.5
	脂肪族の塩化または臭化炭化水素	16	227	11	4.8
	砒素またはその化合物（特化則適用以外のものに限る）	46	785	10	1.3
	フェニル水銀化合物	6	51	5	9.8
	アルキル水銀化合物（特化則適用以外のものに限る）	2	20	1	5.0
	クロルナフタリン	2	51	0	0.0
	沃素	52	1,090	24	2.2
	米杉等	5	136	16	11.8
	超音波溶着機	92	1,451	84	5.8

対象作業		健診実施事業場数	受診労働者数	有所見者数	有所見率(%)	対象作業		健診実施事業場数	受診労働者数	有所見者数	有所見率(%)
指導勧奨によるもの	メチレンジフェニルイソシアネート	213	3,978	55	1.4	指導勧奨によるもの	腰痛(注1)	1,103	59,679	11,786	19.7
	フェザーミル等	1	14	1	7.1		金銭登録	7	223	44	19.7
	クロルプロマジン等	1	19	1	5.3		引金付工具	713	73,341	2,161	2.9
	キーパンチャー	11	136	23	16.9		VDT作業	2,535	195,868	16,043	8.2
	都市ガス配管工事	20	868	21	2.4		レーザー機器	1,238	21,892	851	3.9
	地下駐車場	8	111	13	11.7	指導勧奨計		18,485	847,713	81,486	9.6
	振動(チェーンソー)	990	8,553	1,143	13.4	総計		178,082	3,180,836	160,817	5.1
	振動(チェーンソー以外)	1,592	59,601	3,438	5.8						

資料：特殊健康診断結果調
(注1) 従来までは「重量物」と表記していたもの。
　　　名称を変更したもので，対象作業の内容、健診項目等は従来と同一である。
(注2)「受診労働者数」及び「有所見者数」については，労働基準監督署に提出された健康診断結果報告書を累積して集計している。

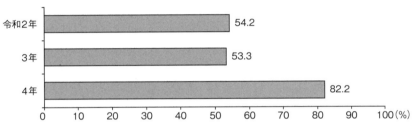

(注) 令和4年調査から本設問の形式を変更した。
　　　ストレスの有無の選択を設置せず，ストレスと感じる事柄（10項目）から1つでも選択した場合に
　　　ストレスが「ある」に該当するものとしている。
（資料：厚生労働省「労働安全衛生調査（実態調査）」）

図1-10　強いストレスとなっていると感じる事柄がある労働者割合の推移

第2章
衛生管理体制

試験範囲

衛生管理体制

事業場における安全衛生水準の向上を図ることを目的として事業場が一連の過程を定めて行う自主的活動(危険性又は有害性等の調査及びその結果に基づき講ずる措置を含む。)

学習のポイント

○　法定の衛生管理体制の整備について学習する。
・総括安全衛生管理者，衛生管理者(第一種，第二種，衛生工学衛生管理者)，(安全)衛生推進者，産業医の職務内容とそれぞれの選任要件，選任数を事業場規模別，業種別，業務内容別に理解する。
・衛生委員会について，委員の構成，調査審議事項，委員会の開催,議事概要の周知等について理解する。

・(安全)衛生管理のしくみとしての労働安全衛生マネジメントシステム(リスクアセスメントを含む)について概要を理解する。

1 トップ，ライン，スタッフの役割

(1)　トップの役割と責任

　安衛法（第3条）の「事業者等の責務」において，「事業者は，単にこの法律で定める労働災害の防止のための最低基準を守るだけでなく，快適な職場環境の実現と労働条件の改善を通じて職場における労働者の安全と健康を確保するようにしなければならない。（後略）」と規定され，事業者が労働衛生管理の責任を負うことになっている。

　事業場における労働衛生管理のトップとして，安衛法では，一定の業種及び規模の事業場においてその事業の実施を統括管理する立場の者を「総括安全衛生管理者」と定め，事業者が選任することとしている。

　また，総括安全衛生管理者の選任を要しない事業場では，事業者自ら総括安全衛生管理者の役割を担って安全衛生業務を統括管理する。もしくは，その事業場の責任者に総括安全衛生管理者と同様の職務を行わせることによって労働衛生管理を推進しなければならないことになる。

(2)　ラインの役割

　多くの事業場では，事業の円滑な推進のため，ライン（業務の推進組織）と労働衛生管理のスタッフ（支援組織）の制度を有し，事業者はこのラインとスタッフそれぞれの機能をうまく組み合わせて各種の事業を推進している。安衛法では，労働衛生管理は事業者責任とされていることから，事業者の行為を代行する立場にある管理者は，一般的には事業者から任された範囲においては，事業者とともに労働衛生管理の責任を持たなければならないことになる。したがって，ラインの管理者の立場にある者は，衛生管理者等のスタッフの支援を得て部下の職業性疾病の防止対策や健康管理についてもその責任と権限のもとに実施しなければならない立場にある。

(3)　スタッフの役割

　労働衛生管理のスタッフ（以下「スタッフ」という。）とは，一般的には，安衛令に規定されている衛生管理者，産業医，安全衛生推進者，衛生推進者，作業環境測定士，化学物質管理者等に加え，産業看護職，労働衛生管理担当者等をいう。

　スタッフのうち衛生管理者，産業医，（安全）衛生推進者，作業環境測定士，化学物質管理者等は，事業者の選任を受け，法令に規定された職務遂行に加え，事業場で定められた規程等に基づいて業務を担当する。産業看護職や労働衛生管理担当者も，

事業場で定められた規程等に基づいて必要な一定の業務を担当しているのが一般的である。

2 労働衛生管理体制の整備

　労働衛生管理体制とは，事業場において労働衛生管理を円滑かつ効果的に推進するための組織のことであり，総括安全衛生管理者，衛生管理者，産業医，（安全）衛生推進者等の責任と権限を明確にして，これらの者が協力していく必要がある（**図2－1**）。そして，労働者が参加する衛生委員会等の設置とその活性化により，労働衛生管理はより効果的なものとなる。

(1)　総括安全衛生管理者（安衛法第10条）

　総括安全衛生管理者は，事業者が一定の業種・規模の事業場ごとに，その事業の実施を統括管理する者から選任することになっている。一般的には工場では工場長，支社・支店では支社長・支店長など経営のトップがその任に当たることになる。選任は，選任すべき事由が発生した日から14日以内に行い，遅滞なく所轄労働基準監督署長に選任報告書を提出しなければならない。旅行，疾病，事故等のやむを得ない事情により職務を行うことができないときは，代理を選任しなければならない。総括安全衛生管理者の職務は，次のとおりとなっている。

① 衛生管理者等の指揮
② 次の業務を統括管理する
　i 労働者の危険又は健康障害を防止するための措置に関すること
　ii 労働者の安全又は衛生のための教育の実施に関すること
　iii 健康診断の実施その他健康の保持増進のための措置に関すること
　iv 労働災害の原因の調査及び再発防止対策に関すること
　v 安全衛生に関する方針の表明に関すること（安衛則第3条の2）
　vi 危険性又は有害性等の調査及びその結果に基づき講ずる措置（リスクアセスメント等）に関すること（安衛則第3条の2）
　vii 安全衛生に関する計画の作成，実施，評価及び改善に関すること（安衛則第3条の2）

業種 規模 (人)	林　　　　　業 鉱　　　　　業 建　　設　　業 運　　送　　業 清　　掃　　業 (安衛令第2条第1号の業種)	製造業（物の加工業を含む。），電気業，ガス業，熱供給業，水道業，通信業，各種商品卸売業，家具・建具・じゅう器等卸売業，各種商品小売業，家具・建具・じゅう器小売業，燃料小売業，旅館業，ゴルフ場業，自動車整備業，機械修理業 (安衛令第2条第2号の業種)	その　他　の　業種 (安衛令第2条第3号の業種)
1000～	事業者 ↓選任 総括安全衛生管理者 (安衛法第10条)	事業者 ↓選任 総括安全衛生管理者 ↓指揮	事業者 ↓選任 総括安全衛生管理者 ↓指揮 産業医　衛生管理者
300～999	↓指揮 産業医（安衛法第13条）　安全管理者（安衛法第11条）　衛生管理者（安衛法第12条）	産業医　安全管理者　衛生管理者	事業者 ↓選任
100～299		事業者 ↓選任	産業医　衛生管理者
50～99	事業者 ↓選任 産業医　安全管理者　衛生管理者	産業医　安全管理者　衛生管理者	
10～49	事業者 ↓選任 安全衛生推進者 (安衛法第12条の2)	事業者 ↓選任 安全衛生推進者	事業者 ↓選任 衛生推進者
1～9	事業者	事業者	事業者

（注）安衛則第7条第1項第3号により，農林畜水産業，鉱業，建設業，製造業（物の加工業を含む。），電気業，ガス業，水道業，熱供給業，運送業，自動車整備業，機械修理業，医療業及び清掃業については，第二種衛生管理者免許を有する者を衛生管理者として選任することはできない。

図2－1　事業場規模別・業種別安全衛生管理組織

(2)　衛生管理者（安衛法第12条）

ア　衛生管理者免許の種類

衛生管理者の選任の要件となる衛生管理者免許には，次の3種類がある。

① 第一種衛生管理者免許

国家試験である第一種衛生管理者免許試験に合格した者等。

なお，保健師免許を受けた者，薬剤師免許を受けた者，一定の大学で保健衛生に関する学科を専攻して卒業した者で労働衛生に関する講座又は学科目を修めた者等は，申請により第一種衛生管理者免許を受けることができる。

② 第二種衛生管理者免許

国家試験である第二種衛生管理者免許試験に合格した者等。

③ 衛生工学衛生管理者免許

i 大学又は高等専門学校において，工学又は理学の課程を修めて卒業した者等で，都道府県労働局長の登録を受けた者が行う衛生工学衛生管理者講習を修了した者

ii 労働衛生コンサルタント試験に合格した者，第一種衛生管理者試験に合格した者，作業環境測定士となる資格を有する者等のいずれかに該当する者で，都道府県労働局長の登録を受けた者が行う衛生工学衛生管理者講習を修了した者

イ　衛生管理者の選任

① 選任の要件

事業者は，常時50人以上の労働者を使用する事業場ごとに，当該事業場の規模・業種の区分に応じて，次の資格を有する者のうちから，衛生管理者を選任しなければならない。

i 都道府県労働局長から衛生管理者の免許を受けた者

ii 医師，歯科医師，労働衛生コンサルタント等，厚生労働省令で定める資格を有する者

② 選任の時期及び報告

衛生管理者を選任すべき事由が発生した日から14日以内に選任することとし，事業者は遅滞なく所轄労働基準監督署長に選任報告しなければならない。

③ 専属要件

その事業場に専属の者を選任すること。ただし，2人以上の衛生管理者を選任する場合においては，そのうちの1人について事業場に専属ではない労働衛

生コンサルタントを選任することができる。

④　業種の区分と資格

　　表2−1に掲げる業種の区分に応じ，それぞれに掲げる者のうちから選任すること。

⑤　事業場の規模と衛生管理者の選任数

　　事業場の規模に応じて，表2−2に掲げる数以上の衛生管理者を選任すること。

⑥　専任の衛生管理者

　　次に掲げる事業場にあっては，衛生管理者のうち，少なくとも1人を専任の衛生管理者とすること。

ⅰ　常時1,000人を超える労働者を使用する事業場

ⅱ　常時500人を超える労働者を使用する事業場で，坑内労働又は労基則第18条各号に掲げる以下の業務に常時30人以上の労働者を従事させるもの

（ⅰ）　多量の高熱物体を取り扱う業務及び著しく暑熱な場所における業務

（ⅱ）　多量の低温物体を取り扱う業務及び著しく寒冷な場所における業務

（ⅲ）　ラジウム放射線，エックス線その他の有害放射線にさらされる業務

（ⅳ）　土石，獣毛等のじんあい又は粉末を著しく飛散する場所における業務

（ⅴ）　異常気圧下における業務

（ⅵ）　削岩機，鋲打機等の使用によって身体に著しい振動を与える業務

（ⅶ）　重量物の取扱い等重激なる業務

（ⅷ）　ボイラー製造等強烈な騒音を発する場所における業務

（ⅸ）　鉛，水銀，クロム，硫酸等労基則第18条に定める有害物の粉じん，蒸気又はガスを発散する場所における業務

表2−1　業種の区分と資格

業種の区分	資　　格
農林畜水産業，鉱業，建設業，製造業（物の加工業を含む。），電気業，ガス業，水道業，熱供給業，運送業，自動車整備業，機械修理業，医療業及び清掃業	第一種衛生管理者免許 衛生工学衛生管理者免許 医師，歯科医師，労働衛生コンサルタント等
その他の業種	第一種衛生管理者免許 第二種衛生管理者免許 衛生工学衛生管理者免許 医師，歯科医師，労働衛生コンサルタント等

表2-2　事業場の規模と衛生管理者の選任数

事業場の規模（常時使用する労働者数）	衛生管理者数
50人以上200人以下	1人以上
200人を超え500人以下	2人以上
500人を超え1,000人以下	3人以上
1,000人を超え2,000人以下	4人以上
2,000人を超え3,000人以下	5人以上
3,000人を超える場合	6人以上

⑦　衛生工学衛生管理者免許を受けた者の選任の対象となる事業場

　　常時500人を超える労働者を使用する事業場であって，坑内労働又は次の業務に常時30人以上の労働者を従事させるものにあっては，衛生管理者のうち1人を衛生工学衛生管理者免許を受けたものから選任すること。

　ⅰ　多量の高熱物体を取り扱う業務及び著しく暑熱な場所における業務

　ⅱ　ラジウム放射線，エックス線その他の有害放射線にさらされる業務

　ⅲ　土石，獣毛等のじんあい又は粉末を著しく飛散する場所における業務

　ⅳ　異常気圧下における業務

　ⅴ　鉛，水銀，クロム，硫酸等労基則第18条に定める有害物の粉じん，蒸気又はガスを発散する場所における業務

ウ　衛生管理者の職務

　　衛生管理者の職務については，安衛法第12条により，総括安全衛生管理者の職務のうち（29頁），衛生に関する技術的事項を管理させなければならないと規定されているが，具体的事項については，昭和47年9月18日付け基発第601号の1「労働安全衛生規則の施行について」に示されている。その概要は，次のとおりである。

①　健康に異常のある者の発見及び処置

②　作業環境の衛生上の調査

③　作業条件，施設等の衛生上の改善

④　労働衛生保護具，救急用具等の点検及び整備

⑤　衛生教育，健康相談その他労働者の健康保持に必要な事項

⑥　労働者の負傷及び疾病，それによる死亡，欠勤及び移動に関する統計の作成

⑦　その事業の労働者が行う作業が他の事業の労働者が行う作業と同一の場所において行われる場合における衛生に関し必要な措置

⑧　その他衛生日誌の記載等職務上の記録の整備等

　　総括安全衛生管理者の職務として前記(1)②ⅴ，ⅵ，ⅶ（安全衛生に関する方針の表明，リスクアセスメント，安全衛生に関する計画の作成等）（29頁）に定められている事項に係る技術的事項についても，衛生管理者の職務とされている。また，実施が義務化されている化学物質のリスクアセスメントについても同様である。

　　なお，衛生管理者は，少なくとも毎週1回作業場等を巡視し，設備，作業方法又は衛生状態に有害のおそれがあるときは，直ちに労働者の健康障害を防止するため必要な措置を講じなければならないとされている。そのため事業者は衛生管理者に対し，衛生に関する措置をなし得る権限を与えなければならない。

⑶　（安全）衛生推進者（安衛法第12条の2）

①　衛生推進者は，安衛令第2条第3号の非工業的業種で常時10人以上50人未満の労働者を使用する事業場で選任する。なお，安衛令第2条第1号及び第2号の業種（図2-1，30頁）にあっては安全衛生推進者を選任する。その選任基準については，都道府県労働局長の登録を受けた機関が行う講習の修了者その他安衛法第10条第1項各号の業務（衛生推進者にあっては衛生に係る業務に限る。）を担当するため必要な能力を有する者となっている。中小規模の事業場においては，衛生推進者が職務に必要な能力を身に付け，その能力を発揮できる体制づくりが，事業場の労働衛生管理を進める基礎となることを忘れてはならない。

②　衛生推進者の職務については，総括安全衛生管理者の職務のうち，衛生に係る職務を担当するとされている。基本的には，衛生管理者の職務と同じ内容の職務を担当するということになる。

⑷　産業医（安衛法第13条）

①　産業医は，常時50人以上の労働者を使用している事業場において，労働者の健康管理等を行うのに必要な医学に関する知識について，一定の要件を備えた医師のうちから選任し（ただし，事業者の代表者，事業の実施を統括管理する者は産業医として選任できない。），その者に労働者の健康管理その他厚生労働省令で定められた事項を行わせることとされている。

　　なお，常時1,000人以上の労働者を使用する事業場又は一定の有害業務に常時500人以上の労働者を従事させる事業場では，その事業場に専属の者を選任する必要がある。また，常時3,000人を超える労働者を使用する事業場にあっては，2人以上の産業医を選任する必要がある。

② 産業医は，選任すべき事由が発生した日から14日以内に選任し，また，選任した場合には，遅滞なく所轄労働基準監督署長に報告しなければならない。

③ 産業医は，健康診断，ストレスチェック及び面接指導等の実施，これらの結果に基づく労働者の健康の保持のための措置に関すること等を行うことが安衛則第14条に定められている。また，労働者の健康確保のため必要があると認めるときは，事業者に対して必要な勧告をすることができるとされており，これも重要な職務の一つである。

④ 産業医は，少なくとも毎月1回（事業者から衛生管理者が行う巡視の結果等が提供される等，一定の要件を満たすときは，少なくとも2月に1回）作業場等を巡視し，作業方法又は衛生状態に有害のおそれがあるときは，直ちに，労働者の健康障害を防止するため必要な措置を講じなければならない（安衛則第15条）。衛生管理者同様に，事業者は，産業医に対し，この措置をなし得る権限を与えなければならない（安衛則第14条の4）。

⑤ 事業者は，産業医に長時間労働者の状況や労働者の業務の状況などの情報を提供しなければならないほか，産業医から受けた勧告の内容を（安全）衛生委員会に報告しなければならない。

⑸ 作業主任者（安衛法第14条）

① 労働災害を防止するための管理を必要とする一定の作業について，作業の区分に応じて，作業主任者を選任し，労働者の指揮その他の厚生労働省令で定める事項を行わせなければならない。

② 作業主任者は，都道府県労働局長の免許を受けた者，又は都道府県労働局長の登録を受けた者が行う技能講習を修了した者のうちから作業区分に応じて選任しなければならない。

③ 作業主任者は，直接作業を指揮することが基本になっている等から，交替制の場合は各直ごとに選任する，正副体制をとるなど，作業主任者の休暇などにより直接作業指揮が取れないような体制は避けなければならない。

④ 労働衛生に関係する主な作業主任者には，次のものがある。（ⅰ～ⅲは免許試験。ⅳ～ⅹは技能講習。）

　ⅰ 高圧室内作業主任者

　ⅱ エックス線作業主任者

　ⅲ ガンマ線透過写真撮影作業主任者

　ⅳ 特定化学物質作業主任者

　　v　金属アーク溶接等作業主任者

　　vi　鉛作業主任者

　　vii　四アルキル鉛等作業主任者

　　viii　酸素欠乏危険作業主任者

　　ix　有機溶剤作業主任者

　　x　石綿作業主任者

⑹　その他（安衛則に基づくもの）　　関連ページ　66頁

　ア　化学物質管理者（安衛則第12条の5）

　① 　a) リスクアセスメント対象物（安全データシート（SDS）交付対象物）の製造，取扱事業場及びb) 譲渡，提供事業場では，化学物質管理者を選任しなければならない。

　　　a) の事業場の化学物質管理者は，次の事項を管理する。

　　　i　表示，SDS の作成（表示等）

　　　ii　リスクアセスメントの実施，結果の記録作成，保存，周知

　　　iii　ばく露低減措置

　　　iv　リスクアセスメント対象物に起因する労働災害への対応

　　　v　ばく露低減措置の状況，従事者のばく露状況等の結果の記録作成，保存，周知

　　　vi　関係労働者への教育（教育管理）

　　　b) の事業場の化学物質管理者は表示等及び教育管理を行う。

　② 　化学物質管理者の選任は必要が生じてから14日以内に行う。製造事業場では法定の講習修了者から，その他の事業場では職務遂行に必要な能力を有する者の中から選任する。また，事業者は化学物質管理者に対し職務遂行に必要な権限を付与するとともに掲示等によりその氏名を関係労働者に周知させなければならない。

　イ　保護具着用管理責任者（安衛則第12条の6）

　① 　化学物質管理者を選任した事業場では，リスクアセスメントの結果により従事者に保護具を使用させるときは，保護具着用管理責任者を選任し，次の事項を管理させなければならない。

　　　i　保護具の適正な選択

　　　ii　労働者の保護具の適正な使用

　　　iii　保護具の適正な保守管理

② 保護具着用管理責任者の選任は必要が生じてから14日以内にし，保護具に関する知識，経験を有する者の中から選任する。また，事業者は保護具着用管理責任者に対し職務遂行に必要な権限を付与するとともに掲示等によりその氏名を関係労働者に周知させなければならない。

3 （安全）衛生委員会の活用

　衛生委員会は安衛法で労働者数50人以上の事業場ごとに設置が義務付けられていて，衛生管理に関する調査審議を行い，事業者に対して意見を述べる場である。事業場の労働衛生水準の向上のためには衛生委員会が機能することが重要である。

　衛生委員会は，別途一定の業種・規模の事業場に設置が義務付けられている安全委員会とは別個に設けてもよいが，安全衛生委員会の形態をとっている事業場も少なくない。これは，現場において安全と衛生は一体的に取り組むことが必要であるとの背景があり，委員会においてもこれらを一体として審議することが合理的といえるからである。安全衛生委員会では，安全に関する事項が多く審議される傾向にあるが，衛生に関する事項の審議が低調にならないように留意することが必要である。

(1) 委員の構成

　委員会の委員は，安衛法第18条第2項及び第3項に次のように定められている。
① 総括安全衛生管理者，又は総括安全衛生管理者以外の者で事業の実施を統括管理するもの若しくはこれに準ずる者（例えば副所長，副工場長など）のうちから事業者が指名した者
② 衛生管理者のうちから事業者が指名した者
③ 産業医のうちから事業者が指名した者
④ 当該事業場の労働者で，衛生に関し経験を有するもののうちから事業者が指名した者
⑤ 作業環境測定士（当該事業場の労働者で，作業環境測定を実施している作業環境測定士）

　以上で構成されるが，事業者は，①は1人，②〜⑤の委員のうちその半数については，当該事業場に労働者の過半数で組織する労働組合があるときはその労働組合，ないときは労働者の過半数を代表する者の推薦に基づき指名しなければならない。委員会の議長は原則として①の者がなる。

⑵　調査審議事項

衛生委員会の調査審議事項は安衛法第18条第1項に次のように定められている。

① 労働者の健康障害を防止するための基本となるべき対策に関すること。

② 労働者の健康の保持増進を図るための基本となるべき対策に関すること。

③ 労働災害の原因及び再発防止対策で，衛生に係るものに関すること。

④ ①〜③のほか労働者の健康障害の防止及び健康の保持増進に関する重要事項

上記の④に含まれる事項として，安衛則第22条において以下の12の事項が定められている。

i 衛生に関する規程の作成に関すること。

ii 安衛法第28条の2第1項又は第57条の3第1項及び第2項の危険性又は有害性等の調査及びその結果に基づき講ずる措置（リスクアセスメント等）のうち，衛生に係るものに関すること。

iii 安全衛生に関する計画（衛生に係る部分に限る。）の作成，実施，評価及び改善に関すること。

iv 衛生教育の実施計画の作成に関すること。

v 安衛法第57条の4第1項及び第57条の5第1項の規定により行われる化学物質の有害性の調査並びにその結果に対する対策の樹立に関すること。

vi 安衛法第65条第1項又は第5項の規定により行われる作業環境測定の結果及びその結果の評価に基づく対策の樹立に関すること。

vii 定期に行われる健康診断，安衛法第66条第4項の規定による指示を受けて行われる臨時の健康診断，安衛法第66条の2の自ら受けた健康診断及び法に基づく他の省令の規定に基づいて行われる医師の診断，診察又は処置の結果並びにその結果に対する対策の樹立に関すること。

viii 労働者の健康の保持増進を図るため必要な措置の実施計画の作成に関すること。

ix 長時間にわたる労働による労働者の健康障害の防止を図るための対策の樹立に関すること。

x 労働者の精神的健康の保持増進を図るための対策の樹立に関すること。

xi 安衛則第577条の2第1項，第2項及び第8項の規定により講ずる措置に関すること並びに同条第3項及び第4項の医師又は歯科医師による健康診断の実施に関すること。

xii 厚生労働大臣，都道府県労働局長，労働基準監督署長，労働基準監督官又は労働衛生専門官から文書により命令，指示，勧告又は指導を受けた事項のうち，労

働者の健康障害の防止に関すること。

(3)　委員会の開催

　安衛則第23条において「安全委員会，衛生委員会又は安全衛生委員会を毎月１回以上開催するようにしなければならない。」と定められている。このほか，災害の発生時等，特別な場合は必要に応じて臨時の委員会を開催する場合もある。

　また，委員会における議事で重要なものに係る記録を作成して，これを３年間保存しなければならない。

(4)　議事の概要の周知

　安衛則第23条第３項において議事の概要を次のいずれかの方法により，労働者に周知するよう義務付けられている。
　①　常時各作業場の見やすい場所に掲示し，又は備え付けること。
　②　書面を労働者に交付すること。
　③　事業者の使用に係る電子計算機に備えられたファイル又は電磁的記録媒体をもって調整するファイルに記録し，かつ，各作業場に労働者が当該記録の内容を常時確認できる機器を設置すること。

4　労働安全衛生マネジメントシステムとリスクアセスメント

(1)　労働安全衛生マネジメントシステム（OSHMS）とは

　安全衛生管理がシステムとして機能するためには，労働災害防止のための管理システムとして，労働安全衛生マネジメントシステム（Occupational Safety and Health Management System : OSHMS）の導入が有効である。

　OSHMSは，事業者が労働者の協力のもとに，自主的に行う安全衛生管理のための「しくみ」であり，事業者の方針に基づいて安全衛生目標を設定し，中核となるリスクアセスメントの実施結果を踏まえて安全衛生目標を達成するための「計画を立て」（Plan），「計画を実施し」（Do），「計画の実施状況・結果を評価し」（Check），「評価を踏まえて改善する」（Act）という一連のサイクル（PDCAサイクル）を繰り返し実施することにより，事業場の安全衛生水準を向上させるものである。このマネジメントシステムは，自主的な安全衛生活動を促進するためのものであり，安衛則第24条の2の規定に基づき「労働安全衛生マネジメントシステムに関する指針」（平成11年労

図2−2　OSHMS の概要

働省告示第53号，最終改正：令和元年厚生労働省告示第54号）が公表されている。以下，同指針に示された労働安全衛生マネジメントシステムの概要を示す（**図2−2**）。

　事業場における安全衛生管理は，生産管理や品質管理などの管理体系と同じく組織的活動である。したがって作業環境測定や健康診断を実施しても，組織としてその結果を評価して作業環境等の改善に結び付けるシステムとして機能しなければ，労働衛生水準の向上に効果をもたらすことは困難である。

　従来，わが国の安全衛生管理は，安衛法に定める最低基準の順守や現実に発生した労働災害の再発防止対策を中心として行われてきた。また，優秀で経験豊富な衛生管理者がいる事業場ほど労働衛生管理の水準が高いなど，人の能力，経験や熱意に依存する傾向があった。このような管理手法はそれなりの成果をあげてきたものの，多くの労働者がヒヤリ・ハットを経験していたり，未規制の有害化学物質が多数存在するなど，潜在的な危険性又は有害性はいまだに多く存在している。さらに，経験豊富なスタッフや管理者のノウハウが組織のなかで引き継がれていない懸念がある。

　OSHMS は，こうした問題点を解決したり，より良い職場環境づくりを行うために目標を設定して改善を行っていくためのシステムである。その概要は安全衛生管理を経営と一体化し，安全衛生管理のノウハウを適切に継承しながら，潜在的な危険性又は有害性を特定し，そのリスクを評価し低減していくなど，効果的かつ継続的な自主的活動の実施を可能とする「しくみ」である。OSHMS を適切に運用することにより，労働衛生水準の向上，ひいては労働災害のさらなる減少が実現できる（**図2−3**）。

図2-3 労働安全衛生マネジメントシステムの導入の意義

平成30年には国際標準化機構からISO45001(労働安全衛生マネジメントシステム)が発行され,これを受けて日本産業規格としてJIS Q 45001(労働安全衛生マネジメントシステム-要求事項及び利用の手引)が,さらにはJIS Q 45100(同-安全衛生活動などに対する追加要求事項)等が発行された。あわせて,厚生労働省の「労働安全衛生マネジメントシステムに関する指針」も改正され,企業単位での運用が可能になったほか,「健康の保持増進のための活動の実施に関する事項」が安全衛生計画に盛り込むべき事項とされた。

衛生管理者は,法令で定められた事項を実施するだけではなく,労働衛生水準の向上のためのPDCAサイクルが効果的に回るように,OSHMSの中核を担う者としての役割が期待されている。

(2) リスクアセスメントとは

リスクアセスメント(危険性又は有害性等の調査)とは,労働者の就業に係る危険性又は有害性(ハザード)を特定し,それに対しリスク低減措置を検討する一連の流れをいう。安衛法(第28条の2,第57条の3)において,事業者は危険性又は有害性「等」を調査し,その結果に基づいて,リスク低減措置を講ずるよう努めることが義務付けられている。リスクアセスメントは,以下の手順で実施する。

① 労働者の就業に係る危険性又は有害性の特定
② 特定された危険性又は有害性ごとのリスクの見積り
③ 見積りに基づくリスクを低減するための優先度の設定及びリスク低減措置の内容の検討
④ 優先度に対応したリスク低減措置の実施

リスクアセスメント及びその結果に基づく措置を行うには,事業場トップ,衛生管理者等,作業内容を詳しく把握している職長等,化学物質等に専門知識を有する化学

物質管理者などがそれぞれの役割に応じ，体制を作って取り組む必要がある。またその実施内容については，安全衛生委員会の付議事項とされている。安全衛生委員会やその他の機会を通じて，リスクアセスメントの実施を含む，安全衛生計画の作成，評価及び，改善に当たり労働者の意見を反映させる必要がある。

　リスクアセスメントは，安衛法では，原材料を新規に採用したり，変更したりするとき，作業方法又は作業手順を新規に採用したり変更したりするとき等のように，事業場におけるリスクに変化が生じたり，生じるおそれがあるときに実施することが定められている。また労働衛生水準の継続的な向上のためには，定期又は随時に繰り返し実施することも重要である。

　リスクアセスメントの進め方については厚生労働省より次の指針が示されている。

　①　危険性又は有害性等の調査等に関する指針（平成18年3月）

　②　化学物質等による危険性又は有害性等の調査等に関する指針（平成27年9月）

　③　機械の包括的な安全基準に関する指針（平成19年7月）

　指針では，一連の手順について，一定の方法は示されているが，具体的にどういう方法（手段）で行うかは事業場の自主性にまかされている。したがって事業場においては，それぞれの事業場に最も適している手法により進めることが必要になる。

　現在のように労働環境の変化が大きくなると，業務上疾病の原因も多様化し，労働者の健康を守るには，過去に発生した災害の教訓を基に作られた「最低基準」である法令（12頁参照）を順守するだけでは防げない事象が少なからず存在する。有害性等が明確でない場合には，事前に労働者へのリスクを評価し，リスク低減措置を自主的に行うことが必要となる。したがって，衛生管理者は，リスクアセスメントについての知識を身に付けて，健康障害を防止するための推進役を果たすことが期待される。

　なお，化学物質による健康被害が問題となった胆管がん事案[注]に端を発し，化学物質の管理が見直され，一定の危険性・有害性が確認されている化学物質について，リスクアセスメントの実施が，事業者に義務付けられている。詳細は，第3章4(4)化学物質のリスクアセスメント（65頁）参照。

（注）印刷工場の換気の悪い環境下で法規制外の1,2-ジクロロプロパンを含む有機溶剤をインクの洗浄・払拭業務に使用して多数の従事者が胆管がんを発症した。

5　労働衛生管理に必要な記録と届出，報告

(1)　記　録

衛生管理者が作成に関与すべき労働衛生関連の記録には，次のようなものがある。

① 　衛生管理者の巡視結果

② 　産業医の巡視結果

③ 　（安全）衛生委員会の議事録

④ 　局所排気装置等の定期自主検査結果

⑤ 　安全衛生教育の実施結果

⑥ 　作業環境測定結果

⑦ 　健康診断結果

⑧ 　作業の記録

(2)　届出，報告

衛生管理者が関与すべき行政官庁への届出，報告には，主に次のようなものがある。

ア　選任報告

① 　対　象

総括安全衛生管理者，衛生管理者，産業医

② 　留意点

・事業場でその事業の実施を統括管理する者の中から総括安全衛生管理者を
選任し，遅滞なく報告する

・衛生管理者の選任報告には免許証の写し等又は資格を証する書面（又は写
し）を添付すること

・産業医は，医師免許証及び認定産業医研修の修了証等資格を証する書面を
添付すること

イ　健康診断結果等報告（③，⑤以外は常時50人以上労働者を使用している事業場）

① 　安衛則第44条の定期健康診断結果報告

② 　安衛則第45条の特定業務従事者の健康診断結果報告

③ 　安衛則第48条の歯科医師による健康診断結果報告（定期のものに限る）

④ 　安衛則第52条の21のストレスチェック検査結果等報告書

⑤ 　安衛令第22条の特殊健康診断結果報告（定期のものに限る）

ウ　設置報告等

①　局所排気装置等の計画の届出（安衛法第88条による）等

②　石綿解体作業等の計画の届出，事前調査結果の届出等

③　特別管理物質及び石綿に係る事業廃止の際の記録等の報告届

④　事故報告（化学物質等による火災，爆発等）

エ　その他の報告・申請

①　労働者死傷病報告（休業が4日以上，4日未満に分けて報告）

②　じん肺の管理区分決定申請（じん肺健康診断の結果，有所見者に関して申請）

③　その他（感染症，食中毒等の疾患については，当該事業場として所轄保健所との連絡，調整等を忘れてはならない）

第3章
作業環境要素

科目：労働衛生

試験範囲	学習のポイント
作業環境要素	○ 職場において，労働者の健康に影響を与える作業環境要素について，学習する。 ・一般作業環境では，温熱，空気環境，視環境，音環境，作業空間について，有害作業環境では，物理的，化学的要因等について理解する。

1 作業環境要素とは

　本章で述べる作業環境要素とは，職場の作業環境や作業のしかたに内在する労働者の健康に影響を与える可能性がある要因のことである。これらの要因に労働者がさらされることを，一般に「ばく露」という。多岐にわたる要因のうち，代表的なものを表3−1に示す。

　労働衛生管理において，衛生管理者は，作業者が従事している職場の作業環境及びその環境での個人ごとのばく露に関わる作業方法などの条件について，常に，包括的かつ経時的に理解しておく必要がある。特に，作業環境要素のうち有害なものにばく露することが明らかな場合は，作業環境の測定と評価，作業の観察と改善，労働衛生対策のための設備の設置・改善，作業時間の制限などを実施することによって，労働者に健康影響や健康障害が生じないような措置をとる必要がある。

　なお，職場の作業環境中の有害物質の状態を把握するための濃度の測定方法やその結果の評価方法は，第5章の作業環境管理に記載する。

表3−1　作業環境要素（例）

```
［一般作業環境要素］
 1 温熱環境（温度，湿度，気流，輻射熱）
 2 空気環境及び換気（浮遊粉じん，一酸化炭素，二酸化炭素）
 3 視環境（採光，照明，彩色）
 4 音環境（大きさ，高さ，音色）
 5 作業空間
 6 休憩時間と休憩室
［有害作業環境要素］
 1 物理的要因
   高温，低温/異常気圧/騒音/電離放射線/振動/重量物/有害光線（赤外線，紫外線，
   レーザー光線，電磁波等）等
 2 化学的要因
   粉じん/金属（鉛，クロム，マンガン，水銀，インジウム等）/有機溶剤（脂肪族炭
   化水素，有機ハロゲン化合物，アルコール等）/酸・アルカリ/ガス（フッ化水素，
   二酸化イオウ，一酸化炭素，硫化水素等）/その他の化学物質（コールタール，塩
   素化ビフェニル（PCB），塩化ビニル，ホルムアルデヒド等）等
 3 生物学的要因
   結核/インフルエンザウイルス/新型コロナウイルス/食中毒原因病原体（ベロ毒素
   産生性大腸菌，サルモネラ菌，ノロウイルス等）/血液媒介病原体（B型肝炎ウイ
   ルス，C型肝炎ウイルス，HIVウイルス等）等
 4 心理社会的要因等
   監視作業/長時間労働/心理的負荷等
```

　また，作業環境中の有害物質の濃度が通常であれば健康障害を起こすレベル以下であっても，個人ごとにばく露が異なることがある。例えば，機械の保守点検などの非定常的な作業が行われている場合や，労働者によって作業方法や作業時間の違いがあるために一部の労働者が高い濃度でばく露している場合などがあり，注意する必要がある。

　さらに，有害性がよく分からない作業環境要素が存在する可能性がある場合には，労働者集団のサーベイランス（集団における健康指標を追跡してその変化を分析すること）を行い，その健康影響を評価して，万一，有意な所見を認める場合は，原因の究明と有効な対策の実施について検討することが求められる。

　また，新しい化学物質を使用したり，新しい作業方法を導入したりする場合は，各種の情報を収集してその健康影響を推定するなどの方法でリスクアセスメントを行う必要がある。

2 一般作業環境

(1)　温熱環境

関連ページ　95頁，169頁

　温度感覚を左右する環境条件は，気温，湿度，気流，輻射（放射）熱の4つの要素によって決まる。健康障害が発生するかどうかは，これらに加えて，作業強度，作業時間，服装，保護具，暑熱順化，水分・塩分の摂取量，皮下脂肪量，体調・持病などが関係する。

　熱中症は，高温・多湿の風のない炎天下の環境で，作業の初日や急に暑くなった日に多発する。一方，低体温症は，低温で風の強い環境で多発する。凍傷は，低温な環境で，外気に露出した部位や水に濡れた四肢の末梢などに局所的に生じやすい。

　安衛則は，暑熱，寒冷又は多湿の職場には，半月以内ごとに1回，定期に，気温，湿度，輻射熱の測定を義務付けている（輻射熱については，一部の屋内作業場）。事務所則では，中央管理方式の空気調和設備を設けている事務室に，原則2カ月以内ごとに1回，定期に，温度（室温，外気温），相対湿度，一酸化炭素及び二酸化炭素の含有率の測定を義務付けている（表3－2）。

　また，事務室の気温が10℃以下の場合は，暖房する等適当な温度調節の措置を講じなければならない。空気調和設備を設けている場合は，室の気温を18～28℃，相対湿度を40～70％に調整するように努めることが求められている。

表3－2　事務室の環境管理（事務所則より）

項　目			基　準
事務室の環境管理	空気環境	気　積	10m³/人以上とすること
		窓その他の開口部	最大開放部分の面積を床面積の20分の1以上とすること
		室内空気の環境基準 一酸化炭素	50ppm 以下とすること
		室内空気の環境基準 二酸化炭素	5,000ppm 以下　〃
		温　度 10℃以下のとき	暖房等の措置を行うこと
		温　度 冷房実施のとき	外気温より著しく低くしないこと
		空気調和設備または機械換気設備により室内に供給する空気 浮遊粉じん（約10μm 以下）	0.15mg/m³以下とすること
		一酸化炭素	10ppm 以下　〃
		二酸化炭素	1,000ppm 以下　〃
		ホルムアルデヒド	0.1mg/m³以下　〃
		気　流	0.5m/s 以下　〃
		空気調和設備 室　温	18℃以上28℃以下になるように努めること
		相対湿度	40%以上70%以下　〃
		測　定（中央管理方式の空気調和設備を設けている建築物の室で事務所用のもの）	・室温，外気温，相対湿度，一酸化炭素，二酸化炭素について2月以内ごとに1回，定期に行うこと。ただし，室温及び相対湿度については，1年間，所定の基準を満たし，かつ，今後1年間もその状況が継続すると見込まれる場合は，春（3～5月）又は秋（9～11月），夏（6～8月），冬（12～2月）の年3回の測定とすることができること ・測定結果を記録し，3年間保存すること
		ホ　ル　ム　ア　ル　デ　ヒ　ド	室の建築，大規模の修繕，大規模の模様替を行った場合は，当該室の使用を開始した日以後最初に到来する6月から9月までの期間に1回，測定すること
	燃焼器具	室等の換気	排気筒，換気扇，その他の換気設備を設けること
		器具の点検	異常の有無の日常点検を行うこと
		室内空気の環境基準 一酸化炭素	50ppm 以下とすること
		二酸化炭素	5,000ppm 以下　〃
	空気調和設備	冷却塔 水　質	水道法第4条に規定する水質基準に適合させること
		点　検	使用開始時，使用を開始した後，1月以内ごとに1回，定期に行うこと
		清　掃	1年以内ごとに1回，定期に行うこと
		加湿装置 水　質	水道法第4条に規定する水質基準に適合させるための措置をとること
		点　検	使用開始時，使用を開始した後，1月以内ごとに1回，定期に行うこと
		清　掃	1年以内ごとに1回，定期に行うこと
		空気調和設備の排水受け 点　検	使用開始時，使用を開始した後，1月以内ごとに1回，定期に行うこと
	機械による換気のための設備の点検		・初めて使用するとき，分解して改造，修理の際及び2月以内ごとに1回定期に行うこと ・結果を記録し，3年間保存すること
	採光・照明	照　度 一般的な事務作業	300lx 以上とすること
		付随的な事務作業	150lx 以上　〃
		採光・照明の方法	①明暗の対照を少なくすること（局所照明と全般照明を併用）
			②まぶしさをなくすこと
		照明設備の点検	6月以内ごとに1回，定期に行うこと
	騒音伝ぱの防止	タイプライター等事務用機器で騒音を発するものを，5台以上集中して同時に使用する場合	①作業室を専用室とすること
			②専用室はしゃ音及び吸音の機能をもつ天井及び隔壁とすること

　温熱環境を空気調和設備により調節する際は，設備本体や部屋の壁のコントローラーにより設定する温度ではなく，作業場所の温度を測定して調節する。空調の気流は，作業者にまんべんなく届き，ゆっくり変化するのが理想である。冷気が部屋の下層にとどまり，暖気が部屋の上層にとどまらないように，扇風機で室内の空気の対流を促す。

　暑熱な場合は，身体の体温調節機能に負担がかからないよう，次のような工夫等を考える必要がある。

・室内で蒸気や熱気が発生する場合は，その自然上昇を利用してフードで誘導して上方から排気することを検討する。

・すぐに使わない電気製品は電源を切ることで発熱源を減らす。

・屋外や大きな工場など広い空間では，作業者がいる場所に冷風を送るスポットクーラーや外気を取り入れて対流させる大型換気扇を利用する。

・職場や作業に合ったファン付き作業服を使用させる。

・炎天下や西日が差し込む室内，道路のアスファルト，グラウンドの土などは，赤外線の輻射熱により表面温度が上昇するので，休憩場所は，風通しのよい日陰に確保する。

・発汗作業に関する措置として，塩及び飲料水，塩飴や塩タブレット等のほかスポーツドリンクを備えておく。

　以上のように，気温，湿度，気流，輻射熱の温熱要素で，温熱環境が決まってくる。この温熱条件を評価するためには，要素を一つずつ測定することが一般的であるが，さらにそれを総合して一つの尺度 WBGT（Wet Bulb Globe Temperature：湿球黒球温度（単位：℃））で温熱条件を表すことができる。

　WBGT は，労働環境において作業者が受ける暑熱環境による熱ストレスの評価を行う簡便な指標である。暑熱環境を評価する場合には，気温に加え，湿度，気流，輻射熱を考慮して総合的に評価する必要があり，WBGT はこれらの基本的温熱諸要素を総合したものとなっている。WBGT の値は次の式で算出される。

　　　日射がある場合：

　　　　WBGT 値＝0.7×自然湿球温度＋0.2×黒球温度＋0.1×気温（乾球温度）

　　　日射がない場合：

　　　　WBGT 値＝0.7×自然湿球温度＋0.3×黒球温度

　熱中症については，「職場における熱中症予防基本対策要綱の策定について」（令和3年4月20日付け基発第0420第3号，一部改正：令和3年7月26日付け基発0726第2号）において，熱中症のリスク評価指標として，身体作業強度等に応じた WBGT 基

準値が示されており，厚生労働省では WBGT の指標を用いた暑熱環境の評価をするべきであるとしている（**表3－3**）。

表3－3　身体作業強度等に応じた WBGT 基準値

区分	身体作業強度（代謝率レベル）の例	WBGT 基準値	
		暑熱順化者の WBGT 基準値　℃	暑熱非順化者の WBGT 基準値　℃
0 安静	安静，楽な座位	33	32
1 低代謝率	軽い手作業（書く，タイピングなど）；手及び腕の作業（小さいベンチツール，点検など）；腕及び脚の作業(通常の状態での乗り物の運転など)；立位でドリル作業；フライス盤；コイル巻き；小さい電機子巻き；小さい力で駆動する機械；2.5km/h 以下での平坦な場所での歩き。	30	29
2 中程度代謝率	継続的な手及び腕の作業（くぎ打ち，盛土）；腕及び脚の作業(トラックのオフロード運転など)；腕と胴体の作業（空気圧ハンマーでの作業，トラクター組立て，しっくい塗り，中くらいの重さの材料を断続的に持つ作業，草むしりなど）；軽量な荷車及び手押し車を押したり引いたりする；2.5～5.5km/h での平坦な場所での歩き；鍛造	28	26
3 高代謝率	強度の腕及び胴体の作業；重量物の運搬；ショベル作業；ハンマー作業；のこぎり作業；硬い木へのかんな掛け又はのみ作業；草刈り；掘る；5.5～7km/h での平坦な場所での歩き；重量物の荷車及び手押し車を押したり引いたりする；鋳物を削る；コンクリートブロックを積む。	26	23
4 極高代謝率	最大速度の速さでのとても激しい活動；斧を振るう；激しくシャベルを使ったり掘ったりする；階段を昇る；平坦な場所で走る；7km/h 以上で平坦な場所を歩く。	25	20

（注）・日本産業規格 JIS Z8504（熱環境の人間工学―WBGT（湿球黒球温度）指数に基づく作業者の熱ストレスの評価―暑熱環境）附属書 A「WBGT 熱ストレス指数の基準値」を基に，同表に示す代謝率レベルを具体的な例に置き換えて作成したもの。
　　　・暑熱順化者とは，「評価期間の少なくとも1週間以前から同様の全労働期間，高温作業条件（又は類似若しくはそれ以上の極端な条件）にばく露された人」をいう。
　　　（出典：令和3年4月20日付け基発第0420第3号，一部改正：令和3年7月26日付け基発0726第2号）

(2)　空気環境及び換気

関連ページ　170頁，171頁〉

　人間が就業する事務所の空気環境には，前項の物理的な条件のほかに，粉じんや二酸化炭素，一酸化炭素，ホルムアルデヒドなどのさまざまな化学物質や，かぜウイルスやダニなどの生物学的因子が存在する可能性がある。

　ビルなどの室内の空気は，屋上に設置した設備で外気と換気しながら給気と排気がなされていることが多いが，温度調節や加湿の効率を保つために，一定の割合で循環させている。換気量，循環空気量の割合，そして室内の就業者数によっては，二酸化炭素濃度が徐々に上昇することもある。その際は，浮遊粉じんなども上昇すると考えられる。

　安衛則と事務所則は，換気設備が設置されていない場合は，直接外気に向かって開放できる窓や開口部の面積を，常時，床面積の20分の1以上になるようにしなければならないことを規定している。また，気積は設備の占める容積及び床面から4mを超える高さにある空間を除き，作業者1人について10m³以上としなければならない。

　事務所則では，室内空気の環境基準について，一酸化炭素濃度50ppm以下，二酸化炭素濃度0.5%以下と規定している。また，空気調和設備を設けている場合，室に供給する空気は，浮遊粉じん0.15mg/m³以下，一酸化炭素10ppm以下，二酸化炭素0.1%以下，ホルムアルデヒドの量0.1mg/m³以下，気流0.5m/s以下，また室内の気温18〜28℃，相対湿度40〜70%，という数字を示している。さらに，温度が10℃以下であれば暖房すること，冷房実施のときは外気温より著しく低くないことを定めている（表3−2，48頁）。

　屋外への排気筒などが付属していない暖房器具やガス調理器がある場合などは，一酸化炭素等が貯留しやすい室内環境となることに十分に注意し，調理器の付近に独立の換気扇を設置したり，こまめに窓を開けたりするなどして換気を行う必要がある。

　また，灯油による暖房器具からはさまざまな石油系炭化水素が発生し，不完全燃焼によって一酸化炭素が発生することがあることにも注意して，十分な換気を行う必要がある。調理場などの生ごみなどは異臭を発生させることがないように，こまめに廃棄する。

　冬から春にかけて相対湿度が40%未満になって乾燥する場合は，加湿器を利用する。

　さらに，建物内に喫煙専用室が設置されている場合は，たばこ煙が天井まで上昇することから天井部分には隙間のない隔壁を設けることと，非喫煙区域と喫煙区域の境界面では喫煙区域に向けて0.2m/s以上の気流が常時確保されるように喫煙区域からの換気を十分に確保することが重要である。これは，周辺において，浮遊粉じんの測

定によって粒子状のたばこ煙の漏れがないことが確認されていても，たばこの臭いのミストやガスは粉じんよりも粒径が小さく，非喫煙区域側に漏れていることがあるためである。

(3)　視環境

作業場の採光，照明，彩色などは快適性や作業能率に大きな影響を与える。作業の対象物などがよく見えないとか，努力しなければ見えないといった条件の中での作業は，視機能に負担を与えるだけではなく，間違いが増加したり，眼を作業台に近づけるために，余計な粉じんやガスを吸い込むことにより，いろいろな健康障害を起こしたり，思わぬケガをすることになる。したがって，視環境についても十分留意しなければならない。

　ア　照　度　　　　　　　　　　　　　　　　　　　　関連ページ　171頁

　　照度とは，単位面積当たりに供給された光の量を示す指標で，ルクス（lx）という単位で示される。1 lx は，1カンデラ（cd）の光源から，1m 離れた所でその光に直角な面が受ける明るさのことである。照度については，安衛則及び事務所則で作業ごとに**表3－4**に示した照度が最低必要であると規定している。

　　また，日本産業規格（JIS）では，品質の改善や作業の合理化などを目的に工場の照明基準を規定している（**表3－5**）。

　　情報機器作業における労働衛生管理のためのガイドラインでは，ディスプレイを用いる場合，書類上及びキーボード上における照度は300 lx 以上とすることとされている。一般に，ディスプレイ画面や書類の文字は照度が高いほどよく見えるので，判別する文字が小さくなるほど照度を上げる必要がある。また照度が不足すると，誤認や疲労を招きやすくなりミスを起こす要因ともなる。一方，明るすぎても疲労度は増すことに留意する。

　イ　まぶしさ（グレア）

　　視野内に過度のまぶしさ（グレア）が生じると不快感や疲労を生じるので，照明の光源やその反射が作業者の視野に入らないように，作業位置を工夫したり，

表3－4　事務所や事務作業の照度（事務所則第10条）

作業の区分	基準
一般的な事務作業	300 lx 以上
付随的な事務作業	150 lx 以上

※精密な作業を行うときは，JIS Z 9110 等を参照し，対応する作業に応じてより高い照度を事業場で定める。

表3−5　日本産業規格（JIS）による工場の照明基準　（JIS Z 9110：2010より）

領域，作業，又は活動の種類		照度 (lx)
作業	精密機械，電子部品の製造，印刷工場での極めて細かい視作業，例えば，組立 a，検査 a，試験 a，選別 a	1500
	繊維工場での選別，検査，印刷工場での植字，校正，化学工場での分析などの細かい視作業，例えば，組立 b，検査 b，試験 b，選別 b	750
	一般の製造工場などでの普通の視作業，例えば，組立 c，検査 c，試験 c，選別 c，包装 a	500
	粗な視作業で限定された作業，例えば，包装 b，荷造 a	200
	ごく粗な視作業で限定された作業，例えば，包装 c，荷造 b，荷造 c	100
	設計，製図	750
	制御室などの計器盤及び制御盤などの監視	500
	倉庫内の事務	300
	荷積み，荷降ろし，荷の移動など	150
執務空間	設計室，製図室	750
	制御室	200
共用空間	作業を伴う倉庫	200
	倉庫	100
	電気室，空調機械室	200
	便所，洗面所	200
	階段	150
	屋内非常階段	50
	廊下，通路	100
	出入口	100

注記：同種作業名について見る対象物及び作業の性質に応じて，次の3つに分ける。
a) 表中の a は，細かいもの，暗色のもの，対比の弱いもの，特に高価なもの，衛生に関係ある場合，精度の高いことを要求される場合，作業時間の長い場合などを表す。
b) 表中の b は，a）と c）との中間のものを表す。
c) 表中の c は，粗いもの，明色のもの，頑丈なもの及びさほど高価でないものを表す。

　天井や壁に光をあて，反射光により作業面を照らす間接照明を利用したりすることが望ましい。高齢者は若年者に比較して，一般に高い照度が必要になるが，老人性白内障の症状がある場合，白内障の原因である水晶体の混濁が進むとまぶしさを感じやすくなることもあるので注意する。東西向きの窓がある場合は，朝日や西日によってまぶしさを感じたり，室内の照度に不均衡が生じないようにカー

テンやブラインドを使用して採光を調節することや，人工照明によって窓からの自然光と適度に組み合わせることが望ましい。

　なお，四方八方から同じくらいの明るさの光がくると，見る物に影ができなくなり，立体感がなくなるので不都合な場合もある。

ウ　彩　色

　室内の彩色については，彩度（色の鮮やかさの尺度。無彩色は白，黒など。）の高い色彩は交感神経の緊張を招きやすいので，長時間にわたって見る場合は疲労を招きやすい。また，明度（色の明るさ。高い色は白，低い色は黒。）の高い色彩は光の反射率が高いことから照度を上げる効果があり，目より上方の壁や天井は明るい色を用いる。一方，目の高さ以下は，まぶしさを防ぎ安定感を出すため，濁色（白と黒を元の色に混ぜたくすんだ色）を用いるとよい。

　長時間滞在する室内での作業において疲労を避けるためには，壁，天井，ブラインド，机，椅子，事務機器などの色調は調和の取れたものを採用することが望ましい。なお，色覚障害者への配慮についても留意する必要がある。

(4)　音環境

関連ページ　97頁，161頁，249頁

　音の大きさは，音圧レベル（Lp）で表され，その単位はデシベル（dB）で表す。音の高さは周波数で表され，その単位はヘルツ（Hz）で表す。音圧レベルは，通常，人間が聴くことができる最も小さな音圧に対する比の常用対数を20倍して求められ，次の式で表す。

　$Lp = 20\log(p/p_0)$

　p：ある音の音圧（単位は μPa），p_0：基準音圧（20μPa）

　実際の音圧レベルは刻々変化するが，それが仮に一定の音圧レベルであったとしたとき，ある時間内に伝わった音のエネルギーが等しくなるような音圧レベルのことを等価騒音レベル（L_{Aeq}）という（**図3－1**）。一般的に，騒音は時間とともに変化するので，衝撃音を除いて瞬間値を測るのではなく，等価騒音レベルを測定する。言いかえれば，等価騒音レベルとは変動している騒音レベルを一定時間内の平均値として表した値といえる。

　人間が聴くことができる高さの音は，およそ20～20,000Hz であるが，周波数によって音のエネルギーと音が聴こえる大きさが異なる。さまざまな高さの音を人間にとっての聴こえ方で音圧レベルを補正することをA特性による補正といい，dB で表す。

　騒音の大きさが会話音域で60dB 程度になると会話，電話，会議に支障がでることがあるので，常時このような騒音がある部屋は事務室や休憩室には適さない（**表3－**

図3-1　等価騒音レベル（L_{Aeq}）

6）。事務所則は，室内で生じる有害な騒音に対しては隔壁を設ける等その伝ぱを防止するための必要な措置を講じるよう規定している。特に，事務用機器で騒音を発するものを5台以上集中して同時に使用するときは，遮音及び吸音の機能を持つ天井及び壁で区画された専用の作業室を設けなければならない。事務用機器は，低騒音の機器を採用することが望ましい。屋外や周囲の騒音が伝わる場合は，窓や壁の遮音性を高めることが望ましい。

　騒音は，人にとってうるさいと感じる音のことであり，大きな音ではなくても，不

表3-6　騒音の感じ

デシベル (dB)	騒 音 の 感 じ	実　　　例
—140—		
—130—	耳の疼痛感	
—120—		ジェット機の爆音
—110—		トンネル内で窓を開けた電車内 さく岩ドリルの音（1m）
—100—	耳を覆いたくなる	ガード下の電車通過時 地下鉄の駅通過時
—90—	目前の人と話ができない	騒音の著しい工場
—80—	よほどの声をはりあげないと，話ができない	高架鉄道（車内）
—70—	意識的に声を大きくして話す	街の雑踏，普通の機械工場
—60—	うるさい感じだが，普通に会話できる	忙しい事務室内
—50—	ざわざわと，いつでも音が耳について落ち着かない	一般的な事務室
—40—	静かであるが，音からの解放感がない	耳をすましている聴衆内，声を落とした会話
—30—	静かに落ち着いた感じ	放送用スタジオ内，静夜中
—20—	しーんとした感じ	
—10—		ささやき声
—0—		防音室での最小可聴音

協和音，高音，作業と関係のない話し声などは騒音になりやすい。逆に，作業能率を上げる目的で，音楽や鳥の鳴き声などを聴かせることが効果的な場合もある。

⑸　作業空間

　適切な作業空間を確保することは，安全かつ効率的に作業をするための基本である。作業空間は，通路と区別すること，よく使う道具は身近に置き場を決めておくこと，机の下には物を置かないこと，一作業ごとに整理整頓すること等によって，快適さを確保することが望ましい。

　リサイクル用品や分別用のごみ箱は室内で設置場所を定めておくこと，また，電源コードやLANケーブルなど配線はまとめ，直接踏まないように保護することはつまずきの防止にもなる。観賞用の花，植物，絵などを室内に配置することによって，作業能率が上がることもある。

⑹　休憩時間と休憩室

　休憩時間には，腰を伸ばすことなどにより筋骨格系の身体的疲労を回復し，仲間と談話するなどにより精神的なストレスを緩和するとよい。作業者が，元気に生き生きと働くことは，作業能率の向上や職場の活性化にも寄与する。

　安衛則では，常時50人以上又は常時女性30人以上の労働者を使用するときは，臥床（がしょう）（横になることが）できる休養室又は休養所を，男性用と女性用に区別して設けなければならないとされている（**表3−7**）。更衣室や休養室等は，入口や通路から直視されない設備を設け，関係者以外の出入りを制限して，プライバシーを確保する。

　また，多量の発汗や身体の汚れを伴う作業がある場合には，シャワー室等の洗身施設を整備することが望ましい。また，職場における疲労やストレス等についての相談室を設置すること，職場内に労働者向けの運動施設を設置すること，敷地内に緑地を設けることなども望ましい。これらの休養室等の設備は，常時清潔に保持する必要がある。

③ 有害作業環境

⑴　職場・作業と有害要因

　人はさまざまな職場で，さまざまな作業を行っているが，これらの職場や作業の中には，健康障害を引き起こす可能性のある有害要因が存在することがある。ある特定

表3－7　安衛則等で定められている項目等

便所	区　別	男性用と女性用に分けること
	男性用※大便所	60人以内ごとに1個以上とすること
	男性用※小便所	30人以内ごとに1個以上とすること
	女性用※便所	20人以内ごとに1個以上とすること
	便　池	汚物が土中に浸透しない構造とすること
	手洗い設備	流出する清浄な水を十分に供給すること
洗　面		洗面設備を設けること
被服汚染の作業		更衣設備を設けること
被服湿潤の作業		被服の乾燥設備を設けること
休　憩		休憩の設備を設けるよう努めること
夜間の睡眠，仮眠		睡眠又は仮眠の設備を男女別に設け，寝具等必要な用具を備え，かつ，疾病感染を予防する措置を講ずること
50人以上又は女性30人以上		臥床することのできる休養室又は休養所を男性用と女性用に区別して設けること
持続的立業		いすを備え付けること
救急用具の備付け		負傷者の手当に必要な用具，材料を備えること

※常時使用する労働者数が10人以下の場合は，男性用と女性用を区別しない独立個室型の便所でもよい。独立個室型の便所を設ける場合は，算定基準とする労働者数について，独立個室型1個につき，男女それぞれ10人ずつを減じることができる。

の職場や作業では，そこに存在する可能性の高い有害要因を想定することができる。あらかじめ職場や作業と有害要因との関係を知ることにより，発生する可能性の高い健康障害を予想することができ，予防対策を講じることができる。また，健康障害が発生した場合には，労働者の過去の業務を含め就業していた職場や作業内容から，そこに存在した有害要因とその健康障害との関係を推定することもできる。

　ア　業種による特徴

　　それぞれの業種により，使用する原料や設備などがある程度定まっており，健康障害を引き起こす有害要因を推定することができる。例えば，製造業等では原料として使用される化学物質などによる健康障害，圧延機や送風機，研磨工具などから発生する騒音による聴力障害，炉の周囲での暑熱環境による熱中症や発生する粉じんによるじん肺などがある。また，サービス業では，長時間の情報機器作業による眼の疲れや肩こり，精神的ストレスによる不眠などがある。

イ　職種による特徴

　職種によっても，特有の有害要因があり，推定することができる。例えば，介護従事者では腰痛，林業従事者では振動障害，教育職では精神的ストレスによる睡眠障害やメンタルヘルス不調等を推定することができる。医療職では，針刺し事故による感染症や手袋のアレルギー性皮膚炎によるものがある。

ウ　隣接職場からの影響

　当該職場に有害要因がなくても，隣接する職場に有害要因が存在する場合，その有害要因の影響を受けることがある。例えば，隣に騒音職場がある場合，伝ぱ防止対策が取られていないと，騒音にばく露されることがある。隣接職場からの影響を考慮しなければならない他の有害要因としては，粉じん，有機溶剤等の化学物質，酸素欠乏空気などがある。

⑵　有害性　　　　　　　　　　　　　　　関連ページ　90頁

ア　発がん性・変異原性

　発がん性とは，生体に作用し，がんを生じさせる性質をいう。発がん性を持つ要因としては，ベンジジン，ベンゼンなどの化学的要因や電離放射線などの物理的要因，C型肝炎ウイルスなどの生物学的要因がある。

　変異原性とは，有害要因が細胞の染色体や遺伝子に作用し，損傷したり変化などを起こさせる性質をいう。変異原性のある物質はがん原性もある可能性が高いと考えられている。これらの性質を評価する方法として，安衛法に基づく新規化学物質届出時の変異原性試験では，微生物を用いる変異原性試験（エームス試験等）とほ乳類培養細胞を用いる染色体異常試験が用いられている。後述するGHS（The Globally Harmonized System of Classification and Labelling of Chemicals：化学品の分類および表示に関する世界調和システム）では，生殖細胞変異原性として，ヒトにおいて次世代に受け継がれる可能性のある突然変異を調べて評価している。

　IARC（International Agency for Research on Cancer：国際がん研究機関）は，人への発がん性を，グループ1（人に対する発がん性があるもの），グループ2A（人に対する発がん性がおそらくあるもの），グループ2B（人に対して発がんの可能性があるもの），グループ3（人に対して発がん性があるとみなすことができないもの），グループ4（人に対する発がん性がおそらくないもの）に分類している。

　日本産業衛生学会では，発がん物質について，ヒトにおける疫学的証拠をもっ

とも重要なよりどころとして，動物実験の結果から検討を行い，ヒトに対する発がんの証拠が確かである順に第1群，第2群A，第2群Bと分類している。

　また，ACGIH（American Conference of Governmental Industrial Hygienists：米国産業衛生専門家会議）は，物質の人に対する発がん性について，A1〜A5の5段階に分類している。

イ　その他の有害性（神経毒性，生殖毒性，窒息性，感作性ほか）

　金属や化学物質には，特定の臓器に特有の障害を起こすものがある。

　神経毒性とは，神経機能を障害することをいう。神経毒性を持つ金属として，有機水銀やマンガン等がある。

　生殖毒性とは，妊娠や出生の経過や胎児などを障害することで，生殖毒性を持つ化学物質として，二硫化炭素，鉛，砒素化合物などがある。

　窒息性とは，一般に，それ自体は有毒ではない窒素や二酸化炭素などのガスが，酸素の供給を妨げることで窒息させる性質をいう。

　感作性とは，人によって皮膚や呼吸器に免疫系のアレルギー反応を生じることで，ぜんそくや皮膚炎を起こすことがある化学物質としてイソシアネートなどがある。

ウ　新規化学物質の有害性評価

　新しく開発された化学物質を製造し，又は輸入しようとする事業者は，厚生労働大臣の定める基準に従って，変異原性試験又はがん原性試験など有害性の調査を行い，結果を厚生労働大臣に届出し，また，有害性調査を行った事業者は，その結果に基づいて労働者の健康障害を防止するための措置を速やかに行わなければならない。

(3)　有害要因による健康影響の評価

　有害要因による健康影響は，その有害要因によるばく露量やばく露時間から推定することができる。そのため作業環境管理のために定期的に作業環境の測定や個人ばく露量の測定や代謝物の測定を行うが，その評価基準として，管理濃度，許容濃度，生物学的許容値等がある。日本産業衛生学会が公表している許容濃度や生物学的許容値は，その濃度以下であればほとんど全ての作業者に健康上の悪い影響がみられないと判断される濃度のことである。なお，ACGIH は同様の基準として TLVs（ばく露限界値），BEIs（生物学的ばく露指標）を勧告しており，世界中で参照されている。厚生労働省が告示している管理濃度は，作業環境管理を進める過程で，作業環境測定結果から作業環境の状態が良好か否か判断するための指標である。また，令和5年4月

にリスクアセスメント対象物に対する濃度基準値が告示され，その濃度の基準の適用に関する技術上の指針も公示された（令和6年4月1日施行）。なお，作業環境の測定や評価については，第5章「作業環境管理」（119頁）に詳説する。

4 化学物質管理

(1) 化学物質管理の必要性

　わが国の産業界で使用されている化学物質は，約7万物質を数え，新たに年間約1,000件に及ぶ製造・輸入された化学物質が届出されている。これらの新規化学物質の中には労働者がばく露されると健康障害を生ずるおそれのあるものがある。

　事業場における化学物質の管理は，法令に基づき適切に行うことはもとより，危険有害性の調査を行い，その結果に基づいて，労働者の健康障害を防止する措置を具体的に実施する必要がある。

　化学物質は，物質により危険有害性が異なる。化学物質の管理においては，事業場で製造又は取り扱う物質の危険有害性の情報を把握し，管理者を通じて労働者に周知させる必要がある。また，産業医，化学物質管理者，衛生管理者などが講師となり，ライン管理者や作業者への教育等により化学物質への理解を深めさせ，日常の作業管理を徹底するとともに，作業環境管理，健康管理の水準を向上させて，健康障害の発生を防止しなければならない。

(2) 化学物質等の危険有害性に関する表示・文書交付制度

　化学物質等による労働災害には，事業者が化学物質等の危険有害性，適切な取扱い方法等を知らなかったことが原因とみられるものがある。

　この背景には，化学物質等の危険有害性をその色や形状から判断することは困難であること，化学物質等はさまざまな種類のものが事業場で使用されていること，事業者及び化学物質等を取り扱っている労働者に化学物質等の危険有害性に関する情報が十分に周知されていないこと等がある。

　国際的には，米国，EU諸国等においてSDSの制度がすでに定着しており，日本や東南アジア，中国などでも利用されている。国際労働機関（ILO）においても化学物質等の危険有害性の周知を主な内容とする「職場における化学物質の使用の安全に関する条約（第170号条約）」が採択されていて，職場における化学物質等の危険有害性の周知の重要性が認識されている。

わが国においても，労働者に危険もしくは健康障害を生ずるおそれのある化学物質について，譲渡又は提供の際のSDSの交付が義務付けられている（厚生労働省のホームページの「職場のあんぜんサイト」（https://anzeninfo.mhlw.go.jp/）でSDSの情報が閲覧できる）。

またGHSに関する国連勧告に基づき，個々の化学物質について，危険有害性の分類ごとに，それぞれの危険有害性とその程度を区分し，その区分に応じた標章（絵表示），注意喚起語，危険有害性等を表すこととされている。

わが国においても，このGHSの国連勧告に対応し，化学物質等の危険有害性の情報を提供する仕組みとして，容器等への危険有害性の表示，SDSの交付等の表示・文書交付制度が設けられている。

安衛法第57条における容器への表示（ラベル）については，同法第56条の製造許可対象物質のほか，安衛令第18条で定められている爆発性等の危険性のある化学物質及び有害性のある化学物質が対象となっている（表示対象物）。ただし，固形物の適用除外が規定されており，譲渡又は提供の過程（運搬や貯蔵）で，固体以外の状態かつ粉状にならず，爆発・火災などの危険性や皮膚腐食性のおそれがないものについては，ラベル表示が不要である。また，裾切り値（製剤（混合物）中の対象物質の含有量がその値未満の場合，表示の対象とされない）も設定されている。

表示内容は，GHS国連勧告等を踏まえ次のとおりとなっている。

① 名称
② 人体に及ぼす作用
③ 貯蔵又は取扱い上の注意
④ 表示する者の氏名（法人にあっては，その名称），住所及び電話番号
⑤ 注意喚起語
⑥ 安定性及び反応性
⑦ 注意を喚起するための標章で厚生労働大臣が定めるもの。

安衛法第57条の2における文書（SDS）の交付についても，同法第56条に基づく製造許可物質のほか安衛令第18条の2に，表示対象物と同じものが対象として規定されている（通知対象物）。これらの物質については譲渡又は提供に際して次のような通知を文書や電子媒体等で行わなければならない。

① 名称
② 成分及びその含有量
③ 物理的及び化学的性質
④ 人体に及ぼす作用

⑤　貯蔵又は取扱い上の注意

⑥　流出その他の事故が発生した場合において講ずべき応急の措置

⑦　通知を行う者の氏名（法人にあってはその名称），住所及び電話番号

⑧　危険性又は有害性の要約

⑨　安定性及び反応性

⑩　想定される用途及び当該用途における使用上の注意

⑪　適用される法令

⑫　その他参考となる事項

なお，化学物質による労働災害を防止するためには，安衛法第57条による表示義務対象物質，及び安衛法第57条の2による文書交付義務対象物質以外についても，譲渡又は提供の際に危険有害性等の情報が伝達されることが必要であることから，危険有害性の認められる全ての化学物質（以下「危険有害化学物質等」という。）について，容器等への表示とSDSの交付が努力義務となっている。

なお，ラベル及びSDSの記載項目は，「JIS Z 7253：2019 GHSに基づく化学品の危険有害性情報の伝達方法—ラベル，作業場内の表示及び安全データシート（SDS）」にも示されている。

⑶　SDSの活用

SDSの活用において重要なこととしては，次のことが挙げられる。

①　事業場で化学物質の危険有害性の情報を知るためのツールとしてラベルやSDSがあること。

②　これらの情報は国際的に信頼され，より詳細で誰にでも分かるようにすべきであること。

③　職場の化学物質管理には，これらの情報を有効活用する必要があること。例えば，ライン管理者や作業者の安全衛生教育に用いたり，リスクアセスメントのための重要なデータなどとして活用すること。

④　常時作業場の見やすい場所に掲示し，又は備え付けるなどの方法により，作業者が利用できるようにすること。

なお，電子媒体による通知の場合，相手の承諾の必要なく，電子メールやホームページで伝達し閲覧を求めることができるようになった。

先述のとおりSDSに記載すべき項目はJIS Z 7253：2019に16の項目が定められており，それに準拠した記載を行えば，安衛法及び関係する法令（以下「安衛法令」という。）に規定する文書交付等により通知しなければならない事項は満たすことにな

JIS Z 7253：2019 GHS に基づく化学品の危険有害性情報の伝達方法—ラベル，作業場内の表示及び安全データシート（SDS）

○ラベル記載項目

1. 危険有害性を表す絵表示
2. 注意喚起語
3. 危険有害性情報
4. 注意書き
5. 化学品の名称
6. 供給者を特定する情報
7. その他国内法令によって表示が求められる事項

○SDS 記載項目

1. 化学品及び会社情報
    化学品の名称，供給者の会社名称，住所及び電話番号など
2. 危険有害性の要約
3. 組成及び成分情報
    化学品又は一般名及び濃度又は濃度範囲など
4. 応急措置
5. 火災時の措置
6. 漏出時の措置
7. 取扱い及び保管上の注意
8. ばく露防止及び保護措置
9. 物理的及び化学的性質
10. 安定性及び反応性
11. 有害性情報
12. 環境影響情報
13. 廃棄上の注意
14. 輸送上の注意
15. 適用法令
16. その他の情報
    訓練の必要性，推奨される取扱い，制約を受ける事項，出典の記載など

る。なお，平成18年10月20日付け基安化発第1020001号（最終改正：令和5年4月24日付け基安化発0424第1号）では，次の内容に従い記載すれば安衛法令により求められる必要事項は満たすことになるとしている。また，危険有害性の種類，区分によって，**図3－2**のような標章（絵表示）が必要となる。

① 名　　称

　　化学物質等又は製品の名称

② 成分及びその含有量

　　各成分のうち文書交付対象物質に該当するものの名称とその含有量（原則として重量パーセントで記載）

　　なお，文書交付対象物質以外の成分及びその含有量についてもできる限り記載する

可燃性ガス(区分1)，自然発火性ガス，エアゾール（区分1，区分2），引火性液体（区分1〜3），可燃性固体，自己反応性化学品（タイプB〜F），自然発火性液体，自然発火性固体，自己発熱性化学品，水反応可燃性化学品，有機過酸化物(タイプB〜F)，鈍性化爆発物	酸化性ガス，酸化性液体・酸化性固体	爆発物（不安定爆発物，等級1.1〜1.4），自己反応性化学品（タイプA，B），有機過酸化物（タイプA，B）
金属腐食性化学品，皮膚腐食性，眼に対する重篤な損傷性	高圧ガス	急性毒性(区分1〜3)
急性毒性(区分4)，皮膚刺激性(区分2)，眼刺激性(区分2A)，皮膚感作性，特定標的臓器毒性（単回ばく露）（区分3）オゾン層への有害性	水生環境有害性［短期(急性)区分1，長期(慢性)区分1，長期(慢性)区分2）］	呼吸器感作性，生殖細胞変異原性，発がん性，生殖毒性（区分1，区分2），特定標的臓器毒性（単回ばく露）（区分1，区分2），特定標的臓器毒性（反復ばく露）（区分1，区分2），誤えん有害性

(注)菱形枠は赤色，中のシンボルは黒色が用いられる。　　　　　　　JIS Z 7253：2019に一部追加

図3－2　危険有害性を表す標章（絵表示）

③　物理的及び化学的性質

　　化学物質等の外観，pH，融点，沸点，初留点，引火点，爆発限界等の情報

④　人体に及ぼす作用

　　急性毒性，皮膚腐食性・刺激性，発がん性，生殖毒性等の有害性に関する情報

　　なお，混合物において，混合物全体として有害性の試験がなされていない場合

には，含有する文書交付対象物質の情報を，物質ごとに記載する

　　令和5年4月1日からは，5年以内ごとの情報の更新が義務付けられた。

⑤　貯蔵又は取扱い上の注意

　　適切な保管条件，取扱い上の注意等の情報，⑩の用途での使用において必要と

される保護具の種類

⑥　流出その他の事故が発生した場合において講ずべき応急の措置

　　緊急時の応急措置，火災時の措置，漏出時の措置等

⑦　通知を行う者の氏名，住所及び電話番号

　　化学物質等を譲渡又は提供する者の氏名，住所及び電話番号

⑧　危険性又は有害性の要約

　　GHS に従った分類に基づき決定された危険有害性クラス，危険有害性区分，

絵表示，注意喚起語，危険有害性情報及び注意書きに対して GHS 附属書3又は

JIS Z 7253附属書 A により割り当てられた絵表示と文言

　　なお，混合物において，混合物全体としての危険性又は有害性の分類がなされ

ていない場合には，含有する文書交付対象物質の情報を物質ごとに記載する

⑨　安定性及び反応性

　　危険性に関する情報（避けるべき条件，混触危険物質，予想される危険有害な

分解生成物等）

⑩　想定される用途及び当該用途における使用上の注意

　　JIS Z 7253：2019附属書 D の項目において記載が望ましいとされている化学品

の推奨用途及び使用上の制限に相当する内容

⑪　適用される法令

　　適用される法令の名称及び当該法令に基づく規制に関する情報

⑫　その他参考となる事項

　　SDS 等を作成する際に参考とした出典，環境影響情報等

⑷　化学物質のリスクアセスメント

　一定の危険性・有害性が確認されている化学物質については，危険性又は有害性等

の調査（リスクアセスメント）が事業者に義務付けられている（安衛法第57条の３）。対象となる化学物質は，同法第57条の２及び安衛令第18条の２により，SDSの交付が義務付けられている物質（以下「リスクアセスメント対象物」という。）である。

この化学物質のリスクアセスメントについて，その具体的な実施時期，実施方法等については，安衛則第34条の２の７及び「化学物質等による危険性又は有害性等の調査等に関する指針」（以下「化学物質リスクアセスメント指針」という。）（平成27年９月18日，危険性又は有害性等の調査等に関する指針公示第３号　最終改正：令和５年４月27日同指針公示第４号（令和６年４月１日適用））に示されている。この化学物質のリスクアセスメントは，業種，事業規模を問わず，リスクアセスメント対象物を製造・取り扱う事業場は全て実施することが求められる。

なお，リスクアセスメント対象物以外の化学物質のリスクアセスメントについては，安衛法第28条の２の規定により，それらの化学物質を製造又は取り扱う全ての事業場の事業者にその実施の努力義務が課せられている。その際にも，前述の「化学物質リスクアセスメント指針」に従って実施することとされている。

ア　実施内容

化学物質のリスクアセスメントの手順の流れを**図３－３**に示した。安衛法第57条の３の規定によりステップ１からステップ３を，安衛則第34条の２の８の規定によりステップ５については実施しなければならない。また，ステップ４については実施するように努めなければならない。

なお，安衛則第577条の２第１項の規定により，リスクアセスメント対象物を製造し，又は取り扱う事業場において，リスクアセスメントの結果等に基づき，労働者の健康障害を防止するため，代替物の使用，発散源を密閉する設備，局所排気装置又は全体換気装置の設置及び稼働，作業の方法の改善，有効な呼吸用保護具を使用させること等必要な措置を講ずることにより，リスクアセスメント対象物に労働者がばく露される程度を最小限度にしなければならず，濃度基準値が設定されている物質については，労働者のばく露の程度を濃度基準値以下としなければならない。

イ　実施体制・実施時期

リスクアセスメント及びリスク低減措置（以下「リスクアセスメント等」という。）は，全社的な実施体制のもとで推進しなければならないが，技術的な事項については，化学物質管理者（安衛則第12条の５第１項）を選任し，管理させる。より詳細な技術的な助言を得るために，化学物質管理専門家，作業環境管理専門家（又は外部の専門家）も活用する。

図３－３　化学物質のリスクアセスメントの手順の流れ

リスクアセスメントの実施時期として，次の時期が示されている。

① リスクアセスメント対象物を原材料等として新規に採用し，又は変更するとき

② リスクアセスメント対象物を製造し，又は取り扱う業務に係る作業の方法又は手順を新規に採用し，又は変更するとき

③ リスクアセスメント対象物による危険性又は有害性等について変化が生じ，又は生ずるおそれがあるとき

なお，以下の場合についても，実施することが望ましい。

・リスクアセスメント対象物に係る労働災害が発生した場合であって，過去のリスクアセスメント等の内容に問題があることが確認された場合

・前回のリスクアセスメント等から一定の期間が経過し，リスクアセスメント対象物に係る機械設備等の経年による劣化，労働者の入れ替わり等に伴う労働者の安全衛生に係る知識経験の変化，新たな安全衛生に係る知見の集積等があった場合

・すでに製造し，又は取り扱っていた物質がリスクアセスメント対象物として新たに追加された場合など，当該リスクアセスメント対象物を製造し，又は取り扱う業務について過去にリスクアセスメント等を実施したことがない場合

ウ　対象の選定と情報の入手

事業場において製造又は取り扱う全てのリスクアセスメント対象物をリスクア

セスメント等の対象とし，対象のリスクアセスメント対象物を製造し，又は取り扱う業務ごとに行う。

　入手する情報や資料には，対象となるリスクアセスメント対象物に係る危険性又は有害性に関する情報（SDS等）や，対象となる作業の実施に関する情報（作業標準，作業手順書等，機械設備等に関する情報を含む。）のほか，機械設備等のレイアウト等，作業の周辺環境に関する情報，作業環境測定結果等，災害事例や災害統計等がある。また，新たなリスクアセスメント対象物の譲渡・提供等を受ける場合には，当該対象物等を譲渡し，又は提供する者から，該当するSDSを入手することが必要である。

エ　危険性又は有害性の特定

　リスクアセスメント等の対象となる業務を洗い出した上で，①GHS等に基づき分類されたリスクアセスメント対象物による危険性又は有害性や，②リスクアセスメント対象物の管理濃度及び濃度基準値（これらの値が設定されていない場合は日本産業衛生学会の許容濃度又は米国産業衛生専門家会議（ACGIH）のTLV-TWA（時間荷重平均濃度）等のリスクアセスメント対象物のばく露限界），③皮膚等障害化学物質等への該当性，④①～③以外で負傷又は疾病のおそれのある危険性又は有害性，等を把握したうえで，危険性又は有害性を特定する。

オ　リスクの見積り

　リスク低減措置の内容を検討するため，リスクを見積もる。リスクを見積もる方法として，リスクアセスメント対象物により「危険又は健康障害を生ずるおそれの程度（発生可能性）」及び「危険又は健康障害の程度（重篤度）」を考慮して見積もる方法（マトリクス法，加算法，乗算法，リスクグラフ表，コントロールバンディング，CREATE-SIMPLE（クリエイト・シンプル）等），「化学物質等にさらされる程度（ばく露量の程度）」及び「リスクアセスメント対象物の有害性の程度」を考慮する方法（実測値による方法，数理モデル，定性的リスク評価）などがある（**表3－8**参照）。

　化学物質等リスクアセスメント指針の解釈通達（令和5年4月27日付け基発第0427第3号）で定量的評価について示されている（**図3－4**）。

　具体的には，リスクアセスメント対象物への労働者のばく露量を測定し，測定結果を管理濃度や濃度基準値その他等のばく露限界と比較してリスクを見積もる，実測値による方法が確実性の高い方法である。

　ばく露量の測定方法としては，労働者に個人サンプラー等を装着して呼吸域付近の気中濃度を測定する個人ばく露測定のほか，一般的に広く普及している作業

表3－8　リスクを見積もる方法（例）

マトリクス法	危険または健康障害の発生可能性と重篤度を相対的に尺度化し，それらを縦軸と横軸とし，あらかじめ発生可能性と重篤度に応じてリスクが割り付けられた表を使用してリスクを見積もる方法
数値化法	危険または健康障害の発生可能性と重篤度を一定の尺度によりそれぞれ数値化し，それらを数値演算（足し算，掛け算等）してリスクを見積もる方法
枝分かれ図を用いた方法	危険または健康障害の発生可能性と重篤度について，危険性への遭遇の頻度，回避可能性等をステップごとに分析していくこにより，リスクを見積もる方法（リスクグラフ）
コントロールバンディング	ILOの化学物質リスク簡易評価法を用いてリスクを見積もる方法（コントロール・バンディング）等（厚生労働省版コントロールバンディングによる方法）
災害のシナリオから見積もる方法	化学プラントなどの化学反応のプロセスなどによる災害のシナリオを仮定して，その事象の発生可能性と重篤度を考慮する方法（化学プラントにかかるセーフティ・アセスメントに関する指針（平成12年3月21日付け基発第149号）にかかる方法）
実測値による方法	管理濃度が定められている物質については，作業環境測定により測定した当該物質の第一評価値を当該物質の管理濃度と比較する方法
	濃度基準値が設定されている物質については，個人ばく露測定により測定した当該物質の濃度を当該物質の濃度基準値と比較する方法
	管理濃度または濃度基準値が設定されていない物質については，対象の業務について作業環境測定等により測定した作業場所における当該物質の気中濃度等を当該物質のばく露限界（厚生労働大臣の定める濃度の基準，日本産業衛生学会の許容濃度，米国産業衛生専門家会議（ACGIH）のTLV-TWAなど）と比較する方法
使用量などから推定する方法	数理モデルを用いて対象の業務に係る作業を行う労働者の周辺の対象物の気中濃度を推定し，当該物質の濃度基準値又ばく露限界と比較する方法 気中濃度の推定方法には，以下の方法がある。 ①　調査対象の業務と同様の業務が行われ，作業場所の形状や換気条件が同程度である場合に，当該業務に係る作業環境測定の結果から平均的な濃度を推定する方法 ②　消費量及び当該作業場所の気積から推定する方法並びにこれに加えて物質の拡散又は換気を考慮して推定する方法 ③　簡易リスクアセスメントツールであるCREATE-SIMPLE，ECETOC-TRAを用いて気中濃度を推定する方法
あらかじめ尺度化した表を使用する方法	対象の化学物質などへの労働者のばく露の程度とこの化学物質などによる有害性を相対的に尺度化し，これらを縦軸と横軸とし，あらかじめばく露の程度と有害性の程度に応じてリスクが割り付けられた表を使用してリスクを見積もる方法

　環境測定の気中濃度と作業状況からばく露を見積もる方法や労働者の血液，尿，呼気及び毛髪等の生体試料中の化学物質又はその代謝物の量を測定し，人の体内に侵入した化学物質のばく露量を把握する生物学的モニタリング方法（76頁参照）がある。いずれの方法も，測定値の精度やばらつき，作業時間，作業頻度，換気状況などから，日間変動や場所的又は時間的変動等を考慮する必要がある。

図3－4　定量的評価について（「化学物質等による危険性又は有害性等の調査等に関する指針について」令和5年4月27日付け基発第0427第3号別紙3より）

　また，これらの方法によるばく露のデータがない場合には，数理モデルを用いて，リスクアセスメント対象物の使用量，物性（沸点，蒸気圧，蒸発速度等），作業場の環境状態（温度，換気等）からばく露濃度を推定し，濃度基準値又は，ばく露限界と比較してリスクを見積もる方法もある。

　ばく露量の測定などを行う代わりに，SDSなどの情報を利用する簡易で実用的なリスクアセスメント手法として，コントロールバンディングやCREATE-SIMPLE等の支援ツールがある。専門的知識を有する人に頼ることが難しい中小企業などでも利用できることが高く評価されている。

　コントロールバンディングは，化学物質の有害性とばく露情報の組合せに基づいてリスクを評価し，必要な管理対策の区分を示す方法で，化学物質を取り扱う作業ごとに，「化学物質の有害性」，「揮発性・飛散性」及び「取扱量」の3つの要素の情報から，リスクの程度を4段階にランク分けして，リスクを見積もる。CREATE-SIMPLEは，取扱条件としての取扱量，含有率，換気条件，作業時間，頻度等からリスクを見積もるツールである。ばく露濃度が推定できるほか，リスク低減措置の検討も行うことができる。

カ　リスク低減措置の検討及び実施

　リスクの見積りによるリスク低減の優先度が決定すると，その優先度に従ってリスク低減措置の検討を行う。

　法令に定められた事項がある場合にはそれを必ず実施するとともに**図3－5**に掲げる優先順位でリスク低減措置の内容を検討の上，実施する。

　なお，リスク低減措置の検討に当たっては，**図3－5**の③や④の措置に安易に頼るのではなく，①の本質安全化及び②の措置をまず検討し，③，④は①及び②の補完措置と考える。また，③及び④のみによる措置は，①及び②の措置を講じることが困難でやむを得ない場合の措置となる。

　死亡，後遺障害，重篤な疾病をもたらすおそれのあるリスクに対しては，適切なリスク低減措置を講じるまでに時間を要する場合は，暫定的な措置を直ちに講

法令に定められた事項の確実な実施
（該当事項がある場合）

① 危険性又は有害性のより低い物質への代替等
化学反応のプロセス等の運転条件の変更等，リスクアセスメント対象物
の形状の変更等又はこれらの併用によるリスクの低減

② 工学的対策（防爆構造化，安全装置の二重化）
衛生工学的対策（機械設備の密閉化，局所排気装置の設置等）

③ 管理的対策
（作業手順の改善，立入禁止措置等）

④ リスクアセスメント対象物の有害性に応じた
有効な保護具の選択及び使用

高

リスク低減措置の優先順位

低

図3－5　リスク低減措置の検討及び実施

じるよう努めるべきである。

　　また④の，呼吸用保護具によるばく露低減を図る場合は，保護具管理責任者を選任し，適正な保護具の選定，正しい使用，保守管理について管理させる必要がある。

キ　リスクアセスメント結果等の労働者への周知等

　　リスクアセスメントの結果は，労働者に周知させることが求められている。リスクアセスメント対象物等の名称，対象業務の内容，リスクアセスメントの結果（特定した危険性又は有害性，見積もったリスク），実施するリスク低減措置の内容について，作業場の見やすい場所に常時掲示するなどの方法で労働者に周知させる。

ク　記録と保存

　　上記のリスクアセスメント結果については，記録を作成し，次にリスクアセスメントを行うまでの期間又は3年間の長いほうの期間保存しなければならない。

　　なお，当該リスクアセスメント対象物ががん原性物質である場合には，労働者のばく露状況，作業の概要等の記録を30年間保存する必要がある（令和4年12月26日付け基発1226第4号，最終改正　令和5年4月24日付け基発0424第2号）。

第4章

職業性疾病

科目：労働衛生

試験範囲	学習のポイント
職業性疾病	○　有害な因子により引き起こされる健康影響や留意事項を学習する。また，下記の有害要因と健康障害の関係を理解する。 ・化学的要因（粉じん，金属，化学物質、酸素欠乏） ・物理的要因(温熱，気圧変化，騒音，振動，電離放射線，非電離放射線) ・生物学的要因（感染症，食中毒） ・作業要因（情報機器作業，腰痛，心理的負荷，過重負荷）

1 職業性疾病とは

関連ページ　14頁，116頁

　職業性疾病は職業病ともいわれ，一定の職業に従事し，その職業上の有害な因子（有害物質，有害エネルギー，有害生物，作業要因）にさらされることによって起きる病気が広く含まれる。

　一方，業務上疾病とは，労働基準法第75条に基づき，業務に起因して発生又は自然経過を超えて増悪した疾病のこととされている。これらは，労基則別表第1の2に列挙されていて，職業性疾病の大部分と作業関連疾患の一部が含まれ，医学的な治療を必要とした場合は，使用者がその療養費等を支払わなければならない。作業関連疾患とは，個人的な要因や生活習慣に職業上の要因が加わって発生したり，増悪した疾病をいう（116頁，「6　業務上疾病と作業関連疾患」参照）。

　以下，職業性疾病となる健康障害について，要因別にみていくこととする。

2 化学的要因と健康障害

(1)　じん肺と合併症

関連ページ　242頁

ア　じん肺

　じん肺とは，ある種の粉じんを吸入することで肺の組織が線維化（線維増殖性変化）する疾患である。吸入された粉じんが肺の奥まで到達して沈着すると，人体は異物を排除しようとして炎症が生じ，その周囲の肺組織が少しずつ破壊される。やがて，そこが傷口が治ったときの瘢痕（はんこん）と同じように線維化し，固くなる。線維化した組織は，酸素と二酸化炭素の交換には役立たないことから，これが進行すると肺でのガス交換が十分にできなくなる。自覚症状は，初期にはあまりみられない。進行すると咳（せき），痰（たん），呼吸困難がみられる。また，他覚症状は，進行するとヘモグロビンの酸素飽和度が低下することで皮膚や唇が青白くみえるチアノーゼなどがみられる。現在，じん肺の治療法は確立されていない。さらにじん肺がある程度進行すると，粉じんへのばく露を中止しても肺の線維化が進行する性質がある。

　遊離けい酸の粉じんによるじん肺をけい肺，炭素によるじん肺を炭素肺・黒鉛肺，石綿によるじん肺を石綿肺，アルミニウムやその化合物によるじん肺をアルミニウム肺，鉄化合物によるじん肺を溶接工肺などと呼ぶ。以下，けい肺と石綿

肺について解説する。

イ　けい肺

　　遊離けい酸（二酸化ケイ素が他の元素とは結合していない状態の鉱物）は，肺の線維化を起こす作用が強いといわれている。これによるけい肺は，ずい道工事，坑内作業，鋳物業における砂型作業，石材加工業，ガラス工業などで発生がみられる。進行すると，エックス線写真でも粒状影が見えるようになり，けい肺と診断される。重症化すると，エックス線写真で写る粒（けい肺結節と呼ばれている）が大きくなるとともに多く認められるようになる。自覚症状は，けい肺が進行してから，咳，痰が始まり，やがて呼吸困難に陥る。

ウ　石綿肺

　　石綿（アスベスト）は，天然に存在する直径0.02〜0.35μmの微細な繊維状の鉱物であり，その種類には，クリソタイル（白石綿），クロシドライト（青石綿），アモサイト（茶石綿）などがある。ほとんど全ての石綿製品の原料として使用されてきたのはクリソタイルで，最も有害性の強いものはクロシドライトである。石綿は電気絶縁性，耐熱性，耐酸性に優れており，かつてブレーキライニング，石綿パッキン，石綿板，石綿スレート，石綿含有吹付け材などに利用された。

　　石綿繊維の粉じんを吸入して，胸部エックス線写真で線状影が見られるようになると，石綿肺と診断される。胸膜の肥厚（プラーク），胸膜の石灰化，胸水などを伴う。自覚症状は，呼吸困難，咳，痰など一般的なじん肺の症状と同じである。

　　また，石綿により肺がん及び中皮腫が生じる。中皮腫は胸膜や腹膜などに生ずる原発性のがんで，低濃度の石綿ばく露によっても発病することがある（特にクロシドライトは発がん性が高い。）。

　　現在は，石綿が0.1％を超えて含まれる製品の製造や使用は禁止されている。

エ　じん肺合併症

　　じん肺は種々の合併症にかかりやすくなるが，肺結核，結核性胸膜炎，続発性気管支炎，続発性気管支拡張症，続発性気胸，原発性肺がんはじん肺と密接な関係がある。また，喫煙はじん肺の増悪や，肺がん発生の可能性を高める。

(2)　有害物による健康障害

ア　金属による健康障害

(ア)　鉛（無機・有機）

　　金属鉛・無機鉛化合物は，蓄電池，合金，合成樹脂，塗料の製造などで広く使用される。鉛の粉じんやヒュームを吸入すると鉛中毒が発症する。顔や手に

付着した鉛の粉じんを経口的に摂取してしまうこともある。体内に入ると骨に蓄積される。鉛中毒の症状には，貧血，腹痛（鉛疝痛），末梢神経障害，伸筋麻痺による垂れ手（手首の関節を手背側に伸展させる橈骨神経が麻痺することによって手が垂れる現象），腎障害，生殖毒性などがある。

鉛作業に従事する作業者に対しては，鉛則に基づいて，生物学的モニタリング[注1]として血液中の鉛の測定，尿中デルタアミノレブリン酸の測定，赤血球中のプロトポルフィリンの測定がある[注2]。血液中の鉛濃度の上昇は数日以内にばく露したことを，他の指標の上昇は少し遅れて数週間以内にばく露したことを反映する。なお，血中の鉛は骨などに蓄積され，体内にとり込まれた鉛量は減少しにくい。

鉛の有機化合物である四アルキル鉛は，かつて，ガソリンに添加するアンチノック剤などに使用されたが，現在はほとんど使用されなくなった。四アルキル鉛は揮発性が高く，脂溶性であるため，容易に呼吸器や皮膚から吸収される。四アルキル鉛中毒の症状には，頭痛，不眠，不安感などの精神症状がある。また，大量のばく露を受けた場合には，精神錯乱，けいれん，昏睡などの脳症を発症して，死亡することもある。

(イ)　クロム

クロムやその化合物は，めっき，合金の製造，金属加工，皮なめし，合成用触媒などで広く使用される。職場では，ヒューム，粉じん，ミストとなって発生する。クロム化合物のうちクロム酸（H_2CrO_4）や重クロム酸（$H_2Cr_2O_7$）などの六価クロムの化合物には，人への発がん性がある。皮膚に接触すると，局所の刺激で充血，水疱，潰瘍を生じたり，長期のばく露でアレルギー性接触性皮膚炎を発症したりする。気道に吸入すると，咳など上気道の刺激症状，鼻中隔の穿孔，肺がん，上気道がんを生じる。これらの化合物はGHS分類の生殖毒性が区分1A又は区分1Bで妊娠や出産・授乳機能に影響することから，作業環境測定結果が第3管理区分の作業場等では女性の就業が禁止される。クロム酸や重クロム酸を取り扱う場合は特化則の管理第2類物質で，これを鉱石から製造する事業場で取り扱う場合，特別管理物質としての管理が必要である。

(ウ)　マンガン

マンガンやその化合物は，乾電池製造，鉄鋼の脱酸脱硫剤，アルミ合金の強

（注1）有害物質にばく露された作業者から，あらかじめ指定された方法で，尿，血液等の生体試料を採取し，その中に含まれる有害物質の濃度や代謝物等を測定することによって，ばく露レベルや健康影響を評価すること。有機則対象物質は，ばく露レベルの評価に用いる。
（注2）256頁　表7-23「化学物質のばく露の分布」参照

度向上剤，ガラス着色剤などとして使用される。粉じんやヒュームを吸入すると肺炎を発症する。マンガンは脳に沈着しやすく，慢性中毒では，神経質になるなどの精神症状，歩行障害，発語障害，筋緊張亢進といったパーキンソン病に似た症状（パーキンソニズム）がみられる。特化則の管理第2類物質である。マンガンのうち，塩基性酸化マンガンは，これまで適用から除外されていたが，令和3年より溶接ヒューム（金属アーク溶接等作業において加熱により発生した金属蒸気が冷えて微細な粒子となった物質）とともに特化則が適用されている。

㋔　水　銀

　水銀とその化合物の性質や中毒作用は，①金属水銀，②無機水銀，③アルキル水銀の3つで異なる。いずれも特化則の管理第2類物質である。また，生殖毒性があるとされている。

①　金属水銀

　金属水銀は，温度計，圧力計，電池などに使用されていた。常温で液体の唯一の金属である。金属水銀は，蒸発しやすく，気道から吸入されると体内に吸収されるが，経口的に摂取しても消化管からは吸収されない。金属水銀の標的臓器(注)は脳で，手指のふるえ，精神障害がみられる。急性ばく露では，肺炎様の症状が生じるが，慢性ばく露では，感情不安定，判断力低下，幻覚などの精神障害や手指のふるえなどがみられる。高濃度の吸入では肺炎や口内炎がみられる。

②　無機水銀

　塩化第一水銀（塩化水銀（Ⅰ））や塩化第二水銀（塩化水銀（Ⅱ））は，分析試薬，有機合成の触媒として使用される。気道から吸収されるほか消化管からも吸収され，腎障害を引き起こし，血尿，タンパク尿，無尿などを発症する。

③　アルキル水銀化合物

　以前は，種子の消毒，防腐剤，抗白癬剤として有機水銀が使用されていたが，現在は，化学実験試薬など用途は限定されている。有機水銀の一つであるアルキル水銀は，経口的に摂取され標的臓器は脳である。慢性ばく露では，求心性視野狭窄（視野の周りから中心に向かって狭まる），聴覚障害，運動失調（ふらふらして正確な動作ができない）などの症状が生じる。また，妊婦の胎盤を通して胎児にも健康障害が生じる。昭和31年（1956年）に明らかとなった水俣病は，アセトアルデヒド製造工程において使用していた水銀が，メチル水銀となって流出し，汚染された魚を食べた人々に発生した健康障害

(注)　化学物質等が障害をもたらす特定の臓器のことをいう。

である。

(オ) カドミウム

　カドミウムやその化合物は，電池製造，半導体製造，金属のめっきなどで用いられる。ヒュームや粉じんは主に経気道的に吸収されるが，一部は経口的に摂取されて消化管から吸収され，肝臓や腎臓に蓄積される。生物学的半減期(注)は，数十年に及ぶ。急性中毒では，肺炎や上気道炎がみられ，慢性中毒では，腎障害，肺気腫，肺がんなどが起こり，犬歯・門歯の黄色環がみられる。腎障害では，尿中にβ_2-マイクログロブリンなどの低分子タンパクが出現する。また，カルシウムの尿中への排泄が増えて骨軟化症を生じやすくなる。特化則の管理第2類物質である。

(カ) ベリリウム

　ベリリウムやその化合物は，宇宙航空材料，原子炉の反射体，バネ材，成形用金型，自動車部品などに用いられる。職場では，ヒュームや粉じんが発生し，吸入や接触によって感作を受け，気管支喘息，過敏性肺臓炎，接触皮膚炎のほか，サルコイドーシスに似た肺の肉芽腫を生じることがある。ベリリウムやその化合物の製造には厚生労働大臣の許可が必要で，使用する際には特化則の第1類物質の特別管理物質としての管理が必要である。

(キ) インジウム化合物

　インジウム化合物は，主に薄型ディスプレイ等の透明電極材料，化合物半導体などとして用いられる。その微細な粉じんが，経気道的に吸収され，間質性肺炎等の疾患をもたらす。特化則の管理第2類物質，特別管理物質である（金属インジウムを除く。）。

(ク) コバルト及びその無機化合物

　コバルト及びその無機化合物は，主に磁性材料，特殊鋼，超硬工具，触媒，陶磁器の顔料，蓄電池として用いられる。経気道的に吸収され，間質性肺炎，気管支ぜんそく，アレルギー性皮膚炎等の疾患をもたらす。特化則の管理第2類物質，特別管理物質である（触媒として使用する作業を除く。）。

(ケ) 砒素

　砒素とその化合物のうち，三酸化砒素（亜砒酸）は，触媒，殺鼠剤，ガラスの脱色剤，皮革の防腐剤，金属砒素化合物の製造で使用され，砒素の水素化合物で常温常圧で気体のアルシン（無色，にんにく臭）は，半導体製造業で砒化ガリウムの製造で使用される。砒素は，鉱物に含有されていることから金属精

(注) 生物学的半減期…体内に取り込まれた有害物質が代謝・排泄されて半分の量になるまでの期間をいう。

錬の過程でも排出される。三酸化砒素(ひ)は，粉じんやミストとして経口的又は経気道的に摂取される。

　砒素(ひ)とその化合物の急性中毒では，嘔吐(おうと)や腹痛などの消化器症状，不整脈，呼吸障害，意識障害などがみられる。また，慢性中毒では，色素沈着症，黒皮症(皮膚が黒くなる)，角化症(手や足の裏の肥厚)，鼻中隔穿孔(せんこう)，溶血性貧血，末梢神経障害，皮膚がん，肺がんを生じることが分かっている。また，自然流産や先天性奇形の増加などの生殖毒性がある。

　砒素(ひ)及びその化合物（アルシン及び砒化(ひ)ガリウムを除く）は，特化則の管理第2類物質であり，特別管理物質である。

㈤　ニッケル

　ニッケルは，耐蝕性が強く，めっき，合金，50円や100円硬貨（白銅），500円硬貨（ニッケル黄銅）などに使用される。粉じんやヒュームが経気道的に吸収されるが，皮膚に接触することによっても健康障害を生じることがある。無機ニッケル化合物では，気管支ぜんそくや接触皮膚炎といったアレルギー症状がみられる。ニッケルカルボニルは，金属精錬業で生じ，急性症状では，頭痛，めまい，吐き気，不眠がみられ，ばく露から数時間後には間質性肺炎による咳(せき)や息切れなどを起こし死に至ることもある。これらのニッケル化合物は，人に，肺がんや鼻腔がんを生じることが分かっている。ニッケルカルボニルは，特化則の特定第2類物質の特別管理物質である。ニッケルカルボニル以外の粉状のニッケル化合物は，特化則の管理第2類物質であり特別管理物質である。

㈥　金属熱

　主として亜鉛や銅のヒュームが空気中で酸化された酸化亜鉛や酸化銅などを吸入して数時間後，特に帰宅後や就寝中に悪寒と発熱，関節痛などの症状がみられ，数時間後に発汗とともに解熱し，多少の疲労感を残すのみで回復する。金属熱は，ヒュームにより肺のタンパクの変性が起き，それに対するアレルギー反応とされている。かかりやすい傾向の人もおり，何回もかかることがある。

　テフロンなどのポリマーの熱分解産物のヒュームの吸入によっても同様の症状がみられ，ポリマーヒューム熱と呼ばれている。

イ　有機溶剤による健康障害

　有機溶剤は，溶解，希釈，脱脂洗浄，抽出などの目的のほか，殺虫剤としても使用される。一般に揮発性が高く，蒸気の比重が空気より大きく拡散しにくいために，通気不十分な場所，特に地下室やピット，貯槽の底部などで取り扱うと高濃度で滞留しやすい。また，全て脂溶性があるほか，揮発性，引火性であるもの

が多い。ハロゲン化炭化水素には難燃性で消火剤として使用されるものもある。

　アセトンなど水溶性と脂溶性を共に有している（両親媒性がある）ほど，皮膚や粘膜から吸収されやすい。経気道的な吸収は，揮発性が高ければ多く，また，作業者の呼吸量や肺血流量が大きくなればなるほど多くなる。無臭であったり，臭気に慣れてしまい十分な注意を払わず取り扱った結果，気付かないうちにばく露が長時間継続することがある。低濃度の有機溶剤の繰り返しばく露では，頭痛，めまい，物忘れ，不眠などの不定愁訴がみられる。

　体内に入ると，脂溶性が大きいほど脂肪組織や脳など神経系に取り込まれやすく，一般に，塩素などでハロゲン化されているほど肝臓に対する毒性が強い。中枢神経系の症状には，頭痛，めまい，失神，麻酔作用，意識障害などがある。呼吸器の症状には，咳，上気道の炎症などがある。皮膚や粘膜の症状には，結膜炎，湿疹，皮膚の角化，亀裂などがある。

　有機則では，一部の対象物質について常時使用する作業者に対して，6カ月ごとの特殊健康診断において，有機溶剤のばく露状況を評価するため，生物学的モニタリングとして有機溶剤の代謝産物の測定を行うことを規定している。

　なお，発がんのおそれのある有機溶剤12物質(注)については，発がん性に着目した規制を行うため，有機則の措置対象物質から除外され，特化則の措置対象物質とされている。特化則の第2類物質の「特別有機溶剤等」の中に位置付けられるとともに，特別管理物質である。健康診断等の有機則の規定は，一部準用される。

㋐　ノルマルヘキサン

　　ノルマルヘキサンは，溶媒や接着剤などで使用される。肺や皮膚から速やかに吸収される。代謝されて2,5-ヘキサンジオンとなり，末梢神経障害（多発性神経炎）を生じる。代謝物である尿中の2,5-ヘキサンジオンは，生物学的モニタリングの指標として利用される。

㋑　ハロゲン化炭化水素（四塩化炭素，ジクロロメタン（塩化メチレン），テトラクロロエチレン，1,1,1-トリクロロエタンなど）

　　四塩化炭素は，かつて，消火剤やフロンの原料として使用された。主に蒸気として肺から吸収される。肝臓に激しい炎症を生じるほか腎臓にも障害を生じる。現在は，「オゾン層保護法」（特定物質の規制等によるオゾン層の保護に関する法律）においてオゾン層破壊物質とされ，製造が禁止されている。

(注) エチルベンゼン，クロロホルム，四塩化炭素，1,4-ジオキサン，1,2-ジクロロエタン，1,2-ジクロロプロパン，スチレン，ジクロロメタン，1,1,2,2-テトラクロロエタン，テトラクロロエチレン，トリクロロエチレン，メチルイソブチルケトン

　　ジクロロメタンは，金属部品の脱脂洗浄剤として使用される。慢性ばく露により，肝臓が障害される。長期間，高濃度ばく露により，胆管がんを発症すると医学的に推定される。

　　テトラクロロエチレンは，かつて，ドライクリーニングのシミ抜きや金属製品の脱脂洗浄剤として使用されたが，近年は，代替フロンの原料としての用途が増加している。慢性ばく露により，肝臓と腎臓が障害される。トリクロロエチレンは脱脂洗浄剤として使用されている。肝障害や不整脈を生じることがある。

　　以上のハロゲン化炭化水素は，特化則の第2類物質，特別管理物質としての管理が必要である。

　　1,1,1-トリクロロエタンは，かつて，金属部品の洗浄剤として使用されたが，現在は，オゾン層破壊物質として生産が規制されている。いずれも代謝されて尿中にトリクロロ酢酸などの三塩化物を排泄するので，生物学的モニタリングの指標として利用される。

㈡　メタノール

　　メタノールは，主に天然ガスから製造され，接着剤，農薬，塗料，合成樹脂，合成繊維，医薬品の原料などに使用される。水溶性であるとともに脂溶性でもある。低濃度でも長期間ばく露によって視神経障害を生じる。また，生殖毒性があるとされている。酢酸メチルは，体内でメタノールに代謝され，同様の障害を生じる。

㈢　芳香族炭化水素（トルエン，エチルベンゼン，キシレン，ベンゼン及びその塩化物）

　　トルエンやキシレンは，接着剤や塗料の溶剤，ガソリンのアンチノック剤などに使用される。トルエンは，揮発性が高く，主に蒸気として肺から吸収される。トルエンの代謝物である尿中の馬尿酸，キシレンの代謝物である尿中のメチル馬尿酸は，生物学的モニタリングの指標として利用される。また，生殖毒性があるとされている。

　　エチルベンゼンは，主にスチレン単量体の中間原料，有機合成，溶剤，希釈剤として用いられる。工業用キシレンの成分として含まれ，塗料，塗装分野でも使用されている。吸入による気道の炎症や中枢神経への影響のほか，眼や皮膚への刺激性がある。また，生殖毒性があるとみなされている。特化則の第2類物質の「特別有機溶剤等」に位置付けられ，特別管理物質となっている。塗装の業務に使用される場合，含有率により特化則あるいは有機則の規定が準用される。

　1,2-ジクロロプロパンは，オゾン層破壊物質の代替品として，主に1990年代中ごろから2012年ごろまで印刷用洗浄剤として利用されてきた。長期間にわたる高濃度ばく露により胆管がんを発症すると医学的に推定され，中枢神経抑制，眼と気道の刺激，溶血性貧血，肝臓及び腎臓の障害が生じる。

　特定化学物質の第2類物質の「特別有機溶剤等」の中に位置付けられるとともに，特別管理物質となっている。洗浄又は払拭業務に使用される場合，含有率により特化則又は有機則の規定が準用される。

　ベンゼンは，かつて，接着剤や塗料の溶剤などに使用されたが，ベンゼンゴムのりの製造や使用が禁止されているほか，ベンゼンを溶剤として取り扱う作業に労働者を従事させることは原則的に禁止されている。また，ベンゼンはスチレン，シクロヘキサン，フェノールなどの基礎化学原料として利用されるほか，ガソリンやタールなどの石油や石炭を原料とする製品に微量に含まれていることがある。長期間ばく露によって造血器障害があらわれ，再生不良性貧血を生じる。白血病の原因になるとされている。このため，ベンゼンは，特化則の特定第2類物質の特別管理物質となっている。

　また，オルト−ジクロルベンゼンは，洗浄剤や消毒剤として使用されており，第2種有機溶剤としての管理を行わなければならない。

㋔　ミネラルスピリット

　ミネラルスピリットは，石油を分溜して得られる揮発油で，脂肪族炭化水素の混合物である。塗料の溶剤として使用される。皮膚に粘膜刺激症状がみられる。第3種有機溶剤として，タンク内での使用や吹付け作業では特別の管理が必要である。

㋕　二硫化炭素

　二硫化炭素は，セロハンやレーヨンなどの製造工程で溶剤として使用される。揮発性が高く，肺から吸入されるとともに皮膚からも吸収される。高濃度の急性ばく露では精神障害を生じ，低濃度の長期間ばく露では，動脈硬化を進行させ，微細動脈瘤を伴う脳卒中や虚血性疾患の発生リスクが高くなる。そのため健康診断で眼底検査を行う必要がある。第1種有機溶剤としての管理が必要である。

㋖　N,N−ジメチルホルムアミド

　N,N−ジメチルホルムアミド（DMF）は，合成繊維，合成皮革，医薬品，塗料などの製造工程で溶剤として使用される。主に肺から吸入される。長期間ばく露により，頭痛，めまい，消化不良，肝機能障害などがみられる。また，生

殖毒性があるとされている。代謝物である尿中のN-メチルホルムアミドは生物学的モニタリングの指標として利用される。第2種有機溶剤としての管理が必要である。

ウ　酸・アルカリによる健康障害

　㋐　フッ化水素

　　フッ化水素の水溶液であるフッ酸（フッ化水素酸）は，金属の洗浄，半導体のエッチング，ガラス彫刻などで使用される。腐食性が強く，取り扱う容器やダクトは合成樹脂製のものを使用する。刺激性が非常に強く，水溶性も高いため，ミストが眼，鼻，気道に粘膜刺激症状を生じ，高濃度では肺炎，肺水腫を生じることもある。フッ酸が皮膚や粘膜に直接接触した場合，強度の化学熱傷を生じる。皮膚から吸収されると，血液に入り，カルシウムと結合して，低カルシウム血症を生じて，嘔吐，けいれん，腎障害などの全身症状を生じる。慢性中毒では，骨の硬化，斑状歯，歯牙酸蝕症が特徴的である。

　　特化則の特定第2類物質としての管理が必要である。

　㋑　その他の酸・アルカリ

　　強酸（硝酸，硫酸，塩酸など）や強アルカリ（水酸化ナトリウム，水酸化カリウムなど）は，高濃度で皮膚に接触した場合，化学熱傷を生じる。タンパクの凝固壊死を招く酸に比べて，アルカリは溶解壊死により組織を激しく侵し，組織の深部まで障害が及ぶ。また，酸やアルカリのミストは，気管や鼻粘膜に粘膜刺激症状や熱傷を生じるほか，酸のミストは前歯に歯牙酸蝕症を生じる。

　　酸のミストにばく露される作業に従事する者には，安衛則に基づいて，6カ月以内ごとに1回歯科健診を受けさせる必要がある。

エ　刺激性ガスによる健康障害

　㋐　二酸化硫黄

　　二酸化硫黄は，硫酸製造，漂白，食品保存などの用途で化学工業や製紙工業において使用され，重油などの硫黄を含む物質の燃焼によって副産物としても生じる。光化学スモッグなど大気汚染の原因にもなる。皮膚や粘膜の水分に溶けて亜硫酸となり，粘膜刺激症状を生じる。急性中毒では，咳，眼の痛み，呼吸困難を生じ，慢性中毒では，歯牙酸蝕症や慢性気管支炎などを生じる。特化則の第3類物質として漏えい防止等の措置が必要である。

　㋑　アンモニア

　　アンモニアは，非常に水に溶けやすい。このため，鼻，喉，上気道，結膜の粘膜で溶け，咳，痰，流涙などの症状を生じる。また，臭いが強く，高濃度の

ガスにばく露されると嗅覚神経麻痺を生じる。特化則の第3類物質として漏えい防止等の措置が必要である。

(ウ)　オゾン

オゾンは，消毒剤として使用されるほか，アーク溶接，紫外線ランプ，コピー機の使用で発生する。刺激性があり，人により頭痛や粘膜の乾燥感を生じる。

(エ)　塩　素

塩素は，黄緑色で刺激臭の強いガスで，漂白剤，消毒剤などに使用される。刺激性があり，流涙，咽頭痛，咳などの粘膜刺激症状のほか，高濃度では肺水腫を生じる。消毒や漂白等に用いられる次亜塩素酸塩溶液と，洗浄や水処理等に用いられる酸性溶液の薬品が混触すると，塩素ガスが発生し，中毒を起こす。特化則の特定第2類物質としての管理が必要である。

(オ)　二酸化窒素

二酸化窒素は，赤褐色の気体であり，水に容易に溶けて硝酸と亜硝酸となる。硝酸製造などの用途で化学工業において使用されるほか，硝酸による金属加工等で発生する。急性中毒では，亜硝酸による粘膜刺激症状がみられる。慢性中毒では，歯牙酸蝕症，慢性気管支炎，胃腸障害がみられる。

オ　窒息性ガスによる健康障害

(ア)　一酸化炭素

一酸化炭素は，空気とほぼ同じ重さで，無臭，無色，無刺激の気体であるため，吸入しても気付かないことが多い。

一酸化炭素は，転炉で発生する副生ガスとして製鉄用に利用されている。また，アーク溶接や内燃機関の排気ガスに含まれ，湯沸かし器や暖房機器の不完全燃焼，コンクリート施工における養生に使用する練炭，喫煙等によっても発生している。かつては炭鉱での火災や爆発事故により一酸化炭素が大量に発生して，一度に多数の労働者が被災する事故が発生した。

一般作業環境の基準として，事務所則では，空気調和設備を設けている場合，室に供給される空気中の一酸化炭素濃度が10ppm以下になるよう調整しなければならず，一般の事務室では換気や通風を確保して空気中の一酸化炭素濃度を50ppm以下に維持しなければならないとしている。一酸化炭素は赤血球中のヘモグロビンとの親和性が酸素の約200倍以上と高い。なお，喫煙者等の赤血球中のヘモグロビンは，喫煙により吸入された一酸化炭素と結合してしまうため，非喫煙者よりも血液の酸素運搬障害を生じやすい。一酸化炭素濃度が高く，ばく露時間が長く，呼吸量が多いほど，息切れ，頭痛，判断力低下，意識

表4−1　一酸化炭素(CO)の濃度及び吸入時間と症状

CO濃度（%）	吸入時間	症状
0.06	1時間	頭痛
	2時間	めまい
0.1	1時間	意識混濁
	4時間	死亡
0.2	1時間	死亡
0.4	20〜30分	死亡

障害等を生じ，死亡することもある（**表4−1**）。急性中毒が治療により回復した場合も，健忘やパーキンソン症状などの後遺症が残ることがある。

(イ)　硫化水素

　硫化水素は，石油精製業，下水処理場などで発生する腐卵臭の気体である。し尿，汚水，汚泥，パルプ液，魚のあら，火山，温泉の源泉などからの発生による中毒が報告されている。低濃度では，眼や気道の粘膜刺激症状が生じる。高濃度では，脳細胞が障害され，意識消失，呼吸麻痺，肺水腫による窒息死の危険がある。

　特化則の特定第2類物質として規制されていて，管理濃度は1ppmとなっている。酸欠則では硫化水素が発生する可能性のある作業を第二種酸素欠乏危険作業と規定し，硫化水素濃度が10ppm以下であることを確認すること，それを超える場合はまず換気を行い，換気ができない場合は指定防護係数が1,000以上の全面形面体の空気呼吸器，酸素呼吸器又は送気マスクを着用することが求められている。

(ウ)　シアン化水素（青酸）

　シアン化水素は，アーモンド臭のある無色の気体である。有機物の原料，船舶や倉庫の燻蒸，金属めっき，金属鉱石の精錬などで使用される。肺や皮膚から吸収される。3価の鉄イオンと結合しやすく，細胞内の呼吸酵素と結合して組織内の酸素欠乏症を起こす。症状は，咽頭痛，胸苦しさ，呼吸困難，意識消失，けいれん，呼吸麻痺などである。シアン化水素は，特化則の特定第2類物質として，シアン化カリウム（青酸カリ），シアン化ナトリウム（青酸ソーダ）は，特化則の管理第2類物質としての管理が必要である。

カ　その他の化学物質による健康障害

(ア)　塩素化ビフェニル

　塩素化ビフェニル(PCB)は，化学的に安定で，耐熱性，非水溶性の物質で，

常温では液体である。多数の異性体があり，コプラナーPCB（立体構造が平面のPCB）と呼ばれるものはダイオキシン類に分類されている。かつて，変圧器（トランス），コンデンサなどの電気機器，塗料，印刷インキの溶剤などに使用されたが，化学物質の審査及び製造業の規制に関する法律により1974年からは製造・輸入・使用が禁止されている。認定施設において廃棄処理が行われているが，現在も廃棄物として保管されているものがある。皮膚から容易に吸収され，脂肪組織に長年にわたって残留する。塩素座瘡(にきび様の皮疹)，結膜充血，中毒性の肝機能障害がみられる。特化則の第1類物質としての管理が必要である。

(イ)　ダイオキシン類

　ダイオキシン類は，ポリ塩化ジベンゾ−パラ−ジオキシン（PCDD）とポリ塩化ジベンゾフラン（PCDF），コプラナーPCBの総称である。ダイオキシン類は，化学物質の合成や廃棄物の焼却の際に副産物として発生する。ごみ焼却作業の作業者がばく露される。PCDFはPCBとともにカネミ油症事件の原因とされ，塩素座瘡を生じる。動物では，生殖毒性（精子減少，不妊，胎児奇型）や発がん性が認められており，2,3,7,8-TCDD（四塩化ジベンゾ−パラ−ジオキシン）の毒性が最も高く，日本産業衛生学会は発がん物質の第1群に分類し，IARC（国際がん研究機関）はグループ1に分類している[注]。経気道的及び経皮的に吸収されるため，保護具としては，レベルに応じてエアラインマスク等の呼吸用保護具，不浸透性の保護衣，保護手袋を使用する必要がある。

　ダイオキシン類は，法令が作業環境測定を規定した物質ではないが，厚生労働省が廃棄物焼却施設内作業において作業環境測定基準に準じてその気中濃度を測定するよう行政指導している。

(ウ)　ナフタレン

　ナフタレンは，特徴的な臭気のある白色固体で，染料中間物，合成樹脂，爆薬，防虫剤，有機顔料の用途に使用される。発がん性があり，特定第2類物質の特別管理物質としての管理が必要である（適用除外あり）。

(エ)　芳香族ニトロ化合物(ニトロベンゼン，ニトロクロルベンゼンなど)，芳香族アミノ化合物(アニリン，ナフチルアミン，ベンジジン，オルト−トリジンなど)

　芳香族ニトロ化合物や芳香族アミノ化合物は，薬品や染料製造業で使用される。肺や皮膚から吸収される。赤血球のヘモグロビンの鉄イオンを2価から3価へ変化（メトヘモグロビンを形成）させ，酸素運搬機能を低下させるので，

(注) 発がん性の分類については58頁，第3章3（2）参照。

チアノーゼや貧血を生じるほか，肝機能障害も生じる。ベンジジン，ベーターナフチルアミン，4-ニトロジフェニル，4-アミノジフェニルは，膀胱がんを生じる。

ベンジジンや4-ニトロジフェニル，4-アミノジフェニルとそれぞれの塩は，安衛法で製造や使用が禁止されている。

アルファ-ナフチルアミン，ジクロルベンジジン（別名：3,3'-ジクロルベンジジン），オルト-トリジン（別名：3,3'-ジメチルベンジジン），ジアニシジン（別名：3,3'-ジメトキシベンジジン）とその塩は，製造に厚生労働大臣の許可が必要で，使用する際には特化則の第1類物質の特別管理物質としての管理が必要である。

パラ-ジメチルアミノアゾベンゼンは，同じく特定第2類物質の特別管理物質としての管理が必要である。パラ-ニトロクロルベンゼンは，特定第2類物質としての管理が必要である。

㋔　ベンゾトリクロリド

ベンゾトリクロリドは，農薬，染料，紫外線吸収剤，スチレン重合促進剤などとして使用される。蒸気を吸入すると肺がん，鼻腔がんを起こすことがある。なお，皮膚や粘膜に接触すると強い刺激を与える。製造に厚生労働大臣の許可が必要で，使用する際には特化則の第1類物質の特別管理物質としての管理が必要である。

㋕　ニトログリコール

ニトログリコールは，ダイナマイトの原料として使用される。肺や皮膚から吸収される。末梢血管を拡張させる作用があり，頭痛，めまい，悪心，動悸，血圧低下などを生じる。また，平日は連日取扱い業務に従事し週末は休むなど，ばく露が持続した後に急に中断されると，心臓の冠動脈のけいれんを生じ，狭心症様の症状を生じる。

特化則の管理第2類物質としての管理が必要である。

㋖　塩化ビニル

塩化ビニルモノマーが重合したポリ塩化ビニルは，合成樹脂として，衣料，インテリアなどに使用される。かつて，エアロゾルにも使用されたが，現在は有害物質を含有する家庭用品の規制に関する法律において使用が厳しく規制されている。塩化ビニルは，高濃度の急性ばく露では脳に麻酔作用を生じる。低濃度の長期間ばく露では，レイノー症状，指の骨の溶解（指端骨溶解），皮膚の硬化，肝障害がみられる。がんの一種である肝血管肉腫を生じる。

特化則の特定第2類物質の特別管理物質としての管理が必要である。

㈯ アクリルアミド

アクリルアミドは，アクリル酸のアミド化合物である。塗料や接着剤の原料として使用される。油を加熱した加工食品にも含まれることがある。肺や皮膚から吸収される。局所の皮膚の脱色や剥離を生じるほか，神経と強く結合するために末梢神経炎や小脳性失調症を生じる。

特化則の特定第2類物質としての管理が必要である。

㈱ アクリロニトリル

アクリロニトリルは，合成樹脂の原料として使用される。皮膚に接触すると水疱を生じる。肺に蒸気を吸入すると，ふるえ，頭痛，めまいなどの中枢神経症状を生じる。

特化則の特定第2類物質としての管理が必要である。

㈲ ジイソシアネート

トリレンジイソシアネート（TDI）やジフェニルメタンジイソシアネート（MDI）は，ポリウレタン樹脂の製造，合成ゴム，塗料，接着剤の原料として使用される。発泡の工程で，経気道的にばく露することが多い。高濃度の蒸気は，激しい咳，呼吸困難，嘔吐などを生じる。皮膚に付着すると水疱を生じる。ばく露が続くと，次第にぜんそく様発作を生じ，感作状態になると，アレルギー性の気管支ぜんそくや皮膚炎を生じる。

TDI は，特化則の特定第2類物質としての管理が必要である。MDI は，行政指導による管理が求められている。

㈳ エチレンオキシド（酸化エチレン）

エチレンオキシドは，滅菌や他の有機化合物の合成原料として使用される。皮膚粘膜刺激性があり，高濃度で皮膚に接触すると水疱を生じ，眼に入ると角膜炎を生じる。経気道的に蒸気を吸入すると，悪心，嘔吐，粘膜刺激症状などを生じるが，多量では麻酔作用を生じる。また，人に対して発がん性がある。

特化則の特定第2類物質の特別管理物質としての管理が必要である。

㈴ ホルムアルデヒド

ホルムアルデヒドは，接着剤，塗料の原料や，防腐剤などに使用される。建材から空気中に放出されて人体に健康影響を生じる，いわゆる「シックハウス症候群」の原因物質の一つである。粘膜刺激作用のほか，咳，上気道炎，流涙，接触皮膚炎を生じる。人に対して鼻咽頭がんがみられるとの指摘がある。

特化則の特定第2類物質の特別管理物質としての管理が必要である。

表4-2 主な半導体特殊材料ガスとその毒性

半導体特殊材料ガス	毒　性
シラン（SiH₄）	腎障害，鼻炎
ホスフィン（PH₃）	悪心，嘔吐，けいれん，昏睡，鼻炎
ジボラン（B₂H₆）	呼吸器障害（細気管支炎，肺水腫）
アルシン（AsH₃）	呼吸障害など砒素による中毒症状

表4-3 農薬中毒の症状

農　薬	中　毒　機　序	症　状
有機りん剤 （殺虫剤） 　ダイアジノン 　DDVP 　MEP 　マラソンなど	コリンエステラーゼ（ChE）阻害によるアセチルコリン過剰と神経伝達亢進	中枢神経症状 　めまい，頭痛，振せん，意識混濁 運動神経症状 　けいれん，呼吸麻痺 副交感神経症状 　嘔吐，下痢，多汗，瞳孔の縮小，肺水腫
カーバメート剤 （殺虫剤） 　カルバリルなど	同　上	同　上
有機弗素剤 （殺虫剤）	エネルギー代謝障害	心臓障害 　血圧低下，不整脈，心不全 てんかん様けいれん
パラコート剤 （除草剤）	過酸化	肝・腎障害，肺炎，肺線維症

(ス)　半導体特殊材料ガス

　　半導体製造工程では，半導体特殊材料ガスと呼ばれる一群のガスが使用されている。主なガスの毒性は，動物実験の結果も含めて**表4-2**に示す。行政指導（通達）により健康診断が求められている。

(セ)　農　薬

　　有機リン系やカーバメート系の農薬は，副交感神経を緊張させるので，肺から吸収すると，下痢，流涙，縮瞳などを生じる。血液中のコリンエステラーゼを測定することによってばく露の状況を評価することができる（**表4-3**）。医療機関において，治療中の嘔吐物による医療従事者の農薬中毒も発生している。

　　ジメチル-2,2-ジクロロビニルホスフェイト（DDVP）は，発がん性があることから，特化則の特定第2類物質の特別管理物質とされている。DDVPは，家庭用殺虫剤や文化財燻蒸剤として使用される。特徴的な臭気があり，皮膚炎，瞳孔の縮小，流涙，めまい，悪心，下痢等の症状を生じる。

(ソ)　石綿代替繊維

　　石綿の使用が禁止され，石綿代替繊維が広く利用されている。現在，石綿代替繊維として，ロックウールやグラスウールなどの人造鉱物繊維，リフラクトリーセラミックファイバー（RCF）などの人造結晶質繊維，セピオライトなどの天然鉱物繊維が多く使われている。RCFについては，特化則の管理第２類物質の特別管理物質とされている（適用除外あり）。ロックウール及びグラスウールの発がん性について，IARC（国際がん研究機関）では，2001年にグループ2B（人に対する発性が疑われる）から，グループ３（人に対する発がん性が分類できない）に変更した。ただし，人に対する健康影響についての知見は，不十分なものも多く，発がん性が不明な繊維も多い。

(タ)　新規化学物質

　　わが国において製造又は輸入をした実績のない化学物質（新規化学物質）については，あらかじめ，有害性の調査をして届け出ることが義務付けられている。調査の結果により強い変異原性が認められた物質の製造や取扱いは，「変異原性が認められた化学物質による健康障害を防止するための指針」（平成５年５月17日付け基発第312号の３）に沿って，ばく露防止対策，作業環境測定，労働衛生教育，ラベルの表示，SDSの交付，記録の保存等の措置を講ずることが求められている。

(チ)　受動喫煙

　　受動喫煙は，環境喫煙や間接喫煙ともいわれる。喫煙者が吸い込んだ後に吐き出す主流煙と，燃えているたばこから放出される副流煙にばく露されることを指す。副流煙には主流煙と同様に，ホルムアルデヒドやベンゾピレンなどの60種類以上の発がん物質と，ニコチンや一酸化炭素などの有害物質を含んでいる。非喫煙者の受動喫煙では眼や気道の粘膜刺激症状のほか，嗄声，気管支ぜんそくや慢性気管支炎の悪化，胎児への健康影響，肺がんなどの発がんが問題となる。

キ　職業がんの原因となるがん原性物質等　関連ページ　58頁，277頁

　　職業がんとは，ある職業に従事することにより，その職業に特有な発がん要因にばく露して発症するがんをいう。主な職業がんは，表４－４にまとめた。

　　安衛法第67条の規定により，がんその他の重度の健康障害を生じるおそれのある業務に従事していた者で一定の要件に該当するものには，健康管理手帳が交付され退職後も健康管理が継続される（277頁，第７章９参照）。

　　また，安衛法第28条第３項に基づき，がんその他の重度の健康障害を労働者に

表4－4　主な発がん因子と発がん性　　　(注) ＊印のものは，製造・使用が禁止されている

原　　因	使用・発生職場又は用途（例）	主な発がん性
コールタール	コークス炉	肺がん，皮膚がん，膀胱がん，陰嚢がん
ベンゼン	化学原料，溶剤	白血病
無機砒素	農業，ガラス工業	肺がん，皮膚がん
ベンジジン＊	染料	膀胱がん
ベータ-ナフチルアミン＊	染料	膀胱がん
オルト-トルイジン	染料	膀胱がん
ビス（クロロメチル）エーテル＊	陰イオン交換樹脂製造	肺がん
電離放射線	医療，計測，非破壊検査	皮膚がん，白血病，肺がん，甲状腺がん
石綿＊	断熱剤，建材	肺がん，胸膜中皮腫
クロム酸，重クロム酸	合金，めっき	肺がん，上気道がん
塩化ビニルモノマー	合成樹脂	肝血管肉腫，肝細胞がん
エチレンオキシド	医療，燻蒸	白血病，胃がん
紫外線	殺菌，アーク溶接	皮膚がん
3,3'-ジクロロ-4,4'-ジアミノジフェニルメタン（MOCA，MBOCA）	防水材	膀胱がん
ベリリウム	合金	肺がん
ベンゾトリクロイド	塗料	肺がん，鼻腔がん
1,2-ジクロロプロパン	溶剤	胆管がん
オーラミン	染料	尿路系腫瘍
マゼンタ	顔料	尿路系腫瘍
ニッケル	合金	肺がん，上気道がん

生ずるおそれのある化学物質の製造や取扱いにおいて，事業者が講じるべき措置について「労働安全衛生法第28条第3項の規定に基づき厚生労働大臣が定める化学物質による健康障害を防止するための指針」（平成24年10月10日付け指針公示第23号，最終改正：令和2年2月7日付け指針公示第27号）により，40物質について対策の指針が示されている（**表4－5**）。

ク　職業アレルギーを引き起こす物質

　　職業アレルギーとは，そば等食品製造，野菜の栽培，セメント製造，ペット販売などのように，仕事上アレルゲンとなる物質にさらされる機会の多い人に起こるアレルギー疾患である。気管支ぜんそく，過敏性肺炎，鼻炎といった呼吸器症状及び接触皮膚炎，結膜炎といった皮膚症状や粘膜症状を生じる（**表4－6**）。

表4-5　安衛法第28条第3項に基づく健康障害を防止するための指針の対象となっている化学物質

1　アクリル酸メチル	23　スチレン
2　アクロレイン	24　4-ターシャリ-ブチルカテコール
3　2-アミノ-4-クロロフェノール	25　多層カーボンナノチューブ
4　アントラセン	26　1,1,2,2-テトラクロロエタン（別名四塩化アセチレン）
5　エチルベンゼン	
6　2,3-エポキシ-1-プロパノール	27　テトラクロロエチレン（別名パークロルエチレン）
7　塩化アリル	
8　オルト-フェニレンジアミン及びその塩	28　1,1,1-トリクロルエタン
9　キノリン及びその塩	29　トリクロロエチレン
10　1-クロロ-2-ニトロベンゼン	30　ノルマル-ブチル-2,3-エポキシプロピルエーテル
11　クロロホルム	
12　酢酸ビニル	31　パラ-ジクロルベンゼン
13　四塩化炭素	32　パラ-ニトロアニソール
14　1,4-ジオキサン	33　パラ-ニトロクロルベンゼン
15　1,2-ジクロロエタン（別名二塩化エチレン）	34　ヒドラジン及びその塩並びにヒドラジン一水和物
16　1,4-ジクロロ-2-ニトロベンゼン	
17　2,4-ジクロロ-1-ニトロベンゼン	35　ビフェニル
18　1,2-ジクロロプロパン	36　2-ブテナール
19　ジクロロメタン（別名二塩化メチレン）	37　1-ブロモ-3-クロロプロパン
20　N,N-ジメチルアセトアミド	38　1-ブロモブタン
21　ジメチル-2,2-ジクロロビニルホスフェイト（別名DDVP）	39　メタクリル酸2,3-エポキシプロピル
	40　メチルイソブチルケトン
22　N,N-ジメチルホルムアミド	

表4-6　主な職業アレルギー

疾　患		原　　因
ぜんそく	化学物質	TDI（トリレンジイソシアネート），MDI（ジフェニルメタンジイソシアネート），無水フタル酸
	金属	ニッケル，コバルト，白金
	植物性	木材粉，そば粉，花粉
	動物性	エビ，カニ，動物の排泄物や毛
過敏性肺炎	植物性	真菌（放線菌）
アレルギー性鼻炎	動物性	動物の排泄物や毛
	植物性	花粉，木材粉
アレルギー性接触皮膚炎	化学物質	TDI, MDI, ラテックス，エポキシ樹脂，フェノール，ホルムアルデヒド，芳香族ニトロ化合物，化粧品
	金属	クロム，ニッケル，水銀，ベリリウム，コバルト
アレルギー性結膜炎	植物性	花粉
	化学物質	化粧品
シックハウス症候群	化学物質	ホルムアルデヒド

表4－7　酸素濃度と症状

酸素濃度（%）	症　　　　　　状
16〜12	脈拍，呼吸数の増加。精神集中に努力がいる。細かい筋作業がうまくいかない。頭痛。吐き気，耳鳴
14〜9	判断力がにぶる。発揚状態。不安定な精神状態。刺傷などを感じない。酩酊状態。記憶消失。体温上昇，全身脱力。チアノーゼ
10〜6	意識不明，中枢神経障害。けいれん。不規則な呼吸。チアノーゼ
10〜6の持続又はそれ以下	昏睡→呼吸緩徐，呼吸停止。数分後心臓停止

(3)　酸素欠乏症等

関連ページ　374頁

ア　酸素欠乏症

　酸欠則では，酸素欠乏とは，空気中の酸素濃度が18%未満の状態をいうとされている。16%以下になると頭痛や吐き気などの自覚症状が現れ，10%以下で意識消失や窒息，けいれんなどが生じ，6%以下では一呼吸で死亡することが多い（**表4－7**）。船倉，下水溝，タンク，サイロ，樽内の作業では，金属のさびや植物の呼吸などによる酸素欠乏が生じることがある。

　重症度には，作業環境の酸素濃度の低さ，窒息性ガスの濃度の高さ，作業者がその環境に滞在した時間，作業者の身体活動の激しさ，作業者の個体要因（基礎代謝，血液や心肺機能などの健康状態，喫煙などの生活習慣）が影響する。同じ酸素欠乏状態でも，身体負荷が大きい作業をしていた場合，貧血や喫煙習慣がある作業者は，狭心症発作や意識障害をきたしやすい。作業前に必ず作業場所の酸素濃度を測定し酸素濃度に応じた必要な対策をとることが重要である。また，酸素欠乏症発生時の救助活動では，不用意に被災場所に近づくと救助者の二次災害が発生するので注意が必要である。

イ　硫化水素中毒

　酸素欠乏環境下での動植物の腐敗など，嫌気性の硫酸還元菌の活動や排煙脱硫装置の故障など硫化水素が発生しやすい場所で起こる。水に溶けやすい性質（炭酸ガスの約3倍）から，硫化水素を含む汚泥の掃除など，作業中の攪拌による突発的な噴出等にも注意が必要である。また，空気より重く，火山性ガスの滞留するくぼ地や雪洞での作業でも注意が必要である（**表4－8，9**）。

表４−８　硫化水素の気中濃度と症状

濃度（ppm）	症　　　　　状
0.3	誰でも臭気を感知できる
10	酸欠則上の管理すべき濃度（目の粘膜の刺激下限界）
20–30	嗅覚疲労によりそれ以上の濃度でも感じなくなる 肺の刺激症状
50〜	角膜が侵される
100–300	２〜15分で嗅覚神経が麻痺し不快感が減少したと感じる ８〜48時間連続ばく露で気管支炎・肺炎・肺水腫→死亡
350–400	１時間のばく露で生命危険
600	30分のばく露で生命危険
700	短時間過度の呼吸出現後直ちに呼吸麻痺
800–900	意識喪失、呼吸停止、死亡
1000	呼吸停止、死亡　　／　　5000ppm では即死

表４−９　硫化水素の特性

◇比重：1.19
◇爆発範囲：4〜44%
◇10ppm を超える場所〜硫化水素中毒の危険
◇特定化学物質第２類物質（管理濃度１ppm）
◇水への溶解度　※硫化水素は水に溶けやすい

	水温	硫化水素 H_2S (H_2S/CO_2)	炭酸ガス CO_2
水100mL に溶ける量	0℃	437mL（2.6）	171mL
	20℃	291mL（3.3）	88mL
	40℃	186mL（3.5）	53mL

3　物理的要因と健康障害

(1)　温熱環境による健康障害

ア　高温による障害

関連ページ　47頁, 365頁

　　高温かつ多湿である環境は，夏季における屋外での建設作業，森林伐採，警備，造園，炉前作業や炉内の補修作業，通風のない屋内の作業などで発生する。暑熱環境によって生じる身体の適応障害の状態疾患を総称して熱中症という。以下に熱中症の病態と重症度を挙げる。

㈠　熱失神（Ⅰ度）

　　人間は高温状態では，汗をかいて熱を体外に放出し，体温を正常に保とうとする。発汗による脱水などのために身体を循環する血液の量が減少し，脳に血液を十分に送ることができず，一時的な脳虚血による立ちくらみを起こすことがあり，これを熱失神という。

㈡　熱けいれん（Ⅰ度）

　　大量の発汗があり，水のみを補給した場合に血液の塩分濃度が低下し，四肢や腹筋などに痛みを伴ったけいれん（こむら返り），立ちくらみ（数秒間）が起こり，これを熱けいれんという。

㈢　熱疲労（Ⅱ度）

　　さらに，発汗状態が長時間続くと，体内の塩分や水分が失われ，このバランスが崩れショックや脱水症状を起こす。これが熱疲労である。熱疲労では体温の異常はないものの，顔面は蒼白し皮膚は汗で湿る（ショック症状）。全身倦怠感，脱力感，めまい，吐き気，嘔吐，頭痛などの症状が起こる。

㈣　熱射病（Ⅲ度）

　　体温が上昇して，脳の体温中枢が障害されて，体温が40℃を超えているのに汗が出なくなり，意識障害も生じて死亡するおそれがある。これを熱射病という。

　　熱射病は熱中症の最重症型で，死亡事故につながる場合があり，緊急性が高い。職場ごとに無理のない作業計画を立てて，毎日の気象条件に合わせてこまめに休憩を取り入れるなど労働者の体調管理をすることが大切である。

イ　低温による障害

　　低温の環境は，低温倉庫内作業，スーパーマーケットの冷蔵庫内作業，冬季の林業作業などで発生する。

　　低温の環境下では，ふるえなどにより熱を産生し体温の低下を防ごうとするが，やがて，体熱の喪失が産生を上回ってくると，体の中心部の温度が35℃以下となり，これを低体温症という。さらに体温が低下し，体温が32℃以下になると，熱産生が十分に行われなくなり，中枢神経機能や呼吸・循環機能不全により死亡する。低温の環境下では，手や足の指など末梢部は，体表面の血管が収縮するため，特に体温が低下しやすい。そのため，血管壁の透過性が亢進して凍瘡，いわゆるしもやけを起こしたり，0℃以下の寒冷下では組織が凍結して凍傷壊死を起こしたりする。また，長期間の低温ばく露は，腰痛症などの健康障害を起こすことがある。作業者に適切な防寒服等を着用させることが大切である。

⑵　気圧変化による健康障害

　　人間は，通常1気圧（約0.1MPa）の環境下で活動しているが，潜水作業や高圧室内作業（圧気工法）などの作業に従事する場合に，高圧の影響や，高圧環境下から常圧に戻る際の減圧の影響を受けて，次のような健康障害が生じる（**表4−10**）。これらの障害の予防には，加圧や減圧のために十分に時間をかける必要がある。

ア　高圧による障害

　　加圧された環境で作業に従事する場合，肺，耳，副鼻腔など空洞を持つ組織は，空気の移動が十分でないと締め付けられ痛みを生じる（スクイーズ）。また，血液や組織中には，圧力に応じて酸素，窒素，二酸化炭素（炭酸ガス）などが溶解するため，高圧下では酸素中毒，窒素酔い，炭酸ガス中毒を起こすことがある。

イ　減圧による障害

㋐　減圧症

　　減圧症は，高圧の環境下で血液や組織中に溶解した窒素ガスが，減圧時に気泡化し，血液循環を障害したり組織を圧迫したりして生じる。減圧症の症状は，皮膚のかゆみ，関節や筋肉の痛み，呼吸困難，運動麻痺や知覚障害な

表4−10　異常気圧と職業性疾病

ど多様である。

(イ) 空気塞栓症（動脈ガス塞栓症）

潜水作業で，急速に浮上した場合や十分に息を吐かないで浮上した場合，肺が過膨張となり，行き場を失った肺内の空気が肺胞を傷つけ，肺の毛細血管に侵入する。侵入した空気が気泡状になって，動脈を経由して脳動脈などを閉塞し，意識障害や，頭痛，脳梗塞を引き起こす。この疾患を空気塞栓症という。

(ウ) 骨壊死

潜水者に多く見られ，骨組織が破壊される。

ウ 低圧による障害

低圧下において，圧力が低くなった場合，空洞を持つ組織は，空気の移動が十分でないと膨らんで，痛みの原因となったり，酸素と結合したヘモグロビンの割合や血液中に溶解する酸素の濃度が低くなり，呼吸・循環障害を起こすことがある。

(3) 騒音による健康障害

関連ページ 54頁，161頁，249頁，415頁

ア 騒音性難聴

騒音にばく露されると，内耳の疲労により，一時的に聴力が低下する。しかし，内耳の疲労が回復する前に，さらに騒音にばく露され続けると，内耳の有毛細胞が変性し，永久的に聴力が障害される。これを，騒音性難聴と呼ぶ。騒音性難聴は，初期には4,000 Hz（3,000～6,000 Hz）付近の聴力が低下する。これを c^5dip（ディップ）という。会話音域の聴力に影響はなく，難聴を自覚しづらい。しかし，騒音性難聴が進行すると，高音域を中心に会話音域まで聴力が低下するため，社会生活に支障がでてくる。騒音性難聴は，5年から15年ほどかけて進行するため，加齢による聴力低下と重なる場合がある。適切な騒音対策を行うとともに，聴覚保護具を着用させることも大切である。

また，騒音下では著しい精神疲労が生じ，自律神経系や内分泌系にも影響を与え，交感神経の活動の亢進や副腎皮質ホルモンの分泌の増加などいわゆるストレス反応を起こすことがある。

イ 耳鳴り

耳鳴りは，身体の外部に音源などがないにもかかわらず，「キーン」とか「ジー」というような音が鳴っているように感じることをいう。耳鳴りの原因はいまだ科学的に解明されてはいないが，騒音性難聴など，感音性の難聴では，耳鳴りを伴うことが多い。

ウ　超音波による健康障害

　　耳に聞こえないほど高い周波数の音を超音波という。超音波は，音としての感覚で感じないが，超音波溶着機の作業者などに，圧迫感，頭痛や吐き気，不快感などが出ることがある。

(4)　振動による健康障害

関連ページ　164頁, 250頁

ア　局所振動障害

　　チェーンソーなどの振動工具を手で把持することによる局所の振動ばく露は，レイノー現象（白指症）などの末梢循環障害，手指のしびれ感などの末梢神経障害，関節痛などの筋骨格系障害を起こす。一般に他覚所見より，自覚症状の方が先行して発症するといわれている。機械的な振動に寒冷のばく露が重なると，血管が強く収縮し，振動による健康障害を起こしやすい。振動がなるべく少ない工具を使用し，保温や適切な作業時間の管理を行うことが大切である。

イ　全身振動障害

　　フォークリフトや建設機械などの運転では，全身が低い周波数の振動にばく露されるが，不快感を感じたり，腰痛や頸部痛などの脊柱障害を起こすことがある。

(5)　電離放射線による健康障害

関連ページ　166頁, 247頁, 364頁

　　電離放射線は，大別して電磁波と粒子線とに分けられ，物質を透過したり，電離させたりする性質がある。表4－11に示すようにエックス線，ガンマ線などの電磁波，アルファ線，ベータ線，電子線，中性子線などの粒子線がある。

　　物質を構成する元素のうち，自然に崩壊してほかの元素に変わり，この際電離放射線を放出するものがある。これには，ウラン，ラジウムなど天然に存在するものもあるが，コバルト60，イリジウム192，リン32など人工的に作られるものもある。このように電離放射線を放出し，ほかの元素に変わる元素を放射性同位元素（ラジオアイソトープ：RI）という。

　　エックス線は，エックス線装置を用いて発生させる人工の電離放射線で，医療上の診断や治療に広く利用されているが，このほか，分析や溶接部などの検査（いわゆる

表4－11　電離放射線（粒子線又は電磁波）の種類

1　アルファ線，重陽子線，陽子線	
2　ベータ線，電子線	粒子線
3　中性子線	
4　ガンマ線，エックス線 ——— 電磁波	

図4-1　放射線被ばくによる影響

（資料：環境省 HP より）

図4-2　放射線の健康障害防止の考え方～確定的影響と確率的影響～

非破壊検査）などにも用いられている。

　ガンマ線は，コバルト60，イリジウム192などの放射性同位元素から放射される。本質的には，エックス線と同じもので，物体の透過力が強く非破壊検査や各種計器に利用される。

　電離放射線による健康影響には身体的影響と遺伝的影響がある（図4-1）。

　身体的影響には，被ばく線量が一定のしきい値（影響の出る最低の線量の値）以上で発現する脱毛や白内障などの「確定的影響」（組織反応）と，しきい値がなく被ばく線量が多くなるほど発生率が高まる白血病などの「確率的影響」がある（図4-2）。30日以内に起こるものを急性障害と呼び，それ以降，数十年にわたる潜伏期間を経て発生する健康障害を晩発障害と呼ぶ。

また，遺伝的影響は，遺伝子突然変異などによる健康影響で，「確率的影響」である。

⑹　非電離放射線による健康障害

関連ページ　166頁

ア　赤外線

赤外線は熱線ともいい，溶解炉など高温の物体から放射される可視光線より波長の長い光線である。赤外線は，輻射熱によりばく露部位の温度を上げるため，熱傷を起こすことがある。眼に対しては，網膜障害や白内障を起こすことがある。適切な遮光板や遮光保護具を使用させる必要がある（**表4－12**）。

イ　紫外線

紫外線は，太陽光や溶接光などに含まれる可視光線より波長の短い光線である。適切な遮光保護具を使用させる必要がある。

紫外線は，紫外線殺菌灯などに使用されるほか，溶接・溶断作業などで発生する。航空機の操縦士，海水浴場やスキー場の作業者などは，太陽光に含まれる紫外線を受けることが多い。紫外線は，波長が長い順に UVA，UVB，UVC に分かれる。このうち皮膚や粘膜の障害を最も起こしやすい UVC は，大気で吸収されることから地上で受けることはないが，UVB は日焼けを起こし，急性障害として，皮膚炎や角膜炎，結膜炎などを起こすことがある。また，遅発性障害として，白内障や皮膚がん，皮膚の老化を起こす。

ウ　マイクロ波

マイクロ波は，波長が赤外線よりさらに長い0.1mm～1mの電磁波であり，

表4－12　非電離放射線による健康障害

種　類	発　生　職　場	主　な　症　状
赤　外　線	炉前作業，ガラス加工作業，冶金・鋳物注湯作業，赤外線乾燥作業，溶接・溶断作業	白内障，皮膚火傷，熱中症
紫　外　線	屋外作業，溶接・溶断作業，炉前作業，殺菌・検査作業	電光性眼炎，雪眼炎，皮膚色素沈着，光線過敏性皮膚炎，皮膚がん，白内障
マイクロ波	通信，医療（ジアテルミー），木材・ゴム・プラスチックなどの熱接着加工作業	白内障，組織壊死，睾丸障害（一時的無精子症），全身照射による深部発熱，局所熱作用
レーザー光線	通信，材料加工，分光分析，医療（無血外科手術），工業的溶接・溶断作業	網膜火傷・剥離，失明，角膜火傷，白内障，皮膚火傷，熱凝固

透過性があり，照射部位の組織を加熱する作用がある。マイクロ波は，誘電加熱による溶着機や電子レンジ，電気メス，通信機器などに利用されている。強力なマイクロ波にばく露されると，ばく露組織に熱傷や組織壊死を起こすことがある。

エ　レーザー光線

レーザー光線とは，180nm〜1mmまでの波長域にある単一波長で位相のそろった人工光線のことで，指向性や集束性が強く，エネルギー密度が高いという特長を持つ。レーザー光線は，そのパワーによりクラスが分類されており，最も弱いクラス1やクラス2のレーザー光線は可視光のレーザーポインターとして使用され，最も強いクラス4のレーザー光線は金属の溶断に使用されている。さまざまな波長やクラスのレーザー光線が，警備，印刷，医療，半導体製造，金属加工など多様な業種で使用されている。

レーザー光線は，照射部位の組織の温度を上昇させ，損傷させる。特に，レーザー光線の眼への照射は，水晶体で集光され，網膜を損傷し，不可逆的な視力障害を起こす。弱いレーザー光線であっても直視してはならない。また，クラス4のレーザー光線では，散乱光でも眼の障害を引き起こすため，十分な遮へいやレーザー用保護めがねを使用する。

4 生物学的要因と健康障害

(1) 感染症の特徴

関連ページ　283頁

ア　感染の成立

　身の回りに住む微生物等が病気を起こす力は病原性と呼ばれ，病原力と量によって規定される。病原性が人間の抵抗力よりも強くなった場合に感染が成立し，それによって症状が引き起こされることを感染症という。病原性が非常に強い場合は誰でも感染するが，人間の抵抗力が非常に弱い場合は，普段，多くの人には感染しない菌が病気を発症させることがある。これを日和見（ひよりみ）感染という。このように，感染が成立するには，感染源，感染経路，感染を受けやすい人の３つの要素が必要となる。

イ　キャリアー

　微生物の感染が成立して症状が現れるまでの期間を潜伏期と呼ぶ。症状が現れない状態が継続することを不顕性感染と呼ぶ。症状が現れるまでの者は，保菌者（キャリアー）と呼ばれ，感染したことに気が付かずに，病原体をばらまく感染源になることがしばしばある。

ウ　感染経路

　微生物に感染した人間，動物，それらの排泄物などの感染源から，微生物が人体内に移行し感染する道すじを感染経路と呼ぶ。感染経路は次のように６つに分類されている。

㋐　接触感染

　直接，感染源と接触することによって感染する。医療や介護施設など同じ施設内などで感染する頻度が高い。医療従事者が患者を適切に隔離しないことが原因となる。麻疹（はしか），水痘（みずぼうそう），アデノウイルスなどで生じやすい。

㋑　飛沫感染

　感染源の人が，咳（せき）やくしゃみをして，唾液に混じった微生物が飛散して通常2m 以内の距離で感染する。飛沫は空気中に浮遊し続けることはない。飛沫感染は，インフルエンザ，新型コロナウイルス感染症，普通感冒，マイコプラズマ肺炎などの代表的な感染経路である。

㋒　エアロゾル感染

　微細な飛沫の粒子が換気の悪い密室において空気中を漂い感染する。新型コ

ロナウイルス感染症などの感染経路である。（マイクロ飛沫感染も含む）

(エ) 空気感染

微生物を含む飛沫の水分が蒸発し，乾燥した小粒子として長時間空気中に浮遊して感染するもので，長い距離でも感染が起こり得る。感染源の人の部屋と空調が連結している別の部屋にいる場合などでも，同じ空気を呼吸していることが原因となる。結核，麻疹，水痘などは空気感染することがある。

(オ) 物質媒介型感染

汚染された食物，水，血液，器具などによって伝ぱされて感染する。食中毒，B型肝炎，C型肝炎などの感染経路である。

(カ) 昆虫などを媒介した感染

蚊，ハエ，ネズミなどを経由して伝ぱすることにより感染する。マラリア，リケッチア症などの感染経路である。

(2) 呼吸器感染症

ア 肺結核

結核の原因は，結核菌である。チール・ネルゼン法という特殊な染色法で同定される抗酸菌と呼ばれる種類の菌である。

結核は，単独の病原体による死亡者数が世界中で最も多い感染症である。明治以降の日本にまん延し，1950年までは死因の第1位であったが，近年は20位以下である。厚生労働省では，結核集団感染の定義を「同一の感染源が，2家族以上にまたがり，20人以上に結核を感染させた場合をいい，発病者1人を6人の感染者に相当するとして感染者数を計算するものとする」としている。1980年代以降は，結核による死亡者数の減少が鈍化し，高齢者では保菌者の抵抗力が低下して発病し，若年者では感染経験がなく感染すると発病しやすいと考えられ，「再興感染症」とも呼ばれている。

一般に，結核菌を吸入すると，肺の細胞内で増殖して空洞を有する病巣を形成する。初期症状は風邪とよく似ているが，結核の場合は，2週間以上の長引く咳や痰，微熱や倦怠感があり，通常の風邪薬や抗生物質では治癒しない。結核の感染の有無については，従来からツベルクリンの皮内反応によって検査が行われてきた。ただし，この検査はBCG接種を受けている人も陽性になることが多い。そこで近年，成人に対してはQFT検査やT–SPOT検査によって，結核の感染の有無を検査するようになってきた。

治療は結核菌用の抗生物質を投与する。菌を含む痰を喀出している者は，入院

させ隔離しなくてはならない。治療費は，申請に基づき国が支払う。結核を伝染させるおそれが著しいと認められる患者に対しては，産業医等と相談の上，就業を禁止させる。また，結核のまん延している国への海外渡航により感染する可能性もある。

イ　非定型抗酸菌症

結核菌の仲間による感染症は，非結核性抗酸菌症と呼ばれる。

結核菌の仲間である非定型抗酸菌は，じん埃，土壌，水などの自然界に由来して，日和見感染症の原因となることが多い。人間同士の感染はほとんどない。症状は結核と似て肺に空洞を形成するが，結核菌よりも病原力が弱い。

ウ　風しん

風しんとは，発熱，発疹，リンパ節腫脹を特徴とするウイルス性発疹症で，免疫のない女性が妊娠初期に風しんにかかると，胎児に感染し出生児が先天性風しん症候群（CRS）となる危険性がある。

風しんは感染力が強く，特に成人で発症した場合，高熱や発しん，関節痛など，小児より重症化する。近年は，抗体を持たない成人の流行が多く見られるため，職場や通勤時の感染による拡大が危惧され，妊婦への感染を抑制するためにも対策が求められる。風しん予防接種を公的に受ける機会がなかった昭和37〜昭和54年に生まれた男性を対象に「風しん追加対策」を実施している（令和2年1月30日基安労発0130第2号）。

風しんは，風しんウイルスを含んだ咳やくしゃみなどによる飛沫を吸い込んで感染する。予防には，うがいや手洗いの励行とともに，積極的にワクチンを接種する。

エ　インフルエンザ

関連ページ　284頁

インフルエンザウイルスにはA，B，Cの3型があるが，流行するのはA型とB型である。A型は抗原性の異なる亜型が存在し，人間以外にもブタやトリなどその他の宿主に広く分布している人獣共通感染症である。A型インフルエンザには，冬季に流行するAソ連型とA香港型があるが，2009年にブタから感染したと考えられる新型インフルエンザは，多くの人に免疫がなかったことから，世界的な大流行になった。

一般的に，インフルエンザの流行は，日本では毎年11月下旬ごろに始まり，5月上旬までには減少することが多い。インフルエンザが流行する年は，ぜんそくその他の慢性疾患による死亡者数も増加するという報告がある。

1〜3日間ほどの潜伏期間の後に，通常38℃以上の高熱・頭痛・全身の倦怠感・

関節痛などが突然現れ，咳・鼻汁などの症状が続き，約１週間で軽快するが，風邪に比べて発熱，頭痛，関節痛，筋肉痛などの全身症状が強い。発病後２日以内に抗ウイルス薬を服用すれば症状を軽くできる。また，職場内の集団感染を防ぐために，疑わしい場合は出勤せず早めに受診するよう勧奨することが大切である。

予防には，うがいや手洗いの励行とともに，インフルエンザワクチンの接種が望ましい。特に，医療従事者，介護労働者などは，積極的にワクチンを接種する。

オ　新型コロナウイルス
関連ページ　284頁

令和元年12月から中国・武漢で発生した新型コロナウイルス感染症は，新しく発生したウイルス感染症で，多くは２〜６日の潜伏期間を経て発症し，発熱や喉の痛み，長引く咳，強い倦怠感などの症状が出ることが多い。飛沫感染し，令和２年初頭には中国で爆発的に流行し，その後世界中で多くの患者が発生した。

（3）　食中毒
関連ページ　284頁，375頁

食中毒は一般の感染症と異なり，飲食物が原因となる。食中毒の原因は３つに分けられ，微生物（細菌，ウイルス，原虫など），自然毒（キノコ毒，フグ毒，貝毒など），化学物質（砒素，農薬，有害性金属など）である。細菌によるものでは，増殖した細菌そのものが食中毒の原因になる感染型と，細菌が産生した毒素が食中毒の原因となる毒素型に分けられる（図４−３）。食中毒の症状は，急性の下痢，腹痛，発熱などが共通に認められる。

通常，食中毒菌が多少入っても胃酸や免疫による防御作用があるため，食中毒は起こらないことが多い。

食中毒の予防には，「付けない」，「増やさない」，「殺菌する」の３原則がある。「付けない」は，正しい手洗いと調理器具の管理を行い，生肉の肉汁や生鮮魚介類など原因菌による汚染の可能性があるものを他の食材に付けないこと，「増やさない」は低温での食材の管理や品質を保つこと，「殺菌する」は十分な加熱調理を行うことである（表４−13）。

ア　ベロ毒素産生性大腸菌（腸管出血性大腸菌）

人間に食中毒を引き起こす大腸菌を病原性大腸菌又は下痢原性大腸菌と呼び，そのうちO抗原を持ち大腸に出血性の炎症を生じるベロ毒素を出すものをベロ毒素産生性大腸菌と呼ぶ。平成２年には大腸菌O-157が猛威を振るった。菌に汚染された食肉や野菜などから摂取されることがある。潜伏期間は３〜５日で，感染者の便からも感染するので，衣類は区別して取り扱い，手洗いを励行し，共同の入浴は避けることが望ましい。

図4−3　原因別の食中毒の分類とその例

表4−13　食中毒原因菌等の加熱殺菌条件

細　菌　等	温度と加熱時間
腸管出血性大腸菌	75℃ 1分間以上
カンピロバクター	75℃ 1分間以上
サルモネラ菌	75℃ 1分間以上
ノロウイルス	85℃ 以上 1分間以上
ボツリヌス菌	熱に強く死滅しにくい

イ　サルモネラ菌

　　サルモネラ菌による食中毒は鶏卵が原因となることが多く，学校，医療機関，福祉施設で集団発生が起こる。成人では，通常8〜48時間の潜伏期間である。

ウ　腸炎ビブリオ菌

　　腸炎ビブリオ菌は海水中などに生息し，海水温が上昇すると短時間で増殖する。病原性好塩菌ともいわれ塩水を好む。真水や熱に弱いので，魚介類は流水で十分に洗い加熱調理する。潜伏期間は10〜24時間で，激しい腹痛と下痢が起こる。

エ　ノロウイルス

　　ノロウイルスによる食中毒は，冬季に集団食中毒として多発し，近年，食中毒

【参考】海外の感染症情報を提供している主なURL(この情報は令和6年1月10日現在のもの。)

厚生労働省検疫所　FORTH	https://www.forth.go.jp/
外務省　海外安全ホームページ	https://www.anzen.mofa.go.jp/
外務省　世界の医療事情	https://www.mofa.go.jp/mofaj/toko/medi/
東京医科大学病院 渡航者医療センター	https://hospinfo.tokyo-med.ac.jp/shinryo/tokou/

の原因として最も多い。食品，水，患者の嘔吐物などの飛沫から経口的に摂取されたノロウイルスが人間の小腸で増殖して急性胃腸炎が生じる。潜伏期間は1〜2日間と考えられ，吐き気，嘔吐，下痢を主症状として，腹痛，頭痛，発熱，咽頭痛などかぜに似た全身症状を伴うこともある。ウイルスは，症状消失後3〜7日間は患者の便中に排出されるため，衣類は区別して，手洗いを励行する。ウイルスの失活化には，エタノールによる消毒はあまり効果がない。殺菌には煮沸消毒か塩素系の消毒剤を用いるが，塩素系の消毒剤での手洗はしないこと。中心部までしっかりと加熱した食品では完全に失活する。

オ　黄色ブドウ球菌

　黄色ブドウ球菌による食中毒は，菌が食品中で増殖するときに産生する毒素を，食品とともに摂取することによって起こる。毒素型の細菌はエンテロトキシンと呼ばれる毒素を産生する。黄色ブドウ球菌が産生する毒素は熱に強く，仕出し弁当などの加工食品が原因となることが多い。喫食の約3時間後に，激しい吐き気，嘔吐，腹痛，下痢を伴う急激な急性胃腸炎症状を発する。

カ　カンピロバクター・ジェジュニ及びカンピロバクター・コリ

　鶏や牛などの腸に住み，食品や飲料水を通して感染する。潜伏期間は2〜7日と長い。ノロウィルスに次いで，発生件数が多い。

キ　ボツリヌス菌

　ボツリヌス菌は土壌に広く分布し，缶詰や真空包装食品などの酸素が含まれない食品中で増殖し，猛毒のボツリヌス毒素（神経毒）を作りだす。菌が芽胞という形態をとると長時間煮沸しても死滅しない。缶詰，魚の燻製，からしレンコンなどで発生した事例がある。感染の8〜36時間後に，吐き気，嘔吐，便秘などが起こり，その後は筋肉の麻痺症状が出現して，脱力感，めまいが生じるほか，ものが二重に見え，まぶたが下がり，言葉が出ず，歩けなくなり，ついには呼吸困難となり死亡することがある。

ク　自然毒及び化学物質による食中毒

　キノコ食中毒，フグ毒，貝毒などはいずれも毒素によるものである。フグ毒で

は，主成分のテトロドトキシンにより，口唇の麻痺，手足のしびれで始まり，呼吸麻痺から死に至ることがある。

　化学物質による食中毒は，食材や食品の生産，加工，調理，流通などの過程で，外部から化学物質が混入したり，あるいは生成することにより生じる。農薬や有害性金属，洗剤，油の変性，かび毒などがある。マグロ，カツオ，サバなどの赤身魚，肉，チーズなどに含まれるヒスチジンが，室温で放置されると細菌によってヒスタミンを生成し，数時間後に腹痛，下痢，嘔吐などの症状を呈することがあり，これも化学性食中毒に分類される。ヒスタミンは加熱処理しても分解されにくいため，予防には低温保存を徹底することが重要である。

⑷　血液媒介性感染症

　B型肝炎，C型肝炎，エイズ，成人T細胞白血病，梅毒などは，医療機関，清掃業，医療廃棄物処理業などで，汚染針を刺したり，血液が粘膜に付着したりしてそれぞれの原因となるウイルスに感染して生じる。医療現場は別として一般的に，職場内の日常的な接触では，これらの疾患に感染することはない。出血を伴う救急処置を行う際に血液に触れないように手袋を利用したり，血液の付着した感染性の廃棄物は適切に安全な専用容器に廃棄することが重要である。またB型肝炎にはワクチンの予防接種が，ワクチンのない疾患では感染事故後の早期治療が勧められる。

⑸　海外勤務における感染症対策

　海外派遣者や出張者には，検疫所や在外公館医務官情報などを参考にして渡航先に応じた感染症対策を要する。一般に，発展途上国に行く者にはA型肝炎ワクチンの予防接種，屋外作業に従事する者には破傷風ワクチンの予防接種が勧められる。マラリアやコレラについては，現地の最新情報を入手し予防投薬を検討する。

⑹　その他の生物学的要因による健康障害

　その他の生物学的要因による健康障害としては，特定の労働環境で取り扱う物質にばく露されることにより起こる職業性アレルギー疾患がある。医療従事者のラテックスゴムによるアレルギーや，ペットの販売業などの動物タンパク（ペットの毛や毛垢など）に対するアレルギー反応（ぜんそくや皮膚炎など）がある。職業性アレルギーの根本的な治療は環境を変えるか，抗原から離れるしかない。対症療法としては，ステロイド薬が有効である。

5 作業要因と健康障害

(1) 情報機器作業に伴う健康障害　　〈関連ページ　196頁，249頁〉

　以前は，ディスプレイ，キーボードなどにより構成される電子機器，いわゆる VDT（Visual Display Terminal）機器を使用して，データの入力，検索，照合等，文章・画像等の作成・編集，修正等，プログラミング，監視等を行う作業（VDT 作業）を対象とした労働衛生管理が行われてきた。しかし，近年，情報機器のハードウェア及びソフトウェア双方の技術革新により，職場における IT（Information Technology）化はますます進行してきた。これに伴い，ディスプレイ，キーボード等により構成される VDT 機器のみならずタブレット，スマートフォン等の携帯用情報機器を含めた情報機器が急速に普及し，これらを使用して情報機器作業を行う労働者の作業形態はより多様化している。

　そのため，従来の VDT 作業のみならず，上述のようなさまざまな情報機器を使用して行う作業を対象とした労働衛生管理が必要となってきた。

　その情報機器作業は，同じ姿勢のままで，表示画面の情報などを注視するために眼や頭の位置が制限され，かつ，操作するために手や腕の位置も制限されるため，拘束性が強い。このことが，眼や肩・腕に疲労を生じる原因となる。また，拘束性が強い作業であることから生じるストレス，限られた時間内での過大な情報処理や高度の判断の要求などにより，精神的な疲労も生じる。情報機器作業による健康障害は，一般に他覚所見より自覚症状の方が先行して発症するといわれている。

ア　眼に対する影響

　情報機器作業者の眼に関する自覚症状では，眼が疲れる，眼が乾く（ドライアイ），物がかすんで見える，眼が痛い，眼が充血する，物が見えにくい，眼がチクチクする，涙が出る，眼の前がちらちらする，眼に圧迫感がある，まぶたがヒクヒクする，などが比較的多い症状である。

イ　筋・骨格系への影響

　情報機器作業中は，頸・肩・腕，背中・腰を一定の位置で長時間保持しているため，これらを構成する筋は常に収縮を続けている。筋の持続的な収縮は筋肉内の血管を圧迫し続けるため，筋への血流を阻害し，筋への酸素供給を低下させる。筋が収縮するときには酸素が消費されるが，酸素は血液によって運ばれるため，血液の流れが悪いと局所の酸素不足が生じ，筋肉痛の原因の一つになる。

　キーボードやマウスによる作業は，連続的かつすばやく行われるため，頸，肩，

腕，手首，手指の局所的なだるさや痛みが生じる。初めは，強い肩こり，首筋のこり，腕のだるさ，背中の痛み・だるさなどが起こり，そのうち症状が強まり，筋肉の硬結や圧痛の所見が加わる。このように上肢を使う業務に関連して後頭部，頸部，肩甲帯，上腕，前腕又は手指の運動器障害が生じることがある。また，頸肩腕症候群とは，上肢の繰り返し運動によって生じる頸から手にかけての運動器障害を広く指す言葉である。

ウ　精神神経系への影響

情報機器作業では，拘束性が強いこと，多くの情報をすばやく適切に処理することを求められることなどから，精神的な負担となることもある。自覚症状としては，不眠，無気力，虚脱感，全身疲労感，焦燥感などがある。

(2)　重量物取扱い作業等に伴う筋骨格系障害（腰痛等）

関連ページ　194頁，249頁

重量物の取扱い作業や介護・看護作業等の人力による人の抱え上げ作業等に伴う筋骨格系の健康障害の多くは，腰痛である。

重量物を取り扱う作業等により，過大な重量負荷や前屈姿勢，不意の動作や筋協調のバランスの崩れなどが生じると，腰背部の筋・筋膜・じん帯などの局所的断裂や椎間板ヘルニア，あるいはこれらの前駆状態が引き起こされて，腰痛が生じる。

腰痛の種類には，被災時の災害性による分類（災害性腰痛と非災害性腰痛）と，症状の発症経過による分類（慢性腰痛と急性腰痛）がある。

ア　災害性腰痛と非災害性腰痛

災害性腰痛とは，労基則別表第１の２第１号「業務上の負傷に起因する疾病」に当たり，重量物運搬中の転倒や腰部への予想以上の過重な負荷などにより突然発症するものをいう。

非災害性腰痛とは，重量物を取り扱う業務等腰部に過度の負担のかかる業務により発症するものをいい，労基則別表第１の２第３号「身体に過度の負担のかかる作業態様に起因する疾病」に当たる。

業務上腰痛の認定基準では，災害性の原因による腰痛と災害性の原因によらない腰痛を判別している（**表４－14**）。

イ　慢性腰痛と急性腰痛

腰痛を症状の発症経過から慢性と急性に大別し，慢性に持続する腰痛のことを慢性腰痛という。慢性腰痛の原因は多様であり，腰椎部に原因があるだけでなく，内臓疾患や心因性に由来する場合や社会心理的な要因を含む場合もあり，慢性腰

表4－14　業務上腰痛の認定基準等について（昭和51年10月16日付け基発第750号）より抜粋

1　災害性の原因による腰痛
　業務上の負傷（急激な力の作用による内部組織の損傷を含む。以下同じ。）に起因して労働者に腰痛が発症した場合で，次の二つの要件のいずれも満たし，かつ，医学上療養を必要とするときは，当該腰痛は労働基準法施行規則別表第1の2第1号に該当する疾病として取り扱う。
　ア　腰部の負傷又は腰部の負傷を生ぜしめたと考えられる通常の動作と異なる動作による腰部に対する急激な力の作用が業務遂行中に突発的なできごととして生じたと明らかに認められるものであること。
　イ　腰部に作用した力が腰痛を発症させ，又は腰痛の既往症もしくは基礎疾患を著しく増悪させたと医学的に認めるに足りうるものであること。
2　災害性の原因によらない腰痛
　重量物を取り扱う業務等腰部に過度の負担のかかる業務に従事する労働者に腰痛が発症した場合で当該労働者の作業態様，従事期間及び身体的条件から見て，当該腰痛が業務に起因して発症したものと認められ，かつ，医学上療養を必要とするものについては，労働基準法施行規則別表第1の2第3号2に該当する疾病として取り扱う。

痛の治療に当たっては多角的な観点から痛みの原因を検索していく必要がある。

　一方で，急性腰痛は，明らかな外傷に起因することなく急性に発症した腰痛をいう。急性腰痛は頻度が高く，その原因として「ぎっくり腰」がよく知られているが，ほかにもさまざまな病態や疾患が存在し，確定診断できないことも少なくない。

　腰痛予防対策としては，「職場における腰痛予防対策指針」（平成25年6月18日付け基発0618第1号，最終改正：令和2年8月28日付け基発0828第1号）で対策が示されている（194頁，第6章4（1）参照）。

(3)　心理的負荷による精神障害

関連ページ　311頁

　近年，仕事による心理的負荷を原因として精神障害を発症し，あるいはこれにより自殺したとして労災請求が行われる事案が増加している。精神障害の労災認定については，「心理的負荷による精神障害の認定基準」（令和5年9月1日付け基発0901第2号，以下「認定基準」という。）に基づき，業務上外の判断が行われている。

　仕事による心理的負荷には多くの種類がある（表4－15）。また，認定基準では，職場における心理的負荷評価表が示されており，業務による心理的負荷の強度の評価のための指標として用いられている。

ア　抑うつ状態

　抑うつとは，悲しみ，孤独，絶望，低い自尊心，自責の感情で特徴付けられる精神状態のことをいう。ときに，精神運動制止，興奮，対人接触からの引きこも

表4-15　職場における仕事による心理的負荷

	出来事の類型	具体的出来事
1	事故や災害の体験	・重度の病気やケガをした
2	仕事の失敗，過重な責任の発生等	・業務に関連し，重大な人身事故，重大事故を起こした ・会社の経営に影響するなどの重大な仕事上のミスをし，事後対応にも当たった
3	仕事の量・質	・仕事内容・仕事量の大きな変化 ・1カ月に80時間以上の時間外労働を行った ・2週間以上にわたって連続勤務を行った
4	役割・地位の変化等	・退職を強要された ・配置転換や転勤
5	パワーハラスメント	・上司等から身体的攻撃，精神的攻撃等のパワーハラスメントを受けた
6	対人関係	・ひどい嫌がらせ，いじめ，又は暴行を受けた ・上司・部下・同僚とのトラブル
7	セクシュアルハラスメント	・セクシュアルハラスメントを受けた

（出典：「心理的負荷による精神障害の認定基準」別表1「業務による心理的負荷評価表」より「強」「中」と判断する具体例より一部抜粋）

り，不眠や無食欲のような自律神経症状を伴うこともある。このような症状が続いている状態を抑うつ状態にあるという。抑うつ状態が慢性的に続くと，精神障害を生じるリスクが高くなる。

イ　心身症

　心身症は，何らかの身体疾患が存在し，かつ，心理的要因がそれに悪い影響を与えているとき，診断される。例えば，ぜんそくを悪化させている不安，手術からの回復を遅らせている抑うつ症状などである。

　抑うつ状態や心身症と診断された労働者の働く職場に，仕事による心理的要因があり，これが発症や症状を悪化させている要因と考えられる場合には，要因の除去のために対策をとる必要がある。

　自殺者は，平成10年に急増して3万人を超え，その後も高止まりの状況が続いていた。平成18年10月（平成28年3月改正）に自殺対策基本法が施行され，平成19年6月には内閣府において自殺総合対策大綱（新大綱：令和4年10月閣議決定）が策定された。その後自殺者数は，平成24年に15年ぶりに3万人を下回り，令和4年には21,881人となった。内閣府・警察庁「自殺の状況」によると有職者の自殺は令和4年は8,576人である。

　自殺が生じると，遺族に及ぼす影響は計り知れず，さらに，職場で関係のあった

表4－16　交替制勤務の改善策（Rutenfranz らの提言）

1　夜勤はあまり連続すべきではない
2　早朝勤の始業時刻は早くすべきでない
3　各直の交替時刻は融通性をもたせる
4　直の長さは作業の肉体的・精神的負担の度合いによって決め，夜勤は日勤や夕勤より　も短くすべきである
5　短い勤務間隔は避けるべきである
6　交替1周期の長さはあまり長すぎないこと
7　連続操業の交替制では2連休を含む週末休日をおく
8　連続操業の交替制では，直の追い順を1直→2直→3直と進む正循環とする
9　交替順番はできるだけ規則的に配置すること

人々も深刻な影響を受ける。自殺対策には，予防だけでなく事後対応も含めたリスクマネジメントが求められる。

⑷　夜勤・交替制による健康障害

交替制勤務や深夜勤務は，生体リズムの乱れをもたらし，健康にさまざまな影響を与える。因果関係が指摘されているものとして，睡眠障害，全身不快感，疲労，消化性潰瘍などの胃腸障害，虚血性心疾患などが挙げられる。また，通常の生活様式とは異なることから，家族との団らんなどの家庭生活，余暇の過ごし方，食事のとり方などでさまざまな影響を受けることが容易に推測される。

表4－16は，国際産業保健学会の国際夜勤交替制シンポジウムにおいて提案された交替制勤務の改善策である。夜勤の連続日数については，従来は夜勤を連続して行うことによって夜勤慣れができるとされてきたが，現在は夜勤の連続日数は３日までにすべきであるという意見が強くなって主流を占めている。その理由は，長期間夜勤を連続しても，生体リズムの転換があまり期待できないことが分かってきたという考え方による。

⑸　過重負荷による脳・心臓疾患　関連ページ　270頁

長時間労働や睡眠不足の人は循環器疾患や精神障害のり患率が上昇する。なぜなら，持続する交感神経の緊張，趣味や交友などの生活時間の減少による心理的負荷の増大，覚醒状態を維持するための嗜好品摂取，有害要因へのばく露の長期化といった機序が考えられる。

業務による過重負荷は，動脈硬化等による血管病変等を増悪させ，脳血管疾患や虚血性心疾患等を発症させる場合があるとされる。「血管病変等を著しく増悪させる業務による脳血管疾患及び虚血性心疾患等の認定基準」（令和３年９月14日付け基発

表４-17　労働時間以外の負荷要因

○勤務時間の不規則性：拘束時間（始業から終業までの時間）の長い勤務，休日のない連続勤務，勤務間インターバルが短い（11時間未満の）勤務，不規則な勤務・交替制勤務・深夜勤務 ○事業場外における移動を伴う業務：出張の多い業務，事業場外での移動を伴う業務 ○心理的負荷を伴う業務 ○身体的負荷を伴う業務 ○温度環境や80dB を超える騒音等の作業環境

0914第１号）は，①長期間の過重業務，②短期間の過重業務，③異常な出来事について認定要件を示している。①長期間の過重業務では，長期間の長時間労働等で疲労が蓄積し，血管病変等が自然経過を超えて増悪する。月100時間又は２～６カ月間に平均月80時間を超える時間外労働では，業務との因果関係が強いとされ，労働時間以外の負荷要因（表４-17）も検討して総合的に評価するとしている。②短期間の過重業務では，１週間継続して深夜労働を行う場合等には，業務との因果関係が強いとされる。③異常な出来事とは，極度の緊張，興奮，恐怖，驚がく等の強い精神的負荷，急激で著しい身体的負荷，急激で著しい作業環境の変化によって，24時間以内に急激な血圧変動等を生じる出来事のこととしている。平成18年からは，長時間労働による循環器疾患の予防を目的に，医師による面接指導が行われ，その結果に基づき医師の意見を聴取し，必要な措置を実施して，衛生委員会に報告することとなっている。また，平成26年には，過労死等防止対策推進法が施行され，業務における過重負荷による循環器疾患や強い心理的負荷による精神障害（過労死等）に関する調査研究等を推進し，過労死等防止対策推進協議会を開催し，過労死等防止対策白書の発行，毎年11月を過労死等防止啓発月間と定めてシンポジウムを開催する等している。

　脳・心臓疾患の発症については，過重な労働負担が誘因となって，高血圧や動脈硬化などの基礎疾患の進行がその自然経過を超えて著しく増悪して起こると考えられている。表４-18に認定基準対象疾病を示し，以下にその解説を加える。

　ア　脳血管疾患

　　脳出血は，脳の血管が破れて血液が脳内に漏れ出る病気である。大部分は，高血圧が原因で発症する。脳出血は，日常活動中に突然発症することが多く，しばしば頭痛や悪心，嘔吐を伴い，意識障害を伴うこともある。

　　くも膜下出血は，くも膜（脳の表面に網目状に張り巡らされている膜）の中を走っている脳の動脈の一部にできた動脈瘤と呼ばれる袋状の血管が突然破れ，くも膜の収まっているところに出血し，脳を圧迫する病気である。突然の激しい頭痛で発症し，通常，頭全体が痛むことが多い。頭痛は，今まで経験したことのな

表4-18 認定基準対象疾病

認定基準（令3.9.14基発0914第1号）は，次に掲げる脳・心臓疾患を対象疾病として取り扱うとしている。
1 脳血管疾患
   (1) 脳内出血（脳出血）
   (2) くも膜下出血
   (3) 脳梗塞
   (4) 高血圧性脳症
2 虚血性心疾患等
   (1) 心筋梗塞
   (2) 狭心症
   (3) 心停止（心臓性突然死を含む。）
   (4) 重篤な心不全
   (5) 大動脈解離

いような痛みと表現されることが多く，発症時に意識障害を伴うこともある。

　脳梗塞は，何らかの原因で脳の一部の血流が低下し，脳組織が壊死する病気である。この血流低下の原因には，動脈硬化が進行して血栓ができて閉塞する場合（脳血栓症）や，心臓などで作られた血栓が剥がれて血流に乗って運ばれ，脳内の動脈を閉塞する場合（脳塞栓症）が多い。からだの片側の顔，腕，脚に力が入らなくなったり，しびれたりすること，眼が見えなくなったり，物がぼやけて見えたりすること，言葉がしゃべれなくなったり，話をしたり理解したりするのが困難になったりすること，めまい感やふらつき感，転倒などを起こすこと等の症状が，突然に現れたら脳梗塞を疑う。

　高血圧性脳症は，急激な血圧上昇が誘引となって，脳が腫脹する病気である。頭痛や悪心，嘔吐，意識障害，視力障害，けいれん発作などの症状を引き起こす。

イ　虚血性心疾患等

　虚血性心疾患は，心臓の筋肉が一時的に血液不足になる病気である。動脈硬化や血栓などで心臓の血管が狭くなると，血液の流れが悪くなり，心臓の筋肉に必要な酸素などが行きわたりにくくなる。そのような状態下で，急に激しい運動をしたり，強いストレスがかかったりすると，心臓は一時的に血液不足，すなわち酸素不足になる。虚血性心疾患の症状は，主に前胸部，時に左腕や背中の痛み，圧迫感などである。

　心筋梗塞は，心臓の血管の一部が完全に詰まってしまい，その部分の心臓の筋肉に血液が行きわたらず，心臓の動きが悪くなる病気である。症状としては，激しい胸の痛み，呼吸困難，冷汗，吐き気，嘔吐などがある。

　狭心症は，心臓の血管の一部の血流が一時的に悪くなる病気である。心筋梗塞

との違いは，狭心症による痛みや圧迫感などの症状は，数分以内におさまること
が多く，長くとも15分以内におさまることである。これに対して心筋梗塞の症状
は，通常長く１時間以上になることもある。ただし症状を訴えない者もいる。

　心不全とは，心臓ポンプ機能が機能しないことにより，息切れやむくみが起こ
り，生命を縮める病気である。令和３年の認定基準の改正（「血管病変等を著し
く増悪させる業務による脳血管疾患及び虚血性心疾患等の認定基準」（令和３年
９月14日付け基発0914第１号））により，「重篤な心不全」が対象疾病に追加され
た。これまで不整脈等による心不全を対象疾病の「心停止（心臓性突然死を含む）」
に含めて取り扱ってきたが，心筋症や弁膜症等の基礎疾患が過重労働で増悪して
生じる重篤な心不全を追加した。

　心停止は，心臓のポンプ機能が機能せず，脳や内臓など重要な器官に血液が運
ばれない状態で，脈が触れず，血圧が測れないことから診断される。直ちに胸骨
圧迫（心臓マッサージ）などの蘇生術を行わなければ死に至る重篤な状態である。

　大動脈解離は，従来，慢性期に瘤状になってから発見されることが多かったた
め，解離性大動脈瘤と呼ばれていたが，急性期に発見される機会が増え，また急
性期には瘤状になっていないことも多いことから，令和３年の改正で大動脈解離
となった。症状は，一般的には，移動性の激しい胸背部痛が特徴とされているが，
解離の状態によって多様な症状を呈する。

6　業務上疾病と作業関連疾患

(1)　業務上疾病の概念

関連ページ　14頁，74頁

　業務上疾病は，労災補償上の業務災害としての疾病をいい，労基則別表第１の２（第
35条関係）にその範囲と分類が明示されている。具体的には職場や作業に存在する有
害要因によって生じる健康障害である。

(2)　作業関連疾患の概念

ア　作業関連疾患の概念

　作業者にみられる健康障害は，職場や作業に存在する有害要因だけでなく，日
常生活における個人的な要因も加わって発現する場合が多い。例えば，腰痛症は
重量物取扱い作業だけでなく，その労働者の脊椎に変形があると起こりやすい。
このように，作業要因と個人的な要因が，加わって発生したり，増悪したりする

疾病を作業関連疾患という。

作業関連疾患は，1976年の WHO 総会で提唱された概念で，その後 ILO/WHO 合同委員会から報告書が出されており，高血圧症，筋骨格系疾患，慢性非特異性呼吸器疾患，虚血性心疾患，胃・十二指腸潰瘍，心因性疾患などが示されている。

イ　生活習慣病と作業関連疾患

作業者の健康障害には，不健康な生活習慣が原因となっている場合がある。例えば，毎日の食事で，塩分を過剰摂取した場合，高血圧症になることがある。このように，日常の生活習慣が健康障害の原因となっている疾患を生活習慣病という。高血圧症，耐糖能異常（高血糖又は糖尿病），脂質異常症などが代表的な生活習慣病である。これらと肥満を加えた4つの因子は，合併したときに深刻な脳・心臓疾患に至るリスクが大きく高まるとされ「死の四重奏」といわれる。

生活習慣病は，日常生活など個人的な要因が健康障害の原因になっているが，一方，作業関連疾患も個人的な要因が健康障害の原因となり得るため，生活習慣病と作業関連疾患が重なり合うことがある。例えば，喫煙習慣のある労働者が，精神的ストレスの多い職場で働いていて胃潰瘍になった場合，喫煙習慣という生活習慣が，胃潰瘍という生活習慣病を引き起こしたと考えられるだけでなく，精神的ストレスという作業要因も関与し，胃潰瘍という作業関連疾患を引き起こしたとも考えられる。

ウ　個人差と作業関連疾患

作業関連疾患は，作業要因だけでなく個人的な要因も健康障害の原因となる。個人的な要因としては，遺伝的な要因や生活習慣に関係する要因，生活環境から受ける要因などがある。これらの要因は，労働者ごとに種類や程度が異なるため，同一の作業要因のばく露でも，個人的な要因に対する感受性の差により，健康障害を起こす場合と起こさない場合がある。例えば精神的ストレスの多い職場では，ヘリコバクター・ピロリ菌の感染の有無が，精神的ストレスが原因となって胃潰瘍を引き起こすか否かに影響を及ぼす。

エ　疲労と作業関連疾患

精神的・身体的負荷がかかった場合，生体はその負荷に対して適応しようと変化し，負荷がなくなると，また元の状態に戻ろうとする。しかし，長時間・過重な負荷がかかった場合，負荷がなくなっても，生体は元の状態に戻ることができず，疲労として残存・蓄積する。疲労は，肉体的な疲労と精神的な疲労に分けられる。肉体的疲労には，腰痛や肩こりなど筋骨格系の疲労や眼精疲労など視器の疲労などがある。精神的な疲労には，集中力の低下や睡眠障害などがある。これ

らの肉体的・精神的疲労は，負荷の軽減や休息などによって回復されるが，回復の程度は，休日出勤や睡眠不足など，作業要因や個人的な要因によって影響を受ける。このように，疲労が原因となる健康障害は，作業要因や個人的な要因と関係するため，作業関連疾患と同様な捉え方をすることができる。

第5章

作業環境管理

試験範囲	学習のポイント
作業環境管理	○ 職場環境に存在する危険有害要因を除去したり，低減することで，労働者の健康障害を防止する方法を学習する。 ・作業環境管理の進め方について理解する。 ・作業環境測定の方法，結果の評価と管理区分について理解する。 ・作業環境改善に用いられる，局所排気装置，プッシュプル型換気装置について理解する。 ・快適職場づくりの進め方について理解する。

1　作業環境管理の意義と目的

　労働者が働いている作業環境中に，ガス，蒸気，粉じん等の有害物質や，騒音，放射線，高熱等の有害エネルギーが存在していると，労働者の健康に種々の影響を及ぼすことがある。

　有害物質や有害エネルギーに起因する健康障害を防止するためには，健康障害の原因となる有害物質や有害エネルギー，すなわち危険有害要因（ハザード）を職場から除去したり，危険有害要因によるリスクの低減措置を講じなければならない。臨時作業等で作業環境を改善する工学的対策が十分に取れない場合には，労働者に保護具を使用させることなどにより，健康に悪影響を及ぼさないようにすることが必要である。

⑴　作業環境管理の目的

　作業環境管理の目的は，作業環境に起因する労働者の健康障害を防止することである。作業環境中の有害物質の濃度が高かったり，有害エネルギーの量が大きければ，労働者への健康障害が問題となる。

　したがって，職場における健康障害を防止するには，人体に有害な作用を与えるこれらの有害要因にばく露する機会をなくしたり，ばく露量を減らす措置を講じなければならない。

⑵　健康障害の発生経路

　有害な化学物質を取り扱う事業場では，これらの有害物質が発散して作業環境中に拡散し，そこで働く労働者がばく露することにより健康障害発生の危険性が高まることとなる。図5－1は，有害物質による健康障害の発生の経路と防止対策を示したもので，有害物質はその物理化学的性質や取扱方法によってガス，蒸気，ミスト，粉じん，ヒューム等の形で発散する。表5－1（122頁）に示すように，これらのうちガス，蒸気は気体状物質，ミスト，粉じん，ヒュームは粒子状物質である。また，作業の対象となる原材料や製品がそのまま発散することもあれば，副生品や中間体等が発散することもある。発散した後に空気中で酸化等の化学反応によって異なった化合物となることもある。

　発散した有害物質は，作業環境中に拡散し，ばく露した労働者の体内に侵入する。

　有害物質が人体内に吸収される経路としては，呼吸器，皮膚，消化器等があるが，作業環境ではこのうち呼吸器を通って吸収されるものが最も多い。労働者の体内に吸

(1) 有害物質の製造，使用の中止，有害性の少ない物質への転換
(2) 生産工程，作業方法の改良による有害物質の発散の防止
(3) 設備の密閉化，自動化，遠隔操作，有害工程の隔離　　　　　　　工学的対策
(4) 局所排気等による汚染物質の拡散防止
(5) 全体換気による汚染物質の希釈排出
(6) 作業環境測定による管理状態のチェック
(7) 作業方法，姿勢等による異常ばく露の防止　　　　　　　　　　　作業管理的対策
(8) 臨時作業等に対する保護具の使用による人体侵入の防止
(9) 雇入れ時の特殊健康診断による適正配置の確保　　　　　　　　　医学的対策
(10) 定期の特殊健康診断による異常の早期発見と治療

図5－1　有害物質による健康障害の発生経路と防止対策（沼野，一部改変）

収される有害物質の量は，作業中に労働者が接触する有害物質の量に比例すると考えられ，これを有害物質に対するばく露量という。ばく露量は，労働時間が長いほど，作業環境空気中の有害物質濃度が高いほど大きくなる。

　一方，温度，気圧，音，光などは自然界においてある程度の変動幅の範囲で定常性を保ち，いわゆる通常の環境の状態を形成し，労働者はそのような状態に順応している。産業の場では生産や作業を行う必要から，人工的に作業環境要因を通常の状態からは著しくかけ離れた状態にしてしまったり，新しい技術の開発により新規の化学物質やナノマテリアルなどといった新たな要因を職場に持ち込んだりする。このように作業環境要因は，通常の状態からかけ離れたときに適切な対応をとらないと健康へのリスクとなる場合がある。

　また，高温，低温，高気圧，騒音，電離放射線，振動，電磁波，赤外線，紫外線などの物理的要因のばく露により特定の器官に障害を起こすことが知られている。

(3)　健康障害の防止対策

　図5－1中の番号とそれに対応する対策は，有害物質の発散から健康障害に至る連鎖を途中で断ち切って健康障害を防止する方法を示すものである。これらの方法のうち(1)はそれだけで大きな効果が期待できるが，(2)～(5)は，複数の方法を組み合わせて実施する方が少ないコストで高い効果を得られることが多い。これで分かるように，有害物質による健康障害を防止するには，まず有害物質そのものの使用をやめることや，生産工程の改良により有害物質の発散を防止すること，設備の自動化・密閉化な

表5－1　空気中の汚染物質の分類と性状

分　　　　　類		状態	性　　　　　　　状	例
気体状物質	ガ　ス		常温，常圧で気体のもの。	塩素，塩化ビニル，硫化水素，アンモニア，一酸化炭素，二酸化硫黄，ホルムアルデヒド
	蒸　気	気体	常温，常圧で液体又は固体の物質が蒸気圧に応じて揮発又は昇華して気体となっているもの。	塩素化ビフェニル，ベンゾトリクロリド，アクリロニトリル，アルキル水銀，エチレンイミン，クロロメチルメチルエーテル，水銀，トリレンジイソシアネート，ニッケルカルボニル，ニトログリコール，ベータ-プロピオラクトン，沃化メチル，硫酸ジメチル，フェノール，アセトン，トリクロロエチレン，テトラクロロエチレン，トルエン，二硫化炭素，アクリルアミド，ナフタレン
粒子状物質	ミ　ス　ト	液体	液体の微細な粒子が空気中に浮遊しているもの（粒径5～100μm程度）。	塩素化ビフェニル，クロム酸，コールタール，シアン化物，硝酸，硫酸
	粉じん（ダスト）	固体	固体に研磨，切削，粉砕等の機械的な作用を加えて発生した固体微粒子が空気中に浮遊しているもの（粒径1～150μm程度）。	ジクロロベンジジン，オルト-トリジン，弗化ベリリウム，石綿，硫化カドミウム，無水クロム酸，五酸化バナジウム，二酸化マンガン
	ヒュ　ー　ム		気体（例えば金属の蒸気）が空気中で凝固，化学変化を起こし，固体の微粒子となって空気中に浮遊しているもの（粒径0.1～1μm程度）。	溶融金属の表面から発生する酸化物，例えば酸化鉛，酸化カドミウム，酸化ベリリウム，五酸化バナジウム，溶接ヒューム等

注　ガス，蒸気の例としてあげた物質の分類は，下記のJIS Z 7252：2019 GHSに基づく化学物質等の分類方法「GHSにおける定義」による。
　・ガス：50℃で300kPa（絶対圧）を超える蒸気圧を持つ化学品か，又は101.3kPaの標準圧力で，20℃において完全にガス状である化学品
　・蒸気：液体又は固体の状態から放出されたガス状の化学品

　どの技術的な対応によって有害物質に触れないで済むよう対策を講じる。このような対策が行えない場合や，対策を実施しても効果が十分ではない場合，次に局所排気装置などの作業環境改善のための工学的対策を駆使して作業環境空気中の有害物質濃度を低く保つようにする。工学的対策に加えマニュアルの整備，立入禁止措置，ばく露管理などの作業管理的対策を実施する。呼吸用保護具の使用はこれら工学的対策や作

図5－2　作業環境測定による環境管理のサイクル

業管理的対策を十分に行えない場合，また対策を行った上で念のための対策とすべきであり，環境改善の努力を怠ったまま保護具の使用に頼るべきではない。

　また，工学的対策による作業環境管理が十分に行われていれば，ばく露量を小さく抑えることができるので健康障害の危険は少ないと考えられるが，有害物質に対する生理学的な感受性には個人差があるため，工学的対策だけでは安全とはいえない。そのために，有害物質に対して特に過敏（感受性の高い）な労働者については，適正配置など就業上の配慮が必要である。

　このように健康障害の防止対策は，工学的対策としての設備の自動化・密閉化などの生産技術的対応及び局所排気装置などの環境改善技術的対応，作業管理的対策，医学的対策，教育的対策などを総合して実施しなければならない。

　作業環境管理が現在のように進んでおらず，作業環境が良くなかった時代には，いわゆる有害業務と呼ばれるような仕事に従事している労働者に，有機溶剤中毒，金属熱等の急性疾患が数多く発生し，それら急性疾患に対する対策に追われていた。

　最近では，比較的低濃度のばく露であって健康診断では明らかな健康障害が見出されなくても，がんなど将来何らかの健康障害が現れることも考えられることから，ばく露量をできるだけ少なくすることが必要とされ，ばく露の低減に有効な作業環境管理が重要視されている。

　作業環境管理は，**図5－2**に示すように，作業環境の状態をまず測定し，測定結果の評価に基づいて必要な改善を行うものであり，健康障害を未然に防ぐ，いわゆる先取りの管理であるといえる。この方法によれば，環境要因を有害なレベル以下に抑制するにとどまらず，さらに快適な作業環境の実現のための方向を見つけることもできる。

2 作業環境管理の進め方

(1) 作業環境管理のサイクル

　作業環境に起因する労働者の健康障害を防止するためには，有害物質や有害エネルギーなど，作業環境の有害因子に対する労働者のばく露を低減させることが必要であり，そのためには作業環境の有害性のレベルを定期的に測定して環境の実態を把握・評価し，必要な場合には，速やかに改善措置を講じて有害性のレベルを低下させる作業環境管理が効果的である。

　人体に有害な化学物質等の発散や騒音を発生する設備などのある作業場では，まず，作業環境の測定を行う。そして，その作業環境測定の結果を評価して，改善が必要と判断されれば原因を調査し，適切な環境改善のための措置を実施する。

　作業環境測定の結果が良好と判断されれば，適正な作業環境を維持することとなる。

　作業環境測定にはじまる作業環境管理のサイクルは**図5-2**のようになる。作業環境管理は PDCA（計画―実行―評価―改善）サイクルを活用して行うことが望ましい。

(2) 作業環境の状況把握

　作業環境に起因する労働者の健康障害を防止するためには，有害物質や有害エネルギーなど，作業環境の有害因子への労働者のばく露を低減させることが必要である。そのためには，作業環境の有害性のレベルを定期的に測定して環境の実態を把握し，必要な場合には速やかに改善措置を講じて，有害性のレベルを低下させることが必要である。

　作業環境に起因する労働者の健康障害を防ぐために行う作業環境測定には，

①　作業環境の有害性をあるレベル以下にコントロールする目的で行う，作業環境管理のための定期的な測定

②　新規に設備・原材料を導入したり，生産方式・作業方法等を変更した際，作業環境の状態が適切であるかどうかを確認するために随時必要に応じて行う測定

③　健康診断の結果などから作業環境の実態，あるいは特定の労働者のばく露量を再検討する必要が生じた場合に行う測定

④　危険，有害な場所への立入禁止など，危険防止措置の必要性を決めるための測定

⑤　特定化学物質，鉛化合物等を取り扱う作業で，局所排気装置の性能を点検するために行うフード周辺の気中濃度の測定

など目的も方法も異なる種々の測定がある。

⑶　作業環境の改善

　有害物質又は有害エネルギーが労働者の健康障害を発生させるおそれがあれば，作業環境の改善をする必要がある。

　作業環境の改善は，まず作業環境の有害因子を定量的に測定して，労働者のばく露時間等を考慮して，作業環境改善の方針を決定する。

　作業環境改善には，技術的な専門知識や設備投資コストも必要とするため，作業環境の測定結果，健康診断結果，職場巡視などにより現状を正しく把握し，産業医，労働衛生コンサルタント，設備メーカーなどの意見も取り入れ計画を立案し，より効果的かつ効率的な改善を実施することが大切である。

　なお，改善を行った場合には，改善効果を確認し，問題があれば再度原因を調べ，さらに改善しなければならない。目標どおりの効果が得られたら，その効果を維持するために設備の点検，保全，作業標準の順守等の日常的な管理が重要となってくる。

③　作業環境測定

⑴　作業環境測定の意義

　有害物質の取扱いでまず問題となるのはその使用量であり，何も対策をとらないと使用量が多いほど作業環境中における有害物質の発散量は多くなる。有害物質の発散量が多ければ，作業場の気中濃度は高くなり，労働者へのばく露濃度も高くなる。その結果，労働者の体内に取り込まれる有害物質の量は多くなる。労働者の健康への影響の程度は，最終的に体内に取り込まれた有害物質の量に応じて決まってくる。

　作業環境測定の目的は，測定により定量化して評価を加え，問題があれば労働者の健康障害を防ぐための対策を講じることである。

　最も大切なことは，労働者の健康を守るということであるが，そのためには何を測定し管理すればより効果的にその目的を実現できるかということを考えなければならない。まず，作業場全体の環境を改善して良好な状態にし，次に，そこで働いている労働者の作業方法に起因するばく露を防ぐ，作業の管理を検討するのが現実的であり賢明なやり方であるといえる。

　作業環境管理は，労働者の個人ばく露量ないし体内への取り込み量を低減させるために有効であるが，これだけに頼るのは危険である。作業環境管理の基盤の上に有効な作業管理と健康管理等が行われて，初めて健康障害の防止が可能となる。

ア　法定の測定

　　安衛法第65条に規定する作業環境測定を定期的に実施する作業場は**表5-2**に示すとおりである。この表で番号に○を付した作業場における法定の定期測定は，作業環境測定士又は作業環境測定機関が実施することとされている。

イ　新規の設備・原材料導入時の測定

　　新規の設備や原材料を導入する際には設計・計画段階でリスクアセスメントを実施することが求められている。すなわち，新規の設備や原材料の導入に伴って生ずる危険性又は有害性を事前に把握して特定しリスク評価を行い，リスク低減措置を講じる必要がある。

ウ　健康診断結果などから行う測定

　　特殊健康診断を実施して有所見者がでた場合，二次健康診断として作業条件の調査を行う。作業環境測定結果を見て測定値の分布，作業者の行動範囲を調査する。必要があればデザイン（次の(2)アで解説）をやり直して，作業環境測定を実施する。

　　また，有機溶剤健康診断及び鉛健康診断の生物学的モニタリングに関する検査結果によっては，作業環境測定条件の見直しや臨時の測定を実施する。

(2)　作業環境測定の方法

　作業環境測定の具体的な方法については「作業環境測定基準」（昭和51年4月22日付け労働省告示第46号，最終改正：令和5年4月17日付け厚生労働省告示第174号）が示されている。

ア　デザイン

　　作業環境測定を行うには，測定の対象，単位作業場所の範囲，A測定・B測定又は，C測定・D測定の実施方法，測定実施の日時等について検討し，具体的な内容を決定する。

　　空気中の有害物質の濃度は，作業の状況においては空間的，時間的に大きく変動するが，その濃度分布は，ほぼ対数正規分布（濃度の対数が正規分布となるもの）となることが経験的に明らかにされている。このことにより，作業環境測定のために必要な区域（単位作業場所）において，無作為に抽出した測定点における空気中の有害物質濃度の対数から，統計的に単位作業場所の全般的な環境状態を推測することができる。そこで，作業環境の評価に当たっては，作業環境測定結果を統計的に処理することにより，作業環境の実態を総合的に判断する手法をとっている。

表5-2 安衛法第65条の規定により作業環境測定を行うべき作業場

(安衛令第21条)

作業場の種類 (安衛令第21条)		関連規則	測定項目	測定回数	記録の保存年
○1	土石,岩石,鉱物,金属又は炭素の粉じんを著しく発散する屋内作業場	粉じん則 第25条 第26条	空気中の粉じん濃度,遊離けい酸含有率	6月以内ごとに1回	7
2	暑熱,寒冷又は多湿の屋内作業場	安衛則 第587条 第607条	気温,湿度,ふく射熱 (注1)	半月以内ごとに1回	3
3	著しい騒音を発する屋内作業場	安衛則 第588条 第590条 第591条	等価騒音レベル	6月以内ごとに1回 (注2)	3
4	坑内作業場 (1)炭酸ガスの停滞場所	安衛則 第589条 第592条 第603条 第612条	炭酸ガス濃度	1月以内ごとに1回	3
	(2)28℃を超える場所		気温	半月以内ごとに1回	3
	(3)通気設備のある坑内		通気量	半月以内ごとに1回	3
5	中央管理方式の空気調和設備を設けている建築物の室で,事務所の用に供されるもの	事務所則 第7条	一酸化炭素及び二酸化炭素の含有率,室温及び外気温,相対湿度	2月以内ごとに1回 (注3)	3
6	放射線業務を行う作業場 (1)放射線業務を行う管理区域	電離則 第53条 第54条 第55条	外部放射線による線量当量率又は線量当量	1月以内ごとに1回 (注4)	5
	○(2)放射性物質取扱作業室 ○(3)事故由来廃棄物等取扱施設 (4)坑内核原料物質掘採場所		空気中の放射性物質の濃度	1月以内ごとに1回	5
○7	第1類もしくは第2類の特定化学物質を製造し,又は取り扱う屋内作業場など	特化則 第36条	空気中の第1類物質又は第2類物質の濃度	6月以内ごとに1回	3 特別管理物質については30年間
	特定有機溶剤混合物を製造し,又は取り扱う屋内作業場	特化則 第36条 の5	空気中の特別有機溶剤及び有機溶剤の濃度	6月以内ごとに1回	3
	石綿を取り扱い,もしくは試験研究のため製造する屋内作業場もしくは石綿分析用試料等を製造する屋内作業場	石綿則 第36条	空気中の石綿の濃度	6月以内ごとに1回	40
○8	一定の鉛業務を行う屋内作業場	鉛則 第52条	空気中の鉛濃度	1年以内ごとに1回	3
※9	酸素欠乏危険場所において作業を行う場合の当該作業場	酸欠則 第3条	空気中の酸素濃度 硫化水素発生危険場所の場合は同時に硫化水素濃度	その日の作業を開始する前	3
○10	有機溶剤を製造し,又は取り扱う屋内作業場	有機則 第28条	有機溶剤濃度	6月以内ごとに1回	3

作業場の種類の欄に○印を付した作業場は指定作業場であり,測定は作業環境測定士又は作業環境測定機関が行わなければならない。
また,※印を付した作業場の測定は酸素欠乏危険作業主任者に行わせること。
(注1)ふく射熱については,安衛則587第1号から第8号までの屋内作業場。
(注2)施設,設備,作業工程又は作業方法を変更した場合には,遅滞なく測定する。
(注3)室温及び相対湿度については,1年間基準を満たし,かつ,今後1年間もその状況が継続すると見込まれる場合は,春又は秋,夏及び冬の年3回。
(注4)放射線装置を固定して使用する場合において使用の方法及び遮へい物の位置が一定しているとき,又は3.7ギガベクレル以下の放射性物質を装備している機器を使用するときは6月以内ごとに1回。

　㋐　単位作業場所

　　　単位作業場所とは，労働者の作業中の行動範囲と有害物質の濃度等の分布状態等を考慮して，作業環境測定が必要とされる範囲をいう。

　㋑　A測定とB測定

　　　A測定は，単位作業場所全体の有害物質の濃度の平均的な分布を知るための測定である。

　　　B測定は，作業者が発散源にごく近いところで作業する場合や，間欠的に大量の有害物質を発散させる作業がある場合のように，A測定の結果だけでは，作業者がさらされる危険のある高い濃度を見逃すおそれのある場合に，単位作業場所の有害物の発散源に近接した作業位置における最高濃度を知るために行う測定である。

　㋒　測定の方法

　　　A測定は**図5-3**のように単位作業場所のほぼ中央を原点とし，縦横6m以内ごとに等間隔に線を引き，原則としてその交点の床上50cm以上150cm以下（騒音の場合は120cm以上～150cm以下）の位置を測定点とする。測定点の数は，単位作業場所について5点以上とし，20～30点を目安とする（**図5-3**は5～6点）。A測定は作業が定常的に行われている時間帯に合わせて作業環境空気中の濃度分布をみるために行う。測定は，休憩時，装置の稼働中止時などは除き，始業後1時間以内も避ける。

　　　B測定は作業者が発散源に近接して作業する場合などに，その作業位置で作業環境空気中の濃度が最も高くなると考えられる時間帯に行う。

　　　作業環境測定はこのA測定とB測定（測定する必要のある作業がある場合）を行い，評価はこれらの測定結果をもとに行う。

図5-3　A測定の測定点の決め方の例

図5-4　個人サンプリング法の試料採取機器

D測定
②短時間測定
測定対象物質の濃度が最も高くなる等作業者のばく露が高いと推測される作業について15分間

C測定
①原則8時間測定
（原則として指定作業場における全作業時間）
　なお、同一作業の繰り返しであり、一定の時間の測定で推計ができる場合は短縮可能（原則4時間以上、最低2時間以上）

図5-5　個人サンプラーによる測定
（出典：厚生労働省「令和4年化学物質管理に係る専門家検討会中間取りまとめ」）

㈑　C測定とD測定

　作業環境測定法施行規則に基づく作業環境測定基準の改正（令和2年2月17日告示，令和5年4月17日改正）により，個人サンプリング法による作業環境測定が認められている。一部の特定化学物質や鉛等を製造し又は取り扱う作業と，有機溶剤等を製造し又は取り扱う作業が行われる単位作業場所については，A測定に代えて5人以上の作業者の身体に個人サンプラー（パーソナルサンプラー）（図5-4）を装着し全作業時間（最低2時間以上，ただし，作業時間が2時間を超える場合であって，同一の作業を反復して行う等，ばく露濃度がほぼ均一であることが明らかなときは，2時間を下回らない時間）試料を採取するC測定を行うことができる（図5-5）。また，有機溶剤の発散源に近接する場所で作業が行われる単位作業場所については，B測定に代えて作

業者の身体に個人サンプラーを装着し，濃度が最も高くなると思われる時間に15分間試料空気を採取するD測定を行うことができる（**図5-5**）。

イ　サンプリング

　サンプリングとは作業環境空気中の有害物質を試料空気として採取することをいう。サンプリングは作業が定常的に行われている時間帯に行い，各々の測定点における試料空気の採取時間は10分間以上の継続した時間とする。

　試料空気の採取方法は，作業環境測定基準により，対象物質の種類に応じ，液体捕集方法，固体捕集方法，直接捕集方法，ろ過捕集方法等が定められている。

ウ　分　析

　採取した試料の分析方法は，作業環境測定基準に従って分析する。分析方法は粉じんについては重量分析方法又は相対濃度指示方法，鉱物粉じん中の遊離けい酸はエックス線回折分析方法又は重量分析方法，石綿は計数方法，特定化学物質・鉛・有機溶剤は物質の種類に応じ吸光光度分析方法，蛍光光度分析方法，原子吸光分析方法，ガスクロマトグラフ分析方法等が定められている。

エ　個人サンプリング法による作業環境測定

　個人サンプリング法による作業環境測定は，作業環境測定法施行規則及び作業環境測定基準の改正により指定作業場の作業環境測定に選択的に適用することができる。

①　特定化学物質（個人サンプリング法対象特化物28物質）及び鉛に係る測定

②　有機溶剤及び特別有機溶剤に係る測定

③　粉じん（遊離けい酸の含有量が極めて高いものを除く）に係る測定

　また，作業者の身体に装着する試料採取機器等を用いて行う個人ばく露測定は，特化則の改正及び「化学物質等による危険性又は有害性等の調査等に関する指針」で適用される。

①　金属アーク溶接等作業に従事する作業者の溶接ヒューム濃度測定を行い，その結果に応じて作業者に有効な呼吸用保護具を使用させる（特化則第38条の21第5項）。

②　作業環境管理専門家が第3管理区分の改善困難と判断した場所等において，個人サンプリング法等による化学物質の濃度測定を行い，その結果に応じて作業者に有効な呼吸用保護具を使用させる（令和6年4月1日施行）。

③　リスクアセスメント対象物の低減対策の結果に対するばく露の程度が濃度基準値を上回らないことを確認するための測定をする（アクリル酸エチル等67物質。令和6年4月1日施行）。

⑶　作業環境測定結果の評価

　作業環境測定結果は「作業環境評価基準」に従い評価する。

　Ａ測定においては得られた測定値の幾何平均値及び幾何標準偏差を算出し，又，Ｂ測定においてはその測定値そのものを評価に用いる。

　安衛法第65条で定める作業環境測定の結果や，設備を新設したり，原材料を変更した場合の測定の結果は，「作業環境評価基準」（昭和63年９月１日付け労働省告示第79号，最終改正：令和２年４月22日付け厚生労働省告示第192号）により評価を行うことが必要である。

　測定結果は「管理濃度」を指標として評価する（**表５－３**）。

　「管理濃度」とは，有害物質に関する作業環境の状態を評価するために，作業環境測定基準に従って単位作業場所について実施した測定結果から，当該単位作業場所の作業環境管理の良否を判断する際の管理区分を決定するための指標であり，日本産業衛生学会が勧告している許容濃度などを参考にして定められているものである。

　「管理濃度」は，作業環境管理の目的に沿うように設定されたもので，個々の労働者のばく露濃度との対比を前提として設定されている許容濃度などとは異なることに注意しなければならない。

　有害物質に対する管理の対象と健康障害防止措置の関係を**表５－４**に示す。なお，作業前のリスクアセスメント，作業標準の作成，労働衛生教育の実施等が必要なことは言うまでもない。

　作業環境空気中の有害物質の濃度が低い場合，測定値がゼロ又は定量不能（又はND）と表示されることがあるが，それは全く有害物質がないという意味ではない。この場合は捕集空気量と採取した試料の分析方法の持つ感度から計算される定量限界の値（最小値）を評価に用いる測定値とする。

　ア　評価の対象となる有害物質

　　　作業環境測定を行わなければならない作業場のうち，鉱物性粉じん，特定化学物質（一部の物質を除く），石綿，鉛及び有機溶剤に係る物質については管理濃度が定められている（管理濃度は**表５－３**を参照）。

　イ　評価のフロー

　　　測定結果を統計処理して得られた評価値（第１評価値及び第２評価値）（**【参考】**参照，134頁）を管理濃度と比較することにより，管理区分を決定する。

　　　評価フローは**図５－６**に示すとおりである。評価に必要なデータは管理濃度，第１評価値，第２評価値及びＢ測定を併せて行った場合にはＢ測定値となる。

表5－3 管理濃度

物の種類	管理濃度（温度25度，1気圧の空気中での濃度）	物の種類	管理濃度（温度25度，1気圧の空気中での濃度）
土石，岩石，鉱物，金属又は炭素の粉じん	次の式により算定される値 $$E=\frac{3.0}{1.19Q+1}$$ この式において，E及びQは，それぞれ次の値を表すものとする。 E 管理濃度（単位 mg/m³） Q 当該粉じんの遊離けい酸含有率（単位%）	ベンゼン	1ppm
		ベンゾトリクロリド	0.05ppm
		ペンタクロルフェノール（PCP）及びそのナトリウム塩	ペンタクロルフェノールとして0.5mg/m³
		ホルムアルデヒド	0.1ppm
		マンガン及びその化合物	マンガンとして0.05mg/m³
アクリルアミド	0.1mg/m³	メチルイソブチルケトン	20ppm
アクリロニトリル	2ppm	沃（よう）化メチル	2ppm
アルキル水銀化合物（アルキル基がメチル基又はエチル基である物に限る）	水銀として0.01mg/m³	リフラクトリーセラミックファイバー	5μm以上の繊維として0.3本/cm³
エチルベンゼン	20ppm	硫化水素	1ppm
エチレンイミン	0.05ppm	硫酸ジメチル	0.1mg/m³
エチレンオキシド	1ppm	石綿	5μm以上の繊維として0.15本/cm³
塩化ビニル	2ppm	鉛及びその化合物	鉛として0.05mg/m³
塩素	0.5ppm	アセトン	500ppm
塩素化ビフェニル（PCB）	0.01mg/m³	イソブチルアルコール	50ppm
オルト－トルイジン	1ppm	イソプロピルアルコール	200ppm
オルト－フタロジニトリル	0.01mg/m³	イソペンチルアルコール（イソアミルアルコール）	100ppm
カドミウム及びその化合物	カドミウムとして0.05mg/m³	エチルエーテル	400ppm
クロム酸及びその塩	クロムとして0.05mg/m³	エチレングリコールモノエチルエーテル（セロソルブ）	5ppm
クロロホルム	3ppm	エチレングリコールモノエチルエーテルアセテート（セロソルブアセテート）	5ppm
五酸化バナジウム	バナジウムとして0.03mg/m³		
コバルト及びその無機化合物	コバルトとして0.02mg/m³	エチレングリコールモノ－ノルマル－ブチルエーテル（ブチルセロソルブ）	25ppm
コールタール	ベンゼン可溶性成分として0.2mg/m³		
酸化プロピレン	2ppm	エチレングリコールモノメチルエーテル（メチルセロソルブ）	0.1ppm
三酸化二アンチモン	アンチモンとして0.1mg/m³		
シアン化カリウム	シアンとして3mg/m³	オルト－ジクロルベンゼン	25ppm
シアン化水素	3ppm	キシレン	50ppm
シアン化ナトリウム	シアンとして3mg/m³	クレゾール	5ppm
四塩化炭素	5ppm	クロルベンゼン	10ppm
1,4-ジオキサン	10ppm	酢酸イソブチル	150ppm
1,2-ジクロロエタン（二塩化エチレン）	10ppm	酢酸イソプロピル	100ppm
3,3′-ジクロロ-4,4′-ジアミノジフェニルメタン	0.005mg/m³	酢酸イソペンチル（酢酸イソアミル）	50ppm
1,2-ジクロロプロパン	1ppm	酢酸エチル	200ppm
ジクロロメタン（二塩化メチレン）	50ppm	酢酸ノルマル－ブチル	150ppm
ジメチル-2,2-ジクロロビニルホスフェイト（DDVP）	0.1mg/m³	酢酸ノルマル－プロピル	200ppm
1,1-ジメチルヒドラジン	0.01ppm	酢酸ノルマル－ペンチル（酢酸ノルマル－アミル）	50ppm
臭化メチル	1ppm	酢酸メチル	200ppm
重クロム酸及びその塩	クロムとして0.05mg/m³	シクロヘキサノール	25ppm
水銀及びその無機化合物（硫化水銀を除く）	水銀として0.025mg/m³	シクロヘキサノン	20ppm
スチレン	20ppm	1,2-ジクロルエチレン（二塩化アセチレン）	150ppm
1,1,2,2-テトラクロロエタン（四塩化アセチレン）	1ppm	N,N-ジメチルホルムアミド	10ppm
テトラクロロエチレン（パークロルエチレン）	25ppm	テトラヒドロフラン	50ppm
トリクロロエチレン	10ppm	1,1,1-トリクロルエタン	200ppm
トリレンジイソシアネート	0.005ppm	トルエン	20ppm
ナフタレン	10ppm	二硫化炭素	1ppm
ニッケル化合物（ニッケルカルボニルを除き，粉状の物に限る）	ニッケルとして0.1mg/m³	ノルマルヘキサン	40ppm
ニッケルカルボニル	0.001ppm	1-ブタノール	25ppm
ニトログリコール	0.05ppm	2-ブタノール	100ppm
パラ－ニトロクロルベンゼン	0.6mg/m³	メタノール	200ppm
砒（ひ）素及びその化合物（アルシン及び砒（ひ）化ガリウムを除く）	砒（ひ）素として0.003mg/m³	メチルエチルケトン	200ppm
弗（ふっ）化水素	0.5ppm	メチルシクロヘキサノール	50ppm
ベータ－プロピオラクトン	0.5ppm	メチルシクロヘキサノン	50ppm
ベリリウム及びその化合物	ベリリウムとして0.001mg/m³	メチル－ノルマル－ブチルケトン	5ppm

表5－4　有害物質に対する管理の対象と健康障害防止措置の関係

	管理の対象	管理の内容	管理の目的	インデックス	判断基準
作業環境管理	有害物使用量 ↓ 有害物発散量 ↓ 環境気中濃度	物　質　の　代　替 使用形態，使用条件 生　産　工　程　の　変　更 設備装置の負荷低減 遠隔操作，自動化， 設　備　の　密　閉 局　　所　　排　　気 全　　体　　換　　気 建　物　の　構　造　改　善	発散の抑制 隔　　　　　離 除去，希釈	環境気中濃度	管　理　濃　度
作業管理	↓ 呼吸域濃度 （ばく露濃度） ↓ 体内侵入量	作業位置，作業方法 作業姿勢の管理 時　　間　　制　　限 呼吸用保護具の使用	ばく露制限 侵入の抑制	ばく露濃度 （ばく露量）	ばく露限界 （ＴＬＶ)* 許　容　濃　度
健康管理	生　体　反　応 ↓ 健　康　影　響	配　　置　　転　　換 保　　健　　指　　導 休　　養，　治　　療	障害予防	生　物　学　的 モニタリング 健康診断結果	生物学的 ばく露指標 （ＢＥＩ)* 生　物　学　的 許　容　値 基準(正常)値

*TLV : Threshold Limit Value
*BEI : Biological Exposure Indices

（出典：輿，日本医師会雑誌第88巻第12号　昭57（一部修正））

ウ　評価結果

　Ａ測定（Ｃ測定）のみを実施した場合は**表5－5の1**のように評価される。Ａ測定（Ｃ測定）及びＢ測定（Ｄ測定）を実施した場合は**表5－5の2**のような評価となる。

【参考】

第1評価値とは，単位作業場所において考えられる，全ての測定点の作業時間内における，気中有害物質濃度の実現値を母集団として分布図を描いた際に，高濃度側から面積で5％に相当する濃度の推定値のことである。

第2評価値とは，単位作業場所における気中有害物質の算術平均濃度の推定値である。

これら評価値には，単位作業場所における有害物質濃度の平均値だけでなく，空間及び時間による変動の大きさも加味されている。また，濃度の日による変動（日間変動）も考慮されている。具体的には，以下を参照のこと。

評価値の計算

A測定の結果を用い，次の式[注]により計算する。

(1) 1日だけ測定を行った場合（1日測定）

$$\log E_{A1} = \log M_1 + 1.645\sqrt{\log^2\sigma_1 + 0.084}$$

$$\log E_{A2} = \log M_1 + 1.151\,(\log^2\sigma_1 + 0.084)$$

(2) 連続する2作業日に測定を行った場合（2日測定）

$$\log E_{A1} = \frac{1}{2}(\log M_1 + \log M_2) + 1.645\sqrt{\frac{1}{2}(\log^2\sigma_1 + \log^2\sigma_2) + \frac{1}{2}(\log M_1 - \log M_2)^2}$$

$$\log E_{A2} = \frac{1}{2}(\log M_1 + \log M_2) + 1.151\left|\frac{1}{2}(\log^2\sigma_1 + \log^2\sigma_2) + \frac{1}{2}(\log M_1 - \log M_2)^2\right|$$

$$\begin{cases} E_{A1} & 第1評価値 \\ M_1 & 1日目のA測定の測定値の幾何平均値 \\ M_2 & 2日目のA測定の測定値の幾何平均値 \\ \sigma_1 & 1日目のA測定の測定値の幾何標準偏差 \\ \sigma_2 & 2日目のA測定の測定値の幾何標準偏差 \\ E_{A2} & 第2評価値 \end{cases}$$

また，2つ以上の測定点においてB測定を行った場合には，その最大値をB測定とする。

1日測定の場合，日間変動が求められないので，経験的に日間変動の分布から上側90％の推定値として，0.084（0.084は日間変動の分布の90％上測値の経験的な推定値）が採用されている。このため，1日測定だけによる評価は2日測定に比べて厳しい評価結果となる場合がある。

評価は，単位作業場所ごとに行う。また，1つの単位作業場所で数種類の物質を取り扱う場合には，それぞれの物質について評価を行い，物質ごとに管理区分を決定する。ただし，有機溶剤については，人体に与える影響が類似しているため，2種類以上の有機溶剤を含有する混合物にあっては，測定点ごとに次式により計算して得た換算値を測定点とみなして評価を行う。この場合は，管理濃度に相当する値は1である。

$$C = \frac{C_1}{E_1} + \frac{C_2}{E_2} + \cdots\cdots$$

$$\begin{cases} C\cdots\cdots & 換算値 \\ C_1,\ C_2\cdots\cdots & 有機溶剤の種類ごとの測定値 \\ E_1,\ E_2\cdots\cdots & 有機溶剤の種類ごとの管理濃度 \end{cases}$$

注：この式は環境気中の有害物質の濃度が空間的にほぼ対数正規分布していることから，A測定の結果を評価するには測定値を対数変換することにより，分布を正規型に直して正規分布の統計理論を用いている。

対数変換

M
対数正規分布

$\log M$
正規分布

対数正規分布と正規分布の関係

図5-6 作業環境測定結果に基づく評価のフローシート

表5-5 作業環境測定の結果の評価と管理区分

1 A測定（C測定）のみを実施した場合

A 測 定 （ C 測 定 ）		
第1評価値＜管理濃度	第2評価値≦管理濃度≦第1評価値	第2評価値＞管理濃度
第1管理区分	第2管理区分	第3管理区分

2 A測定（C測定）及びB測定（D測定）を実施した場合

		A 測 定 （ C 測 定 ）		
		第1評価値＜管理濃度	第2評価値≦管理濃度≦第1評価値	第2評価値＞管理濃度
B測定（D測定）	B測定値＜管理濃度	第1管理区分	第2管理区分	第3管理区分
	管理濃度≦B測定値≦管理濃度×1.5	第2管理区分	第2管理区分	第3管理区分
	B測定値＞管理濃度×1.5	第3管理区分	第3管理区分	第3管理区分

(4) 管理区分に応じて講ずべき措置

　作業環境測定を行った結果を評価して管理区分が決定される。管理区分に応じて講ずべき措置は**表5-6**のとおりである。

　ア　第1管理区分

　　第1管理区分は，作業環境管理が法定基準をほぼ満たしていると判断される状態であり，現在の作業環境管理の継続的な維持に努めることとなる。

表5－6　A測定（C測定）のみを実施した場合の管理区分と管理区分に応じて講ずべき措置

管理区分	作業場の状態	講ずべき措置
第1管理区分	当該単位作業場所のほとんど（95％以上）の場所で気中有害物質の濃度が管理濃度を超えない状態	現在の管理の継続的維持に努める
第2管理区分	当該単位作業場所の気中有害物質の濃度の平均が管理濃度を超えない状態	施設，設備，作業工程又は作業方法の点検を行い，その結果に基づき，作業環境を改善するため必要な措置を講ずるように努める
第3管理区分	当該単位作業場所の気中有害物質の濃度の平均が管理濃度を超える状態	①　施設，設備，作業工程又は作業方法の点検を行い，その結果に基づき，作業環境を改善するために必要な措置を講ずる ②　有効な呼吸用保護具の使用 ③　（産業医等が必要と認める場合には）健康診断の実施その他労働者の健康の保持を図るため必要な措置を講ずる

（資料：厚生労働省）

図5－7　作業環境測定結果が第3管理区分に区分された場合の措置

イ　第2管理区分

　　第2管理区分は，作業環境管理になお改善の余地があると判断される状態であるので，施設，設備，作業工程又は作業方法等の点検を行い，その結果に基づき作業環境を改善するため必要な措置を講ずるように努めなければならない。

ウ　第3管理区分

　　第3管理区分は，作業環境管理が適切でないと判断される状態である。この場合，施設，設備，作業工程又は作業方法等の点検を直ちに実施して，改善措置を講じなければならない。具体的には，以下の措置が必要である（令和6年4月1

日施行)。

(ア)　第3管理区分に区分された場合の義務

①　当該場所の作業環境の改善の可否及び可能な場合の改善方策について，外部の作業環境管理専門家の意見を聴くこと。

②　当該場所の作業環境の改善が可能な場合，作業環境管理専門家の意見を勘案して必要な改善措置を講じ，当該改善措置の効果を確認するための濃度測定を行い，その結果を評価すること。

(イ)　上記①で作業環境管理専門家が改善困難と判断した場合及び上記②の再測定評価の結果なお第3管理区分に区分された場合の義務

①　個人サンプリング法等による化学物質の濃度測定を行い，その結果に応じて労働者に有効な呼吸用保護具を使用させること。

②　①の呼吸用保護具が適切に装着されていることを確認すること。

③　保護具着用管理責任者を選任し，(イ)及び(ウ)の管理，作業主任者等の職務に対する指導（いずれも呼吸用保護具に関する事項に限る。）等を担当させること。

④　(ア)-①の作業環境管理専門家の意見の概要及び(ア)-②の措置及び評価の結果を労働者に周知すること。

⑤　上記措置を講じたときは，遅滞なく当該措置の内容について所轄労働基準監督署に届け出ること。

(ウ)　(イ)の場所の評価結果が改善するまでの間の義務

①　6月以内ごとに1回，定期に，個人サンプリング法による化学物質の濃度測定を行い，その結果に応じて労働者に有効な呼吸用保護具を使用させること。

②　1年以内ごとに1回，定期に，呼吸用保護具が適切に装着されていることを確認すること。

(エ)　その他

①　作業環境測定の結果，第3管理区分に区分され，改善措置を講ずるまでの間の応急的な間の応急的な呼吸用保護具についても，有効な呼吸用保護具を使用させること。

②　個人サンプリング測定等による測定結果，測定結果の評価結果，呼吸用保護具の装着確認結果を3年間（粉じんに係る測定及び評価結果は7年間，クロム酸等については30年間）保存すること。

③　測定結果に応じて有効な呼吸用保護具等の措置を講じるため，作業環境測

定基準に基づく個人サンプリング測定を行った場合は，その測定は各特別則で義務付けられた定期の作業環境測定と兼ねることができるとされている。

また，応急措置として有効な呼吸用保護具の使用，ばく露の程度により産業医等が認めた場合には臨時の健康診断を実施するなどして，労働者の健康の保持を図るため必要な措置を講じなければならない。なお，作業環境改善の効果を確認するため，改善措置実施後に作業環境測定及び評価を実施する必要がある。

第1管理区分と評価された場合においても，定期的に測定を実施して作業環境の状態を確認し，その状態を維持するように努めなければならない。

また，有機則，特化則，鉛則による作業環境測定の結果，第2又は第3管理区分となった作業場所については，作業環境の評価結果，作業環境を改善するために行う措置等を，作業場の見やすい場所に掲示する等により周知し，第3管理区分であった場合には，作業環境を改善するための措置を講じた後の作業環境測定の結果についても周知させなければならない。

なお，有機則等の規定により，密閉設備，局所排気装置又はプッシュプル型換気装置（以下「局排等」という。）以外の発散防止抑制措置を講じることにより，作業環境測定の結果が第1管理区分となるときは，所轄労働基準監督署長の許可を受けて，局排等を設けないことができる。

4 有害物質に係る作業環境の改善の手法

有害物質の性状を理解し，作業工程別の使用量，発散量を把握することが作業環境改善には必要となる。

有害物質に関する作業環境改善には，次の方法がある。

ア　有害物質の製造・使用の中止，有害性の少ない物質への転換

イ　生産工程，作業方法の改良による有害物質の発散の防止

ウ　有害物質を取り扱う設備等の密閉化と自動化

エ　有害物質を取り扱う生産工程の隔離と遠隔操作の採用

オ　局所排気装置の設置又はプッシュプル型換気装置の設置

カ　全体換気装置の設置

キ　作業行動，作業方法，作業工程の改善による発散の防止

有害物質の使用をやめることや，その発散の防止をすることがまず，優先的に取り組むべき方法であるが，一つの方法に全面的に依存するよりも，いくつかの方法を併

用する方が効果的である。

ア　有害物質の製造・使用の中止，有害性の少ない物質への転換

　労働者の健康に極めて有害な物質の場合，それに代わる有害性の少ない代替物等があるときは，その有害物質の製造・使用の中止をする。安衛法においても，黄りんマッチ，ベンジジン，ベンゼンゴムのり等の製造，使用等を禁止している（安衛法第55条）。

　また，有害な化学物質については，たとえ法で禁止されていなくても，自主的にそれらの物理的・化学的性質，有害性，使用目的などを調査し，関係者を交えて，有害性のより少ない物質への転換の可能性を十分検討し，可能であれば転換する。この場合，たとえ材料としての性能が劣っていても，健康へのリスクを低減しつつ，それを使いこなして目的を達成するような生産技術面での対応の可能性を追求することが大切である。

　また，代替できなくても製造・使用量を抑制することにより，労働者へのばく露を低減することができる。

イ　生産工程，作業方法の改良

　生産工程，作業方法の改良には次のような方法がある。

①　粉じんの発生が問題となる場合には，生産工程を見直し，作業性や品質に悪影響がなければ湿式や与湿する方法を採用する。

②　有機溶剤を使用する塗装方法を，有害性の低い粉体塗装，水性塗料の塗装に変える。また，エアーでスプレーしていた噴霧塗装をエアレススプレーにする。

③　粉末状で受け入れていた原材料をペレット状，スラリー状，ウエットケーキ状，顆粒状に変更し発散量を減らす。

ウ　有害物質を取り扱う設備等の密閉化と自動化

　有害物質を取り扱う作業場では，多くの生産工程において，有害物質の発散，拡散を防止するため，設備の全部又は一部を密閉化することができる。

　設備の構造上や作業の方法等で完全に密閉化できない場合には，設備内を外気より圧力を下げた負圧にすることにより，隙間からの有害物質の発散を防止することができる。

　一方，生産工程や設備の運転を自動化することにより，労働者の有害物質へのばく露を低減させることができる。また，この自動化は生産性の向上にも資する。

エ　有害物質を取り扱う生産工程の隔離と遠隔操作の採用

　作業場に有害物質を発散する生産工程があると建屋内に拡散し，有害物質を取り扱っていない労働者まで健康障害を及ぼすことがある。このような場合には有

害物質の取扱い作業場を別の独立した建屋内に設けることが望ましい。それができない場合には，間仕切り，壁などで区画して隔離する。間仕切り等で区画した内部で作業する労働者のばく露が増加しないよう換気に注意する。

隔離した生産工程を強化ガラス，ポリカーボネートなどの透明な材料で視野を確保し，遠隔操作により運転している例もある。

有害物質を発散する生産工程や設備を隔離しても，その場所の有害性がなくなるわけではない。このような場所の作業はできるだけ外から遠隔操作によって行い，作業者を立ち入らせないこと。また，点検作業等で臨時に立ち入る場合は，作業者に必要な労働衛生保護具を着用させて，有害物のばく露を防ぐようにする。

オ　局所排気装置等の設置

関連ページ　142頁，155頁

(ア)　局所排気装置

有害物質の発散源を密閉化することができない場合には，発散した有害物質が労働者の呼吸位置まで拡散しないようにする必要がある。これには局所排気装置の設置が有効であり，有害物の発散源ごとにフードを設けて捕捉，吸引して，労働者が有害物質にばく露されないようにする。

局所排気装置とは「作業点（有害物質の発散源）に近いところに吸い込み口を設けて，局部的かつ定常的な吸引気流をつくり，その気流にのせて有害物質が拡散する前に，なるべく発散したときのままの高濃度の状態で吸い込み，労働者が有害物質にばく露されないようにする装置」である。排気は用後処理が義務付けられていない物質であっても，できるだけ空気清浄装置で有害物を除去して大気中に排出することが必要である。

局所排気装置は**図5−8**で示すような構造をしている。この装置の構造等に

図5−8　局所排気装置（沼野）

ついては次の5で述べる。

(イ)　プッシュプル型換気装置の設置

　　有害物質の発散源に対して，一方から送気（プッシュ）をして，反対側から吸気（プル）することにより，一定の気流をつくり，有害物質を効率的に捕捉して排出する装置をプッシュプル型換気装置という。例としては，自動車の吹付け塗装ラインのばく露防止措置などがあり，発散源の面積が大きな場合は，上方からプッシュ気流を送り，下方からプル気流により吸引し，一様流をつくるプッシュプル型一様流換気装置がある。プッシュプル型換気装置は，有機溶剤，粉じん，鉛，特定化学物質及び石綿の発散源に取り付ける装置として一定の要件を満たすことにより局所排気装置と同等に扱われている。プッシュプル型換気装置の構造等については6で述べる。

カ　全体換気による汚染物質の希釈排出

　　前述のように局所排気は，有害物質取扱い作業に対して応用範囲の広い有効な作業環境管理の手段であるが，装置の計画時に予想していた以上の室内気流の乱れや，使用する機械設備の過負荷などの原因でいったん吸引気流の捕捉範囲外に漏れ出した汚染物質を再び捉えて排出することはできない。このような場合に汚染物質をそのまま放置すれば，結果的には環境空気中の濃度が有害な程度まで高くなったり，粉じんの場合には床などに堆積して後で二次発じんの原因になることがある。このような場合には，外部から新しい空気を入れて作業室内の汚染濃度を薄める対策として全体換気を行う。

　　全体換気は希釈換気とも呼ばれ，図5-9のように発散源から発散した汚染物質は，下方の窓から入った汚染されていない空気で希釈されながら拡散し，天窓から排出される。

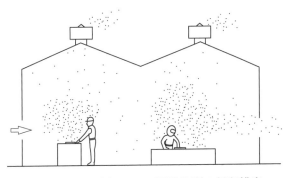

図5-9　全体換気による汚染物質の希釈排出

キ　作業行動の改善による異常ばく露，二次発じん等の防止

　工場で日常行われている作業をよく観察してみると，有害物質を取り扱う作業に従事している作業者が，作業環境に慣れすぎてしまったり，有害性を認識しないでいるために，不適当な作業姿勢により高濃度の有害物質にばく露されたり，不用意に原材料をこぼしたり，粉じんを舞い上げるような不注意な作業行動を見かけることもしばしばある。また1人で作業を行っている場合などでは作業標準と異なった作業を行っていることもある。これらの作業行動は，指導又は労働衛生教育を行うことによって防止することができる。

5 局所排気装置

(1) 基本的な構造

　局所排気装置は，発散源に設けたフードにより，発散源付近の高濃度の有害物（ガス，蒸気，粉じん等）をできるだけ効率的に捕捉し，排気するものである。この装置の系統は，発散源の側からみれば次のようになる（**図5－8**，140頁）。

　　フード→枝ダクト→主ダクト→空気清浄装置→ファン→排気ダクト→排気口

ア　フード

　発生する有害物をできるだけ発散源の近くで高濃度のまま捕捉するための吸気口であり，いかに発散源の近くで，発散源を囲うように，作業に支障をきたさないように設置するかが大きなポイントである。また，フードは発散源ごとに設置する必要がある。有害物質の発散状態，有害物質の比重，形状，作業の方法，労働者の作業行動などをよく観察してフードの型式と形状を決める。

　フードを設計する際には，できるだけ発散源に近く，少ない吸引風量で発散する有害物質を完全に捕捉し，かつ作業性の良いものとすることが重要である。このため，設計をする者はフードを設置する現場でラインの管理者やそこで作業する労働者と十分な検討を行う必要がある。

イ　ダクト

　ダクトはフードで捕捉した有害物質（ガス，粉じん等）及び空気を排気口へ搬送するための導管である。ダクトは枝ダクトとそれらを連結した主ダクトからなる。

　ダクトの設計に際しては，ダクト内を通る有害物質を含んだ空気の搬送による圧力損失を考慮して断面積と長さを決める。

　有害物質を含んだ空気は，重さを持った流体であるので，細すぎるとダクトの抵抗により圧力損失が増大し，太すぎると管内風速（搬送速度）が不足することにより，ダクト内の粉じんなどの堆積の原因となる。また，ダクトの長さが長くなれば圧力損失が大きくなる。圧力損失を考えると，ダクトの断面は円形（ダクトの断面が長方形のものはコーナー部の抵抗が大きい。）がよく，ダクトの長さはできるだけ短く，曲がり（ベンド）部分をできるだけ少なくするように配管する。また，主ダクトと枝ダクトとの合流角度は45°を超えないようにする。

ウ　ダンパー

　ダンパーは用途により排風量の調節に使う風量調節ダンパーと空気の流路の切り替えに使う締切ダンパーに分けられる。ダンパーには，バタフライダンパー，平行翼ダンパー，スライドダンパーなどがある。

　局所排気装置にフードが2カ所以上ある場合は，枝ダクトにダンパーを設けて，各フードの排風量のバランスをとることが行われる。この場合，風量を調節したらダンパー開度を固定し，動かないようにする。

エ　空気清浄装置

　空気清浄装置は，ダクトにより運ばれてくる有害物質の粉じんやガス，蒸気などを大気に放出する前に除去し清浄な空気とする装置である。この装置は，粉じんを除去するための除じん装置とガス，蒸気を除去するための排ガス処理装置に大別される。

　有害物質をそのまま建屋の外へ放出すると，公害源となる場合がある。

　最近の環境問題は作業者のばく露防止ばかりでなく，排出される有害物による大気汚染，水質汚染などの地球規模にまで及ぶ広い意味の環境汚染にまで強く関連するので，除じん装置や排ガス処理装置により無害処理した後に排出することが前提である。

オ　ファン（排風機）

　ファンはフードで有害物質を空気とともに捕捉して吸引する動力源であり，**表5−7**のように遠心式，軸流式に分けられる。

　性能は排風量と圧力損失に対抗する静圧によって決定される。ファンに有害物質が付着すると腐食・劣化が起こりやすくなるため，ファンは空気清浄装置の後の，清浄空気が通る位置に設置する。ダクトを使用する局所排気装置には，静圧範囲の広い遠心式のファンを用いる。ファンの選定に当たっては，有害物質の種類，排風量，局所排気装置全体の圧力損失等を考慮する。併せてファンの型式，口径，回転数，材質を検討し，モーターの性能を決める。

表5－7　局所排気装置に用いられるファンの種類，型式，特徴

	種類・型式		断面	ファン効率（全圧）	ファン静圧範囲	特徴
遠心式	放射羽根型	ラジアル型		% 50～65	Pa 500～5000	6～12枚の放射状の直線羽根を持つもので汚染空気による摩耗の場合取替えが容易なように，鋼板製羽根をリベット締めしている。
	前曲羽根型	多翼型（シロッコ）		45～60	100～1000	羽根車の構造から高速回転ができないので普通のもので静圧は10hPa程度である。しかし羽根が前向きであるので同じ大きさの他のファンに比べ，多い排風量を出すことができる。
	後曲羽根型	ターボ型		70～80	1000～10000	高風圧を出すことができ，また圧力損失の変動に適しており，効率がよいので広く使用される。
	前曲後曲併用型	リミットロード型		55～65	200～3000	シロッコファンと比べると形がやや大きくなるが，効率はよく圧力曲線や動力曲線も安定しているので低風圧，大排風量で，しかも風量が広範囲に変動する用途に適している。性能，大きさに多翼型，ターボ型の中間的な傾向を持っている。
	後曲翼形羽根型	エア・ホイール型		70～85	200～3000	効率がよく大風量で低風圧に適しているので，最近広く使用されるが，粉じん濃度が高い場合には適しない。
軸流式	アキシャル型[ガイド・ベーンなし]			45～60	50～300	軸流ファンは排風量が多くかつ静圧の低い場合に使用され全体的には形態が小さく，またダクト間に簡単に挿入できるので，据付けスペースは小さくてすむ。短い管内でプロペラを回転させ低静圧でよい場合に使用される。
	アキシャル型[ガイド・ベーン付き]			70～85	50～1000	多少静圧を要するところに使用される。

144

カ　排気ダクト

　排気ダクトは，ファンから搬送されてくる空気を排気口へ導き大気に放出するためのものである。

　排気口はウェザーキャップ，エルボ，ルーバのいずれかにして，雨水がファンに浸入しないようにする必要がある。排気音が問題となる場合には，排気口にサイレンサーを設けて騒音を防止する。

　有機溶剤の局所排気装置は，前述の空気清浄装置を設けていない場合には，原則として排気口の高さを屋根から1.5m以上としなければならないとされている。これは有機溶剤の蒸気が外気の気流に乗って建屋の窓などの開口部から再び作業場に入ることを防止するためである。

　なお，排気口から排出される有機溶剤の濃度が，作業環境評価基準に規定する管理濃度の2分の1に満たない場合には，排気口の高さを屋根から1.5m以上としなくてもよいことになっている。その場合でも，その排気口は，ピットの真上，周囲がコンクリート等で閉鎖されている場所の真上等，排気口から排出された有機溶剤の蒸気が滞留するおそれのある場所や通常屋外作業を行う場所，屋外通路，建屋の開放できる窓等から8m以内の場所に設置することは適当ではない（平成9年3月25日付け基発第193号）。

(2)　フードの型式

　フードの型式は，表5－8のように分類できる。大別すれば発散源を囲うことにより有害物がフード外へ流出することを防ぐ「囲い式」と，発散源の外から有害物をフードにより吸引する「外付け式」とに分類される。なお，フードを有害物の飛散方向に置いて飛来する有害物を捕捉する「レシーバ式」は積極的に吸引するものではないので，「外付け式」の一種ではあるがやや性格を異にする。

ア　囲い式フード

　囲い式フードには発散源がフードにほぼ完全に囲い込まれていて，隙間程度の開口部しかないものに，カバー型及びグローブボックス型があり，発散源はフードに囲い込まれているが，作業の都合上，囲いの1面が開口しているものに，ドラフトチェンバ型及び建築ブース型がある。

　これらは，開口面に吸い込み気流を与えて，囲ったフードの内側で発散した有害物質が開口部から外へ漏れないようにするものである（囲い式フードの例は図5－10，147頁）。

表5−8　フードの分類

型	式	型式記号	分　類　上　の　区　別	適　応　作　業　例
囲い式（E）	カバー型（E）	EE	発散源のまわりを囲み，隙間，観察口，小作業孔が吸気口となり，最も大きなフード効果のあるもの	粉砕，混合，ふるい分け，攪拌，コンベヤ，乾燥，仕込み
	グローブボックス型（X）	EX		アイソトープ取扱い 毒性ガス取扱い
	ドラフトチェンバ型（D）	ED	作業口（通常一面）を除いて，まわりが覆われており，フード選択の標準となるべきもの	袋詰め，分析，調合，研磨
	建築ブース型（B）	EB		溶接，粉砕，混合，攪拌，極板加工，切断，噴霧塗装，酸洗い
外付け式（O）	スロット型（S）	OS	作業の性質上，囲い式，ブース式によりがたいとき，やむをえず発散源に独立して設けられるもので，外部の乱れ気流により効果が大きく減殺される	混合，ふるい分け，ふりかけ，めっき，洗浄溶解，浸漬塗装，鋳物砂落し
	ルーバ型（L）	OL		解体，鋳物砂落し
	グリッド型（G）	OG		粉砕，塗装，鋳物砂落し
	円形型（O）	OO		溶接，混合，ふるい分け，溶解，袋詰め，粉砕
	長方形型（R）	OR		溶接，混合，ふるい分け，溶解，極板加工，切断，ふりかけ，袋詰め
レシーバ式（R）	キャノピ型（C）	RC	一見外付け式に似ているが，発散源に熱浮力による上昇気流，回転による慣性気流のごとき一定方向の汚染気流の方向にそって汚染空気を受けとるようにしたもの	炉，焼入，鍛造，溶融
	円形型（O）	RO		研磨
	長方形型（R）	RR		研磨
	カバー型（E）（グラインダ型）	RE		研磨，炉

（注）　特に排気方向を示す必要がある場合には，上方（U），側方（L），下方（D）の用語を用い，その記号を型式の記号とともに用いるときは，その位置は型式の記号の前におくものとする。
　　　例）　上方外付け式円形型；UOO
　　　　　　下方レシーバ式カバー型；DRE

図5-10 囲い式フードの例

図5-11 外付け式フードの例

イ 外付け式フード

外付け式フードとは，囲い式のフードとすることができず，やむを得ず有害物質の発散源の近くに設置するフードをいう。外付け式フードは発散源の近くで発散源から発生する有害物質を吸い込み気流によりフードまで吸引するものである。

このため囲い式フードと比較して，余分な空気を吸い込まねばならず，吸引風

キャノピ型（RC）　　　　　　グラインダ型（RE）
溶融・焼入　　　　　　　　　研磨

図5－12　レシーバ式フードの例

量を大きくする必要がある。また，できるだけフードを発散源に近付けて設置し，フランジを付けるなどしてフード効果を高める必要がある（外付け式フードの例は**図5－11**）。

ウ　レシーバ式フード

発散源から一定方向の気流があって，有害物質がその気流に乗って飛散するときに気流の方向に沿って粉じん，ガス，蒸気を捕集するように設けたフードをレシーバ式フードと呼ぶ。このフードの外形や構造は，囲い式又は外付け式と同様であるが，発散する有害物質を完全に吸引するようにフードの構造や吸引風量を設計する必要がある（レシーバ式フードの例は**図5－12**）。

ア～ウのフードの中で排気効果は囲い式が最も大きい。囲い式フードの排気効果の大きさは，カバー型及びグローブボックス型，ドラフトチェンバ型，建築ブース型の順である。外付け式フードの場合は，側方や下方吸引型の方が上方吸引型のものより一般的に有効である。熱による上昇気流がある場合には，上方吸引型（レシーバ式）が有効な場合がある。フード開口面の周囲にフランジを付けることにより，フランジがないときに比べ，少ない排風量で所要の効果を上げることができる。

(3)　制御風速，抑制濃度

ア　制御風速

局所排気装置の能力は，制御風速が基本である。制御風速とは，発散し，拡散しようとする有害物質を捕捉する吸い込み気流の最低風速である。

制御風速は，フードの型式ごとに測定点などの基準が定められており，囲い式ではフード開口面における最小風速，外付け式では有害物質を吸引しようとする飛散限界（捕捉点）における風速とされている。

外付け式の制御風速を与える捕捉点を**図5－13**に示す。

図5－13　フードによる有害物質の捕捉

　設計時における制御風速は，法令で定められた数値を基準とする。法令ごとに定められた制御風速は**表5－9（a）**（150頁）に示す。この数値は最低基準であるので，実際には，労働者の呼吸位置における濃度を可能な限り低くすることを目的として，有害物質の物理的特性，飛散状態などを考慮して，作業条件，作業方法の調査を行い，適正な制御風速を決定する。

イ　抑制濃度

　局所排気装置の性能要件として，フードの外側における有害物質の濃度がいわゆる抑制濃度を超えないことを定めている物質がある。抑制濃度を知るには関連する法令を参照する（**表5－9（b）**，151頁）。

　フードの外側における濃度を性能要件として定めているのは，特定化学物質の大部分，鉛及び石綿である。抑制濃度は，この値以下にすることによって，有害物質への労働者のばく露を抑制しようとするものである。

ウ　必要排風量

　フードから吸い込む空気の量を排風量という。吸い込むときの気流の速度は，排風量に比例する。

　局所排気装置の規模は制御風速をもとに算出される必要排風量によって決定される。排風量は装置全体が持つ圧力損失に打ち勝つ力である静圧とともにその装置に必要なファンの能力を決定するが，基本的にはより少ない風量でより大きい制御風速を確保することが基本である。

　排風量（Q）は，1分間（min）に排出する空気の量（m³）で表し，次式で各々求める（**表5－10**，152頁）。

表5－9(a)　制御風速

（1）　有機則

フードの型式		制御風速（m/s）
囲い式フード		0.4
外付け式フード	側方吸引型	0.5
	下方吸引型	0.5
	上方吸引型	1.0

（2）－1　粉じん障害防止規則（粉じん則）

特定粉じん発生源		制御風速（m/s）			
		囲い式フード（m/s）	外付け式フード（m/s）		
			側方吸引型	下方吸引型	上方吸引型
粉じん則別表第2第5号に掲げる箇所	岩石又は鉱物を裁断する箇所	0.7	1.0	1.0	－
	岩石又は鉱物を彫り，又は仕上げする箇所	0.7	1.0	1.0	1.2
粉じん則別表第2第6号に掲げる箇所		1.0	－	－	－
粉じん則別表第2第7号，第9号から第12号まで及び第15号に掲げる箇所		0.7	1.0	1.0	1.2
粉じん則別表第2第8号に掲げる箇所	鉱物等，炭素原料又はアルミニウムはくを破砕し，又は粉砕する箇所	0.7	1.0	－	1.2
	鉱物等，炭素原料又はアルミニウムはくをふるい分ける箇所	0.7	－	－	－
粉じん則別表第2第13号に掲げる箇所	圧縮空気を用いてちりを払う箇所	0.7	1.0	1.0	－
	圧縮空気を用いてちりを払う箇所以外の箇所	0.7	1.0	1.0	1.2
粉じん則別表第2第14号に掲げる箇所	砂型を壊し，又は砂落としする箇所	0.7	1.3	1.3	－
	砂を再生する箇所	0.7	－	－	－
	砂を混練する箇所	0.7	1.0	1.0	1.2

（2）－2　粉じん則第27条第1項ただし書きにより設置する局所排気装置

フードの型式		制御風速（m/s）
囲い式フード		0.7
外付け式フード	側方吸引型	1.0
	下方吸引型	1.0
	上方吸引型	1.2

（2）－3　粉じん則第27条第1項ただし書きにより設置する局所排気装置で回転体を有する機械に設置するもの

フードの設置方法	制御風速（m/s）
回転体を有する機械全体を囲う方法	0.5
回転体の回転により生ずる粉じんの飛散方向をフードの開口面で覆う方法	5.0
回転体のみを囲う方法	5.0

（3）　特化則（抑制濃度が定まっているものを除く）

物の状態	制御風速（m/s）
ガス状	0.5
粒子状	1.0

表5－9(b) 抑制濃度（特化則，鉛則，石綿則）

物の種類	抑制濃度
塩素化ビフエニル（別名PCB）	0.01mg
ベリリウム及びその化合物	ベリリウムとして0.001mg
ベンゾトリクロリド	0.05cm³
アクリルアミド	0.1mg
アクリロニトリル	2cm³
アルキル水銀化合物（アルキル基がメチル基又はエチル基である物に限る。）	水銀として0.01mg
エチレンイミン	0.05cm³
エチレンオキシド	1.8mg 又は1cm³
塩化ビニル	2cm³
塩素	0.5cm³
オルト-トルイジン	1cm³
オルト-フタロジニトリル	0.01mg
カドミウム及びその化合物	カドミウムとして0.05mg
クロム酸及びその塩	クロムとして0.05mg
五酸化バナジウム	バナジウムとして0.03mg
コバルト及びその無機化合物	コバルトとして0.02mg
コールタール	ベンゼン可溶性成分として0.2mg
酸化プロピレン	2cm³
三酸化ニアンチモン	アンチモンとして0.1mg
シアン化カリウム	シアンとして3mg
シアン化水素	3cm³
シアン化ナトリウム	シアンとして3mg
3,3'-ジクロロ-4,4'-ジアミノジフェニルメタン	0.005mg
1,4-ジクロロ-2-ブテン	0.005cm³
ジメチル-2,2-ジクロロビニルホスフェイト（DDVP）	0.1mg
1,1-ジメチルヒドラジン	0.01cm³
臭化メチル	1cm³
重クロム酸及びその塩	クロムとして0.05mg
水銀及びその無機化合物（硫化水銀を除く。）	水銀として0.025mg
トリレンジイソシアネート	0.005cm³
ナフタレン	10cm³
ニッケル化合物（ニッケルカルボニルを除き，粉状の物に限る。）	ニッケルとして0.1mg
ニッケルカルボニル	0.007mg 又は0.001cm³
ニトログリコール	0.05cm³
パラ-ニトロクロルベンゼン	0.6mg
砒素及びその化合物（アルシン及び砒化ガリウムを除く。）	砒素として0.003mg
弗化水素	0.5cm³
ベータ-プロピオラクトン	0.5cm³
ベンゼン	1cm³
ペンタクロルフエノール（別名PCP）及びそのナトリウム塩	ペンタクロルフエノールとして0.5mg
ホルムアルデヒド	0.1cm³
マンガン及びその化合物	マンガンとして0.05mg
沃化メチル	2cm³
リフラクトリーセラミックファイバー（RCF）	0.3本（5μm以上の繊維の数）
硫化水素	1cm³
硫酸ジメチル	0.1cm³
鉛及びその化合物	鉛として0.05mg/m³
石綿	0.15本（5μm以上の繊維の数）

備考　この表の値は，石綿及びRCFにあっては1気圧の空気1cm³当たりに占める繊維の数を，これら以外の物にあっては温度25度，1気圧の空気1m³当たりに占める当該物の重量又は容積を示す。

表5－10　フードの排風量計算式（沼野）

フードの型式	例　　　　　図		排風量　Q（m³/min）
囲い式	開口面積： A（m²）＝L（m）×W（m）　　$A＝\dfrac{\pi}{4}×d^2$		$Q＝60×A×V_0$ 　＝$60×A×V_c×$k V_0：開口面の平均風速 　　（m/s） V_c：制御風速（m/s） k：風速の不均一に対す 　　る補正係数
外付け式 　自由空間に設 　けた円形又は 　長方形フード	$A＝\dfrac{\pi}{4}×d^2$ 距離：X（m）	$A＝L×W$ 縦横比：$W/L＞0.2$	$Q＝60×V_c×(10X^2＋A)$ 編注）X：捕捉点とフード開口 　　　面との距離（m）
外付け式 　自由空間に設 　けたフランジ 　付き円形又は 　長方形フード	$A＝\dfrac{\pi}{4}×d^2$	$A＝L×W$ $W/L＞0.2$	$Q＝$ $60×0.75×V_c×(10X^2＋A)$
外付け式 　床，テーブ 　ル，壁等に接 　して設けたフ 　ランジ付き長 　方形フード	$A＝L×W$ $W/L＞0.2$		$Q＝$ $60×0.75×V_c×(5X^2＋A)$

① 囲い式フードの排風量

　囲い式フードの排風量（Q）〔m³/min〕は，次の式で計算する。

$Q＝60$〔s/min〕×開口面積（A）〔m²〕×制御風速（Vc）〔m/s〕×補正係数（k）

　排風量（Q）を一定とすると，開口面積（A）を小さくすれば制御風速（V_c）が大きくなることが分かる。つまり，できるだけ開口面を小さくすれば，フードの

吸引能力も小さくできる。

　開口面積が大きくなると開口面の風速分布が不均一となるので補正が必要となる。k はその補正係数であり，開口面での平均風速と制御風速が等しいときは，$k=1$ となり，$Q=60 \times A \times V_0$ の式となる（V_0 は開口面の平均風速）。また，開口面積の大きいフードは開口面の位置による風速のばらつきが大きくなるため，補正係数 k の値を大きくとらなければならなくなる。

　一例をあげれば A が1〔m^2〕のフードで V_c を0.5〔$\mathrm{m/s}$〕，k を1.2と設定すると次の式が成立する。

：$Q=60 \times 1 \times 0.5 \times 1.2 = 36$〔$\mathrm{m}^3/\mathrm{min}$〕

フードの開口面積を半分とすれば，A は0.5〔m^2〕になり，

：$Q=60 \times 0.5 \times 0.5 \times 1.2 = 18$〔$\mathrm{m}^3/\mathrm{min}$〕となり排風量は2分の1で済む。

A を0.5〔m^2〕で Q を36〔$\mathrm{m}^3/\mathrm{min}$〕にして，制御風速を計算すると，

$V_c = \dfrac{36}{60 \times 0.5 \times 1.2} = 1.0$（$\mathrm{m/s}$）となり，制御風速を倍にすることができる。

② 外付け式フードの排風量

　外付け式フードの排風量（Q）〔$\mathrm{m}^3/\mathrm{min}$〕は次の式で計算する。

$Q=60$〔$\mathrm{s/min}$〕×制御風速（V_c）〔$\mathrm{m/s}$〕×〔$10 \times$（捕捉点とフード開口面の距離（X）〔m〕）^{2}＋等速度面の面積（A）〔m^2〕〕

　Q を一定のものとすると，捕捉点とフードの距離 X の2乗に制御風速 V_c が反比例するため，距離が離れると，制御風速を得るのに必要な排風量が急激に増大する。

　したがって外付け式フードでは距離 X をいかに小さく抑えるかがポイントになる。

　排風量を少なくするには，表5−10に示すようにする。フードにフランジを付ければ排風量は4分の3に，床等に接して設けたフランジ付長方形フードとすれば排風量は2分の1に減少する。このようにフランジやテーブルを利用して吸引する空間の範囲を狭めることにより制御風速を確保する有効な方法となる。

　一般に外付け式フードの有効範囲は，フード短辺（円形では直径）の1.5倍以内といわれている。

　排風量の計算式は設計時の必要風量を算出するばかりでなく，制御風速 V_c を中心に計算して，最大の制御風速を得ることに重点を置く方が意味を持つ場合が多い。

⑷　空気清浄装置

空気清浄装置には，除じん装置，排ガス処理装置がある。

ア　除じん装置

除じん装置には，重力沈降，慣性分離及び遠心力分離，洗浄式，ろ過式，電気式などがある。これらの除じん装置の設置に際しては，除じん効率はもとより，局所排気装置を含めた関連装置全体としての必要な諸条件を事前に検討しておくことが必要である。

除じんしようとする粉じんの粒径により，それに合った除じん方式を**表5－11**のように選択する。各種の除じん装置を実用的に比較すると**表5－12**に示すようになる。

イ　排ガス処理装置

排ガス処理装置には，吸収方式，直接燃焼方式，酸化・還元方式，吸着方式などがある。

特化則第10条では，**表5－13**に示す物質についての処理方式を定めている。

表5－11　各除じん装置の扱える粉じんの粒径分布の例

粉じんの粒径 （単位　μm）	除じん方式
5未満	ろ過除じん方式 電気除じん方式
5以上20未満	スクラバによる除じん方式 ろ過除じん方式 電気除じん方式
20以上	マルチサイクロン（処理風量が毎分20m³以内ごとに一つのサイクロンを設けたものをいう。）による除じん方式 スクラバによる除じん方式 ろ過除じん方式 電気除じん方式

（注）　この表における粉じんの粒径は，重量法で測定した粒径分布において最大頻度を示す粒径をいう。

［特化則第9条］

表5－12　各種除じん装置の実用的比較

分類名	形式	分離粒径 (μm)	除じん効率 (%)	圧力損失 (hpa)	設備費	運転費
重力除じん装置	沈降室	>50		0.5〜2	小程度	小程度
慣性力除じん装置	ルーバー形	>20		3.5〜5	小程度	小程度
遠心力除じん装置	サイクロン形	>10（大型） >5（小型）	5〜10μm （大型)40〜75 （小型)75〜95	（大型）5〜10 （小型)10〜20	中程度	中程度
洗浄除じん装置	ベンチュリ・スクラバ	>1	90〜99	50〜100	中程度	大程度
ろ過式除じん装置	バグフィルター	>5（粗布） >1（極細布）	90〜99	10〜20	中程度	中程度以上
電気式除じん装置	1段式 2段式	>0.1	90〜99	0.5〜2.5	大程度	小〜中程度

表5－13　物質と処理方式

物	処理方式
アクロレイン	吸収方式 直接燃焼方式
弗化水素	吸収方式 吸着方式
硫化水素	吸収方式 酸化・還元方式
硫酸ジメチル	吸収方式 直接燃焼方式

［特化則第10条］

6　プッシュプル型換気装置

　プッシュプル型換気装置は，局所排気装置に比べて，一般に低い風速で有害物質を捕捉し排出できるが，風速のばらつきを少なくすることと吹出し気流と吸込み気流のバランスが重要であり，設置時の設計，稼働後の維持管理に留意が必要である。

(1)　プッシュプル型換気装置の構造

　プッシュプル型換気装置のフード部分の基本的な構造は図5－14のようであり，送

図5−14　プッシュプル型換気装置の代表例

表5−14　プッシュプル型換気装置の性能

> ①　捕捉面（プルフードから最も離れた発散源における垂直な換気区領域の断層）を16等分した各面の中心で測った風速の平均値（平均風速）が0.2m/s 以上あること。
> ②　16等分した各四辺形の中心の風速が平均風速の1/2以上～1.5倍以下であること。

風機，ダクト，フード，空気清浄装置，排風機，排出口などから構成される（性能については**表5−14**を参照）。プッシュプル型換気装置は大別して密閉式と開放式に区別される。

(2)　密閉式プッシュプル型換気装置

　密閉式は，天井，壁及び床で囲まれているブースを有するものである。この方式は，一方向より新鮮空気を供給し，他方からブース外（屋外）へ排気する形式のもので，空気の供給口（プッシュフード）と吸引口（プルフード）以外は全て密閉されている。ブース全体に一様な気流を形成するために，送風機を用いて空気をブース内に供給し，かつ排風機によりブース内の空気を吸引するものと，送風機を用いないで排風機によりブース内の空気を吸引し排気する2種類がある（**図5－14**）。ブース内の空気の流れは下降気流が望ましいが，労働者が有害物質にばく露されるおそれがない構造にすれば斜方向，横方向でもよい。

(3)　開放式プッシュプル型換気装置

　密閉式以外のプッシュプル型換気装置であり，**表5－15**の条件を満たすものである。開放式は，送風機によりブース内に空気を供給するものであり，発散源から吸込みフードまでを一様な捕捉気流で包み，その区域全体に効果が及ぶ。吹き出し側フードと吸込み側フードの間のプッシュプル気流の通る区域を換気区域，吸込み側フードの開口面から最も離れた発散源を通り，プッシュプル気流の方向と直角な換気区域の断面を捕捉面と呼ぶ（**図5－14**）。

表5－15　開放式プッシュプル型換気装置の条件

> ・送風機により新鮮空気を供給し，排風機でその空気をダクトを通して屋外に排出する構造であること。
> ・有害物質の発散源が換気区域の内部にあること。（換気区域とは吹出し側フードの開口部の任意の点と吸込み側フードの開口部の任意の点を結ぶ線分が通ることのある区域。）
> ・気流の方向は下降気流が好ましいが，有害物質の発散源のできるだけ近い位置に吸込側フードを設けるなど，労働者がばく露されるおそれのない構造であること。斜方向，横方向でもよい。
> ・捕捉面における気流は前項の密閉式と同一であること。
> （下降気流の場合はブース（密閉式）又は換気区域（開放式）に床上1.5mの高さの水平な面である。）
> ・換気区域と換気区域外の境界における気流が全部吸込み側（プルフード）に向かって流れること。この条件を満たすためには，吸込み風量が吹出し風量より大きくなるように吹出し側（プッシュフード）と吸込み側（プルフード）の気流のバランスを保つように風量調節をすること。

7 施設及び設備の管理

(1) 自主点検・検査

施設及び設備は，予防保全の観点から故障又は不具合が生じないような保守管理が必要である。

衛生管理者は施設及び設備の保守管理がラインにおいて適切に実施できるような体制づくりを支援する。また自主的な点検・検査及び法定の点検・検査の実施状況をチェックする必要がある。

ア　日常点検

施設及び設備は，始業点検を行い，運転状況を観察し，異常のないことを日常的に確認する。毎日の点検，週単位で行う点検の担当者，点検項目等を定め，不具合が生じた場合の対応策を決めておく。

酸素欠乏危険作業場その他の有害物質取扱い作業場における保護具等の日常点検は，事故防止の観点からも重要なことである。

イ　月例点検

特定化学物質，有機溶剤及び石綿の取扱い作業場においては，作業主任者の職務として，局所排気装置等について1月を超えない期間ごとに点検することとされている。なお，鉛業務の作業主任者は，これらの装置を毎週1回以上，点検することが求められている。

ウ　定期自主検査，点検

定期自主検査及び点検の目的は，局所排気装置（除じん装置，排ガス処理装置を含む）及びプッシュプル型換気装置の運転状態や性能を正しく把握し，設計仕様どおりに作動しているかどうかを確認することである。そして，不具合な箇所があれば速やかに改善してその性能を確保する。

なお，局所排気装置等については定期自主検査指針が示されており，これに従って行う必要がある。

局所排気装置，プッシュプル型換気装置等については，特化則等により，1年以内ごとに1回の定期自主検査を実施する。特定化学設備及びその付属設備については，2年以内ごとに1回，自主検査を行う。

これらの装置を初めて使用するとき，又は分解して改造もしくは修理を行ったときは，必要な点検を行う。

以上の自主検査，点検については，結果を記録して，3年間保存しなければな

らない。

　有害業務に係る施設及び設備については，法令の定めがなくても，上記と同様の自主検査，点検を実施し，その結果を記録し保存するように努める。

　局所排気装置の定期自主検査項目は次のとおりである。

① 　フード，ダクト及びファンの摩耗，腐食，くぼみ，その他損傷の有無及びその程度

② 　ダクト及び排風機におけるじん埃の堆積状態

③ 　ダクトの接続部における緩みの有無

④ 　電動機とファンを連結するベルトの作動状態

⑤ 　吸気及び排気の能力（プッシュプル型換気装置の場合は，送気，吸気及び排気の能力）

⑥ 　①～⑤のほか，性能を保持するに必要な事項

　除じん装置又は排ガス処理装置の定期自主検査は次の事項について行う。

① 　構造部分の摩耗，腐食，破損の有無及びその程度

② 　除じん装置又は排ガス処理装置の内部におけるじん埃の堆積状態

③ 　ろ過除じん方式の除じん装置にあっては，ろ材の破損又はろ材取付部等の緩みの有無

④ 　処理薬剤，洗浄水の噴出量，内部充てん物等の適否

⑤ 　処理能力

⑥ 　①～⑤の事項のほか，性能を保持するため必要な事項

　1年を超える期間，使用しない局所排気装置については，その使用を再び開始する際に上記の事項についての自主検査を行う。

(2)　計画の届出

　局所排気装置については，安衛法第88条の規定によりその設置，もしくは移転し又は主要構造部分を変更しようとするときは，その計画を工事開始日の30日前までに労働基準監督署長に届け出なければならないとされている。

　届出は建設物・機械等設置届に局所排気装置摘要書を添えて行うこととされている。6（155頁）で述べたプッシュプル型換気装置についても同様の届出を行う必要がある。

(3)　局所排気装置と衛生管理者

　局所排気装置の設計は基本的には衛生工学衛生管理者が中心となり，衛生管理者は

設置計画への参画，性能維持のための保全管理状況のチェックや使い方の指導等が主な職務となる。

① 局所排気装置が必要な設備に完全に設置されているか

　局所排気装置の設置が必要な作業を洗い出し，満足すべき状態で設置されているかをチェックしておくことが重要である。

② フードが作業の実態にあったように作られているか

　実態にあったという意味はフードが発散源の近くに囲むように作られていることと，作業の遂行を邪魔しないように作られているかという点にある。

③ 局所排気装置が正しい状況で使われているか

　せっかく費用をかけて設置したにもかかわらず，十分な性能が出ていないケースや正しく使用されていないケースがよくみられる。その原因として，保全管理状況に問題があるか，作業者が局所排気装置の機能をよく理解していないことがあげられる。

　囲い式フードではフードの外で化学物質を発散させる作業をしていたり，フード内部に気流の障害物が置かれていたりすることがある。また，外付け式フードではフードから遠い位置で作業していたり，作業位置がフードの正面から外れていたりすることがある。窓を開けたり，送風機などを利用して強い気流が吹き付けているケースもある。

　したがって衛生管理者としては使用状況を常にチェックし，必要により指導・教育を行うことが重要である。

④ 排気量に見合った給気経路が確保されているか

　局所排気装置は定常的に一定量の空気を排出するシステムであるから，当然排気量に見合った給気量が必要であり，給気量が不足すると排気効果が極端に低下する。特に狭い作業場では壁についた換気扇が逆転する場合もあるので，屋外からの給気用換気扇やガラリを設ける等して十分な量の給気経路を確保することが重要である。

⑤ 十分な性能が確保されているか

　局所排気装置の性能は設計時では前述の「制御風速」で，使用時では制御風速又は「抑制濃度」で管理することができる。

8 物理的因子に係る作業環境の管理

(1) 有害エネルギーに対する作業環境改善

有害エネルギーに対するばく露を少なくするために次の5つの手法が用いられる。

① 有害エネルギーを，発しない又は発生の少ない機械の採用

② 吸収材による有害エネルギー発生源の遮へい

③ 作業方法，工程，材料等の変更，改良による有害エネルギーの低減

④ 有害エネルギー発生源と労働者の隔離

⑤ 散乱エネルギー，反射エネルギーの吸収

これらのうちいくつかを組み合わせて，できるだけ作業環境における有害エネルギーレベルを低くするようにするが，技術的対策だけでは労働者のばく露を十分低くできないことがしばしばあるので，作業環境改善と同時に作業時間の制限，適当な保護具の使用等も考慮しなければならない。また，有害光線，電磁波など，長期ばく露した場合の生体作用が十分解明されていないものも多いので健康管理も怠ってはならない。

(2) 騒音防止対策

関連ページ　54頁, 97頁, 249頁

安衛則第588条に示されている作業場については6月以内ごとに等価騒音レベルを測定し，その結果を評価して作業環境管理を行う。騒音レベルの測定は，作業環境測定基準に従って実施する。A測定，B測定ともに等価騒音レベルを測定する。

騒音源が移動する場合においては，作業環境測定による等価騒音レベル測定に代えて，個人ばく露測定による等価騒音レベルの測定を行うことができる（屋外作業場は，定点測定又は個人ばく露測定による等価騒音レベル測定に代えて，地面上の騒音源の騒音レベルの推計値を測定値とみなすことができる）。

また，作業者が「音がうるさい」と訴えた場合や，定期健康診断の聴力検査の結果有所見者が多く出た場合は速やかに，等価騒音レベルの測定や周波数分析を実施し，その結果を評価して，問題があれば騒音防止の対策をする。

ア　等価騒音レベル

等価騒音レベルとは，時間とともに変動する騒音について一定時間の平均的な騒音の程度を表す指標の一つである。等価騒音レベルは，時間的に変動する騒音レベルの平均値を表す量で，対象とする変動騒音のある時間内のエネルギー（音圧の2乗の時間積分値）と等しいエネルギーを持つ定常音の騒音レベルに換算し

て表す。等価騒音レベルは変動する騒音に対する人間の生理・心理的反応とも比較的よく対応することが明らかにされている。

イ　周波数分析

周波数分析とは，騒音の測定法の一種で騒音に含まれる各周波数域の成分を選別して，それぞれの強さを測定するものである。騒音は，音の強さが同じであっても周波数によって伝ぱ状況や聴覚に対する作用が異なることがある。例えば，周波数の高い音は低い周波数の音よりもうるさく感じる。

騒音対策を講じる上で，等価騒音レベルの測定だけでは，問題を解決できないことがある。許容値を超えている場合でも，どの周波数が大きいのかによって騒音対策の方法が違ってくる。周波数分析は，騒音の影響の評価や対策に欠かすことのできない測定である。

遮音，消音等の騒音源対策，吸音等の伝ぱ経路対策や騒音特性に応じた耳栓・耳覆い（イヤーマフ）の選定といった受音者対策において，それぞれ周波数分析の結果を活用して対策を講じることは効果的である。なお，耳栓を利用する場合は遮音効果を確認し，遮音効果が不十分な場合は，適切な大きさや形状の耳栓を利用したり，使用方法の教育を実施する。

ウ　作業環境測定結果の評価と管理区分

作業環境測定結果を「許容濃度等の勧告（**表5−16**）」により評価し，**表5−17**に従って管理区分を決定する。管理区分ごとの対策として，次のような措置を講ずる。

㋐　第Ⅰ管理区分

作業環境の継続的維持に努める。

第Ⅰ管理区分に区分されることが継続している場所又は等価騒音レベルが継続的に85dB未満である場所については，定期的に行う測定を省略することができる。

表5−16　騒音レベルによる許容基準（抜粋）

ばく露時間（分）	許容騒音レベル（dB）
～ 480	85
～ 240	88
～ 120	91
～ 60	94
～ 30	97

（資料：日本産業衛生学会「許容濃度等の勧告（2022年度）」）

表5-17　騒音測定結果と管理区分（騒音障害防止のためのガイドラインより）

B 測定値＼A 測定平均値	85dB 未満	85dB 以上 90dB 未満	90dB 以上
85dB 未満	第Ⅰ管理区分	第Ⅱ管理区分	第Ⅲ管理区分
85dB 以上 90dB 未満	第Ⅱ管理区分	第Ⅱ管理区分	第Ⅲ管理区分
90dB 以上	第Ⅲ管理区分	第Ⅲ管理区分	第Ⅲ管理区分

（注1）　「A 測定平均値」は，測定値を算術平均して求めること。
（注2）　「A 測定平均値」の算定には，80dB 未満の測定値は含めないこと。
（注3）　A 測定のみを実施した場合は，表中の B 測定の欄は85dB 未満の欄を用いて評価を行うこと。

　(イ)　第Ⅱ管理区分

　　・作業場所を標識によって明示する。

　　・施設，設備，作業方法等の点検を行い，その結果に基づき作業環境を改善するための措置を講じ，当該場所が第Ⅰ管理区分となるように努める。

　　・労働者に対し必要に応じ，聴覚保護具を使用させる。

　(ウ)　第Ⅲ管理区分

　　・作業場所を標識によって明示する。

　　・作業環境を改善するための措置を講じ，当該場所が第Ⅰ管理区分又は第Ⅱ管理区分になるようにすること。改善措置を講じたときは，その結果を確認するため改めて作業環境測定を行い，その結果を評価すること。

　　・労働者に聴覚保護具を使用させ，その使用について見やすい場所に掲示すること。

　　なお，騒音対策については，「騒音障害防止のためのガイドライン」（平成5年4月20日付け基発第0420号第2号）が示されている。安衛則第588条に定める8つの屋内作業場及びこのガイドラインで定める騒音レベルが高いとされる52作業場を対象に騒音障害防止対策の管理者の選任による作業環境管理，作業管理，健康管理及び労働衛生教育などを取り組ませることが示されている。

　エ　騒音の作業環境改善

　　騒音対策は，大別して①音源対策，②伝ぱ経路対策，③受音者対策の3つがある。騒音対策で最も効果的なのが，音源対策であるが，音源対策が実施できない場合や不十分な場合には，伝ぱ経路対策が必要である。また，受音者対策として

は，作業者を騒音源から隔離する方法もある。実際には，一つの対策だけでは不十分で，いくつかの対策を組み合わせなければならないことが多い。

⑶　振動対策 関連ページ　98頁, 250頁

振動とは，物体が一点を中心としてその前後，左右，又は上下への運動を繰り返す状態をいい，一般的には周波数（又は振動数）[Hz]，振動変位 [m]，振動速度 [m/s]，振動加速度 [m/s²] を用いてこれらを表す。また，振動の強さは，振動加速度の実効値 [RMS] で表す。

振動障害は局所振動障害と全身振動障害に区別する。振動は騒音の発生を伴うことが多い。この場合，振動対策は騒音対策と併せて実施する。

ア　振動源

全身振動の振動源となるのは，機械，装置，車両などである。事業場内では，プレス機械，粉砕機，原動機，工作機械などが振動源となって作業床から労働者に伝わる。

一方，局所振動は，チェーンソー，ピックハンマー，インパクトドリル，グラインダなどの手持ち振動工具が振動源である。また，全身振動は，フォークリフト，移動式クレーン，車両系建設機械などの台，座席から伝わってくる。オートバイの運転では，全身振動に手の局所振動が加わる。

イ　局所振動の測定

振動は，JIS B 7761-1：2004（手腕系振動−第1部：測定装置），JIS B 7761-3：2007（同−第3部：測定及び評価に関する一般要求事項）の要求事項を満たす測定器を用いて測定する。X，Y，Z直交3軸の周波数補正振動加速度実効値の二乗和の平方根から，振動3軸合成値（m/s²）を求める。

測定器は，マイクロコンピュータを利用して，3軸の振動合成値や周波数分析を同時に行い，結果を数値表やチャートで出力するものが市販されている。

ウ　振動障害の防止対策

振動障害は振動工具の使用に伴って発生する振動が人体に伝ぱすることによって多様な症状を呈する障害である。振動工具の振動レベル，操作期間，寒冷等の作業条件に影響され，これらが複雑に作用して発生するといわれている。振動障害を防止するには，振動の周波数，振動の強さ及び振動ばく露時間により評価し，対策を講じることが有効とされている。対策に次のようなものがある。また，こうした対策は騒音障害の防止になるものが多い。

厚生労働省では，振動障害の予防策として平成21年7月10日付け通達，①チェー

ンソー取扱い作業指針について（基発0710第1号），②チェーンソー以外の振動工具の取扱い業務に係る振動障害予防対策指針について（基発0710第2号），③振動工具の「周波数補正振動加速度実効値の3軸合成値」の測定，表示等について（基発0710第3号），④振動障害総合対策の推進について（基発0710第5号），⑤振動工具取扱い作業者等に対する安全衛生教育の推進について（事務連絡）を公表している。

公表された指針の中で，次のような予防対策を示している。

(ア)　振動工具の選定基準と点検整備・保守点検

使用する工具は振動ができる限り少ないものを選び，工具のメーカー等が取扱説明書等で示した時期及び方法により定期的に点検整備し，常に最良の状態に保つようにする。また，「振動工具管理責任者」を選任し，点検・整備状況を定期的に確認し，その状況を記録する。

また，振動工具は，チェーンソーの目立てを良くし，チッピングハンマー等の鏨（たがね）の尖端を鋭利にしておくなどの日常的な保守管理が重要である。

(イ)　作業時間の管理

①　振動業務とそれ以外の業務を組み合わせて，振動業務に従事しない日を設けるよう努める。

②　使用する工具の「周波数補正振動加速度実効値の3軸合成値」を工具にある表示や取扱説明書等により把握し，当該値と1日当たりの「振動ばく露時間」から，上記指針に示す方法により日振動ばく露量 A(8)（1日8時間の等価振動加速度実効値）を求め，同通達に定める振動ばく露時間の抑制等の措置を講ずる。

③　使用する工具及び業務に応じて，一連続の振動ばく露時間の制限又は一連続作業後の休止時間を設ける。

(ウ)　工具の操作方法及び作業方法

工具の操作方法については，ハンドル等以外の部分は持たない，また，ハンドル等は軽く握り，かつ，強く押さえないなど余分な振動のばく露を避ける。

作業方法については，工具をスプリングバランサー等により支持するなど，工具を支える力を極力少なくし，筋の緊張を持続させることのない方法を工夫する。

以上が示されているが，基本となるのは，振動レベルを低下させるとともに作業時間の短縮を行うことである。あわせて，労働者は防振手袋を使用する。

⑷　非電離放射線・電離放射線の対策

ア　非電離放射線

関連ページ　100頁

非電離放射線には，紫外線，赤外線，レーザー光線，マイクロ波などがある。

作業場では，太陽からの紫外線・赤外線，殺菌灯の紫外線，暖房器具の赤外線などがある。こうした日常生活にみられる非電離放射線は，一般に低レベルであることが多い。

労働衛生で問題となるのは，アーク溶接・溶断作業や紫外線殺菌灯下の作業での紫外線，金属の溶融炉やガラス炉等の炉前作業での赤外線，レーザー加工におけるレーザー光線などである。

紫外線，赤外線などのばく露を低減させる作業環境の改善策として次のような手法がある。

①　発生源を遮へい

②　発生源から労働者を隔離

③　吸収剤等による有害光線の吸収

このほか，有効な遮光保護具等の使用，作業時間の制限等を考慮する必要がある。

イ　電離放射線

関連ページ　98頁，364頁

電離放射線は，医療における診断・治療，工業用の非破壊検査や物体の厚さ測定に利用されている。原子力発電も電離放射線である中性子線を核分裂反応に利用したものである。

電離放射線の発生源を大別すると，放射線装置，原子炉，放射性同位元素に分けられる。アルファ線，ベータ線，中性子線は，原子炉や各種の放射性同位元素から放射される。

㋐　外部被ばくと内部被ばく

エックス線装置を使用する作業などでは，照射された放射線を体の外から受け，被ばくするので，これを外部被ばくという。

内部被ばくは，放射性物質を経気道的に吸入したり経口的に摂取したりすることにより生じる。

非密封の放射性物質を取り扱う作業では，放射性物質の飛沫等が空気中に広がったり，身体，衣服，設備機器等の表面に付着する汚染が生じる。汚染が生じると，労働者が呼吸によって体内に放射性物質を取り込んだりするほか，皮膚に傷口があったりすると，その傷口から放射性物質が体内に入ることがある。この場合，体内から放射線に被ばくすることになり，放射性物質が体外に

排出されるまで被ばくが続く。この被ばくが内部被ばくである。

(イ)　被ばくの防護

　被ばくから防護するためには放射線管理組織を確立し，作業環境の測定，被ばく状況の把握，防護対策の実施，放射線装置等の定期自主検査などを行うことが基本である。外部被ばくについては，次の対策を行う。

①　放射線源の隔離（遠隔操作管理区域の設定等）

②　遮へい（遮へい壁等）

③　作業管理（放射線レベルを考慮した作業方法，作業時間等の適正な管理，鉛手袋，鉛エプロンの着用等）

　内部被ばくについては，放射性物質による汚染をできる限り少なくするために，放射線源の密閉の程度を把握し，漏えい検査を定期的に実施して異常の有無を確認することが必要である。内部被ばくに関する対策は次のとおりである。

①　汚染区域の隔離（管理区域の設定等）

②　汚染管理（放射性ガス，蒸気，粉じんの発散源を密閉する設備，局所排気装置の設置等）

③　作業管理（外部被ばく同様の作業管理，放射性物質取扱い室専用の作業衣，適切な保護衣類，履物，呼吸用保護具等）

(ウ)　被ばく管理

　被ばく管理は，作業環境測定による管理と個人被ばく量の測定により行う。

a　作業環境測定による管理

　作業環境測定は，法令の基準に従って管理区域を定め，原則として1月以内ごとに1回（放射線装置を固定して使用する場合において使用の方法及び遮へい物の位置が一定しているとき，又は3.7ギガベクレル以下の放射性物質を装備している機器を使用するときには，6月以内ごとに1回），定期的に外部放射線による線量当量率又は線量当量の測定を実施し，所定の事項を記録する。

　作業者が常時立ち入る場所の実効線量が施設等における線量の限度（1週間につき1ミリシーベルト（mSv）を超える場合には，線量の限度を超えないように，遮へい壁，防護ついたてを設けるなど，施設の整備等の作業環境の改善措置を講じる。

　また，放射性物質取扱作業室，坑内における核原料物質の掘採を行う場所では，空気中の放射性物質の濃度について1月以内ごとに1回，定期に測定を実施し，測定の結果，その平均濃度が環境空気中濃度限度（年50mSvに相当する放射性物質濃度）を上回るおそれがある場合は，局所排気装置の設置や放射

表5-18　放射線業務従事者の被ばく限度

全　　身	100mSv／5年間かつ50mSv／年
眼の水晶体	100mSv／5年間及び50mSv／年
皮　　膚	500mSv／年
女性（妊娠する可能性がないと診断されたものを除く）	5mSv／3カ月
妊娠と診断された女性	1mSv（内部被ばくによる実効線量）／妊娠の診断から出産まで 2mSv（腹部表面に受ける等価線量）／妊娠の診断から出産まで

（電離則第4条，第5条，第6条）

性物質のガス，蒸気又は粉じんの発生源を密閉化するなど施設の整備，作業方法の改善等の措置を講じる必要がある。外部放射線による実効線量と空気中の放射性物質による実効線量との合計が1週間につき1mSvを超える場合についても，作業環境改善を行う必要がある。

作業環境測定の結果については，見やすい場所に掲示する等の方法により管理区域に立ち入る労働者に周知させる。

b　個人被ばく量の測定[注]

事業者は放射線業務従事者等には放射線測定器を装着させて被ばく線量を測定しなければならない。

放射線業務従事者の被ばく限度は，実効線量で5年間につき100mSv，かつ，1年間につき50mSvを超えないこととされている（**表5-18**）。電離則において，外部被ばく及び内部被ばくの実効線量の限度が定められており，妊娠可能な女性については厳しい基準になっている。また，妊婦については，腹部表面に受ける外部被ばくによる等価線量も定められている。

ただし，緊急作業に係る事故の状況により，100mSvの被ばく限度により対応を行うことが困難であると認めるときは，250mSvを超えない範囲で厚生労働大臣が「特例緊急被ばく限度」の値を別に定めることができる。

（注）東日本大震災関係の業務等に関しては，「東日本大震災により生じた放射性物質により汚染された土壌等を除染するための業務等に係る電離放射線障害防止規則」（除染電離則）を参照のこと。

9　一般作業環境の改善

　事務所などの特別な有害因子のない作業場所においては，①温熱条件（気温，湿度，気流，冷房，暖房等），②換気（気積，空気汚染等），③照明（照度，採光等），④騒音（等価騒音レベル，周波数分析等），⑤清潔保持（飲料水，清掃，排水，廃棄物等）などを考慮して，作業環境の測定などを行い，その結果を評価して作業環境の改善を行う。

(1)　事務所の温熱条件

関連ページ　47頁

　温熱条件としては，通常，気温，湿度の測定をする。

　事務作業において労働者がその能力を十分発揮できる温熱条件としては，暑からず寒からずという至適温度にすることである。至適温度とは，温度感覚を実効温度（感覚温度）で示したもので，作業強度が強かったり，作業時間が長いと至適温度は低くなる。また，季節，被服，飲食物，年齢，性別などで異なる。

　実効温度とは，人の温熱感に基礎を置いた指標で，気温，湿度，気流の総合効果を温度目盛りで表したものである。

ア　気　温

　　事務所則では，気温が10℃以下のときには暖房等を行い，冷房は外気温より著しく低くしないことを定めている。

　　また，空気調和設備を稼働している場合は，18℃以上28℃以下となるよう努めることとされている（47頁，第3章2(1)参照）。

　　夏季の冷房装置による冷やしすぎ，冬季の暖房時に室温の上げすぎという状況がみられる。体感温度は性別，服装などに左右されることにも留意する。

イ　湿　度

　　空気調和設備を稼働している場合，事務所則では相対湿度を40％以上70％以下になるよう努めることとされている。相対湿度とは，その温度における飽和水蒸気量に対する空気中の水蒸気量の比を百分率で示したものである。

　　日本は地域によって差はみられるが，一般には夏に湿度が高く，冬は湿度が低い。事務作業を効率的に行うには室内の相対湿度を調整する必要がある。特に冬季の情報機器作業は，湿度の低下によるドライアイに注意しなければならない。

⑵　事務所の気積

関連ページ　48頁

空気の容積を気積といい，事務所則の規定では，事務所内1人当たりの気積は，10 m³以上とされている（部屋の中にある設備の占める容積及び床面から4mを超える高さにある空間を除く）。これは，一般的な作業の場合，これだけの気積があれば，体熱放散による温度や湿度の上昇，呼吸による酸素の消費や二酸化炭素の増加があっても人体に悪影響を及ぼすことはまずないとされているからである。

しかし，高温多湿の環境下での作業，労働により多量の熱放散や二酸化炭素が発生する作業の場合などでは10m³の気積では十分でない場合もあり，作業室の容積を広げるようにする。

⑶　事務所の換気

関連ページ　51頁

空気の組成は，酸素約21%，窒素約78%，二酸化炭素0.03～0.04%のほか，水蒸気，微量のアルゴン，ヘリウムなどである。

人間の呼気の成分は，酸素約16%，二酸化炭素約4%であるから，換気のよくない作業室で多人数の労働者が作業していると，酸素量は漸減し二酸化炭素は漸増してくる。酸素濃度が18%未満になると酸素欠乏の状態になる。

作業室の換気の指標として二酸化炭素濃度が用いられるのは，二酸化炭素が増加するような環境では，多数の労働者が作業をし，かつ換気が十分ではないと考えられ，温度，湿度，粉じん，細菌，臭気など，全体としての環境状態が不良になると評価されることからである。

室内の空気は，建物の構造等により多少の差はあるが温度差，気流などにより，自然に少しずつ入れ替わっている。建物の密閉度がよく自然換気が不十分な場合や室内で燃焼器具を使用する場合には機械換気を実施する。

⑷　事務所の必要換気量

作業室内において，衛生上，入れ換える必要のある空気の量を「必要換気量」といい，1時間に交換される空気量で表す。

必要換気量を算出するには，通常，次の式を用いる。

$$必要換気量（m³/h）= \frac{室内にいる人が1時間に呼出する二酸化炭素量（m³/h）}{（室内二酸化炭素基準濃度）-（外気の二酸化炭素濃度）}$$

※なお，二酸化炭素の濃度が「%」であった場合は100倍，「ppm」であった場合は1,000,000倍する。

[労働生理との関係]

- ・1人の呼吸ガス量

    普通6～7L/min×60min/h＝0.36～0.42m³/h

    呼気中の二酸化炭素4％

- ・室内の人数

　必要換気量は室内の二酸化炭素の基準濃度を普通1,000ppm（0.1％），外気の二酸化炭素濃度を300～400ppm（0.03～0.04％）として算出する。呼気中の二酸化炭素量は，労働の強度（エネルギー代謝率）によって異なり，それに伴い必要換気量も増減する。

　換気装置を用いた換気量は，室内の気温，酸素濃度，二酸化炭素濃度，一酸化炭素濃度，粉じん濃度などの作業環境の状態により増減する。

　事務所則では，一酸化炭素50ppm以下，二酸化炭素0.5％以下とすることとされている。

⑸　採光と照明の点検

関連ページ　52頁

　作業室の明るさについては，次のような条件が必要であることに留意して，採光と照明の点検を行う。

① 十分に明るいこと

② 明るさにムラがないこと

③ まぶしさがないこと

④ 適当に影があること

⑤ 光の色が太陽光線に近いこと

⑥ 照度を得るためには，窓からの採光と人工照明を併用する

ア　採　光

　採光とは，太陽光線により室内の明るさを得ることである。採光には，窓の方向と形，部屋の奥行きが問題となる。太陽光線が直接室内に入り，まぶしさを感じる際は窓にカーテンやブラインドを付けて調整する。

イ　全般照明

　作業室全体を明るくする方法であまり広くないスペースの普通の作業場に用いられる。この場合，光源は作業面から相当高いところに規則的に配列される。事務所則では，作業に必要な照度について，規定している（52頁，第3章2⑶参照）。

　照明設備は，6月以内ごとに1回，定期に点検を行うことと定められている。光源となる照明器具の汚れ，フリッカー，照度，まぶしさ等について点検し，汚れ等があれば清掃又は器具の交換を行う。前方から明かりをとるときは，まぶし

さをなくすため，光源と眼を結ぶ線と視線とがなす角度がおおむね30度以上となるように光源の位置を決める。

ウ　局部照明

局部照明は検査作業のように，手元に高い照度が必要である場合に用いられる。局部照明だけに頼ると作業室の照度が不均一になりすぎて眼の疲労を起こすことがあるので，全般照明を併用し，明暗の対照を少なくする。

この場合，全般照明の照度は，局部照明による照度の少なくともおよそ10分の1以上が望ましいとされている。

10 快適職場環境の形成

(1)　快適職場づくりの考え方

最近の職場の状況，労働者の意識等を踏まえると安衛法第1条に示された目的の一つである「快適な職場環境の形成を促進する」こと，同法第71条の2の「事業者は，快適な職場環境を形成するよう努めなければならない」とあることを真剣に考え，実行する時代になったといえる。

仕事による疲労やストレスを感じることの少ない，働きやすい職場を実現するには，作業環境管理，作業管理，健康管理を快適職場づくりに焦点を合わせて，新たな観点から衛生管理を展開する必要がある。

仕事による疲労やストレスの程度は，作業を行う場の環境，作業方法，仕事の量と質，労働時間，労使関係，人間関係，適性，労働者の職業能力，業種，職種などの多くの要素が複雑に関係する。これらの要素は，労働時間の短縮，職場のコミュニケー

図5−15　法定の安全衛生水準と職場の快適化との関係

ションをよくすることなどのように，企業内の労使の協力と協調によって解決するべきものなど，取組みの方法はさまざまである。

　そこで，快適職場づくりの適切かつ有効な実施を目的として「事業者が講ずべき快適な職場環境の形成のための措置に関する指針」（以下「快適職場指針」という。）が厚生労働省から平成4年に公表されている（平成9年に改正）。

　なお，快適職場づくりは，安衛法に定められている最低基準を順守した上で，さらに安全衛生の向上を図るものであることに留意する必要がある（図5－15）。

(2)　快適職場づくりの進め方

ア　職場の実態調査と問題点の把握

　快適職場づくりは，労働者に疲労やストレスを与える不快な要因を調査し，職場の実情や問題点を把握することから始まる。このため，労働者から直接，職場の様子を聞いたり，アンケート調査を実施するなどして，職場の問題点を集約する。

　快適職場づくりのためには，労働者の疲労やストレスを少なくし，働きやすい職場の形成につながるようなものであれば労使がよく協力して実施に移すべきである。快適職場指針において，快適な職場環境の形成を図るために事業者が講ずべき措置について，次の事項について示しているので，その実態調査をし，問題点を把握することが重要である。

(ｱ)　作業環境
　①　空気環境　　：粉じん，臭気，たばこの煙等
　②　温熱条件　　：温度，湿度等
　③　視環境　　　：照度，グレア，輝度対比，採光，色彩等
　④　音環境　　　：騒音
　⑤　作業空間等：作業空間，通路等

(ｲ)　作業方法
　①　不自然な姿勢での作業
　②　相当の筋力を必要とする作業
　③　高温，多湿な場所における作業及び騒音を発する作業
　④　高い緊張状態の持続及び一定姿勢の長時間持続を要求される作業
　⑤　機械設備，事務機器，什器等の表示方法，操作方法

(ｳ)　疲労回復のための施設，設備
　①　休憩室等
　②　シャワー室等の洗身設備

③　相談室等

④　運動施設，緑地等

㈎　その他の施設

①　洗面所，更衣室等

②　食堂等

③　給湯設備，談話室等

イ　快適職場づくりの検討及び考慮すべき事項

職場の実態や問題点などが把握されたら，どのような職場にするのがよいかを快適職場指針に沿って検討する。快適職場指針には，快適職場づくりのための作業環境の管理，作業方法の改善，心身の疲労の回復を図るための施設の改善等の基本的な考え方が示されているが，快適な職場の条件を定めるような基準が数値等として示されていない。

これは，快適職場指針は，あらゆる業種の作業に関連することであるから，一律に具体的な数値等を示すことに無理があるためである。快適化の目安は，職場の実態等が明らかになれば，具体的になるものと考えられる。

例えば，温熱条件は労働者を取り巻く空気の温度，湿度，放射熱，気流などが総合されたものであり，作業環境，作業の強度，衣服，季節等が異なる職場に一律に適温の基準を認定することは難しい。しかし，職場が特定され温熱条件の各要素が明確にされれば，産業保健の専門家や専門機関に相談するか，文献を参考にすることにより適切な温熱条件を明らかにすることができる。

なお，作業環境等の改善に当たって，一定の条件のもとに十分な経験のある専門家が設計することにより，温度，照度などを多くの人が快適さを感じる状態にすることができる。一方，個人差により一部の労働者が不快を訴える場合も考えられるので，その人に適した条件に局所的に調節できるようにしておくことも，快適化を図る上で留意しておかなければならない。

このように，快適職場づくりは，労働の場における個々人の快適さ，働きやすさを求めた創意工夫が必要とされる。

それには，次のような観点から取り組んでいくことが重要である。

㈠　継続的かつ計画的な取組み

快適な職場をつくるには，施設・設備面の措置と，これを効果的に運用するための措置の双方の配慮が必要となる。

生産のための諸設備と同様に，快適職場を形成するための施設や設備も経年的な劣化や故障が起こることを初めから考えておかなければならないし，こ

れらの施設等を利用する人々の年齢構成や性比の変化，生活水準や意識の変化などによっても快適職場に対する評価基準は変わるので，ある時点で十分であると考えられる施設，設備等を整備したとしても，そのままの状態では快適な職場を維持することはできなくなる。

このため継続的かつ計画的な維持管理への取組みが必要であり，その内容としては次のようなことが挙げられる。

① 　快適職場の形成のために準備された施設，設備等が初期の性能や機能を発揮し続けることができるように，常に仕様書やマニュアルに従った計画的な点検整備を定期的に行うこと。

② 　職場における作業内容，働く人々の年齢構成や嗜好の変化，あるいは快適職場を形成する技術の進歩等に合わせて，常に，より好ましい職場環境を実現するための見直しをすること。

③ 　上記①及び②の維持管理や一層の改善を組織的，計画的に進めるために，快適職場への取組みを推進する担当者を決めておくなどの推進体制を確立すること。

(イ)　個人差への配慮

個人個人の快適職場に対する考え方は，性別，年齢，作業内容，時には体調などに左右される。事務所における夏の冷房は，男性にとって適温と感じられる温度が，女性にとっては低温と感じられることもある。同一人であっても体を動かしているときと静かにしているときの適温は異なっている。

また，電話や会話の話し声もある人にとっては仕事をするために必要な音であっても，近くで仕事をしている人にとってはいら立たしさを覚えるほどの不快な音となることもある。このように人の感覚は，極めて複雑であり，かつ多くの要因によって変化し，個人によっても，個人の置かれた条件や状況により大きく変わるものであることを認識して取り組むことが必要となる。

(ウ)　労働者の意見の反映

快適職場を形成する過程で，（安全）衛生委員会で「快適職場づくり」を議題として調査審議するなど，その職場で働く労働者の意見ができるだけ反映されるようにする。

(エ)　潤いへの配慮

労働者は1日の3分の1くらいの時間を職場で過ごしている。したがって，職場は労働の場であると同時に生活の場であるともいえる。従来，ややもすれば効率性，機能性の追求に偏りがちであった職場のあり方を修正して，そ

こで生活する労働者への配慮として，生きがいの持てる，働きやすい，潤い
の感じられる職場を念頭に置き，快適職場の形成に取り組む必要がある。

⑶　快適職場づくりの具体的な措置とその事例

ア　作業環境の管理

　職場における空気の汚れ，暑さ，寒さや照度などが労働者にとって不快な状態
である場合には，疲労やストレスを高めてしまうので，浮遊粉じんや臭気など不
快に感じる因子を低減し，労働者に適した環境に維持管理する必要がある。

　作業環境を快適な状態に維持管理するための措置としては，次のようなものが
ある。

(ｱ)　空気環境

① 屋内作業場における浮遊粉じんや臭気等の適切な管理

② 屋外作業場における浮遊粉じんや臭気等の発散の抑制

(ｲ)　温熱条件

① 屋内作業場における作業態様，季節に応じた温度，湿度等の温熱条件の維
持管理

② 屋外作業場における夏季及び冬季の外気温等の影響の緩和

(ｳ)　視環境

① 作業に適した照度の確保

② 過度な輝度対比や不快なグレアの改善

③ 採光，色彩，光源の性質への配慮

(ｴ)　音環境

① 外部騒音の遮へい

② 騒音源の低騒音化及び遮音等による騒音の抑制

(ｵ)　作業空間

作業空間や通路等の確保

イ　作業方法の改善

　不自然な姿勢での作業や大きな筋力を必要とする作業については，心身の負担
が大きいため，負担を軽減するような作業方法の改善を図る必要がある。作業方
法を改善するための措置としては次のようなものがある。

(ｱ)　不自然な姿勢での作業

コンベヤーラインの変更，可変作業台の設置，足場の安定化等による作業姿
勢の改善

図5−16　前屈姿勢でのろう付け作業を立ち作業化

図5−17　モーターの移動にエアーバランサーを導入

　　図5−16は，床面にピットを掘り，長時間同一座り作業を立ち姿勢に改善し，前屈姿勢の解消と併せて作業能率の向上を図った例である。

㈑　相当の筋力を要する作業

　①　助力装置や運搬機の導入

　②　取扱い対象物の荷姿の改善

　　図5−17では，重いモーターの移動にエアーバランサーを使い，直接作業者が持つことを廃止し作業疲労を軽減している。

㈒　高温・多湿や騒音等の場所における作業

　①　作業工程の自動化，遠隔操作化

　②　防熱や遮音壁の設置，局所的な冷暖房設備の設置等

㈓　高い緊張状態が持続する作業や一定の姿勢が長時間続く作業

　①　自動化，ロボット化

　②　作業のローテーションの導入

　③　音楽機器等の導入

㈔　機械設備，事務機器等の表示及び操作方法

　①　操作レバー等の識別性，配置等の改善

②　操作盤等の小さく不鮮明な文字の改善

③　調節可能な作業台，椅子等の導入

ウ　疲労の回復を図るための施設・設備の設置・整備

労働による疲労やストレスを効果的に解消するために，疲労の回復を図るための施設・設備を設置・整備することは，単に疲労やストレスを癒すためだけでなく，作業の能率向上や労働災害を防止するためにも有効である。疲労の回復を図るための施設・設備の設置・整備のための措置として次のようなものがある。

(ア)　休憩室等

①　作業の態様に応じた休憩室の整備

②　労働者数に応じた広さ，清潔の確保

③　休憩室内の色彩，音楽，観葉植物の配置等の配慮

(イ)　洗身施設

温水の利用できる清潔なシャワー室，風呂等の設置

(ウ)　相談室等

利用しやすい場所に，明るく清潔で会話の漏れない相談室等の設置

(エ)　運動施設，環境整備等

①　体育館等の運動施設の設置

②　緑地の整備

エ　その他の快適な職場環境を形成するための措置

(ア)　洗面所，更衣室等

作業場所の近くに十分なスペースと数の洗面所，更衣室等を確保

(イ)　食　堂

食事スペースの確保と清潔な維持管理

(ウ)　給湯設備，談話室等

職場の近くに給湯設備や談話室等を確保

第6章

作業管理

試験範囲	学習のポイント
作業管理	○ 作業管理の目的と意義を理解し，作業管理の具体的な方法を学習する。 ・作業方法，労働時間等の健康への影響について理解する。 ・腰痛予防対策，情報機器作業の労働衛生管理の概要を理解する。 ・労働衛生保護具の種類，取扱い方法について理解する。

1 作業管理の目的と意義

⑴　作業管理とは

　作業管理は，職業性疾病の予防のためという観点から，有害物質や有害エネルギー，身体的・精神的負荷等の作業に伴う有害要因を排除したり，当該要因の影響を最小にするために作業を適正に管理するとともに，人と作業とを調和させることを目的としている。

　すなわち，作業内容や作業方法等によってその作業が労働者に及ぼす影響が異なるため，これらを適正に管理することにより，作業から発生する有害要因を排除し，作業負荷の軽減を図り，労働者の健康を守ることである。

　作業管理には，作業条件の管理，有害作業の管理，保護具の使用状況等の管理などの内容が含まれ，作業強度，作業密度，作業時間，作業姿勢，休憩など広い範囲にわたっている。作業管理を進めていく手順としては，①正しい作業を定義し，②正しい作業を実施できるよう労働者への教育を実施し，③正しい作業を実施させることである。

　このため，作業の実態を把握し，作業の実態を調査・分析することにより，作業内容，作業方法，作業時間，作業姿勢等を評価し，作業の標準化，労働者の教育・訓練・動機付け，作業方法等の改善を行うとともに，必要な労働衛生保護具の選定・整備により作業を適切に管理していくことが重要である。

⑵　労働安全衛生関係法令による作業管理

　作業管理については，安衛法などにおいて，事業者が労働者の健康に配慮して，労働者の従事する作業の適切な管理についての規定や，健康障害を生ずるおそれのある作業に従事する労働者についての作業時間の規制に関する規定が設けられている（**表6－1**参照）。

　安衛法第65条の3においては，「事業者は，労働者の健康に配慮して，労働者の従事する作業を適切に管理するように努めなければならない」と規定されている。

　安衛法第28条の2では，作業行動等に起因する有害性等を調査し，その結果に基づいて，この法律又はこれに基づく命令の規定による措置を講ずるほか，労働者の健康障害を防止するため必要な措置を講ずるように努めることを求めている。

　また，安衛則第11条では，「衛生管理者は，少なくとも毎週1回作業場等を巡視し，設備，作業方法又は衛生状態に有害のおそれがあるときは，直ちに，労働者の健康障害を防止するため必要な措置を講じなければならない」とされ，作業管理に関連する

表6-1 安衛法令等における主な作業管理に関係する内容の例

```
 1  作業主任者の選任（特定化学物質，四アルキル鉛，金属アーク等溶接，高圧室内作業，
    石綿，鉛，有機溶剤，酸素欠乏，電離放射線）
 2  作業規程の作成（特定化学物質，その他指針に基づく有害物質）
 3  管理区域の設定，個人被ばく線量の測定（電離放射線）
 4  標識等の掲示（特定化学物質，石綿，鉛，有機溶剤，酸素欠乏，電離放射線）
 5  運搬，貯蔵時の措置（特定化学物質，石綿，有機溶剤，電離放射線）
 6  設備補修時の措置（特定化学物質，石綿）
 7  近接作業場間の連絡等（酸素欠乏）
 8  作業時の措置（石綿，粉じん，酸素欠乏，電離放射線，振動，温熱，情報機器作業）
 9  保護具(粉じん，特定化学物質，石綿，鉛，有機溶剤，酸素欠乏，電離放射線，騒音)
10  作業時間管理（高気圧作業，振動，情報機器作業，温熱）
  （ ）内は，安衛法令，通達で規定されている取扱い物質，作業等を示す
```

措置としては，「作業条件，施設等の衛生上の改善」「労働衛生保護具の点検及び整備」が示されている。

衛生管理者は，安衛法及び関係する法令（以下「安衛法令」という。）・通達における作業管理に関する内容を把握し，それに応じた適切な措置が講じられているか確認することが必要となる（表6-2参照）。

(3) 作業管理の手法

作業の態様や労働者がとる作業行動は多種多様であるため，作業管理の手法は多岐にわたる。

問題把握の手法としては，労働生理学的手法，人間工学的手法等が利用され，評価・判定や改善もそれぞれの手法に従って進められる。

改善措置も作業環境管理のように衛生工学的措置だけでなく，労働生理学的な対応が試みられたり，人間工学的対策がとられたり，職務再設計が行われるなど多様である。

具体的に，作業態様や作業密度，作業強度，作業姿勢などを評価するためには，作業分析やエネルギー代謝率の算出等が必要であり，作業台・机などの作業空間の構造を評価するためには，作業空間及び労働者の身体の特徴などの計測も必要である。

また，疲労状態の把握には，生理心理的機能検査としてのフリッカー検査や質問紙調査，グループインタビューなどがある。さらに，職場での問題点を包括的に把握する手法として人間工学的なチェックも有効である。

作業管理を進める際，職場の実情を把握することが基本となる。このため衛生管理者が，職場の作業者とチームを組み，共に問題の解決に向けて知恵をしぼり，作業者のアイデアも取り上げ，分析して一緒に改善案を考えることが有効である。なぜなら，

表6-2　安衛法令等における作業管理に関する規定

	作業管理関係条項
労働安全衛生法	第22条，第24条，第28条の2（事業者の行うべき調査等），第65条の3（作業の管理），第65条の4（作業時間の制限）
労働安全衛生規則	第3編　衛生基準 　第2章　保護具等（第593条～第599条） 　第6章　休養（第613条～第618条）
有機溶剤中毒予防規則	第4章　管理（第19条，第24条～第27条） 第7章　保護具（第32条～第34条） 第8章　有機溶剤の貯蔵及び空容器の処理（第35条・第36条）
鉛中毒予防規則	第4章　管理 　第2節　業務の管理 　　第39条（ホッパーの下方における作業） 　　第40条（含鉛塗料のかき落とし） 　　第41条（鉛化合物のかき出し） 　　第42条（鉛装置の内部における業務） 　第3節　貯蔵等（第43条・第44条） 　第4節　清潔の保持等（第45条～第51条の2） 第7章　保護具等（第58条・第59条）
四アルキル鉛中毒予防規則	第2章　四アルキル鉛等業務に係る措置（第2条～第21条の2）
特定化学物質障害予防規則	第4章　漏えいの防止 　第20条（作業規程） 　第22条，第22条の2（設備の改造等の作業） 　第25条（容器等） 第5章　管理 　第37条（休憩室） 第5章の2　特殊な作業等の管理 　第38条の5，6（塩素化ビフェニル等に係る措置） 　　〃　の7（インジウム化合物等に係る措置） 　　〃　の8（特別有機溶剤等に係る措置） 　　〃　の10（エチレンオキシド等に係る措置） 　　〃　の11（コバルト等に係る措置） 　　〃　の12（コークス炉に係る措置） 　　〃　の13（三酸化二アンチモン等に係る措置） 　　〃　の14（燻蒸作業に係る措置） 　　〃　の15（ニトログリコールに係る措置） 　　〃　の16（ベンゼン等に係る措置） 　　〃　の17（1,3-ブタジエン等に係る措置） 　　〃　の18（硫酸ジエチル等に係る措置） 　　〃　の19（1,3-プロパンスルトン等に係る措置） 　　〃　の20（リフラクトリーセラミックファイバーに係る措置） 　　〃　の21（金属アーク溶接等作業に係る措置）） 第7章　保護具（第43条～第45条）

高気圧作業安全衛生規則	第3章　業務管理 　第2節　高圧室内業務の管理（第12条の2～第26条） 　第3節　潜水業務の管理（第27条～第37条） 　第5章　再圧室（第42条～第46条）
電離放射線障害防止規則	〔安衛令別表第2放射線業務　第1号～第7号〕 　第2章　管理区域並びに線量の限度及び測定（第3条～第9条） 　第3章　外部放射線の防護（第10条～第19条） 　第4章　汚染の防止（第22条～第41条の14） 　第5章　緊急措置（第42条～第45条）
東日本大震災により生じた放射性物質により汚染された土壌等を除染するための業務等に係る電離放射線障害防止規則 （除染電離則）	第2章　除染等業務における電離放射線障害の防止 　第1節　線量の限度及び測定（第3条～第6条） 　第2節　除染等業務の実施に関する措置（第7条～第11条） 　第3節　汚染の防止（第12条～第18条） 第3章　特定線量下業務における電離放射線障害の防止 　第1節　線量の限度及び測定（第25条の2～第25条の5） 　第2節　特定線量下業務の実施に関する措置（第25条の6・第25条の7）
酸素欠乏症等防止規則	第2章　一般的防止措置（第5条の2～第10条，第14条～第16条） 第3章　特殊な作業における防止措置（第18条～第25条の2）
粉じん障害防止規則	第1章　総則，第2条第1項（第1号，第3号） 第4章　管理 　第23条（休憩設備） 　第23条の2（掲示） 　第24条（清掃の実施） 第6章　保護具 　第27条（呼吸用保護具の使用）
石綿障害予防規則	第2章　石綿等を取り扱う業務等に係る措置（第3条～第15条） 第4章　管理 　第28条（休憩室） 　第30条（掃除の実施） 　第32条（容器等） 　第32条の2（使用された器具等の付着物の除去） 　第33条（喫煙等の禁止） 　第34条（掲示） 　第35条（作業の記録） 第7章　保護具（第44条～第46条）

作業内容に最も詳しい作業者がチームに加わることで実質的な改善につながるケースが極めて多いからである。また，作業改善に関しては，すでに数多くの改善事例もあるので，こうした事例を収集して参考にすることも推奨される。

ア　作業管理のチェックポイント

作業管理では労働態様，作業方法，作業空間，作業環境等の作業の実態の把握，

表6−3　作業管理のチェックポイント

労働態様に対するチェック	→	労働時間，拘束時間，作業時間，休憩時間，休日，深夜業，交替制勤務，作業形態，作業の質（作業の特性・内容），作業密度（単位作業時間当たりの作業量）など
作業方法に対するチェック	→	作業動作，作業頻度，作業姿勢，作業位置，作業のしやすさ（作業情報の表示，情報の流れ）など
作業空間に対するチェック	→	作業スペース，作業面，作業台，設備，什器，道具など
作業環境に対するチェック	→	作業環境に影響する気積，換気，温湿度，照度，騒音・振動，色彩など
作業負荷に対するチェック	→	労働生理・生化学的検査，疲労・ストレス調査など

分析を行い，作業を評価して，作業が作業者の心身に過度の負担になるおそれがないことを確認する。

　作業負荷の軽減等に当たっては，**表6−3**のチェックポイントで観察，評価をする。作業管理における改善では，作業の実態の把握，評価に基づき，不適切，不具合箇所を改善し，その結果を作業標準に反映させる必要がある。過度の疲労，ストレスが発生しているところは優先的に改善の対象としなければならない。

② 労働態様と産業疲労

関連ページ　425頁

　作業に伴う問題のうち，大きな比重を占めているのは疲労で，作業を行ったことによる疲労を産業疲労と呼んでいる。産業疲労は，生体に対する労働負荷が大きすぎることによって引き起こされるが，疲労の回復や蓄積は日常生活とも当然大きく関わっている。

　疲労を引き起こす要因としては，作業強度や作業密度などとともに，作業時間の長さ，一連続作業時間の長さ，作業姿勢，注意力の集中の程度，判断などの必要性，単独作業か共同作業かなどの作業に関することがあるが，それらだけでなく，休憩や休日，あるいは通勤事情，余暇や睡眠，食事のとり方など日常生活の習慣や心理的な要因などがある。

　近年，多くの事業場では機械化，自動化が進んだことにより，いわゆる重筋作業は少なくなったといわれているが，職場によってはまだ機械化しにくい箇所は重筋作業が残っている。このような筋肉労働の負荷の尺度としてエネルギー代謝率（RMR）や身体活動強度（METs：メッツ）がしばしば用いられている。

　エネルギー代謝率は，作業に消費されるエネルギー量が，生命を保つために必要な

表6−4　疲労徴候の現れ方（小木，1985）

分　類	発生経過	休息・休養パターン	自　覚	特　徴
急性疲労	数分〜数十分間の一連続作業による過大負荷	自発休息 離脱行動 小休止	促迫感 苦痛 へばり	主働器官の機能不全 中枢性制御の不良 代謝物などによる回復遅延
亜急性疲労	十数分〜数時間の反復作業での漸進性の不適応	作業中断 作業転換 休　憩	固定症状 意欲減退 へばり	主働器官の機能不全 覚醒水準の低下 パフォーマンス全体の回復遅れ
日周性疲労	1労働日〜翌日にわたる生活サイクルの不調	職場離脱 休養と余暇 睡眠・栄養	だるさ・眠け イライラ感 違和症状	脳賦活作用減弱による意識レベル低下 集中・情報処理不全 自律神経失調と神経症傾向
慢性疲労	連日にわたって蓄積して作用する過大労働	場面の転換 休養と余暇 保養・睡眠	易疲労感 無気力 不定愁訴	作業能力の低下 体調不良 情意不安・不眠など

最小のエネルギー（基礎代謝量）の何倍に当たるかを算出した数値をいい作業強度の指標となる。

　身体活動強度は，身体活動の強さを安静時の何倍に相当するかを表す単位で，座って安静にしている状態が1メッツ，普通歩行は3メッツである。

　産業疲労としては，全身筋疲労だけでなく，事務のコンピューターやIT化によって情報機器作業のキーボード入力等のように体の一部の筋肉を使う作業が多くなり，いわゆる局所疲労が問題にされるようになってきている。

　表6−4は，疲労徴候の現れ方によって疲労を急性疲労，亜急性疲労，日周性疲労，慢性疲労に分類したものである。また，**表6−5**は，産業疲労として問題にされた疲労徴候，疲労の事例を集めたものである。

(1)　産業疲労対策

　産業疲労の対策として大切なことは，1日の疲労の大小を見ることより，作業の局面，局面で生じる疲労を後へ持ち越さないようにすることである。

　心身の疲労は，解消されずに蓄積し，慢性化していくものであり，仕事の中で，あるいは私的な時間において，個人として，集団として対策をとっていくことになる。

　表6−6（187頁）は，疲労対策の有力な手掛かりになる項目を示したもので，これらの項目は，疲労が蓄積する前に仕事のやり方を変えていこうというものである。

表6-5　疲労の区分別にみた疲労徴候の現れ方（小木，1985，一部改変）

種　　別	作　　業	過　　労　　事　　態
一連続作業の疲労	静的作業	最大筋力比10%以上で数分のうちに筋痛がでる。狭い足場での無理な姿勢や頭上作業では，数十分で筋電図変化，動作不良が認められる。
	動的作業	全身作業のRMR3で20分，6で5分程度を大きく超えると呼吸循環反応の定常状態が保てなくなり，促迫感や脈拍回復遅れが起こる。
	キー打ち作業	キーボード作業で40～50分を過ぎると作業速度の急低下とミス著増が得られることから，一連続40～60分に休憩10～20分が必要。
	検査作業	検びん作業10～30分を比べると，一連続30分では疲労が大きく不良検出率も低く回復が遅れる。
1労働日の疲労	重筋作業	動作軌跡のふらつき，作業周期の延長や中枢機能指標低下などから，8時間労働量の上限は成人男性で1,600kcal程度とされる。
	高熱作業	8時間発汗量4～6Lを超えると尿量，血液水分減少，めまいなどが顕著なことから，負荷限界は，男4L，女2Lと提案されている。
	視認負荷の大きい作業	視認密度の大きい検査作業やVDT（情報機器）作業では，後半期に検出率低下や大幅な視覚機能低下が起こることから食事休憩に小休憩1～2回では休憩不足とみられ，より頻繁な小休憩が必要。
	緊張する事務作業	面接紹介作業の発言内容，速記の作業量などから1日の主作業210～240分以内が提案されている。
	夜間作業	病棟看護の8,12,16時間夜勤を比べると，長時間で選択反応やスペア能力の低下，体温低下,自覚疲労が著しく不利と認められる。
翌日に持ち越す疲労	若年労働	若年女性2交替の紡績作業で体重減少や貧血，4カ月に及ぶ成長遅れがあり，負担過大と考えられる。
	長時間残業	都市労働者生活時間で勤務と往復通勤の合計が12～13時間を超えると睡眠時間が短く生理的休養まで阻害される。
	連続夜勤	2晩目とその後の昼間乗務の中枢機能状態は別因子が優勢で，睡眠不足もたまるなどから，夜勤の連続はさけるべきとされる。
慢性疲労	作業密度	検びん密度毎分200本以上では月間欠勤率の明らかな増加が認められる。
	端末機作業	レジ作業，VDT（情報機器）作業では筋圧痛，筋力低下，頸肩腕部症状，眼の疲れが慢性化しやすく，人間工学的改善，1日4時間以内，60分に10～15分の休息，作業交替などの規制の必要が認められる。
	対人サービス	看護や責任の重い対人業務で夜勤も伴うなど慢性疲労が続くと気力低下，仕事拒否などを含む燃えつき症候群ができやすい。

表6-6　疲労対策の手掛かり（例）
疲労対抗策として応用可能な生活技術（小木，1985より）

仕事内のゆとり	〔個人の対抗策〕 ① 圧迫感なしに自分のペースで仕事ができるか ② 仕事の途中で自発的休息を十分とっているか	〔集団の対抗策〕 ① 追われ仕事を防ぐ個人ごとの緩衝ストックがあるか ② 仕事の流れの中で分割小休息が確保されるか
仕事ごとの区切り	① 仕事の区切りが整然とつく仕事ぶりか ② 休憩などを利用した場面の転換が適切か	① 一連続時間が密度の濃い仕事で1時間以内か ② 適宜仕事内容が変化するか，あるいは仕事の交替があるか
仕事のきつさと拘束度	① 落ち着いてできる仕事の手順を工夫できるか ② やりやすい操作の高さ・位置・方向に調節できるか ③ 自分にあった計画を立てられるか	① まとまりある仕事を段階をおって仕上げていくやり方か ② 自然な作業姿勢か ③ わかりやすく安全な仕事か ④ 仕事量・責任の分担が適切か
生活のサイクル	① 睡眠を十分とっているか ② 栄養補給が適切か ③ 気分の転換が適切か ④ 積極的な余暇利用か	① できるだけ規則的な生活リズムの保てる勤務時間制か ② 生活設計しやすい休日・休暇制か

つまり自発的休息，ゆとりを組み込むこと，仕事に追われるようなことを避けること，仕事の区切りをはっきりさせ一連続作業時間を設定すること，仕事の拘束度を減らして自分なりの手順で落ち着いて仕事をできるようにすること，睡眠，休養をとり，できるだけ規則的な生活リズムが保てるようにしていくことなどが望ましい。

　また，休日，余暇の過ごし方については，事業場に導入されて定着してきている健康づくり活動やワークライフバランスの中で考えていくことがよいと考えられる。基本的には労働者一人ひとりが，休日，余暇をどう意識し，どう行動するかが大切であるということになる。

(2)　作業時間と休憩

　作業の連続による疲労を軽減させるため，仕事の拘束度，作業時間・休止時間を観察し，一連続作業時間，休憩（休息）時間等を適切に設定する。作業による疲労は作業時間の長さに関連するが，作業が連続するか断続的に行われているか，また，休憩・休息時間のとり方によっても異なる。

　一連続作業の疲労の例としては，静的な筋収縮を伴う姿勢の継続，眼の負担が大きい検査作業等があるが，いずれも休憩をはさまない限り，過労に陥ってしまうおそれ

表6－7　情報機器作業の作業時間管理

1日の作業時間	一連続作業時間及び作業休止時間	業務量への配慮
情報機器作業が過度に長時間にわたり行われることのないように指導すること。	一連続作業時間が1時間を超えないようにし，次の連続作業までの間に10分～15分の作業休止時間を設け，かつ，一連続作業時間内において1回～2回程度の小休止を設けるよう指導すること。	作業者の疲労の蓄積を防止するため，個々の作業者の特性を十分に配慮した無理のない適度な業務量となるよう配慮すること。

（資料：令和元年7月12日付け基発0712第3号）

がある。一連続作業については，作業の種類にもよるが10分から60分ぐらいではっきりした影響が認められる。1労働日の疲労，翌日に持ち越す疲労について，それぞれに過労の事例が挙げられている。慢性疲労では，作業密度の濃い作業で欠勤率の増加が認められた例があり，頸肩腕障害，眼精疲労，目の疲労が慢性化しやすいレジ作業・情報機器作業等では1日の作業時間，休止時間を設定して一連続作業時間の規制を行う必要がある（**表6－7**参照）（情報機器作業については196頁，4(2)で詳述）。また，有害エネルギーに対する個々の作業時間として，振動障害の予防では振動工具の振動加速度のレベルに応じて，作業開始前に，1日当たりの振動ばく露限界時間を定めた作業計画を作成し，作業者に書面を示す必要がある（164頁，第5章8(3)を参照）。

(3)　交替制勤務

　夜勤の連続日数については，以前は夜勤を連続して行うことによって夜勤慣れが生じるとされてきたが，現在は夜勤の連続日数は3日までにすべきであるという意見が増えてきている。その理由は，長期間夜勤を連続しても，生体リズムの転換があまり期待できないことが分かってきたこと，日勤に早く戻すことによって，家庭生活や社会生活の不利をできるだけなくす方が良いという考え方による。

　（国際夜勤交替制シンポジウムにおいて提案された交替勤務の改善策を113頁第4章5(4)の**表4－15**に掲載。）

3　作業条件の管理

(1)　作業手順

　作業手順は，作業そのものや作業環境から発生する有害な要因にさらされる程度を減少させるため，心身の負荷を軽減した作業動作，作業強度，作業のしやすさを配慮

して作業の順序を定め，作業に伴う安全衛生上の注意事項などの基準を付加した最良のものを作成する必要がある。

作業手順は，次の基本的なチェックポイントにより評価し，標準作業として適切であるかを確認するとともに，作業手順に基づく教育・訓練を実施する。

① 作業手順は，安衛法令等に関する事項を順守し，安全衛生が確保されるように定められているか

② 設定した内容が，作業者にとって実施が可能で，かつ安全に，ムリなく，迅速に，適切な作業条件で，心身に負荷のかからない内容となっているか。また，作業者より疲労，自覚症状等の訴えがないか

③ ムリな姿勢，やりにくい作業等不具合な箇所は改善されているか

④ 作業手順の内容が実際の動作に合った具体的なものになっているか

⑤ ５Ｗ１Ｈ（いつ，どこで，誰が，何を，なぜ，どのように）により，作業の進め方が具体的かつ分かりやすく記載されているか，安全衛生のポイント，異常時の処置，注意事項，禁止事項が適切かつ簡潔に，見やすく記載されているか

(2)　作業姿勢

作業姿勢は作業をするために必要な姿勢で，立位（直立，中腰，うずくまり等），椅座位（作業椅子に腰掛ける），座位（座る，あぐらをかく等），仰臥位（仰向け），伏臥位（うつぶせ）がある。

表６－８は，筋電図等を用いて作業姿勢を分類した区分表であり，姿勢区分の No. が大きくなるほど，腰部等にとって無理な姿勢となり筋負担が大きくなる。

機械化，自動化が進んだ結果，大きなエネルギー消費を要求される重筋作業は著しく減少し，それに代わって，機械などの操作，計器の監視などの作業が多くなっているが，その結果，一定の姿勢を持続する作業，特定の筋肉だけを反復して使用する静的な筋負担の問題もクローズアップされてきた。

また，長時間の同一姿勢，不自然な姿勢，不安定な姿勢では，頸肩腕症，腰痛症，眼精疲労，近視，脊柱彎曲などを起こすことがある。

人にとって自然な姿勢は，背筋が伸び，首，肩，腰等の各部位に負担がなく，腕，手の自由度がある状態であり，それを崩せば不自然，すなわち無理な姿勢となる。無理な姿勢を持続させたり，力が加われば疲れや障害が生じる。

疲労が少なく作業能率が上がる姿勢が取れるようにするため，次のように作業動作，作業強度，作業速度，作業効率に留意するとともに，性別，年齢，身体各部の大きさ，体力，体調等を配慮することが必要となる。

表6－8　作業姿勢区分

No.	姿　　勢	動　作　内　容	具　　　　体　　　　例
9		膝を深く曲げた中腰で上体を前屈	かかとは浮いている （水泳のスタート直前の格好）
8		膝を伸ばした中腰で上体を深く前屈	90度以上　この姿勢で膝が曲がっていても同じ 45～90度（腰） 0～45度（膝）
7		膝を曲げた中腰で上体を前屈	
6		膝を伸ばした中腰で上体を前屈	45～90度 足に障害物があっても同じ
5		しゃがんだ姿勢 （かかとがついている）	かかとが浮くと膝前に出る
4		膝を伸ばし上体を軽く前屈	35～45度 無理な姿勢に見えたら
3		膝を軽く曲げ上体を軽く前屈	0～50度 立ち姿勢で軽く膝が当たる
2		立ち姿勢で背伸び （かかとが浮いている）	目より高いものを取る格好
1		立ち姿勢	0～30度 背筋が伸びている

（資料：高年齢者雇用開発協会「職務再設計試行研究報告書」）

①　作業動作は，不自然な作業，不安定な作業にならないよう動作の範囲，強さ，速さ，ペースなどの調整が必要である。

②　作業強度（きつさ）は，作業者に与える生理的負担の大きさに関係するため，カロリーの消費を目安とするエネルギー代謝率（RMR）や身体活動強度（METs）で表すが，精神的，感覚的な疲労感も影響する。

③　作業速度では，決まった量の作業をするのに最も少ないエネルギー量で行うことができる速度がよいとされ，至適作業速度という。同じ作業であってもその速度は体格，体力，熟練度，環境条件，時間帯などによって異なってくる。

表6-9 良い作業姿勢への6つの着眼点（神代, 1989)

ポイント1	前屈姿勢をなくす（腰の曲げ角度を小さくする）
ポイント2	膝を伸ばした姿勢とする（膝関節の"く"の字を避ける）
ポイント3	ねじり姿勢, ひねり姿勢をなくす
ポイント4	作業面, 作業台の高さを作業者の肩からへそ位までの高さに調整する
ポイント5	適正な作業域に作業対象物を置く（肘関節を中心として円を描いた面積内）
ポイント6	適正視野内に作業対象物を置く（少なくとも右眼30°, 左眼30°, 計60°の視野内）

表6-10 作業姿勢の改善がもたらす効果

作業者への効果	作業への効果
仕事が楽になる 仕事がやりやすくなる 仕事が速くできる 安全に仕事ができる	円滑化の向上 品質の向上 能率の向上 安全性の向上

④ 作業効率については, 最も少ない労力で最も大きい効果を上げるように考慮することが必要であり, 労働時間, 休憩時間, 作業用具, 設備, 作業速度, 作業姿勢, 作業位置, 作業環境との関連がある。作業効率は個人差もあり, 疲労が少なく効率の上がる条件を個人ごとに決めることが望ましい。

表6-9は, 良い作業姿勢への着眼点である。腰の角度, 膝の角度, 不自然な姿勢が要注意で, 作業面, 作業台の高さと作業者の体の高さ, 作業面と体との距離, 作業者の視野などがポイントになる。

表6-10は, 作業姿勢の改善がもたらす効果である。仕事が楽になる, 仕事がやりやすくなる, 仕事が速く, 安全にできるようになる。つまり, 腰痛症など作業関連疾患の防止ができて, 品質が向上し, 生産性が上がる, そして安全な作業ができることになる。

産業医や衛生管理者が, 職場や作業者のアイデアを取り上げ, 分析してアドバイスすれば, 改善できることが多いと考えられる（図6-1参照）。

図6-2は, デスクワークの場合の机と椅子との関係である。長時間の座位姿勢と上肢を動かす範囲が制限されるという条件から腰痛, 背痛を訴える例が多く, 作業の拘束性あるいは機械的な操作の反復によるストレス感とともに, かなり大きな負担になっている。

作業面

昇降範囲

問題点：小物部品の仕上げ作業で膝を
曲げた中腰で上体を前屈させ
た無理な姿勢からくる身体的
負担が大。

改　善：作業台に昇降装置を設置。

図6－1　作業台の高さ調節の改善（神代，1986）

8cm以下

引出し

27～30cm

差尺

67又は70cm

差尺（垂直距離）が
好適寸法になるよ
う調節

40°

図6－2　机と椅子の好適な関係（遠藤，1985）

　作業による疲労，ストレスを軽減するためには，次のように椅子，作業面，作業台
に留意することが必要となる。

①　椅子は，あまり深く座席が沈み込まない，自由な座り方ができ，腰部の動きも
　　自由で，立ったり座ったりが容易にできる，足が自由に動かせる，背もたれが軽
　　く，腰や背に触れるなどの条件を考えて選択する。また，高さの調節など作業に
　　おいて個人に最もふさわしい状況に調節して使用する。

②　作業面高は作業するときの机や台の高さをいう。適切な作業面高を決めるに
　　は，姿勢，動作，視力，筋力，作業域の範囲，体寸法などを参考にするが，立位
　　作業でも椅座位作業でも肘関節の高さを基準とする。

　　また，人間工学の観点からは，作業面は各個人に合わせ，高さを調節できるこ
　　とが望ましい。

③　立ち作業を行う際，作業台の高さは非常に重要である。作業面が高すぎると上
　　腕を上げねばならず，首から肩にかけての痛みやしびれの原因になる。反対に，
　　低すぎると背中が曲がり，背骨痛の原因になる。立ち仕事で手作業を行う場合の

肘高＝作業点　　　肘高＝作業点＋10cm　　　肘高＝作業点＋20cm

97～107cm　　　87～92cm　　　72～87cm

記帳，計算など　　　軽い力の作業　　　強い力の作業

(Grandjean, E. : Fitting the task to the man, Taylor & Francis, London, 1969) を日本人に適用できるように数値を変更

図6－3　立位での作業別に見た好適な作業台の高さ

作業面は，精密作業では肘の位置に設定し，軽い力の作業では肘からおおむね10cm低くし，強い力の作業では肘からおおむね20cm下が適当である（**図6－3**参照）。

④　椅座位で作業するとき，作業の合間に休憩するときにも疲れが軽減できるような椅子を用いることが望ましく，椅子の構造，寸法に注意が必要となる。

　椅子の寸法としては日本産業規格（JIS）の座面の高さ380～410mm のもので，背もたれつきのものがよい。

4　作業管理の具体例

作業管理の具体的な実施例としては，次のようなものがある。

①　作業負荷の軽減等の作業方法について，作業基準，作業標準を定め，それにより作業を行うこと。

②　重量物の取扱いによる腰痛を防止するため，人力で取り扱う重量物の重量や取扱い回数等に制限を設けること。

③　介護・看護作業では，福祉用具（機器や道具）を導入するなどの省力化を行い，腰部の負担を軽減する。

④　有害業務に従事する時間を適切に管理すること。(例：潜水業務,チェーンソー等)

⑤　放射線による障害を防止するため，ガラス線量計（ガラスバッジ）等により，被ばく管理を行うこと。

⑥　作業方法の改善などにより有害物質，有害エネルギーによるばく露の抑制，作業負荷の軽減を図ること。

⑦　有害物質，有害エネルギー等のばく露から作業者を保護するために，労働衛生保護具を使用させること。

以下に，腰痛予防対策と情報機器作業に関して，行政からの指針，ガイドラインが発出されているので，その概要を示す。

(1)　腰痛予防対策

関連ページ　110頁，249頁

腰痛予防対策としては，「職場における腰痛予防対策指針」（平成25年6月18日付け基発0618第1号，最終改正：令和2年8月28日基発0828第1号）で次のように対策が示されており，基本的な予防対策を踏まえ，作業の実態に即した対策を講ずることが必要である。なお，女性則及び年少者労働基準規則において重量物の取扱い制限がされている（**表7−26**，266頁参照）。

ア　自動化，省力化

腰部に負担のかかる重量物を取り扱う作業，人を抱え上げる作業，不自然な姿勢を伴う作業では，作業の全部又は一部を自動化することが望ましい。それが困難な場合には，負担を減らす台車等の適切な補助機器や道具，介護・看護等においては福祉用具を導入するなどの省力化を行い，労働者の腰部への負担を軽減すること。

イ　作業姿勢，動作

労働者に対し，次の事項に留意させること。

㋐　前屈，中腰，ひねり，後屈ねん転等の不自然な姿勢を取らないようにすること。適宜，前屈や中腰姿勢は膝を着いた姿勢に置き換え，ひねりや後屈ねんてんは体ごと向きを変え，正面を向いて作業することで不自然な姿勢を避けるように心掛ける。また，作業時は，作業対象にできるだけ身体を近付けて作業すること。

㋑　不自然な姿勢を取らざるを得ない場合には，前屈やひねり等の程度をできるだけ小さくし，その頻度と時間を減らすようにすること。また，適宜，台に寄りかかり，壁に手を突き，床に膝を突く等をして身体を支えること。

㋒　作業台や椅子は適切な高さに調節すること。具体的には，立位，椅座位にかかわらず，作業台の高さは肘の曲げ角度がおよそ90度になる高さとすること。また，椅子座面の高さは，足裏全体が着く高さとすること。

㋓　立位，椅座位等において，同一姿勢を長時間取らないようにすること。具体

的には，長時間の立位作業では，片足を乗せておくことのできる足台や立位のまま腰部を乗せておくことのできる座面の高い椅子等を利用し，長時間の座位作業では，適宜，立位姿勢を取るように心掛ける。

(オ)　腰部に負担のかかる動作では，姿勢を整え，かつ，腰部の不意なひねり等の急激な動作を避けること。また，持ち上げる，引く，押す等の動作では，膝を軽く曲げ，呼吸を整え，下腹部に力を入れながら行うこと。

(カ)　転倒やすべり等の防止のために，足もとや周囲の安全を確認するとともに，不安定な姿勢や動作は取らないようにすること。また，大きな物や重い物を持っての移動距離は短くし，人力での階段昇降は避け，省力化を図ること。

ウ　作業の実施体制

(ア)　作業時間，作業量等の設定に際しては，作業に従事する労働者の数，作業内容，作業時間，取り扱う重量，自動化等の状況，補助機器や道具の有無等が適切に割り当てられているか検討すること。

(イ)　特に，腰部に過度の負担のかかる作業では，無理に1人で作業するのではなく，複数人で作業できるようにすること。また，人員配置は，労働者個人の健康状態（腰痛の有無を含む。），特性（年齢，性別，体格，体力等），技能，経験等を考慮して行うこと。健康状態は，健康診断等（**表7－19**，250頁参照）により把握すること。

エ　作業標準

(ア)　作業標準の策定

腰痛の発生要因を排除又は低減できるよう，作業動作，作業姿勢，作業手順，作業時間等について，作業標準を策定すること。

(イ)　作業標準の見直し

作業標準は，個々の労働者の健康状態・特性・技能レベル等を考慮して個別の作業内容に応じたものにしていく必要があるため，定期的に確認し，また新しい機器，設備等を導入した場合にも，その都度見直すこと。

オ　休憩・作業量，作業の組合せ等

(ア)　適宜，休憩時間を設け，その時間には姿勢を変えるようにすること。作業時間中にも，小休止・休息が取れるようにすること。また，横になって安静を保てるよう十分な広さを有し，適切な温度に調節できる休憩設備を設けるよう努めること。

(イ)　不自然な姿勢を取らざるを得ない作業や反復作業等を行う場合には，他の作業と組み合わせる等により，当該作業ができるだけ連続しないようにすること。

㊃　夜勤，交替勤務及び不規則勤務にあっては，作業量が昼間時における同一作業の作業量を下回るよう配慮し，適宜，休憩や仮眠が取れるようにすること。

㊁　過労を引き起こすような長時間勤務は避けること。

カ　靴，服装等

㊀　作業時の靴は，足に適合したものを使用すること。

㊁　作業服は，重量物の取扱い動作や適切な姿勢の保持を妨げないよう，伸縮性，保温性，吸湿性のあるものとすること。

㊂　腰部保護ベルトは，個人により効果が異なるため，一律に使用するのではなく，個人ごとに効果を確認してから使用の適否を判断すること。

⑵　情報機器作業　　関連ページ　109頁，249頁

　職場におけるIT（Information Technology）化は，ハードウエア及びソフトウエア双方の技術革新によりVDT機器以外にも，タブレット，スマートフォン等の携帯用情報機器を含めた情報機器が急速に普及し，それらの機器を使用したデータの入力・検索・照合等，文章・画像等の作成・編集・修正等，プログラミング，監視等の作業（以下「情報機器作業」という。）が増加する等，労働者の作業形態はより多様化してきた。

　そのため，幅広い情報機器を対象とした「情報機器作業における労働衛生管理のためのガイドライン」（令和元年7月12日付け基発0712第3号，最終改正：令和3年12月1日付け基発1201第7号。以下「ガイドライン」という。）が公表された。

ア　対象作業

　ガイドラインでは，事務所において行われる情報機器作業を対象としているが，事務所以外の場所において行われる情報機器作業，テレワークについても，できる限りこのガイドラインに準じた労働衛生管理が行われることが望ましいとされている。

　なお，表6－11の「情報機器作業の作業区分」を参考に，作業の実態を踏まえながら，産業医等の意見を聴きつつ，衛生委員会等で個々の情報機器作業を区分し，作業内容及び作業時間に応じた労働衛生管理を行うこととされている。

イ　作業時間等

㊀　一日の作業時間

　情報機器作業が過度に長時間にわたり行われることのないように留意すること。

㊁　一連続作業時間及び作業休止時間

　一連続作業時間が1時間を超えないようにし，次の連続作業までの間に10分

表6−11　情報機器作業の作業区分

作業区分	作業区分の定義	作業の例
作業時間又は作業内容に相当程度拘束性があると考えられるもの （全ての者が健診対象）	1日に4時間以上情報機器作業を行う者であって，次のいずれかに該当するもの ・作業中は常時ディスプレイを注視する，又は入力装置を操作する必要がある ・作業中，労働者の裁量で適宜休憩を取ることや作業姿勢を変更することが困難である。	・コールセンターで相談対応（その対応録をパソコンに入力） ・モニターによる監視・点検・保守 ・パソコンを用いた校正・編集・デザイン ・プログラミング ・CAD作業 ・伝票処理 ・テープ起こし（音声の文書化作業） ・データ入力
上記以外のもの （自覚症状を訴える者のみ健診対象）	上記以外の情報機器作業対象者	・上記の作業で4時間未満のもの ・上記の作業で4時間以上ではあるが労働者の裁量による休憩をとることができるもの ・文書作成作業 ・経営等の企画・立案を行う業務（4時間以上のものも含む。） ・主な作業として会議や講演の資料作成を行う業務（4時間以上のものも含む。） ・経理業務（4時間以上のものも含む。） ・庶務業務（4時間以上のものも含む。） ・情報機器を使用した研究（4時間以上のものも含む。）

〜15分の作業休止時間を設け，かつ，一連続作業時間内において1回〜2回程度の小休止を設けるよう指導すること。

㈡　業務量への配慮

　　作業者の疲労の蓄積を防止するため，個々の作業者の特性を十分に配慮した無理のない適度な業務量となるよう配慮すること。

ウ　調　整

　　自然で無理のない姿勢で情報機器作業を行うため，次の事項（図6−4）に留意し，椅子の座面の高さ，机又は作業台の作業面の高さ，キーボード，マウス，ディスプレイの位置等を総合的に調整すること。

図6-4　情報機器作業の留意事項

(3)　テレワーク

　テレワークとは，在宅勤務など職場以外の場所で情報通信技術を活用して働くことを指す。日本ではコロナ禍を経て定着するようになった。働く時間や場所を柔軟に活用することができる反面，仕事とプライベートの時間の区別がつきにくく過重労働の懸念や，出勤にともなう移動をしないため運動不足となるなど，心身の健康を崩すおそれがあることから，「テレワークの適切な導入及び実施の推進のためのガイドライン」が改定された（令和元年7月12日付け基発0712第3号，最終改定：令和3年3月25日付け基発0325第2号，雇均発0325第3号）。テレワークを行う際の作業環境チェックリストなどが公表されている。

5　労働衛生保護具

　労働衛生保護具には，有害物質の吸入による健康障害を防止するための防じんマスク，防毒マスク，送気マスク，自給式呼吸器などの呼吸用保護具，皮膚接触による経皮吸収，皮膚障害を防ぐための不浸透性の化学防護服，化学防護手袋等，眼障害を防ぐための保護めがね，有害光線を遮断するための遮光保護具などがある。

　衛生管理者は，これらの保護具について有害物質の物理化学的性質や有害性の情報，作業環境測定の結果，作業時間，健康診断の結果などの情報を参考に，保護具着用管理責任者がいる場合は同責任者とも連携して，適正な選択等を行う。

(1)　労働衛生保護具とその種類

　作業環境，作業方法が適切でない場合，急性，慢性，遅発性の健康障害が発生するおそれがある。これらを防止するため，作業環境改善や作業改善，化学物質等の適切な管理が行われるが，これらが十分ではない場合，また，臨時の作業等で完全な作業環境の改善の効果が期待できないような場合等については，労働衛生保護具が使用される。

　労働衛生保護具は，呼吸用保護具，化学防護服，化学防護手袋，保護めがね，遮光保護具，聴覚保護具等に大別される。関連する日本産業規格（JIS）を示す（**表6－12**参照）。

(2)　呼吸用保護具

　防じんマスク，防毒マスク及び電動ファン付き呼吸用保護具の選択，使用等については，安衛法令及び通達（令和5年5月25日付け基発0525第3号）（以下，「マスクの選択と使用通達」）により示されている。また，JIS T 8150に「呼吸用保護具の選択，使用及び保守管理方法」がある。これらに基づき保護具の選択，使用，保守管理が必要である。

　呼吸用保護具の機能，特徴及び使用上の注意事項は，型式やメーカーによっても違いがみられる。各メーカーの取扱説明書や取扱いの注意事項を参考に，特に使用方法や使用上の注意事項を社内基準や標準作業書で明記することが必要である。

　ア　呼吸用保護具の種類

　　呼吸用保護具には，次の種類がある（**写真6－1**，**図6－5**（202頁）参照）。

表6-12　個人用保護具の JIS 規格

JIS M 7601	圧縮酸素形循環式呼吸器	JIS T 8114	防振手袋
JIS M 7611	一酸化炭素用自己救命器(CO マスク)	JIS T 8115	化学防護服
JIS M 7651	閉鎖循環式酸素自己救命器	JIS T 8116	化学防護手袋
JIS T 7305	たんか	JIS T 8117	化学防護長靴
JIS T 8005	防護服の一般要求事項	JIS T 8118	静電気帯電防止作業服
JIS T 8006	熱及び火炎に対する防護服-防護服の選び方，使い方，手入れの仕方及びメンテナンスの仕方の一般的事項	JIS T 8122	生物学的危険物質に対する防護服
		JIS T 8127	高視認性安全服
		JIS T 8131	産業用ヘルメット
JIS T 8020	熱及び火炎に対する防護服-放射熱ばく露による防護服材料の性能評価	JIS T 8141	遮光保護具
		JIS T 8143	レーザ保護フィルタ及びレーザ保護めがね
JIS T 8021	熱及び火炎に対する防護服-火炎ばく露時の熱伝達指数測定方法		
		JIS T 8147	保護めがね
JIS T 8030	化学防護服-防護服材料の耐透過性試験	JIS T 8150	呼吸用保護具の選択，使用及び保守管理方法
JIS T 8031	化学防護服-防護服材料の加圧下における耐液体浸透性試験	JIS T 8151	防じんマスク
		JIS T 8152	防毒マスク
JIS T 8032-1 ～8032-5	化学防護服完成品の試験方法	JIS T 8153	送気マスク
		JIS T 8154	有毒ガス用電動ファン付き呼吸用保護具
JIS T 8050	防護服-機械的特性-材料の突刺及び動的引裂に対する抵抗性試験方法		
		JIS T 8155	空気呼吸器
JIS T 8051	防護服-機械的特性-突刺抵抗性試験方法	JIS T 8156	酸素発生形循環式呼吸器
		JIS T 8157	電動ファン付き呼吸用保護具
JIS T 8052	防護服-機械的特性-鋭利物に対する切創抵抗性試験方法	JIS T 8161-1	聴覚保護具(防音保護具)-第1部：遮音値の主観的測定方法
JIS T 8101	安全靴	JIS T 8161-2	聴覚保護具(防音保護具)-第2部：着用時の実効A特性重み付け音圧レベルの推定
JIS T 8103	静電気帯電防止靴		
JIS T 8106	安全靴・作業靴の耐滑試験方法	JIS Z 4809	放射性物質による汚染に対する防護服
JIS T 8112	電気絶縁用手袋	JIS Z 4810	放射性汚染防護用ゴム手袋
JIS T 8113	溶接用かわ製保護手袋	JIS Z 4811	放射性汚染防護用作業靴

(ア)　防じんマスク

　　防じんマスクは，環境空気中に浮遊する粉じん，ミスト，ヒューム等の粒子状物質を吸入することにより発生するじん肺などの呼吸器障害等の健康障害を防止するため，粒子状物質をろ過材（フィルタ）によって捕集し，着用者が清浄な空気を吸入することができる保護具である。

　　防じんマスクには，作業の条件や種類に応じて適したものを選択する必要があるため，形状，粒子捕集効率及び試験粒子の種類により性能が区分されている。

　　防じんマスクの規格は，型式により，取替え式防じんマスク（R）と使い捨て式防じんマスク（D）の2種類に，さらに取替え式防じんマスクは，吸気補助具付き防じんマスクと吸気補助具なし防じんマスクの2種類に分類されている。吸気補助具付き防じんマスクは，防じんマスクの機能に加え，吸気補助具

防毒マスク
（隔離式・全面形）

防毒マスク
（直結式・全面形）

防毒マスク
（直結式小型・半面形）

防じんマスク
（取替え式・全面形）

防じんマスク
（取替え式・半面形）

防じんマスク
（使い捨て式）

防じんマスク
（取替え式・吸気補助具付き）

防じん機能を有する
電動ファン付き呼吸用保護具

防毒機能を有する
電動ファン付き呼吸用保護具

写真6－1　呼吸用保護具の例

の補助によって清浄な空気を送るため，着用者の作業時の息苦しさを軽減する。防じんマスクの性能は，固体（S：塩化ナトリウム）と液体（L：フタル酸ジオクチル）の試験粒子と粒子捕集効率により3段階（最も捕集効率の高いものを3，低いものを1）に区分されている（**表6－**13参照）。防じんマスクについては，登録型式検定機関の行う型式検定に合格したものを使用しなければならない。

図6－5　呼吸用保護具の種類

表6-13　防じんマスクの性能分類

規格 ＼ 試験粒子と捕集効率	S 固体 試験粒子に固体の 塩化ナトリウム (NaCl)を用い測定	L 液体 試験粒子に液体の フタル酸ジオクチル (DOP)を用い測定	区分1/2/3 （粒子捕集効率）
D 使い捨て式 防じんマスク	DS1	DL1	区分1：80.0%以上
	DS2	DL2	区分2：95.0%以上
	DS3	DL3	区分3：99.9%以上
R 取替え式 防じんマスク	RS1	RL1	区分1：80.0%以上
	RS2	RL2	区分2：95.0%以上
	RS3	RL3	区分3：99.9%以上

(イ)　防毒マスク

　　　防毒マスクは，環境空気中の有害なガス，蒸気の吸入により発生する中毒などの健康障害を防止するため，ガス，蒸気を吸収缶により除去する保護具である。

　　　防毒マスクのうち，ハロゲンガス用，有機ガス用，一酸化炭素用，アンモニア用及び亜硫酸ガス用のものについては，登録型式検定機関の行う型式検定に合格したものを使用しなければならない。

(ウ)　電動ファン付き呼吸用保護具（以下「PAPR」という。）

　　PAPR は，環境空気中に浮遊する有害物質をフィルタによって除去し，清浄化した空気を電動ファンにより作業者のフード，面体等へ給気する構造のもので，面体等の内部が外気圧より高く保たれる（陽圧）ため外気の漏れが少なく，防護率の高い呼吸用保護具である。

　　PAPR には，粒子状物質に対して使用する防じん機能を有する電動ファン付き呼吸用保護具（P-PAPR）があり，登録型式検定機関の行う型式検定に合格したものを使用しなければならない。また気体状物質又はこれと混在する粒子状物質に対して使用する防毒機能を有する電動ファン付き呼吸用保護具（G-PAPR）もある。G-PAPR のハロゲンガス用，有機ガス用，アンモニア用及び亜硫酸ガス用は登録型式検定機関の行う型式検定の対象になっており，型式検定に合格したものを使用しなくてはならない。

(エ)　送気マスク

　　送気マスクは，清浄な空気をパイプ，ホース等により作業者に給気する呼吸保護具である。送気マスクには，自然の大気を空気源とするホースマスクと圧縮空気を空気源とするエアラインマスク及び複合式エアラインマスクがある。

(オ)　自給式呼吸器

　　自給式呼吸器は，清浄な空気または酸素を携行し，それを給気する呼吸用保護具である。自給式呼吸器には，圧縮空気を使用する空気呼吸器と酸素を使用する酸素呼吸器があり，酸素呼吸器には圧縮酸素形と酸素発生形がある。

イ　呼吸用保護具の選択

(ア)　選択の条件

　　呼吸用保護具の選択に当たっては，法令等，5(2)（199頁）で示した通達及び JIS 規格（200頁）に示されているところに従って，次の諸条件によって適切なものを選択しなければならない。また，防じんマスク及び特定の防毒マスク（表6-14参照），電動ファン付き呼吸用保護具（P-PAPR，G-PAPR）については，厚生労働大臣の定める規格を具備したものを使用することが必要である。保護具の検定対象品は検定合格標章が付いていることを確認する（図6-6参照）。

a　作業環境空気の有害の程度による選択

　　作業環境空気の有害の程度によって保護具を選択する場合は，酸素濃度が18%以上かどうかを確認して，その環境で使用できるマスクかどうかを判断した上で，有害物質の種類，濃度によって選択する。使用可能な呼吸用保護

表6−14　防毒マスク吸収缶の種類及び色

吸 収 缶 の 種 類	色	吸 収 缶 の 種 類	色
＊ハ　ロ　ゲ　ン　ガ　ス　用	灰/黒	硫　　化　　水　　素　　用	黄
酸　　性　　ガ　　ス　　用	灰	臭　化　メ　チ　ル　用	茶
＊有　　機　　ガ　　ス　　用	黒	水　　　　　銀　　　　　用	
＊一　酸　化　炭　素　用	赤	ホ　ル　ム　ア　ル　デ　ヒ　ド　用	
一酸化炭素・有機ガス用	赤/黒	エ　チ　レ　ン　オ　キ　シ　ド　用	オリーブ
＊ア　ン　モ　ニ　ア　用	緑	メ　タ　ノ　ー　ル　用	
＊二酸化硫黄（亜硫酸ガス）用	黄赤	リ　ン　化　水　素　用	
シ　ア　ン　化　水　素　用	青		

備考　防じん機能を有する防毒マスクにあっては，吸収缶のろ過材がある部分に白線を入れる。
(注)吸収缶は色分け以外の方法によってもその種類が表示されていなければならない。
＊印の吸収缶については，厚生労働大臣の定める防毒マスクの規格第8条による国家検定合格品
　その他は，JIS T 8152による適合品

（吸気補助具付き防じん
マスク以外の防じんマ
スク、防毒マスク及び
電動ファン付き呼吸用
保護具用）

（吸気補助具が分離できる吸気補助具付き防じんマスクの吸気
補助具，防じんマスク若しくは電動ファン付き呼吸用保護具の
ろ過材，防毒マスクの吸収缶（防じん機能を有する防毒マスク
に具備されるものであって，ろ過材が分離できるものにあって
は，ろ過材を分離した呼吸缶及びろ過材）又は電動ファンが分
離できる電動ファン付き呼吸用保護具の電動ファン用）

※縁の幅は0.1mm 以上 1 mm 以下

図6−6　型式検定合格標章

　具の種類については，JIS T 8150 に詳細が規定されている。

b　使用条件による選択

　上記のほか，次の使用条件によって保護具を選択する必要がある。

・作業内容又は作業工程の特徴に適合し，作業性を阻害しない

・作業の種類及び保護具の着用可能時間に適合している

・着用者の年齢や体力，呼吸器に障害のある者，汗等により皮膚障害を起こ
　しやすい者等についてはそれらを考慮した大きさ，形状であるなど，呼吸
　用保護具の使用に際し，十分な配慮が必要である

・危険区域での作業内容に適合した性能が十分にある

　特に緊急事態が発生した場合には，危険区域の広さと脱出の時間等を考慮

することが必要である。

c　呼吸用保護具の性能面からの選択

呼吸用保護具は作業内容，作業強度，作業環境中の粉じん及び有害物質の種類，濃度等を考慮し，性能が記載されている取扱説明書等を参考に，それぞれ適したものを選択する。一般に気密性がよく，重量が軽く，視野が広く，吸気抵抗，排気抵抗が低いものを選ぶとよい。

防じんマスクはできるだけ粉じん捕集効率が高く，かつ漏れ率が低いものを，また，防毒マスクは，有害物質の濃度に対して，除毒能力が十分余裕のあるものを選ぶ。

(イ)　呼吸用保護具の選択

有機溶剤・特定化学物質・鉛・粉じんに係る作業環境測定の評価の結果，第3管理区分に評価された場合は，呼吸用保護具に係る要求防護係数を上回る指定防護係数を有する呼吸用保護具の選択，使用が必要とされる。

要求防護係数は，測定結果から得られた値を評価基準の区分に応じ定める基準値又は管理濃度で除した値で，指定防護係数は，呼吸用保護具の種類に応じて定められた係数から選定する。

指定防護係数が高いほど呼吸用保護具内への有害物の漏れ込みが少ないことになる。

要求防護係数　$PFr = C / C_o$

C：化学物質の測定結果のうち最大濃度

C_o：濃度基準値又は管理濃度，ばく露限界濃度

指定防護係数は，日本産業規格（JIS T 8150），「マスクの選択と使用通達」（令和5年5月25日付け）の公表値を参照する（**表6-15**）。

表6-15　指定防護係数

① **ろ過式呼吸用保護具の指定防護係数**

当該呼吸用保護具の種類				指定防護係数
防じんマスク	取替え式	全面形面体	RS3又はRL3	50
			RS2又はRL2	14
			RS1又はRL1	4
		半面形面体	RS3又はRL3	10
			RS2又はRL2	10
			RS1又はRL1	4

	使い捨て式		DS3又はDL3	10
			DS2又はDL2	10
			DS1又はDL1	4
防毒マスク[a]	全面形面体			50
	半面形面体			10
防じん機能を有する電動ファン付き呼吸用保護具（P–PAPR）	面体形	全面形面体	S級　PS3又はPL3	1,000
			A級　PS2又はPL2	90
			A級又はB級　PS1又はPL1	19
		半面形面体	S級　PS3又はPL3	50
			A級　PS2又はPL2	33
			A級又はB級　PS1又はPL1	14
	ルーズフィット形	フード又はフェイスシールド	S級　PS3又はPL3	25
			A級　PS3又はPL3	20
			S級又はA級　PS2又はPL220	20
			S級，A級又はB級　PS1又はPL1	11
防毒機能を有する電動ファン付き呼吸用保護具（G-PAPR）[b]	防じん機能を有しないもの	面体形	全面形面体	1,000
			半面形面体	50
		ルーズフィット形	フード又はフェイスシールド	25
	防じん機能を有するもの	面体形	全面形面体　PS3又はPL3	1,000
			PS2又はPL2	90
			PS1又はPL1	19
			半面形面体　PS3又はPL3	50
			PS2又はPL2	33
			PS1又はPL1	14
		ルーズフィット形	フード又はフェイスシールド　PS3又はPL3	25
			PS2又はPL2	20
			PS1又はPL1	11

注[a]　防じん機能を有する防毒マスクの粉じん等に対する指定防護係数は，防じんマスクの指定防護係数を適用する。
　　有毒ガス等と粉じん等が混在する環境に対しては，それぞれにおいて有効とされるものについて，面体の種類が共通のものが選択の対象となる。

注[b]　防毒機能を有する電動ファン付き呼吸用保護具の指定防護係数の適用は，次による。なお，有毒ガス等と粉じん等が混在する環境に対しては，①と②のそれぞれにおいて有効とされるものについて，呼吸用インタフェースの種類が共通のものが選択の対象となる。
　①　有毒ガス等に対する場合：防じん機能を有しないものの欄に記載されている数値を適用。
　②　粉じん等に対する場合：防じん機能を有するものの欄に記載されている数値を適用。

② その他の呼吸用保護具の指定防護係数

呼吸用保護具の種類			指定防護係数
循環式呼吸器	全面形面体	圧縮酸素形かつ陽圧形	10,000
		圧縮酸素形かつ陰圧形	50
		酸素発生形	50
	半面形面体	圧縮酸素形かつ陽圧形	50
		圧縮酸素形かつ陰圧形	10
		酸素発生形	10
空気呼吸器	全面形面体	プレッシャデマンド形	10,000
		デマンド形	50
	半面形面体	プレッシャデマンド形	50
		デマンド形	10
エアラインマスク	全面形面体	プレッシャデマンド形	1,000
		デマンド形	50
		一定流量形	1,000
	半面形面体	プレッシャデマンド形	50
		デマンド形	10
		一定流量形	50
	フード又はフェイスシールド	一定流量形	25
ホースマスク	全面形面体	電動送風機形	1,000
		手動送風機形又は肺力吸引形	50
	半面形面体	電動送風機形	50
		手動送風機形又は肺力吸引形	10
	フード又はフェイスシールド	電動送風機形	25

③ 高い指定防護係数で運用できる呼吸用保護具の種類の指定防護係数

呼吸用保護具の種類			指定防護係数
防じん機能を有する電動ファン付き呼吸用保護具（P-PAPR）	半面形面体	S級かつPS3又はPL3	300
	フード	S級かつPS3又はPL3	1,000
	フェイスシールド	S級かつPS3又はPL3	300
防毒機能を有する電動ファン付き呼吸用保護具[a]（G-PAPR）	防じん機能を有しないもの	半面形面体	300
		フード	1,000
		フェイスシールド	300

防じん機能を有するもの	半面形面体	PS3又はPL3	300
	フード	PS3又はPL3	1,000
	フェイスシールド	PS3又はPL3	300
フードを有するエアラインマスク		一定流量形	1,000

注記　この表の指定防護係数は，JIS T 8150の附属書JCに従って該当する呼吸用保護具の防護係数を求め，この表に記載されている指定防護係数を上回ることを該当する呼吸用保護具の製造者が明らかにする書面が製品に添付されている場合に使用できる。

注a)　防毒機能を有する電動ファン付き呼吸用保護具の指定防護係数の適用は，次による。なお，有毒ガス等と粉じん等が混在する環境に対しては，①と②のそれぞれにおいて有効とされるものについて，呼吸用インタフェースの種類が共通のものが選択の対象となる。

①　有毒ガス等に対する場合：防じん機能を有しないものの欄に記載されている数値を適用。

②　粉じん等に対する場合：防じん機能を有するものの欄に記載されている数値を適用。

④　要求フィットファクタ及び使用できるフィットテストの種類

面体の種類	要求フィットファクタ	フィットテストの種類	
		定性的フィットテスト	定量的フィットテスト
全面形面体	500	—	○
半面形面体	100	○	○

注記　半面形面体を用いて定性的フィットテストを行った結果が合格の場合，フィットファクタは100以上とみなす。

表6−16　防毒マスクの使用区分

種　類	使用範囲（ガス又は蒸気の濃度）
隔　離　式	2％（アンモニアにあっては3％）以下の大気中で使用するもの
直　結　式	1％（アンモニアにあっては1.5％）以下の大気中で使用するもの
直結式小型	0.1％以下で大気中で使用する非緊急用のもの

（注）1　酸素濃度が18％に満たない場所で使用することは認められない。この場合は，送気式マスクを使用する。

2　使用の範囲を超える濃度の場所では使用しないこと。

3　十分気密が保たれるように装着すること。装着の際，吸収缶のふたを取り忘れないようにすること。

4　吸収缶の使用限度を超えて使用しないこと。
（「防毒マスクの規格」平成2年労働省告示第68号，改正令和5年厚生労働省告示第88号）

㉔　防毒マスクの吸収缶の選択の条件

防毒マスクの吸収缶は，対象ガスの種類，濃度に応じて適合した吸収缶を選択し使用することが必要である（表6−14，表6−16参照）。

作業環境中の有害物質の濃度に対する使用時間を推定する方法としては，防毒マスク及び防毒マスク用吸収缶に添付されている破過曲線図から，一定のガス濃度に対する破過時間（吸収缶が除毒能力を喪失するまでの時間）から推定する方法がある。

試験ガス：シクロヘキサン
破過基準：5ppm
流量：30L/min
温度 20℃，相対湿度 50%

120（温度 20℃，相対湿度 50%）
95（温度 30℃，相対湿度 70%）

有効時間（分）

500ppm のガス濃度では，実線で示した温度20℃，相対湿度50%の有効時間120分に比べ，温度30℃，相対湿度70%になると，95分と短くなることを示している。

図6－7　直結式小型（有機ガス用）吸収缶破過曲線図（参考例）

　なお，**図6－7**の破過曲線図はガスの濃度と吸収缶の有効時間を表したものの例であるが，有害物の種類，作業環境中の濃度，温度，湿度，作業者の呼吸量，保管状態に左右されるため，あらかじめ十分に余裕ある使用限度時間を設定しておくとよい。

　ガス又は蒸気状の有害物質が粉じん等と混在している作業環境中では，粉じんを捕集する防じん機能を有する防毒マスクを選択する。

ウ　呼吸用保護具の使用方法

㋐　使用前点検

　呼吸用保護具を使用する際は，必ず定められた方法によって気密性，作動性，破損，き裂，著しい変形，異臭の程度等について，使用前点検を行わなければならない。点検の具体的な方法は，取扱説明書等に基づき行う。

㋑　面体と顔面との密着性の良否の検討（シールチェック）

　防じんマスク，防毒マスク，送気マスク等面体がある保護具を着用し，作業区域内に立ち入る場合には，面体の顔面への密着性の良否を確認（シールチェック）する。取替え式防じんマスクの密着性の確認には陰圧法と陽圧法がある。陰圧法による漏れ試験ではフィットチェッカーを用いて，又は吸気口を手でふさぎ（連結管のある場合は連結管を折り曲げて強く握る。）吸気したとき，面体が吸いつく（密着する）ことを確認する（**図6－8**，**図6－9**，**図6－10**参照）。

吸気口にフィットチェッカーを取り付けて息を吸うとき，瞬間的に吸うのではなく，2〜3秒の時間をかけてゆっくりと息を吸い，苦しくなれば，空気の漏れこみがないことを示す。

図6-8　フィットチェッカーを用いたシールチェック

吸気口を手でふさぐときは，押し付けて面体が押されないように，反対の手で面体を押さえながら息を吸い，苦しくなれば面体と顔の隙間からの空気の漏れこみがないことを示す。

図6-9　吸気口を手でふさいで行うシールチェック

隔離式では連結管をつぶしてシールチェックを行う方法が有効である。

図6-10　連結管がある場合では連結管をつぶしてシールチェック

㋒　呼吸用保護具のフィットテスト

　　マスクフィットテストは，呼吸用保護具が適切に装着されていることを確認するため，実際に使用するマスクやフィットテスト用の面体を使用して漏れがないことを確認する方法で，定量的フィットテストと定性的フィットテストの2種類がある（**表6-17**）。

　　定量的フィットテストは，マスクの外側と内側の対象物質の測定濃度から面体との密着の程度を示す係数（フィットファクタ）を求め，呼吸用保護具の面

表6−17　要求フィットファクタ及び使用可能なフィットテスト方法

呼吸用保護具 面体の種類	要求フィットファクタ	フィットテスト方法	
		定性的	定量的
全面形面体を有するもの	500	—	使用可能
半面形面体を有するもの	100	使用可能	使用可能

定性的フィットテストは半面形面体に限る。

体の種類に応じた要求フィットファクタを上回っていることを確認する方法である。

　フィットファクタは，次式により算定する。

$$\text{フィットファクタ FF} = \frac{C_{out}：呼吸用保護具の面体等の外側の対象物質の濃度}{C_{in}：呼吸用保護具の面体等の内側の対象物質の濃度}$$

　フィットファクタが要求フィットファクタを上回っていれば呼吸用保護具は適切に装着されていることになる。

　定性的フィットテストは，味覚による試験で，被験者はフィットテスト用フードを被り，その中に甘味成分，または苦味成分の溶液を噴霧し，マスクをした状態で味がするかどうかを判断して漏れがないことを確認する方法である。

㋓　使用時の注意事項

　呼吸用保護具を使用する場合は，次の事項に十分注意しなければならない。

a　使用する作業環境

①　酸素濃度18％未満の場所では，防じんマスク，防毒マスク及び電動ファン付き呼吸用保護具は使用してはならない。このような場所では指定防護係数が1,000以上の全面形面体を有する送気マスクや自給式呼吸器等を使用する。

②　防じんマスクは有毒ガスの存在する場所では使用してはならない。

③　防毒マスクは対象ガスの種類，濃度が不明な場合や粉じん等のある場所では使用してはならない。

④　有毒ガスと粉じん等の両方が混在する場合は，防じん機能を有する吸収缶を使用する。

⑤　高濃度の汚染に対しては，防毒マスクではなく，送気マスクか自給式呼吸器を使用する。

b　使用状況

①　顔と面体の間にタオル等を当てたりせず，直接装着する。

②　顔面と面体の接顔の位置，締めひもを適切に調整して装着し，また，締めひもは耳にかけることなく後頭部で固定する。ひげ，もみあげ部分からの漏れ込みがないこと等に留意する。

㋒　有害物質が高濃度でばく露すると生命・健康に危険がある作業環境での使用

有害物質が高濃度でばく露すると生命・健康に危険がある作業環境で使用する場合は，次の事項に留意しなければならない。

①　高濃度（ガス又は蒸気の濃度が2％以上（アンモニアにあっては3％以上））の作業環境では，防毒マスクではなく，送気マスクか自給式呼吸器を使用する。これは，対象ガスの濃度が高いと，防毒マスクの吸収缶が短時間で有害物の除毒能力を失ってしまうおそれがあるからである。

②　エアラインマスクを使用する場合は，空気源からの給気が停止又は極端に少なくなったとき，自動的に給気源を他のものに切り替え，かつ，着用者及び周辺作業者に緊急事態の発生を警報できる緊急時給気切換警報装置を備えておくことが望ましい。

③　送気マスクを使用する際は，監視者を選任する。監視者は専任とし，作業者と電源からホースまで十分に監視できる人員とする。原則は2名以上とし，監視分担を明記しておく。

④　安全な場所に救出者用の呼吸用保護具，救命用具などを準備しなければならない。

⑤　作業者と監視者との間には連絡の手段（音声，信号，通信設備など）を講じなければならない。

⑥　タンクや作業床への昇降がある場合や高所で作業する場合は，作業者は墜落制止用器具を着用しなければならない。

㋓　換気が不十分な場所での使用

マンホール，タンク，サイロなどのような換気が不十分な場所で保護具を使用する場合は，次の事項に注意が必要である。

①　高濃度ばく露で生命・健康に危険がある作業環境中での使用とみなして前記㋒と同様の必要な措置を講じる

②　作業前に酸素濃度，有害物の濃度を測定し，酸素濃度が18％未満の場合は，前記㋒の a①を適用する

③　作業中はできるだけ換気を行い，新鮮な外気を取り入れ，必要に応じて酸素濃度，有害物の濃度を測定する

④　監視人を置く

(キ)　危険区域からの脱出

次のいずれかの異常な事態が生じた場合には，当該作業場所を危険区域と捉え，速やかに当該区域から退出しなければならない。

①　保護具が故障したとき（エアラインマスク等の故障により酸素欠乏等の被災を避けるなど）

②　保護具内への有害物質又は環境空気の侵入を感じたとき

③　警報器が付いている保護具から，警報が発せられたとき

④　保護具の使用時間が残り少なくなったとき

⑤　呼吸抵抗の異常な増加又は減少を感じたとき

⑥　保護具着用中に有害物質の臭気等を感知したり，めまい，吐き気，目への刺激，脱力などを感じたり，咳，くしゃみ，嘔吐，発熱，呼吸困難などがあったとき

⑦　その他異常を感じたとき

エ　呼吸用保護具の教育，訓練及び保守管理

事業者は，保護具の着用者に対して教育，訓練のほか，使用している保護具の点検及び保守管理をさせる必要がある。

(ア)　着用者の教育

保護具の着用者には，次に示す事項について教育する。

①　環境空気の有害の程度（作業環境空気の酸素濃度，有害物質の種類，発散状況，濃度，ばく露の危険性など）

②　保護具の有効性及び選択した理由

③　使用する保護具の機能，特徴及び使用上の注意事項

④　点検及び保守管理方法

⑤　緊急時の認識及び対処方法（必要がある場合）

⑥　使用に関する法令等

⑦　その他必要とする項目

(イ)　着用者の訓練

保護具の着用者には，次に示す事項について指導及び訓練する。

①　保護具の着脱を迅速，確実に行う方法

②　保護具各部の調節方法（例えば，締めひもの締めすぎによる面体の過度の圧迫感，もしくはハーネスの調節不足による保護具の安定感の不足，又は空気量の過不足による呼吸のひっ迫もしくは圧迫感などをできるだけ少なくするような調節方法）

③　面体を用いる場合の密着性判定の方法（密着性が悪いと防護率が低下する
ため着用に際しては特に注意を要する。例えば，締めひもは，締めつけが不
十分でも強く締めつけすぎても密着性を損なうことがある。したがって，密
着性を向上させる着用方法と密着性判定方法には，日頃の訓練で十分習熟し
ておく必要がある。）

④　使用可能（限度）時間を知る方法

⑤　保護具と接顔部の隙間などからの漏れ込みなどの不具合や，故障の発見方
法及びその場合の対策

⑥　ろ過材，吸収缶などの消耗品又は排気弁，吸気弁などの消耗部品の交換時
期を知る方法（吸収缶は，破過時間に達する前に交換しなくてはならない。
ガス濃度が高いほど，破過時間は短くなる。）

⑦　着用者にとって必要な保護具の点検と保管・保守管理方法

㈦　保守管理上の注意事項

保護具の保守管理上の注意事項は，次の事項に注意する。

①　予備のマスク，その他の部品を常時備え付け，適時交換して使用できるよ
うにする

②　マスクは，常に有効かつ清潔に保持するため，使用後は各部の点検を行い，
必要な手入れをすること。取扱説明書等に特別の手入れ方法が記載されてい
る場合，その方法に従う

③　製造者の取扱説明書などに基づき定期的な点検をする

④　保護具を投げたり，落としたり，強い衝撃を与えたりしない

⑤　保護具が次のいずれかに該当するときは，部品を交換又は廃棄する

・破損した場合，著しい変形を生じた場合

・締めひもについて，破損した場合，弾性が失われ伸縮不良の状態が認めら
れた場合

・使い捨て式防じんマスクにあっては，使用限度時間に達した場合，使用限
度時間内であっても作業に支障をきたすような息苦しさを感じたり著しい
型くずれを生じた場合

・防毒マスクにあっては，吸収缶について，破損又は著しい変形が認められ
た場合，あらかじめ設定した使用限度時間に達した場合

⑥　呼吸用保護具の使用限度時間，吸収缶やろ過材の保存期限など，交換時期
に達しているときは交換する

⑦　防毒マスクの吸収缶のうち，栓のあるものは上下に栓をし，栓のないもの

は密封できる容器又は袋に入れて外気と遮断して保管すること。可能であれ
ばデシケーター（吸湿性物質の保管容器）に入れておく

⑧　その他詳細は，製造者の取扱説明書による

㈢　保管・廃棄上の注意事項

保護具を保管・廃棄する場合は，次の事項に注意する。

①　直射日光の当たらない湿気の少ない場所に専用の保管場所を設け，管理状
況が容易に確認できるように保管する。その際，積み重ね，折り曲げ等によ
り面体，連結管，締めひも等について，き裂，変形等の異常を生じないよう
にする

②　脱出用又は救出用のものは，常に迅速に取り出せるように保管し，その旨
の標識を付ける

③　防毒マスクの使用済みの吸収缶の廃棄にあっては，吸収剤に吸着された有
害物質が遊離し，又は吸収剤が吸収缶外に飛散しないように容器又は袋に詰
めた状態で廃棄する

④　防じんマスクで使用済みのろ過材及び使い捨て式防じんマスクは，付着し
た粉じん等が再飛散しないように容器又は袋に詰めた状態で廃棄する

⑤　廃棄する保護具は廃棄品であることを明示し，再使用されないようにする

⑥　防毒マスクにあっては，すでに使用した吸収缶を保管し再使用する場合
は，破過曲線図使用時間記録等により，十分な吸着能力が残存していること
を確認する

⑦　その他詳細は，製造者の取扱説明書による

なお，廃棄に当たっては，廃棄基準を定める。その際は法令，通達，取扱説
明書に従い，製造者の提供する情報を利用するとよい。

(3)　その他の労働衛生保護具 （写真6-2参照）

ア　保護めがね・保護面

保護めがね，保護面は，研磨，研削，切断，はつり，粉砕，めっき，化学分析，
化学薬品取扱いなどの作業で，飛散する粒子，薬品の飛沫などによる眼の障害を
防ぐ目的で使用する。

㈠　保護めがねの選び方，使い方

保護めがねの選び方，使い方は次の事項による。

①　日本産業規格（JIS）または他の規格の適合品を選ぶ

②　軽量なものを選ぶ方が長時間の使用でも苦痛を伴わず，汗でずれることも

（スペクタクル形）　　　　　（ゴグル形）

保護めがね

遮光保護具

耳せん　　　　　　　イヤーマフ　　　　　　化学防護服

写真6－2　その他の労働衛生保護具

　　少ない

③　視界ができるだけ広く，保護範囲の広いものを選ぶ

④　浮遊粉じんにはゴグル形，飛来物にはスペクタクル形など，目的に合った
　　めがねを選ぶ

⑤　フレームは顔の形状にあった製品を選ぶ

⑥　レンズの汚れ，切り粉，粉じんなどは，傷にならないように先に払い落と
　　してからきれいなレンズ拭きで拭き上げる

⑦　使用後は切り粉，粉じん等が付着していないことを確認して，めがねケー
　　スに入れて保管する。工具箱等に入れない

⑧　めがねを机や作業台に置くときは，レンズに傷がつかないように，レンズ
　　面が上に向くように置く

⑨　ゴグル形保護めがねのレンズが汚れた場合，レンズを枠から外し流水で汚

れを洗い流し，柔らかい布かティッシュペーパーで水滴を押し取った後風乾する。防曇処理など，特殊加工されたレンズは，取扱説明書により取り扱う

(イ) 保護めがねの点検

保護めがねは次により点検をする。

① レンズにひび，視野の妨げになる傷がないか

② フレームのネジなどは，緩んでないか

③ 枠に大きな傷や亀裂が入っていないか

④ ゴグル形のヘッドバンドが伸びきっていないか

イ 遮光保護具

遮光保護具は，溶接作業，溶鉱炉等の炉前作業，レーザー取扱い作業，水銀ランプによる殺菌消毒などの作業で有害光線を遮断することにより眼の障害を防ぐ目的で使用する。

(ア) 遮光保護具の選び方，使い方

溶接作業における遮光保護具の選び方，使い方は次の事項による。

① 溶接方法，アーク電流など作業に応じて，JIS T 8141（遮光保護具）の参考表に掲げる使用標準をもとに適切なものを選択し，使用する

② アーク点火時及び周辺の溶接作業者からの直接光などによるばく露を防止するため，遮光度番号1.2〜2.5程度の遮光めがねを常時使用する。アーク点火時以降は，その作業に必要な遮光能力を有するプレートを装着して，顔，首部まで保護できる溶接面を併用する

③ 側射光などによるばく露を受ける作業者は，サイドシールド付きの遮光めがねを使用する

(イ) 遮光保護具の点検

溶接作業における遮光保護具は次により点検する。

① フィルタレンズやプレートにスパッタが付着し，作業に支障がでる前に交換する。また，溶接面の場合は，カバープレートを併用すると，プレート交換の頻度が少なくなる。

② フィルタレンズやプレートが汚れた場合は，鉄粉や粉じんを払い落としてからめがね拭きで拭き上げる。鉄粉や粉じんが付着したままで拭くと傷の原因となる

ウ 防熱面及び防熱衣

防熱面は顔面を保護するために使用するもので，30〜40メッシュの金網製のもの，アルミナイズドクロス製で，眼のところに遮光プレートを取り付けたものな

後上方へ
引っぱり上げる

一定の形に成形した耳栓を例えば右耳に装着する場合は，反対側の左手を頭の
後ろに回して耳の上部をつまみ，後上方に引き上げる。外耳道がまっすぐにな
るので，そこに耳栓を挿入する。

図6-11　耳栓の正しい使い方

どがある。防熱衣としては，過去石綿製のものや厚手の刺し子が用いられたこと
もあったが，現在では，アルミナイズドクロス製のものが多く使用されている。

エ　聴覚保護具

　騒音にさらされる作業者の聴覚を騒音のばく露から保護し，聴力障害の発生を
防止する目的の保護具が聴覚保護具である。これらは耳に達する音の強さを減衰
する効果を持っており，耳栓及びイヤーマフ（耳覆い）がある。

　耳栓とイヤーマフのどちらを選ぶかは，作業の性質や騒音の性状で決まるが，
非常に強烈な騒音に対しては両者の併用も有効である。聴覚保護具を選択するに
は，環境で発生している騒音レベルを測定し，日本産業規格 JIS T 8161-1に規
定する試験方法により測定された遮音値を目安に，必要かつ十分な遮音値のもの
を選択する。ただし，危険作業等において安全確保のために周囲の音を聞く必要
がある場合や会話の必要がある場合は，遮音値が必要以上に大きい聴覚保護具を
選定しないよう配慮すること。

　また，耳栓の使用に当たっては遮音性判定試験（耳栓チェッカー）による遮音
効果を確認することが必要である。作業者には適切な形状やサイズのものを選択
させ耳栓の正しい使い方を教えることが大切である（**図6-11**参照）。なお，作
業環境を改善するための措置を講じた結果，第Ⅰ管理区分とならない場合又は等
価騒音レベルが85dB未満とならない場合は，作業者が騒音作業に従事する時間の
短縮を検討することが必要となる。

オ　化学防護服，化学防護手袋，化学防護長靴

　皮膚・眼刺激性，皮膚腐食性又は皮膚からの吸収され健康障害を引き起こし得
る化学物質を製造，取り扱う業務では，その物質の有害性に応じて，保護めがね，

不浸透性の保護衣，保護手袋，履物等適切な保護具の使用が必要である。

特化則では，一定の特定化学物質について，皮膚に障害を与えたり，皮膚から吸収されることにより障害を起こすおそれがある作業では，保護めがね，不浸透性の保護衣（化学防護服），保護手袋（化学防護手袋）及び保護長靴（化学防護長靴）を使用させなければならないとしている。

化学防護服等（化学防護衣類）の要件等は，日本産業規格（JIS）で定められており，規格に合致したものを選択することが必要である（**表6－12**，200頁参照）。

カ　塗布剤（保護クリーム）

保護クリームは，皮膚の露出部に適当なクリームを塗布して保護層をつくり，作業中に有害な物質が直接皮膚に付着しない目的で使用される。保護クリームは，作業前に塗布し，作業終了とともに洗い落とすべきのものであって，皮膚の手入れ用や化粧用のクリームとは別のものであることを周知徹底しなければならない。また，塗布しているから大丈夫だと思い，有害性の強い化学物質に直接触れたり，乱暴粗雑な作業をして皮膚障害などを起こすことがあるので，正しい使用方法を徹底する。

保護クリームの選択や使用方法を間違えないように，産業医の意見を聞いたり，製造者の取扱説明書をよく確認することが大切である。

⑷　石綿及びダイオキシン類ばく露作業における保護具

石綿（アスベスト）が使用されている建築物等の解体等の作業を行うときは，石綿障害予防規則等により，作業の種類と作業レベル等に対応した呼吸用保護具（防じんマスク又は送気マスク等），作業衣又は保護衣等適切な保護具を選択して使用する。「隔離した作業場における吹き付けられた石綿等を除去する作業（これに伴う一連の作業を含む）」では，防じん機能を有する電動ファン付き呼吸用保護具（漏れ率0.1％以下，粒子捕集効率99.97％以上，大風量形），もしくは防毒機能を有する電動ファン付呼吸用保護具であって防じん機能を有する又はこれと同等以上の呼吸用保護具を使用することが必要である（**写真6－3**参照）。

廃棄物の焼却施設における焼却炉，集じん機等での作業，運転，保守点検，解体作業を行うときは安衛則等により，作業の種類とダイオキシン類の濃度の測定結果等に基づくレベルに対応した呼吸用保護具及び不浸透性の保護衣，保護手袋，保護めがね等適切な保護具を選択して使用することが必要である。

写真6−3　石綿作業における保護具（全身参考写真）

　いずれの保護具についても，事業者及び保護具の使用者は，保護具の必要性，保護具の使用が安全衛生対策におけるあくまでも補完的な対策であることを理解していなければならない。事業者は，保護具を使用しないために危険にさらされることや保護具が適切に機能していない場合の危険について，明確に理解しておかなければならない。さらに保護具の使用者は保護具の点検，着用，保管，清掃の方法，交換時期等についての教育を受け，理解しておく必要がある。緊急時における保護具についても使用方法について周知する必要がある。

第7章
健康管理

試験範囲	学習のポイント
健康管理	○　健康管理の意義と目的を理解し，以下の内容について学習する。 ・雇入時の健康診断及び定期健康診断について，健診項目，時期，結果の通知，事後措置，行政機関への報告等 ・特定業務従事者・海外派遣労働者の健診項目，時期等 ・特殊健康診断の実施の必要がある有害業務とその健診項目 ・健康管理手帳の交付対象となる有害業務従事者 ・過重労働による健康障害防止のための面接指導の労働者の要件，確認事項，事後措置等
職業適性	○　健康面からの職業適性について学習する。

1 健康管理の意義と目的

(1)　健康管理の目的

ア　職場における健康管理

　　職場で実施される健康管理には，健康診断の企画，実施及び実施後の措置，健康の保持増進，メンタルヘルス対策，長時間労働者に対する面接指導等がある（**表7-1**）。これらの活動は，安衛法やじん肺法といった安衛法令の目的でもある「職場における労働者の安全と健康を確保する」ことを目的としている。具体的には，

①　労働者が事業場に存在する有害要因によって健康影響を受けていないかどうかについて評価して，健康障害が発生又は増悪するのを防止すること

②　労働者が作業環境や作業に健康面で適応しているかどうかについて評価して，就業適性を確保すること

表7-1　職場の健康管理

健康診断の企画と健診機関の選定
健康診断の実施
健康診断結果の記録と保存
健康診断結果の労働基準監督署^(注)への報告
健康診断結果に基づく医師からの意見聴取及び意見に基づく措置の実施
健康診断結果の本人への通知及び保健指導
長時間労働者に対する面接指導等
健康の保持増進（トータル・ヘルスプロモーション・プラン）
健康相談
職業性疾病の原因調査と再発防止対策
肝炎ウイルス対策への協力
感染症の予防接種などの感染防止対策
救急措置
病気による休職者の職場復帰の支援
心身の障害者や有病者への就業上の配慮
メンタルヘルス対策
ストレスチェック制度
海外出張者や海外勤務者の健康管理の支援
母性の健康面からの保護
年少者の健康面からの保護
短時間労働者や派遣労働者の健康管理
出向者や退職者の健康管理
診断書等の健康情報の保護と活用

(注)地方自治体では人事委員会

③　労働者が健康を保持増進できるように支援すること

などが目的となる。

　職場の健康管理では，健康状態を良好に維持管理するための対策として，作業環境管理や作業管理の徹底が求められる。したがって，労働衛生の5つの管理（12頁，第1章1参照）の効果的な連携が重要となる。その際，一般に，作業環境管理や作業管理を徹底するほど労働における健康障害リスクは低減されるので，健康管理が容易になるという関係がある。逆に，作業環境管理や作業管理が徹底されていないと，健康障害リスクが大きいので，健康管理には難しい課題が多く残ることになる。

イ　顧客の安全と健康の確保のための健康管理

　事業者は，第三者の安全と健康の確保を目的として労働者の健康管理を実施することがある。例えば，労働者によりサービス対象である顧客等が感染症にり患しないように，感染した労働者を発見して治療したり隔離したりする。このような目的の健康管理では，対象となる労働者の利害よりも第三者や公衆の安全と健康の確保が優先されることになる。

ウ　福利厚生としての健康管理

　事業者によっては，労働者への福利厚生施策の一環として健康管理を行うことがある。労働者の健康障害を未然に防止したり，健康意識を高めたりすることができれば，それが疾病による休業率の減少や就業モラールの向上につながり，事業場の運営や経営にも有効であることが期待される。健全な労働力が確保されれば，事業やサービスの効率化による経営効果も期待できる。このように福利厚生を目的とした健康管理の活動は，最終的には経営のためにも有効と期待されるものである。

(2)　職場における健康管理の特徴

ア　法令に定める事業者の義務

　安衛法令は，事業者の義務として最低限実施すべき健康管理の内容を定めている。安衛則などの省令，告示，「健康診断結果に基づき事業者が講ずべき措置に関する指針」や「労働者の心の健康の保持増進のための指針」などの指針が，具体的な内容を定めている。これらの規定に基づき，わが国では，事業者が，一般健康診断を行い，労働者の個別の健康状態を把握した上で，適切な健康管理を実施することについて法的な義務を負うことが，欧米の先進国と比較して大きな特徴となっている。

　　また，厚生労働省が，重量物取扱い作業，振動作業，騒音作業，情報機器作業などの特定の作業に従事する労働者の健康管理に関するガイドライン等を通達として示しており，事業者は，これらを参考にした健康管理を行うことが必要とされる。

イ　労働契約法による使用者の安全配慮義務

　　労働契約法（第5条）は，労働契約に伴い，使用者は，労働者がその生命，身体等の安全を確保しつつ労働することができるよう，必要な配慮をすることと定めている。使用者に労働者の安全と健康に合理的な範囲での配慮を行う義務があることは，以前から安全配慮義務と呼ばれる義務として判例で示されてきた。このように，法令に具体的に定められていなくても，健康障害の発生が予見される状況では，事業者にはそれを回避するために必要でかつ合理的な対策を講じなければならない義務がある。

ウ　労働者の義務

　　職場において事業者が講じる健康管理に関する事項について，労働者には従う義務がある。このことは，安衛法令でも規定されている。例えば，労働者は，この規定に基づいて，健康診断を受けなければならず，一部の物質（鉛，特定化学物質［第1類物質，第2類物質］，石綿等）を取り扱う作業場においては飲食や喫煙をしてはならない。

エ　事業者と医療保険者の実施事項

　　職場の健康管理は，法定の事項は事業者の負担で行われるが，それ以外の事項は医療保険者の費用で実施されることがある。したがって，事業者や医療保険者が活動内容を決定し，その効果を評価して対応をとることになる。事業者は，安衛法令へのコンプライアンスの確保，労働衛生に関連するトラブルや紛争の回避，労働者の疾病休業率の低下，労災保険や健康保険の保険料率の低下，労働者の就業モラールの向上，サービス・製品の品質や生産性の向上，企業の外部評価の向上などを期待する。

　　実際に，業種，文化，歴史的経緯などといった事業場の特徴によって，健康管理の内容は大きく異なり，法定外の健康診断は景気などの社会的な影響も受けやすい。本格的な市場経済への移行，国際的な競争激化，雇用や就業形態の多様化など近年の傾向は，労働者に精神的なストレスを生じやすいと考えられており，健康管理においてもメンタルヘルス対策が重要となってきている。

オ　作業環境や作業方法の影響

　　職場における健康管理で大きな部分を占めているのは，作業環境や作業方法が

労働者の健康面に与える影響を評価することである。労働者がばく露されている有害な職場環境や作業条件を理解した上で，それらが健康影響や健康障害の原因になっていないかどうかという因果関係を評価し，健康障害や過度の疲労など許容できない健康影響を及ぼしたりしている場合は，作業環境や作業方法が適切なものとなるよう改善することが重要である。また，健康影響は生じていなくても，より快適な環境で軽い負担で業務が遂行できるように改善できないか検討することも必要である。例えば，作業環境の測定結果が良好であっても，実際には労働者が素手で化学物質を取り扱って汚染されるなど作業行動が不適切であるために，労働者に健康影響や健康障害を生じることがある。そのような疑いがあれば，体内の有機溶剤やその代謝物を測定する生物学的モニタリング（バイオロジカルモニタリング）を実施して，個人ごとのばく露状況や健康影響の程度を確認する。

　労働者に業務による健康影響や健康障害が疑われる場合には，精密検査を実施するなどして，作業環境や作業方法に由来する特異的な所見があるかどうかを判断する。業務と健康影響の因果関係を推定するためには，ばく露と健康指標の変化が時間的に連動しているか，業務以外にそのような健康影響を生じる可能性のある行為を行っていないか，同じ職場の他の労働者にも同様の健康影響があるかどうかについて調査することも必要である。また，一般健康診断等の健康指標の変化を経時的に追跡することによって，あらかじめ想定されていなかった健康影響に作業環境や作業方法の関与について評価することもできる。さらに，有害要因へのばく露から健康影響や健康障害の出現までに長い潜伏期間が存在する場合もあることから，過去の業務歴をみて，当時の作業環境や作業方法との関係について検討することも必要である。

カ　雇用や労働条件の確保

　職場における健康管理は，単に健康を維持したり増進したりすることだけではなく，健康であり続けながら雇用や労働条件を確保できることが目標である。したがって，健康面の就業適性のない労働者について，配置転換などの人事的な措置を行うばかりではなく，一方で，職場環境を改善することや健康面の改善などを推進することによって，その業務への就業適性を確保することが可能な場合もある。労働条件を変更するような措置をやむを得ず講じる場合には，産業医等の産業保健専門職にその必要性について意見を求めるとともに，労働者本人と十分に相談した上で理解を得ることに努める必要がある。

(3)　予防医学

ア　予防医学としての健康管理

　健康管理とは，本来，健康障害を治療することではなく健康障害が生じないように予防することが主な目的である。しかし，近年は，医学の進歩により，心身の健康障害が発症する前のハイリスクな状態を評価したり治療したりすることができるようになっており，診療の一部は広義の予防医学ととらえることもできる。例えば，高血圧，脂質異常症，喫煙，肥満は，脳卒中や心筋梗塞にとってハイリスク状態であることが分かっているが，これらのうち，高血圧や脂質異常症の治療については，生活習慣の改善とともに医師の処方薬を内服することによってコントロールされることがあり，脳卒中等の予防的な投薬も行われている。ただし，一般に，健康管理と呼ぶ際には，このような診療に基づくものは除外されていることが多い。

　職場における健康管理は，職場に関連する健康障害の発生を防止すること及び事業者が個々の労働者の健康状態に合わせた適正配置を確保することについて，事業者の責任の下で推進するものである。職場とは直接関係のない健康面の課題であっても，職場での健康管理の機会をとらえて，労働者に対して生活習慣の改善などについて意識付けや動機付けを行うことは望ましいことである。

イ　一次予防，二次予防，三次予防

　一般に，予防医学は，健康教育や保健指導などにより健康障害のリスクを減らしてその発生を防止する「一次予防」，健康診断などにより健康障害を早期発見し対応を行う「二次予防」，リハビリテーションなど健康障害の治療後に社会復帰させる「三次予防」に分けることができる。一次，二次，三次と進むにつれて対策に経費がかかることが多くなると考えられており，なるべく一次予防を推進することが望ましい。

　狭義の予防医学は，一次予防のみを指す。また，健康障害のリスクの背景にある環境を改善することをゼロ次予防と呼ぶ場合もある。職場の健康管理においては，ゼロ次予防や一次予防に重点を置いた対策が推進されることが望ましい。

2　医学的検査

(1)　問診，診察

ア　問　診

問診では，既往歴，業務歴，自覚症状等を聴取する。既往歴の聴取は，雇入時や配置前に就業適性を的確に判断するために重要である。また，業務歴の聴取は，健康診断において最も特徴のある調査であり，疾病と業務の関連性を評価する上での重要な情報となる。自覚症状は，問診票を併用して網羅的に尋ねる方法が取られていることが多いが，面接や診察の際に回答内容を確認しておくことが望ましい。なお，喫煙歴や飲酒習慣などの生活習慣及び持病の有無や服薬歴などの現病歴は，保健指導を行う上の参考となる。

イ　診　察

診察では，医師が視診，聴診，触診等を実施し，皮膚や結膜，呼吸音，心音，神経学的所見などの他覚所見（症状）を評価する。

(2)　身体測定

ア　意　義

身長，体重，腹囲の測定は，一般的な健康状態を知る指標となる。測定値とともに経年的な変化を評価することが有用である。

イ　BMI（Body Mass Index：ボディ・マス・インデックス）測定

$$BMI=\frac{体重（kg）}{身長^2（m）}$$

BMI は国際的によく用いられている体格指数であり，安衛法令が規定する健康診断においてはこの数値を個人票に記載することとされている。この数値が大きいほど肥満の傾向があり小さいほどやせの傾向がある。日本肥満学会の基準では，表7－2に示すように BMI が18.5以上で25.0未満が普通体重とされ，18.5未満で低体重，25.0以上で肥満と評価される。また，下記の式で標準体重が表されることがある。

$$標準体重（kg）＝身長^2（m）×22$$

ウ　体脂肪率

一般に，体重に占める脂肪の重さを体脂肪率といい，測定法にもよるが，男性25％以上，女性30％以上を肥満と呼ぶことがある。体脂肪の測定では，全身のイ

表7－2　肥満度分類

判定	BMI の値
低体重	18.5＞
普通体重	18.5≦～＜25
肥満（1度）	25≦～＜30
肥満（2度）	30≦～＜35
高度肥満 ┌ 肥満（3度）	35≦～＜40
└ 肥満（4度）	40≦

（参考：「肥満診療ガイドライン2022」日本肥満学会）

ンピーダンスを測定する方法が普及している。この方法は，生体に微小な高周波電流を流して生体インピーダンスを測定し，体脂肪量を推定する方法である。ただし，測定値には，日内変動や機種等により多少の差がある。

エ　腹　囲

　皮下脂肪と異なり，腹腔内に溜まる脂肪を内臓脂肪と呼ぶ。この内臓脂肪の量が多いことと心疾患や脳卒中の発生とが関連していることが指摘されており，メタボリックシンドロームと呼ばれている（表7－3）。腹囲は，内臓脂肪の量を推定する簡便な指標である。日本人では，立位で，軽く息を吐いたときに，臍の高さで測定した腹囲が，男性85cm，女性90cm のときに，CT スキャン検査により臍の位置で測定した内臓脂肪の断面積が100cm²に相当すると考えられている。

　腹囲を正しく測定するには，被験者が，空腹状態で，両足をそろえて立ち，両腕を身体の脇に垂らした姿勢を取り，腹筋を緊張させず通常の呼吸状態で息を吐いたときに測定する。測定者は，非伸縮性の巻尺を用いて，皮膚にきつく食い込まない程度で，臍の高さの周囲長を0.1cm 単位で測定する。脂肪が蓄積して臍

表7－3　日本人のメタボリックシンドローム診断基準（日本内科学会等，2005年）

1　腹部肥満（内臓脂肪量）
　　ウエスト周囲径（腹囲）⁽*⁾ 男性≧85cm，女性≧90cm（内臓脂肪面積男女とも≧100cm²に相当）
2　上記に加え以下のうちの2 項目以上
　1）　高トリグリセライド≧150mg/dL　かつ／または　低 HDL コレステロール＜40mg/dL
　2）　収縮期血圧≧130mmHg　かつ／または　拡張期血圧≧85mmHg
　3）　空腹時高血糖≧110mg/dL

（*）・ウエスト周囲径は，立位，軽呼気時に臍レベルで測定する。脂肪蓄積が著明で臍が下方に偏位している場合は，肋骨下縁と前上腸骨棘の中点の高さで測定する。
　　・高トリグリセライド血症，低 HDL コレステロール血症，高血圧，糖尿病に対する薬物治療を受けている場合は，それぞれの項目に含める。
　　・メタボリックシンドロームと診断された場合，糖負荷試験が勧められるが診断には必須ではない。

が下方に偏位している場合などでは肋骨の下縁と骨盤の上縁との中点の高さで測定する。また，測定場所や結果については被験者のプライバシーに十分配慮する。

(3)　視聴覚検査

ア　視力検査

視力検査では，5mの距離からの遠方視力を測定する。裸眼視力又は矯正視力を測定する。老眼の場合や情報機器作業の健康診断の場合などは，30cmの距離での近見視力や遠方と近方間の調節力も測定することがある。自動車普通免許の適性試験における合格基準は，両眼で0.7以上，片眼で左右それぞれが0.3以上と規定されている。業務上，車両等を運転する者は基準を満たしているか注意する。

イ　聴力検査

聴力検査では，35歳，40歳及び45歳以上の場合は，必ず，純音を用いて，オージオメータにより検査する。雇入時健診では1,000ヘルツ（Hz）及び4,000Hzの30dBで，定期健康診断では1,000Hzの30dB及び4,000Hzの40dBで検査する。これらが聞こえない場合は，有所見と判断する。

騒音障害防止のためのガイドラインに基づく健康診断においては，1,000Hz，4,000Hzに250Hz，500Hz，2,000Hz，6,000Hz，8,000Hzを加えたフルオージオ検査を実施する場合がある。

(4)　血圧測定

血圧とは，心臓が血液を駆出するときに血管にかかる圧力のことである。一般に，加齢とともに血圧値は上昇傾向を示すが，高血圧になると，脳血管疾患や心疾患など生活習慣病の危険因子となるので，異常を認めた場合には早めの精密検査や治療を勧める。ただし，血圧は，精神的な緊張や測定時間帯による変動が大きいために，繰り返して測定することが望ましい。

(5)　胸部エックス線検査

結核などの感染症，腫瘍，循環器疾患などに伴う肺や心臓の形態の異常を検査する。すでに治癒している肺炎なども異常所見となる場合がある。撮影法には，通常の直接撮影のほかに，スクリーンに写した像を別のカメラで撮影する間接撮影がある。最近は，デジタル撮影機器による撮影（半導体平面検出器を搭載した一般撮影装置による写真（DR（FPD））も行われている。

なお，じん肺法に基づき，じん肺健康診断などにおいてはエックス写真を用いるこ

ととされているが，デジタル写真については，一定の撮像表示条件を満たす場合に限り，半導体平面検出器（FPD）を搭載した一般撮影装置による写真（DR（FPD）写真）やコンピューテッド・ラジオグラフィ（CR写真）を用いることが可能となっている（平成22年6月24日付け基安労発0624第1号，最終改正：平成28年1月15日付け基安労発0115第1号）。

(6)　心電図検査

ア　安静時心電図

　　心電図とは，心臓の筋肉が収縮するときに発生する電気信号による電流変化を記録したものである。心筋の異常や不整脈などがあると異常な波形となる。一般健康診断では，安静の状態で心電図を記録する。

イ　運動負荷心電図

　　運動負荷を加えた状態で心電図の変化をみる検査である。安静時心電図では診断が困難な狭心症など，虚血性心疾患などの発見に有用である。

(7)　尿検査

ア　尿一般検査

　　一般健康診断では，尿タンパク，尿糖の有無を検査する。タンパクや糖は，通常の尿では検出されない。尿タンパクは腎炎のほか膀胱や前立腺の感染症の場合，尿糖は糖尿病の場合に，それぞれ検出されることがある。なお，医師が糖尿病や高血圧による腎機能等を把握する必要があると認めた場合には，血液検査により血清クレアチニン検査を行うことが望ましい。

イ　尿中代謝物等検査　　　　　　　　　　関連ページ　245頁，256頁

　　有機溶剤に関する一部の特殊健診では，有機溶剤が肝臓で代謝されて尿中に出現する尿中代謝物を測定しなければならないことが定められている（表7－14，245頁参照）。このように，作業環境からの有害物質のばく露やその健康影響を生体試料によって測定することを生物学的モニタリングと呼ぶ。

　　この際，尿の採取は代謝物の濃度が最も高くなる時期に行うことが望ましい。体内に取り込まれた有害物質の生物学的半減期は，有機溶剤は短く，鉛は長い。そのため，鉛健康診断における採尿・採血時期に比べ，有機溶剤等健康診断における採尿時期は作業終了後など厳重な管理を要する。

　　トルエンの尿中代謝物である馬尿酸の測定値は，すもももなどの食品，食品中の保存料，カフェイン，感冒薬による影響を受けて，見かけ上測定値が高値になる

ことがあることから，検査前にはこれらの摂取や安息香酸を含む炭酸飲料水などの摂取を控えさせることが望ましい。また，鉛作業者の特殊健診では，血中の鉛とともに尿中のデルタアミノレブリン酸（随時尿）を測定しなければならないことが定められている。デルタアミノレブリン酸の測定値が上昇することは，鉛によりヘモグロビンの産生に影響が生じていることを意味する。

ウ　特殊な尿検査

　一部の特殊健康診断では，腎障害の早期発見を目的とした尿沈査の検査や膀胱がんの早期発見を目的とした尿細胞診が実施される。

(8)　血液検査

ア　血球検査

　一般健康診断及び特殊健康診断の一部では，赤血球数，血色素（ヘモグロビン）量を測定して，貧血の有無を調べる。貧血として最も多いのは，鉄欠乏性貧血であるが他にも原因は多様である。職業性ばく露に関連するものとしては，鉛による貧血，ベンゼンによる再生不良性貧血などがある。

　電離放射線やベンゼンにばく露すると，白血球が減少することがあることから，特殊健康診断で白血球数を測定する。

イ　肝機能検査

　一般健康診断では，GOT（AST）（血清グルタミックオキサロアセチックトランスアミナーゼ），GPT（ALT）（血清グルタミックピルビックトランスアミナーゼ），γ-GTP（ガンマーグルタミルトランスペプチダーゼ）を測定する。いずれも正常な肝細胞に含まれている酵素であるが，肝細胞が障害を受けると血中に流れ出し，高値を示す。一部の有機溶剤の特殊健康診断でも実施される。

　γ-GTPは，アルコールの摂取で高値を示す特徴がある。このほか，肝機能検査が異常となる原因は，ウイルス感染，薬剤，脂肪肝など多様である。なお，GOT（AST）は骨格筋や心筋にも多く含まれ，激しい運動や心筋梗塞によっても上昇する。

ウ　脂質検査

　一般健康診断では，基本的にはHDLコレステロール，LDLコレステロール，血清トリグリセライド（中性脂肪）を測定する。HDLコレステロールは，善玉コレステロールとも呼ばれ，これが低値であることが動脈硬化の危険因子となる。LDLコレステロールは悪玉コレステロールとも呼ばれ，これが高値であることが動脈硬化の危険因子となる。LDLコレステロール値は，中性脂肪が400mg/

dl 以下の場合はフリードワルド式（LDL コレステロール＝総コレステロール－HDL コレステロール－中性脂肪/5）で求めてもよい。中性脂肪は，食後に値が上昇する脂質であるが，内臓脂肪が蓄積している者において，これが食後に異常な高値になることや空腹時にも高値が持続することが動脈硬化の危険因子となる。

エ　血糖検査・ヘモグロビン A1c 検査

　一般健康診断項目の中に「血糖検査」があり，これまで空腹時血糖又は随時血糖によることを原則としてきたが，令和2年12月23日より，ヘモグロビン A1c 検査を行った場合についても，血糖検査を実施したものとすることとなった。

　また，ヘモグロビン A1c（NGSP 値）を測定せずに随時血糖による血糖検査を行う場合は，食直後（食事開始時から3.5時間未満）を除いて実施することとされた（令和2年12月23日付け基発1223第7号）。

　血糖値は食後に異常な高値になることや空腹時にも高値が持続することが，糖尿病を発見する手掛かりとなる。ヘモグロビン A1c は，過去2～3カ月の平均的な血糖値を表す数値であり，直前の食事に影響されず，糖尿病のコントロールの経過を見るためにも用いられる。

オ　尿酸検査

　尿酸検査は，海外派遣労働者の健康診断で，医師が必要と認める場合に行われる。尿酸は，体内のプリン体と呼ばれる物質の代謝物で，肝臓で産生され尿から排泄されるが，産生が増えたり排泄が低下したりすると血中の尿酸値が高くなる。高尿酸血症は，関節の痛風発作や尿路結石の原因となるほか，動脈硬化とも関連すると考えられている。

カ　肝炎ウイルス検査　関連ページ　253頁

　海外派遣労働者の健康診断では，B 型肝炎ウイルス抗体検査を，医師が必要と認める場合にのみ行う。また，C 型肝炎ウイルス抗体検査，B 型肝炎ウイルス抗原検査は，一度も検査を受けたことのない労働者に対して，健康診断の際に検査の意義を説明した上で，受診を勧めることが望ましい。各自治体では肝炎ウイルス検査が実施されている。事業者が一般健診と同時に実施する場合，この検査結果については，健診を実施した機関から直接本人に通知させ，本人の同意なしに本人以外の者が結果を知ることがないようにするなど，プライバシーの保護に配慮しなければならない。

キ　血中鉛検査

　鉛作業者の特殊健康診断では，生物学的モニタリングとして，血液中の鉛の濃度の測定が行われる。血液中の鉛の値が上昇することは，鉛にばく露されている

ことを意味する。

ク　血液型検査

　ABO 式及び Rh 式の血液型検査は，海外派遣労働者の派遣時の健康診断で，医師が必要と判断した場合に行われる。

(9)　その他の検査

ア　胃部エックス線検査（胃透視）・胃内視鏡検査（胃カメラ）

　胃部エックス線検査は，硫酸バリウムを飲んで，エックス線透視下で写真を撮影し，胃粘膜の異常などを調べる検査である。海外派遣労働者の健康診断で，医師が必要と認めた場合に行われる。胃内視鏡検査は，内視鏡により直接に胃粘膜を観察する検査である。

イ　腹部超音波検査（腹部エコー）

　腹部超音波検査は，海外派遣労働者の健康診断で，医師が必要と認める場合に行われる。また，塩化ビニルの特殊健康診断で肝臓，脾臓の腫大の有無の検査の際に行われることがある。腹部表面から超音波を当てて返ってくるエコーから腹腔内の臓器を映像化する。主に，肝臓，胆のう，腎臓などの形態を検査する。

ウ　喀痰検査

　喀痰検査は，結核の疑いがある場合に行われ，顕微鏡下で痰の塗抹を染色し，検鏡し，培養して，結核菌を検査する。なお，この検査はじん肺健診等においても行われる。

エ　その他の検査

　糞便塗抹検査は，海外派遣労働者の帰国時の健康診断で，医師が必要と判断した場合，また，給食従業員の雇入時や配置替え時に実施され，病原性のある細菌や寄生虫卵がいないかどうかを検査する。

　肺活量検査は，高気圧業務健康診断など一部の特殊健康診断で実施され，換気量や喘息などアレルギー性疾患の所見の有無を検査する。

　眼底検査は，二硫化炭素に関する特殊健康診断で実施され，加齢変化を超えた動脈硬化の進展の有無を検査する。

　握力検査は，マンガンや溶接ヒューム特殊健康診断で実施され，握力が維持できるかどうかを検査する。また，有機溶剤の特殊健康診断で神経内科学的検査として筋力検査が例示されており握力検査を用いることがある（平成元年8月22日付け基発第463号，平成10年3月24日付け基発第122号）。

3　健康診断

(1)　健康診断の企画

ア　規程の整備

　　健康診断は，事業場の業務や労働者の特徴を踏まえた上で法令で定める項目以外にも追加すべき内容，具体的な実施手順，受診中の労働時間の取扱い方，プライバシーの保護等について，あらかじめ取り決めておいて，就業規則やその細則などとして健康診断等の規程として整備するとよい。

　　健康診断を効果的に実施するには，いつ，誰が，どこで，どのような内容を，どのような方法で，どう実施するのか，さらに結果をどのように評価するかについて，産業医と衛生管理者を含む企画立案の場を設けて，医学面と実施面との両面から検討する必要がある。企画案は，(安全)衛生委員会で審議した上で，事業者として取り決めて，規程として整備するとよい。

イ　実施組織と担当者

　　健康診断の企画は，健康診断の実施を自社で実施するのか，外部に委託するのかで大きく異なる。自社で実施する場合は，担当者等の人材の確保，予算，設備，必要な資材，情報管理体制，連絡体制，業務の目標や評価方法などについて取り決めておく。

　　外部委託する場合，事業場側で健康診断を担当する窓口を明確にするとともに，委託する業務の範囲，価格，相互の連絡体制，事業場側で準備すべき設備，個人情報の授受，契約の内容などについて，あらかじめ委託先と取り決めておく。

ウ　検査項目の選定

　　健康診断の実施項目は，法令に示された内容は必ず実施しなければならない。また，行政指導として示されたガイドラインで勧奨されているものについても実施することが望ましい。これらの検査項目以外の検査を行う場合は，労働者の同意が必要となる。

　　検査項目を付加する際には，産業医等の意見を求めて，事業場において特別に疾病のスクリーニングを行う必要があるのかなど目的を明確にしなければならない。その上で，健康診断機関と話し合って実施方法を検討する。その際，労働者に受診を求めるのか，あるいは，受診は労働者の任意とするのか，結果の情報管理，労働者への周知，同意の取得の方法などについて，産業医等や健康診断機関の意見を求めて検討し，規程として定めておくことが望ましい。

エ　委託機関の選定

　　外部機関を利用する際は，委託機関の選定に際して，費用を比較するだけでなく，健康診断の質と継続性に留意しなければならない。健康診断の質は，医療（専門職，面談時間，検査設備，精度管理，診断技術，情報管理，報告書など）の質とともに，日程や場所の調整のしやすさ，緊急時の対応などについて多角的に評価されるべきである。また，健診結果を継続的に比較できるかどうかは，各検査結果の変化が個人内変動の範囲内かどうかを判別する際の大切な要因である。継続性を確保する上では頻繁に委託機関を変更すべきではない。一般に，健康診断を効率化しすぎると，問診，診察，面談の時間が短縮されて不十分となり，業務内容や前年度の結果と比較せずに機械的に所見をつけたり，画像診断のダブルチェックをしていなかったりして，結果的に，多くの受診者が精密検査まで受けなければ判定できなくなる傾向が生じる。このようなことから，委託機関の評価については，産業医等の産業保健専門職が必ず関与すべきであるほか，（公社）全国労働衛生団体連合会の総合精度管理事業における評価結果を参考にするなどした上で，事業場に適した委託機関を慎重に選定する。

オ　実施時期の決定

　　健康診断の方法には，一定の時期に対象者をまとめて実施する一括集中方式と，対象者を日程ごとに割り付ける通年分散方式がある。いずれの方式を採用するかは，労働者数，業務の特徴，産業保健の専門職数，外部委託する範囲など実情に応じて決定すべきである。なお，健康診断の実施時期についても，各労働者に対して定期的に実施すべきであることを考慮すると，頻繁に変更するべきではない。

カ　呼出・連絡体制の整備

　　労働者ごとの健康診断の予定については，本人とともにラインの職制にもあらかじめ周知しておく必要がある。その際，健康診断の日時，朝食や前日の夕食などの注意点，当日の服装，問診表の持参など，注意点をはっきりと明示する。

キ　再検査等の体制の整備

　　健康診断では，さまざまな理由により，再検査を実施しなければ正しい結果が得られない場合がある。そのような場合は，再検査が終了するまでは健康診断そのものが終了していないことになる。したがって，なるべく早期に再検査が実施できるように担当者と対象者の予定を調整し，再度，再検査が必要にならないように留意して実施しなければならない。

⑵　健康診断の準備

ア　前回までの記録の準備

　　過去の健康診断の結果は，事前に準備しておく必要がある。過去の記録がない場合には，問診や面談の時間を長めに設定しておく必要がある。過去の記録があれば，それらと比較することで，問診や受診者への情報還元が効果的になると考えられる。

イ　業務内容の把握

　　健康診断では，業務歴を調査し，業務に伴う有害要因のばく露による健康影響を検査し，業務を理解した上で助言や指導を行うことが特徴である。したがって，産業医をはじめ医療職は労働者の業務内容を理解して，問診，面談，判定，結果に基づく助言や指導を担当することが望ましい。業務内容について理解していない医師や看護職が担当する場合には，業務の履歴，実際にはそれらの内容を含む問診票を事前に配布し，業務内容についての理解を促しておくことが多い。問診票は，実際に働いている労働者が記入しやすい形式・用語で作成することが望まれる。

ウ　対象者の選定

　　対象者の選定は，多くの場合，有期契約労働者，短時間労働者，出向者，派遣労働者などと雇用形態が多様であること，労働者が事業場内外で異動すること，特殊健康診断の対象となる作業者を適切に把握しておくことなど，実施時期の調整も必要なことから複雑な作業になることがある。このような課題に留意しながら，漏れなく対象者を選定することが必要である。

エ　対象者への通知

　　該当労働者が健康診断を適切に受診できるように，健康診断の日時，前日からの食事，飲水，服薬などの注意点，服装，めがね，問診票の持参など受診の注意点を職場長及び本人に周知する必要がある。前回の健康診断結果が記載されている健康診断個人票又は問診票をあらかじめ職場経由で労働者に配布し，健康診断当日に持参させる場合については，個人別に封筒等に入れて必ず封をしてプライバシーが確保されることに配慮することが重要である。

オ　会場の設営

　　健康診断機関は，自らの施設に労働者を集めて健康診断を実施する場合を除いて，職場に可動式の設備を搬入して健康診断を実施する。その際，事前に連絡をとった上で，問診や検査を実施する場所，着替え場所，設備を設置する場所，検

体を置く場所，待ち合い場所などを確保する必要がある。また，天候が悪くても実施できること，聴力検査を行う場所には騒音がないこと，問診，診察，保健指導を行う場所は，外に声が漏れない場所を準備して受診者のプライバシーが確保されることに配慮することが重要である。会場を設営する際には，電源の確保，机，測定機器，遮へい板，案内表示などの設置，受診者の移動経路の効率化などに留意する。

カ　検体等の保管

血液検査・尿検査・便潜血検査・代謝物検査などの検体の取扱いは，保管方法（冷蔵等）等に注意が必要である。検体を検査機関に引き渡す際には，決して取り違えが起こらないように十分な注意が必要である。また，検体を運搬する際には，温度管理，遮光，密閉，振動，所要時間などに注意する。

キ　実施時の留意事項

健康診断を実施する際には，まず，受診者と名簿が一致していて本人であることを確認することが重要である。特に，一つひとつの検査においては，必ず受診者の姓名を呼ぶなどして確認する。同姓同名である可能性がある者については所属部署を確認することが望ましい。また，受診者の満足度に最も影響するのは，待ち時間である。事前に決められた順に各検査を受けていく場合でも，受診者の待ち具合に応じて待ち時間の少ない検査に誘導するなどして，全員の受診に要する時間を最小限にするよう努力する。

(3)　一般健康診断

ア　一般健康診断の共通事項

一般健康診断とは，安衛法第66条第1項に定められた健康診断のことを指し，事業者が，労働者の一般的な健康状態を把握した上で，適切な就業上の措置や保健指導を実施することを目的としている。一般健康診断の中には，定期健康診断をはじめとして5種類の健康診断（雇入時の健康診断，定期健康診断，特定業務従事者の健康診断，海外派遣労働者の健康診断及び給食従業員の検便）があり，それぞれの実施項目が安衛則で規定されている（**表7－4**）。

一般健康診断は，事業者が費用を負担して医師が実施しなければならない。健康診断の結果は記録し，5年間保存しておかなければならない。常時使用する労働者数が50人以上の事業場の事業者は，所轄労働基準監督署長に所定の様式に沿って，定期健康診断と特定業務従事者の健康診断について，実施者数と有所見者数を報告しなければならない。なお，派遣労働者については，労働者派遣事業

表７－４　一般健康診断の種類

```
1  雇入時の健康診断（安衛則第43条）
2  定期健康診断（安衛則第44条）
3  特定業務従事者の健康診断（安衛則第45条）
4  海外派遣労働者の健康診断（安衛則第45条の２）
5  給食従業員の検便（安衛則第47条）
```

の適正な運営の確保及び派遣労働者の就業条件の整備等に関する法律（労働者派遣法）第45条に基づいて，派遣元の事業者が実施しなければならないことになっている。

イ　雇入時の健康診断

　雇入時の健康診断は，常時使用する労働者を雇い入れるとき（雇入れの直前又は直後）に，雇い入れた際の適正配置や入職後の健康管理の基礎資料を得ることを目的として，**表７－５**に示す項目を実施するものである。雇入時の健康診断は，採用選考のための健康診断ではないことに注意する必要がある。すなわち，雇入時の健康診断は，応募者の採否を決定するために実施するものでなく，採用が決まった者の適正配置を行うために実施するものである。また，雇入時の健康診断では，原則として検査する項目を省略することはできない。

ウ　定期健康診断

　定期健康診断は，常時使用する全ての労働者を対象に，**表７－６**の項目について１年以内ごとに１回，定期に実施するものである。ただし，医師が必要でないと認めるときは，次の項目について省略できる。また，聴力の検査は，45歳未満の者（35歳及び40歳の者を除く）については，医師が適当と認める聴力（1,000Hz 又は4,000Hz の音に係る聴力を除く）の検査に代えることができる。

・身長の検査：20歳以上の者
・腹囲の測定：①40歳未満の者（35歳の者を除く），②妊娠中の女性等，③BMIが20未満の者，④BMI が22未満で自己申告した者
・胸部エックス線検査：40歳未満の者(20歳，25歳，30歳及び35歳の者を除く。)で次のいずれにも該当しない者。①病院等一定の施設で業務に従事する者，②常時粉じん作業に従事する労働者でじん肺管理区分が管理１の者又は従事させたことのある労働者で現に粉じん作業以外の常時従事している管理２の労働者
・喀痰検査：①胸部エックス線検査によって病変の発見されない者，②同検査によって結核発病のおそれがないと診断された者，③胸部エックス線検査の項に掲げる者
・貧血検査，肝機能検査，血中脂質検査，血糖検査及び心電図検査：40歳未満の

表7－5　雇入時の健康診断項目（安衛則第43条）

1　既往歴及び業務歴の調査
2　自覚症状及び他覚症状の有無の検査
3　身長，体重，腹囲，視力及び聴力（1,000Hz 及び4,000Hz）の検査
4　胸部エックス線検査
5　血圧の測定
6　貧血検査（血色素量及び赤血球数の検査）
7　肝機能検査（GOT，GPT，γ-GTP）
8　血中脂質検査（LDLコレステロール，HDLコレステロール，血清トリグリセライド）
9　血糖検査
10　尿検査（尿中の糖及び蛋白の検査）
11　心電図検査

表7－6　定期健康診断項目（安衛則第44条）

1　既往歴及び業務歴の調査
2　自覚症状及び他覚症状の有無の検査
3　身長，体重，腹囲，視力及び聴力（1,000Hz 及び4,000Hz）の検査
4　胸部エックス線検査及び喀痰検査
5　血圧の測定
6　貧血検査（血色素量及び赤血球数の検査）
7　肝機能検査（GOT，GPT，γ-GTP）
8　血中脂質検査（LDLコレステロール，HDLコレステロール，血清トリグリセライド）
9　血糖検査
10　尿検査（尿中の糖及び蛋白の検査）
11　心電図検査

者（35歳の者を除く）

　なお，定期健康診断の健康診断項目の省略に当たっては年齢等により機械的に決定するのではなく，個々の労働者について，医師が健康診断時点の健康状態，日常生活状況，作業態様，過去の健康診断の結果，労働者本人の希望等を十分考慮して総合的に判断すべきとされている（平成10年6月24日付け基発第396号）。

　定期健康診断は，雇入時健康診断，海外派遣労働者の健康診断又は特殊健康診断を受けたものについては，実施の日から1年間に限り，当該健康診断の項目に相当する項目を省略して行うことができる。

エ　**特定業務従事者の健康診断**

　特定業務従事者の健康診断は，深夜業を含め，衛生上有害な業務など**表7－7**の業務に常時従事している労働者を対象に，これらの業務による有害な健康影響がないかどうかを確認するために，当該業務への配置替えの際及び6カ月以内ごとに1回，定期に実施するものである。

表7－7　特定業務従事者の健康診断を実施すべき労働者が従事する業務
（安衛則第13条第1項第3号）

1　多量の高熱物体を取り扱う業務及び著しく暑熱な場所における業務
2　多量の低温物体を取り扱う業務及び著しく寒冷な場所における業務
3　ラジウム放射線，エックス線その他の有害放射線にさらされる業務
4　土石，獣毛等のじんあい又は粉末を著しく飛散する場所における業務
5　異常気圧下における業務
6　さく岩機，鋲打機等の使用によって身体に著しい振動を与える業務
7　重量物の取り扱い等重激な業務
8　ボイラー製造等強烈な騒音を発する場所における業務
9　坑内における業務
10　深夜業を含む業務
11　水銀，砒素，黄りん，弗化水素酸，塩酸，硝酸，硫酸，青酸，苛性アルカリ，石灰酸
　　その他これらに準ずる有害物を取り扱う業務
12　鉛，水銀，クロム，砒素，黄りん，弗化水素，塩素，塩酸，硝酸，亜硫酸，硫酸，一
　　酸化炭素，二硫化炭素，青酸，ベンゼン，アニリンその他これらに準ずる有害物のガス，
　　蒸気，粉じんを発散する場所における業務
13　病原体によって汚染のおそれが著しい業務
14　その他厚生労働大臣が定める業務

　実施しなければならない法定項目は，一般定期健康診断の項目と同じである。ただし，胸部エックス線及び喀痰検査は，1年以内ごとに1回，定期に実施すれば足りるとされている。また，前回の健康診断において，貧血検査，肝機能検査，血中脂質検査，血糖検査及び心電図検査を受けた者については，医師が必要でないと認めるときは，当該項目の全部又は一部を省略することができる（安衛則第45条第2項）。

　また，特定業務従事者の健康診断でも，定期健康診断と同様の項目について医師が必要でないと認めるときは省略できる（安衛則第45条第3項）。さらに，聴力の検査についても同様に，健康診断を受けた者又は45歳未満の者（35歳及び40歳の者を除く）について，医師が適当と認める聴力の検査をもって代えられる（安衛則第45条第4項）。

　特定業務従事者の健康診断は，雇入時の健康診断，海外派遣労働者の健康診断，又は特殊健康診断を受けた者については，実施の日から6カ月間に限り，当該健康診断の項目に相当する項目を省略して行うことができる（安衛則第45条第3項）。

オ　海外派遣労働者の健康診断

　労働者を海外に6カ月以上派遣しようとするとき，又は海外に6カ月以上派遣した労働者を国内の業務に従事させるときは，定期健康診断項目（**表7－6**，239頁）に加え，**表7－8**の健康診断項目のうち医師が必要であると認める項目につ

表7-8　海外派遣労働者に対し追加する健康診断項目

1　労働者を海外に派遣する場合 　①腹部画像検査 　②血液中の尿酸の量の検査 　③B型肝炎ウイルス抗体検査 　④ABO式及びRh式の血液型検査 2　労働者が海外から帰国する場合 　①腹部画像検査 　②血液中の尿酸の量の検査 　③B型肝炎ウイルス抗体検査 　④糞便塗抹検査

いて，医師による健康診断を行わなければならない（安衛則第45条の2）。

　雇入時健康診断，定期健康診断，特定業務従事者健康診断，特殊健康診断を受けたものについては，実施の日から6カ月間に限り，当該健康診断の項目に相当する項目を省略して行うことができる（安衛則第45条の2第3項）。

⑷　特殊健康診断

　特殊健康診断とは，労働衛生上健康に有害な業務に従事する労働者を業務上疾病から予防するために行う健康診断である。特別の健診項目によるもので，業務の種類によって項目も異なる。

　法令による特殊健康診断には，じん肺法に規定されている「じん肺健康診断」と，安衛法第66条第2項及び第3項で定める有害業務従事者に対する特殊健康診断がある（表7-9）。

表7-9　法令による特殊健康診断の種類

1　じん肺健康診断（じん肺法第3条） 2　安衛法第66条第2項及び第3項で定める有害業務従事者に対する特殊健康診断 　①高気圧作業健康診断（高気圧作業安全衛生規則第38条） 　②電離放射線健康診断（電離放射線障害防止規則第56条） 　③特定化学物質健康診断（特定化学物質障害予防規則（特化則）第39条） 　④鉛健康診断（鉛中毒予防規則（鉛則）第53条） 　⑤四アルキル鉛健康診断（四アルキル鉛中毒予防規則第22条） 　⑥有機溶剤健康診断（有機溶剤中毒予防規則（有機則）第29条） 　⑦石綿健康診断（石綿障害予防規則第40条） 　⑧除染等業務従事者健康診断（除染電離則※ 第20条） 　⑨歯科特殊健康診断（安衛則第48条）

※「東日本大震災により生じた放射性物質により汚染された土壌等を除染するための業務等に係る
　電離放射線障害防止規則」

　特殊健康診断の実施は，事業者に義務付けられているが，その経費は全額事業者負担であり，所定時間内に実施すべきであり，もし，所定労働時間外に実施したときは受診する労働者に対して割増賃金を支払うことになる。

　一般健康診断の場合は標的となる疾病は多種多様であり，端的にいえば労働者の全ての疾病や健康障害を対象としているのに対して，特殊健康診断の場合は，ある特定の健康障害を対象としている。つまり標的が一つにしぼられている。

　その半面，類似のほかの疾患との判別と業務起因性についての判断が一般健康診断よりも一層強く求められる。

　その他，特殊健康診断の実施に当たり留意すべき事項として以下の点が挙げられる。

・業務歴と既往症の調査は，一般健康診断より，しっかりと聴取する必要がある。また，就業に伴う生活状況の変化を忘れないよう聴取する。
・現在の作業内容及び有害条件へのばく露状態を把握する必要がある。
・特殊健康診断の結果として得られた異常所見の業務起因性を判断することは，事後措置を進める上で重要である。
・有害業務への配置替えの際に行う特殊健康診断の結果は，業務適性の判断と，その後の業務による影響を調べるための基礎資料とする。

化学物質取扱業務従事者に係る特殊健診項目の見直しが令和2年7月に行われた。

　令和4年5月31日付けの省令第91号で，有機溶剤，特定化学物質（特別管理物質等を除く），鉛，四アルキル鉛に関する特殊健康診断の実施頻度について，作業環境管理やばく露防止対策等が実施されている場合は，1年以内ごとに1回に緩和できることとなった。

ア　じん肺健康診断 関連ページ　74頁 >

　じん肺健康診断は，他の特殊健康診断とは異なり，安衛法ではなくじん肺法に規定されている。事業者は，常時粉じん作業に従事する労働者を対象に，就業時及びその後は**表7－10**に規定する頻度で定期に，そして**表7－11**に示す離職時に，じん肺健康診断を実施しなければならない。じん肺健康診断の検査項目は**表7－12**に，じん肺健康診断を受診した結果に基づく管理区分の決定の流れは，**図7－1**（244頁）に示したとおりである。

　じん肺健康診断を実施した結果，じん肺の所見があると診断された場合，事業者は，当該労働者の健康診断時のエックス線写真とじん肺健康診断結果証明書を都道府県労働局長に提出しなければならない。都道府県労働局長は，地方じん肺

表7－10　じん肺定期健康診断

粉じん作業従事との関連	管理区分	健康診断の頻度
常時粉じん作業に従事	1	3年以内ごとに1回
	2，3	1年以内ごとに1回
常時粉じん作業に従事したことがあり，現在は非粉じん作業に従事	2	3年以内ごとに1回
	3	1年以内ごとに1回

表7－11　じん肺の離職時健康診断

粉じん作業従事との関連	管理区分	直前のじん肺健康診断から離職までの期間
常時粉じん作業に従事	1	1年6月以上
	2，3	6月以上
常時粉じん作業に従事したことがあり，現在は非粉じん作業に従事	2，3	6月以上

表7－12　じん肺健康診断の検査項目

1　職歴の調査
2　エックス線写真による検査（直接撮影による胸部全域のエックス線写真）
3　胸部に関する臨床検査
　　既往歴の調査
　　胸部の自覚症状及び他覚所見の有無の検査
4　肺機能検査
　　スパイロメトリー及びフローボリューム曲線による検査
　　動脈血ガス分析検査（スパイロメトリー等でじん肺による著しい肺機能障害の疑いがあると診断された場合，及びエックス線写真の像が第三型又は第四型（じん肺による大陰影の大きさが一側の肺野の3分の1以下のものに限る。）と認められる場合。）
5　結核精密検査(注)
　　結核菌検査
　　エックス線特殊撮影による検査
　　赤血球沈降速度検査
　　ツベルクリン反応検査
6　合併症の検査(注)
　　結核菌検査
　　痰に関する検査（喀痰細胞診）
　　エックス線特殊撮影による検査（胸部らせんCT検査）
(注)疾病にり患しているおそれがない場合や医師が必要でないと認める場合などに一部の検査は省略できる

　診査医の審査結果を踏まえ，じん肺管理区分を決定し，事業者に通知する。

　ここで，じん肺の所見があり，かつ，合併症にかかっている疑いがあると診断された者については，例えば肺がんに関する検査の場合，胸部らせんCT検査と

（注1）従来管理2以上であった労働者が管理1となった場合には，随時申請を行うこと。
（注2）事業者による提出の場合：事業者へ
　　　 随時申請の場合：随時申請者へ

図7−1　じん肺管理区分決定の流れ

喀痰細胞診を行わなければならない。ただし，じん肺管理区分が管理2で現在非粉じん作業に常時従事している労働者については，じん肺法に基づく定期のじん肺健康診断は3年以内ごとに1回なので，定期のじん肺健康診断が行われない年には安衛法令に基づく一般の定期健康診断の機会を捉えて，胸部に関する検査を行わなければならない。じん肺法では，じん肺管理区分に応じた就業上の措置が定められている。なお，じん肺管理区分が管理2及び管理3の労働者には，離職後も健康管理手帳が交付され，国がじん肺健康診断を受診する機会を無料で提供している。また，事業者は，じん肺健康診断に関する健康診断個人票やエックス線写真を，7年間保存しなければならない。

イ　有機溶剤健康診断

　事業者は，有機溶剤業務に常時従事する労働者を対象に，雇入れの際，当該業務への配置替えの際及びその後6カ月以内ごとに1回定期に，実施しなければならない。配置前に健康診断を実施する目的は，予定されている業務への適性を評価して，持病が増悪するおそれがある場合などで不適切と判断されれば，配属予定を変更することが求められる。健康診断項目は，**表7−13**に示した項目とともに，一部の有機溶剤については，有機溶剤の尿中代謝物の測定など個別の付加項

表7−13 有機溶剤健康診断の実施項目

1　業務の経歴の調査
2　作業条件の簡易な調査
3　有機溶剤による健康障害の既往歴並びに自覚症状及び他覚症状の既往歴の有無の検査，有機則別表のうち5に関する検査項目（表7−14のそれぞれの有機溶剤についての検査項目）についての既往の検査結果の調査並びに6～8及び10～13の項目についての既往の異常所見の有無の調査
4　有機溶剤による自覚症状又は他覚症状と通常認められる症状の有無の検査
5　尿中の有機溶剤の代謝物の量の検査（前回の健康診断でこの検査を受け，医師が必要でないと認めるときは省略できる）
6　貧血検査（血色素量，赤血球数）
7　肝機能検査（GOT，GPT，γ-GTP）
8　眼底検査
〈上記の他，医師が必要と認める者に行う追加項目（全部又は一部実施）〉
9　作業条件の調査
10　貧血検査
11　肝機能検査
12　腎機能検査
13　神経学的検査

※5～8は，有機則別表に定められた有機溶剤について実施すべき項目

表7−14 有機則で規定された有機溶剤の生物学的モニタリング

有機溶剤の種類	検査項目	採取に適した時期
キシレン	尿中のメチル馬尿酸	連続した作業日の2日目以降の作業終了時
N,N−ジメチルホルムアミド	尿中の N−メチルホルムアミド	同上
トルエン	尿中の馬尿酸	同上
ノルマルヘキサン	尿中の2,5−ヘキサンジオン	同上
1,1,1−トリクロルエタン	尿中のトリクロル酢酸又は総三塩化物	連続した作業の後の作業日の作業終了時

目が定められている（尿中代謝物は**表7−14**）。

ウ　特定化学物質健康診断

　　事業者は，特定化学物質（第3類物質並びにエチレンオキシド及びホルムアルデヒドを除く。）を製造する業務や取り扱う業務に常時従事する労働者を対象に，特定化学物質健康診断を実施しなければならない。雇入れの際，当該業務への配置替えの際及びその後6カ月以内ごとに1回，定期に実施しなければならない。健康診断項目は，特定化学物質の種類によって異なる項目が定められている。また，この健康診断（第一次健康診断）で所見があった場合には，第二次健康診

断を行わなければならないと定められている。特定化学物質の特殊健康診断を実施する対象となる労働者のうち，重クロム酸，ベンゼン，塩化ビニルなどの特別管理物質を取り扱う業務や，コークス炉の業務などに従事していたものについては，発がんなど長期間が経過した後に健康障害の発生のおそれがあることから，事業者は，これらの業務に従事したことのある労働者で現に使用しているものについても特殊健康診断の対象者としなければならない。

　特定化学物質のうち，特別管理物質に係る特定化学物質健康診断個人票については，30年間保存しなければならない。特別管理物質の製造等行う事業者が事業を廃止しようとするときは，この個人票等について労働基準監督署長に提出する必要がある。

エ　石綿健康診断

　事業者は，石綿等を取り扱う業務や試験研究のため製造する業務に常時従事する労働者及び石綿等の粉じんを発散する場所における業務（周辺業務）に従事する労働者に石綿健康診断を実施しなければならない。これらの業務に従事させたことのある労働者で現に使用しているものについても同様である。雇入れの際，当該業務への配置替えの際，及びその後6カ月以内ごとに1回，定期に実施しなければならない。健康診断項目は，業務歴，自覚症状，他覚症状，胸部エックス線直接撮影である。これらの検査結果に異常の疑いがある者で，医師が必要と認めるものについては，作業条件の調査のほか，胸部エックス線直接撮影の結果をもとに医師が必要と認めるときは，特殊なエックス線撮影による検査，喀痰細胞診又は気管支鏡検査を実施しなければならない。石綿健康診断個人票は，常時当該業務に従事しないこととなった日から40年間保存しなければならない。事業を廃止しようとするときは特定化学物質と同様，個人票等について労働基準監督署長に提出する必要がある。

オ　鉛健康診断

　事業者は，鉛業務に常時従事する労働者を対象に，鉛健康診断を実施しなければならない。雇入れの際又は当該業務への配置替えの際，そして，その後は6カ月以内ごとに1回，定期に（はんだ付け等一部の業務については年1回）実施しなければならない。健康診断項目は，表7−15に示したとおりである。

カ　四アルキル鉛健康診断

　事業者は，四アルキル鉛等業務に常時従事する労働者を対象に，四アルキル鉛健康診断を実施しなければならない。雇入れの際，当該業務への配置替えの際，及びその後6カ月以内ごとに1回，定期に実施しなければならない。健康診断項

表7－15　鉛健康診断の実施項目

1　業務の経歴の調査
2　作業条件の簡易な調査
3　鉛による自覚症状及び他覚症状の既往歴の有無の検査並びに5，6の項目についての既往の検査結果の調査
4　鉛による自覚症状及び他覚症状と通常認められる症状の有無の検査
5　血液中の鉛の量の検査
6　尿中のデルタアミノレブリン酸の量の検査
　　（前回の健康診断で5，6についての検査を受け，医師が必要でないと認めるときは省略できる）
〈医師の判断により追加する項目〉
7　作業条件の調査
8　貧血検査
9　赤血球中のプロトポルフィリンの量の検査
10　神経学的検査

表7－16　四アルキル鉛健康診断の実施項目

1　業務の経歴の調査
2　作業条件の簡易な調査
3　四アルキル鉛による自覚症状及び他覚症状の既往歴の有無の検査並びに5，6の項目についての既往の検査結果の調査
4　いらいら，不眠，悪夢，食欲不振，顔面蒼白，倦怠感，盗汗，頭痛，振顫，四肢の腱反射亢進，悪心，嘔吐，腹痛，不安，興奮，記憶障害その他の神経症状又は精神症状の自覚症状又は他覚症状の有無の検査
5　血液中の鉛の量の検査（前回の健康診断で検査を受け，医師が必要でないと認めるときは省略できる）
6　尿中のデルタアミノレブリン酸の量の検査（前回の健康診断で検査を受け，医師が必要でないと認めるときは省略できる）
〈医師の判断により追加する項目〉
7　作業条件の調査
8　貧血検査
9　赤血球中のプロトポルフィリンの量の検査
10　神経学的検査

目は，**表7－16**のとおり。

キ　電離放射線健康診断

　事業者は，放射線業務に常時従事する労働者で管理区域に立ち入るものを対象に，電離放射線健康診断を実施しなければならない。雇入れの際，当該業務への配置替えの際，及びその後6カ月以内ごとに1回，定期に実施しなければならない。

　電離放射線健康診断個人票を作成し，30年間保存しなければならない。ただし，当該記録を5年間保存した後に，厚生労働大臣が指定する機関に引き渡すことができる。健康診断項目を**表7－17**に示す。

表7－17　電離放射線健康診断の実施項目

1　被ばく歴の有無（被ばく歴を有する者については，作業の場所，内容及び期間，放射線障害の有無，自覚症状の有無その他放射線による被ばくに関する事項）の調査及びその評価
2　白血球数及び白血球百分率の検査
3　赤血球数の検査及び血色素量又はヘマトクリット値の検査
4　白内障に関する眼の検査
5　皮膚の検査

　これらの健康診断項目は，次の条件で省略することができる。

①　雇入時，配置替えの健康診断で，使用する線源の種類によっては，白内障に関する眼の検査を省略できる。

②　定期の電離放射線健康診断において，医師が不要と判断した際は，被ばく歴の調査とその評価以外の項目を省略できる。

③　放射線の被ばく量が省令で定められた線量より少ない場合は(注)，医師が必要と判断したときのほか，被ばく歴の調査とその評価以外の項目は実施の必要はない。

　なお，除染等業務従事者の健康診断の実施項目についても，電離放射線健康診断と，同様である（除染電離則第20条）。

ク　歯科医師による健康診断

　事業者は，塩酸，硝酸，硫酸，亜硫酸，弗化水素，黄りんその他歯又はその支持組織に有害な物のガス，蒸気又は粉じんを発散する場所における業務に常時従事する労働者に対し，歯科医師による健康診断を実施しなければならない。歯科医師による健康診断は，雇入れの際，当該業務への配置替えの際及びその後6カ月以内ごとに1回，定期に実施しなくてはならない。なおその結果は労働者の数にかかわらず，所轄労働基準監督署に報告しなければならない。

(5)　リスクアセスメント対象物健康診断

　化学物質のリスクアセスメントを実施した結果，労働者がリスクアセスメント対象物にばく露された濃度が厚生労働省が示す濃度基準値を超えているおそれがある場合は，医師又は歯科医師が必要と認める項目について医師又は歯科医師による健康診断（リスクアセスメント対象物健康診断）を実施しなければならない。労働者が化学物質を大量に吸引したときやばく露を抑制する措置に不備があった場合も同様である。

（注）健康診断日の属する年の前年1年間に受けた実効線量が5mSvを超えず，かつ，当該健康診断日の属する1年間に5mSvを超えるおそれがない場合

濃度基準値を超えるばく露のおそれがない場合は，リスクアセスメントの結果に基づき，労働者の意見を聴き，事業者が必要と判断した場合は，リスクアセスメント対象物健康診断を実施しなければならない。この健康診断を実施した結果については，記録を作成して5年間（がん原性物質に係るものは30年間）保管し，本人に通知し，医師の意見を聴いて必要な措置を講じるなど特殊健康診断と同様に取り扱う。リスクアセスメントを実施した結果，健康障害発生リスクが高いと判断された労働者がいない場合は，この健康診断を実施する必要はない。

(6)　指導勧奨による特殊健康診断　関連ページ　54頁，97頁，161頁

ア　騒音健康診断

　　強烈な騒音下の作業は，安衛則第45条で規定されている特定業務従事者健康診断（**表7-7**，241頁）の対象となっている。「騒音障害防止のためのガイドライン」（平成4年10月1日付け基発第546号，最終改正：令和5年4月20日付け基発0420第2号）では，約60種類の騒音作業場が対象になっている。事業者は，それらの作業場における業務に常時従事する労働者を対象に，雇入れの際，当該業務への配置替えの際，及びその後6カ月以内ごとに1回，定期に既往歴・業務歴の調査，自覚・他覚症状の有無の検査のほか，必要な聴力検査を内容とする騒音健康診断を実施するよう勧奨している。

イ　腰痛健康診断　関連ページ　110頁，194頁

　　「職場における腰痛予防対策指針」（平成25年6月18日付け基発0618第1号，最終改正：令和2年8月28日付け基発0828第1号）は，事業者が，重量物取扱い作業や介護・看護作業など腰部に強い負担がかかる作業に常時従事する労働者を対象に，**表7-18**に示された腰痛予防のための健康診断を実施することとしている。当該作業に配置する際（再配置する場合を含む。），及びその後6カ月以内ごとに1回，定期に実施する。

ウ　情報機器作業健康診断　関連ページ　109頁，196頁

　　「情報機器作業における労働衛生管理のためのガイドライン」（令和元年7月12日付け基発0712第3号，最終改正：令和3年12月1日付け基発1201第7号）は，事業者が情報機器作業による健康障害を防止するため，**表6-11**（197頁）に示された2つの作業区分に応じて健康診断を実施するよう勧奨している。当該作業に配置する際（再配置する場合を含む）には，情報機器作業に従事する全ての者に，その後，**表6-11**の「作業時間又は作業内容に相当程度拘束性があると考えられるもの」及び「それ以外のもの」で自覚症状を訴える者には，1年以内ごと

表7－18　腰痛健康診断の実施項目

1　配置前健康診断
①既往歴（腰痛に関する病歴及びその経過）及び業務歴の調査
②自覚症状（腰痛，下肢痛，下肢筋力減退，知覚障害等）の有無の検査
③脊柱の検査：姿勢異常，脊柱の変形，脊柱の可動性及び疼痛，腰背筋の緊張及び圧痛
　脊椎棘突起の圧痛等の検査
④神経学的検査：神経伸展試験，深部腱反射，知覚検査，筋萎縮等の検査
⑤脊柱機能検査：クラウス・ウェーバーテスト又はその変法（腹筋力，背筋力等の機能
　のテスト）
⑥医師が必要と認める者について画像診断と運動機能テスト等
2　定期健康診断
1の①と②
（①，②の結果，医師が必要と認める者に行う追加項目）
　・1の③，④，⑥

表7－19　情報機器作業健康診断の実施項目

1　配置前健康診断
　①業務歴の調査，②既往歴の調査，③自覚症状の有無の調査（眼疲労を主とする視器
に関する症状，上肢，頸肩腕部及び腰背部を主とする筋骨格系の症状及びストレスに関
する症状），④眼科学的検査（視力，屈折，眼位及び調節機能），⑤筋骨格系に関する検
査（上肢の運動機能，圧痛点等，その他医師が必要と認める検査）
2　定期健康診断
　①業務歴の調査，②既往歴の調査，③自覚症状の有無の調査（眼疲労を主とする視器
に関する症状，上肢，頸肩腕部及び腰背部を主とする筋骨格系の症状及びストレスに関
する症状），④眼科学的検査（視力，40歳以上の者に対しては調節機能の検査及び医師
の判断により眼位の検査。ただし，自覚症状の有無の調査において特に異常が認められ
ず，視力がいずれも，片眼視力（裸眼又は矯正）で両眼とも0.5以上が保持されている
者については省略可），その他医師が必要と認める検査，⑤筋骨格系に関する検査（上
肢の運動機能，圧痛点等，その他医師が必要と認める検査）

に1回，定期に実施する。健康診断の実施項目は**表7－19**のとおり。一般定期健
康診断と併せて実施しても差し支えない。

エ　**振動健康診断**　　　　　　　　　　　　関連ページ　98頁，164頁

　「振動工具（チエンソー等を除く。）の取扱い等の業務に係る特殊健康診断につ
いて」（昭和49年1月28日付け基発第45号），「振動工具の取扱い業務に係る特殊
健康診断の実施手技について」（昭和50年10月20日付け基発第609号）及び「チエ
ンソー取扱い業務に係る健康管理の推進について」（昭和50年10月20日付け基発
第610号，最終改正：平成21年7月10日付け基発0710第1号）は，事業者が，振動
工具の取扱いなどの業務に常時従事する労働者に対し，歯科医師による健康診断
を含む特殊健康診断（定期に限る）を実施することとしている。雇入れの際，打

表7−20　振動作業健康診断の実施項目

1　第一次健康診断
①職歴等の検査　　　②問診　　　③視診，触診　　　④握力検査　　　⑤血圧測定
⑥末梢循環機能検査（常温における手指の爪圧迫テスト及び皮膚温）
⑦末梢神経機能検査（常温における手指などの痛覚及び振動覚）
⑧手関節及び肘関節のエックス線検査（雇入時又は配置替時に限る）
2　第二次健康診断
①末梢循環機能検査（常温及び冷却負荷における手指の爪圧迫テスト及び皮膚温）
②末梢神経機能検査（常温及び冷却負荷における手指などの痛覚及び振動覚）
③運動機能検査
3　健康診断の結果，医師が特に必要と認めた者（医師が必要と認める項目）
①末梢循環機能検査（常温及び冷却負荷における指尖容積脈波）
②末梢神経機能検査（常温及び冷却負荷における指先の温痛覚及び冷痛覚）
③聴力検査　　　④心電図又は負荷心電図
⑤手関節及び肘関節のエックス線検査（特に必要とされる場合に限る）

撃式工具等の強振動工具業務への配置替えの際及びその後6カ月以内ごとに1回，その他の工具は1年以内ごとに1回行うこととされている。なお，振動障害の有無を評価するには影響が現れやすい冬季が適している。健康診断項目は**表7−20**のとおり。

オ　レーザー健康診断

「レーザー光線による障害の防止対策について」（昭和61年1月27日付け基発第39号。最終改正：平成17年3月25日付け基発第325002号）は，事業者が，レーザー機器を7クラスに分け，クラスに応じて，講ずべき対策を示している。その中で，一部のレーザー業務に従事する労働者を対象に，雇入時及び配置替えの際に，視力検査に併せて前眼部（水晶体，角膜）検査及び眼底検査を行うこととしている。

カ　その他の通達による健康診断

昭和31年以降，行政指導によって健康診断が勧奨されている業務の一覧と根拠通達を**表7−21**にまとめて示す。

(7)　深夜業従事者の自発的健康診断

安衛法第66条の2は，深夜業に従事する労働者の健康管理を充実させる目的で，深夜業の自発的健康診断について規定している。これは，深夜業従事者が，健康に不安を感じ，次回の健康診断を待てない場合に，自ら健康診断を受診して，その結果を事業者に提出することができるようにしたものである。

表7−21　行政指導による健康診断が勧奨される業務と根拠通達

業務の種類	根拠通達
紫外線・赤外線にさらされる業務	昭和31年5月18日基発第308号
著しい騒音を発生する屋内作業場などにおける騒音作業	平成4年10月1日基発第546号 令和5年4月20日基発第0420第2号改正
黄りんを取り扱う業務，又はりんの化合物のガス，蒸気もしくは粉じんを発散する場所における業務	昭和31年5月18日基発第308号
有機りん剤を取り扱う業務又はそのガス，蒸気もしくは粉じんを発散する場所における業務	昭和31年5月18日基発第308号
亜硫酸ガスを発散する場所における業務	昭和31年5月18日基発第308号
二硫化炭素を取り扱う業務又はそのガスを発散する場所における業務（有機溶剤業務に係るものを除く）	昭和31年5月18日基発第308号 昭和45年8月7日基発第572号改正
ベンゼンのニトロアミド化合物を取り扱う業務又はそれらのガス，蒸気若しくは粉じんを発散する場所における業務	昭和31年5月18日基発第308号
脂肪族の塩化又は臭化化合物（有機溶剤として法規に規定されているものを除く）を取り扱う業務又はそれらのガス，蒸気もしくは粉じんを発散する場所における業務	昭和31年5月18日基発第308号 昭和45年8月7日基発第572号改正
砒素化合物（アルシン又は砒化ガリウムに限る）を取り扱う業務又はそのガス，蒸気もしくは粉じんを発散する場所における業務	昭和34年5月14日基発第359号
フェニル水銀化合物を取り扱う業務又はそのガス，蒸気もしくは粉じんを発散する場所における業務	昭和40年5月12日基発第513号
アルキル水銀化合物（アルキル基がメチル基又はエチル基であるものを除く）を取り扱う業務又はそのガス，蒸気もしくは粉じんを発散する場所における業務	昭和40年5月12日基発第513号
クロルナフタリンを取り扱う業務又はそのガス，蒸気もしくは粉じんを発散する場所における業務	昭和40年5月12日基発第513号
沃素を取り扱う業務又はそのガス，蒸気もしくは粉じんを発散する場所における業務	昭和40年5月12日基発第513号
米杉，ネズコ，リョウブ又はラワンの粉じん等を発散する場所における業務	昭和45年1月7日基発第2号
超音波溶着機を取り扱う業務	昭和46年4月17日基発第326号
メチレンジフェニルイソシアネート（M.D.I）を取り扱う業務又はそのガスもしくは蒸気を発散する場所における業務	昭和40年5月12日基発第518号
フェザーミル等飼肥料製造工程における業務	昭和45年5月8日基発第360号
クロルプロマジン等フェノチアジン系薬剤を取り扱う業務	昭和45年12月12日基発第889号
キーパンチャーの業務	昭和39年9月22日基発第1106号
都市ガス配管工事業務（一酸化炭素）	昭和40年12月8日基発第1598号
地下駐車場における業務（排気ガス）	昭和46年3月18日基発第223号
チェーンソー使用による身体に著しい振動を与える業務	昭和50年10月20日基発第610号 平成21年7月10日基発0710第1号改正
チェーンソー以外の振動工具の取扱いの業務	昭和50年10月20日基発第608号 平成21年7月10日基発0710第2号改正
重量物取扱い作業，介護・看護作業等腰部に著しい負担のかかる作業	平成25年6月18日基発0618第1号
金銭登録の業務	昭和48年3月30日基発第188号 令和4年3月1日基発第0301第1号改正
引金付工具を取り扱う業務	昭和50年2月19日基発第94号 令和4年3月1日基発第0301第1号改正
情報機器作業	令和元年7月12日基発0712第3号 令和3年12月1日基発第1201第7号改正
レーザー機器を取扱う業務又はレーザー光線にさらされるおそれのある業務	昭和61年1月27日基発第39号 平成17年3月25日基発第325002号改正

表7－22　二次健康診断及び特定保健指導の内容

```
【二次健康診断】
　①　空腹時血中脂質検査
　②　空腹時血糖値検査（空腹時の血中グルコース量の検査）
　③　ヘモグロビンＡ1ｃ検査（一次健康診断において行った場合を除く）
　④　負荷心電図検査又は胸部超音波検査（心エコー検査）
　⑤　頸部超音波検査（頸部エコー検査）
　⑥　微量アルブミン尿検査（一次健康診断において尿蛋白検査の所見が疑陽性（±）又
　　　は弱陽性（＋）である場合）
【特定保健指導】
　①　栄養指導
　②　運動指導
　③　生活指導
```

(8)　二次健康診断及び特定保健指導

　高血圧，耐糖能異常（高血糖又は糖尿病），脂質異常症，肥満を併せ持つ労働者は，脳血管疾患や虚血性心疾患を発症するリスクが高い。労働者の業務上の事由による脳血管疾患や心臓疾患の予防・早期発見のために労災保険による二次健康診断等給付制度がある。一般健康診断において，血圧，血中脂質，血糖，BMI の４項目全てが有所見であり，かつ，脳血管疾患や心疾患の症状を有しない労働者が，**表7－22**に示された二次健康診断及び特定保健指導[注]を自己負担なし（労働者災害補償保険（労災保険）から給付される）で指定医療機関で受診することができる。

(9)　肝炎ウイルス検査

関連ページ　232頁

　Ｂ型肝炎ウイルス坑原やＣ型肝炎ウイルス坑体の検査は，安衛法に定められた検査ではないが，厚生労働省は，「労働者に対する肝炎ウイルス検査の受診勧奨等の周知について」（平成20年４月１日付け基発第0401026号）を示し，事業者に対して，職場での健康診断時に，労働者がこれらの検査を受診することができる機会を与えるよう勧奨している。ただし，その際は，労働者の同意に基づいて実施することとし，結果の通知に関しては医療機関から直接本人に通知させ，本人からの申告がない限り事業者が知る必要はないことに配慮することとされている。

(10)　任意の健康診断

ア　復職時健康診断

　　法的な義務はないが傷病で休職した労働者が復職する際に，健康診断が実施さ

(注) 高齢者の医療の確保に関する法律に基づく特定保健指導とは異なる。

れることがある。これは，産業医が主治医の意見書や診断書などを見て，傷病の回復状況や就業適性を評価し，就業上の措置が必要かどうか判断して，事業者に意見するためのものである。

　復職時の健康診断の記録には病名や治療状況など個人情報が多く含まれ，取扱いには注意が必要である。まず，健康診断の際に得られた情報を事業者に伝える際は，医療情報をそのまま伝えるのではなく，就業上の配慮に必要な非医療情報に変換して伝えることが望ましい。また，健康情報の保存も，法的に守秘義務のある医師や看護職が保存することが望ましい。

イ　離職時健康診断

　じん肺法第9条の2に基づいて実施される離職時のじん肺健康診断を除いて，法令には離職時の健康診断に関する定めはない。しかし，事業場によっては，有害業務に従事する労働者が離職する際に健康診断を実施することがある。離職時の健康状態を記録しておくことにより，離職後何らかの健康影響や健康障害が起こった際に，それが離職する前から存在するのか離職後の変化なのかを推定できることになる。

　また，法令には退職時の健康診断に関する定めはないが，事業場によっては，退職時に健康診断を実施する場合がある。離職時と同様の目的もあるが，退職後の健康管理に役立てるよう在職中の健康管理の記録をまとめて提供し，特定保健指導や地域における健康増進活動のために活用することが望ましい。

ウ　疾病管理健康診断

　糖尿病，高血圧などの各種疾病の発生や増悪を予防することを目的として，疾病のリスクが高い労働者や疾病を持つ労働者を対象に，健康診断を実施することがある。このような健康診断で知り得た健康情報は，産業医などの医療職が結果を解釈して，事業者と労働者に助言や指導を行う方法を取ることが望ましい。

　なお，法令に定める健康診断に追加して実施する内容については，衛生委員会で審議するとともに，取り決めた事項は労働者に周知する必要がある。

エ　海外赴任中の健康診断

　海外派遣労働者の派遣前と帰任時の健康診断については，安衛則に示されているが，赴任中の健康診断は，特に示されていない。しかし，国内にいる労働者と同様に1年以内ごとに1回健康診断を継続して行うことが望まれる。

(11)　健康診断の再検査又は精密検査の取扱い

「健康診断結果に基づき事業者が講ずべき措置に関する指針」（平成8年10月1日付

け公示第1号，最終改正：平成29年4月14日付け公示第9号）（以下「健診結果の措置に関する指針」という。）では，健康診断後の保健指導として必要がある場合は，健康診断に基づく再検査又は精密検査などの受診の勧奨等を行うとしている。なお，じん肺法，有機則，鉛則，特化則，高圧則，石綿則に基づく特殊健康診断として規定されているものについては，二次検査として精密検査の実施が事業者に義務付けられている。また，再検査又は精密検査は，診断の確定や症状の程度を明らかにするものであるとされている。

(12)　未受診者の取扱い

　一般健康診断や特殊健康診断は，事業者に実施義務があり，労働者は受診義務があることから，未受診者がでないよう確実に受診できるようにすることが必要である。その方法として，事業者が健康診断の日程を再設定して受診させる方法や，労働者が任意の医療機関を受診して健康診断又はそれに相当する内容の検査結果を事業者に提出させる方法が考えられる。このような取扱いについても，健康診断を企画する際に，あらかじめ取り決めておくとよい。

(13)　健康診断結果の判定

ア　正常値と基準範囲

　一般に，正常値と呼ばれている数値は，疾病にり患していないと考えられるいわゆる健常者の集団に対して，ある検査をしたときに，その95％の人が分布する値の範囲のことである。したがって，健常者であっても5％の人は正常値の範囲を外れた値を取ることになる。すなわち，正常値を外れているからといって直ちに異常と考えるべきではない。そのため，近年は，「正常値」という呼称に代えて，「基準範囲」又は「参照値」という呼称が用いられるようになってきた。ある検査値が基準範囲を外れていても必ずしも異常を意味するものではなく，また，基準範囲内であっても正常を保証しているわけではない。このような検査値の持つ意味は，その検査値の変化の推移，自覚症状，他覚症状，その他の検査値の組み合わせ，その他の必要な情報などから産業医などの医師が総合的に判断することが求められる。

イ　有所見

　有所見とは，各種検査等において「基準範囲を超えたもの」等を意味している。通常，有所見であるかどうかの判定は，健康診断機関の医師が，前述の基準範囲をもとに判定する。健康診断機関の多くが個々の検査結果に所見があれば「＊」

を付けるなどしている。事業場に産業医等がいる場合には，この判定結果を事業場に保存されている過去の健康診断結果，その他の健康情報，職場に関する情報などと比較することなどによって，より的確な判断を行うことができることから，最終的な判定は変更されることがある。有所見者の判定の基準の多くは各種専門分野の医学会で定められている基準などが利用されている。

ウ　分　布

表7−23に示した化学物質に常時ばく露されている労働者には，特殊健康診断を実施する際に，血液又は尿を検査してばく露されている化学物質の取り込み状況やその特異的な健康影響を測定する生物学的モニタリングが必要とされている。これらの測定値については，分布状況を把握するために，検査結果を区分することが求められている。この分布は正常と異常との鑑別が目的ではない。

分布1が続いている場合は，当該化学物質の取り込みは少なく，健康影響は少ないと考えられる。

分布2の場合は，ほとんどの作業者に健康上は影響がみられない濃度と考えられている。しかし，作業者が当該物質をある程度体内に取り込んだことを示しているため，職場の環境改善についての検討が望まれる。

分布3の場合は，この状態を長期間続けていると健康影響の危険性が高くなると考えられるため，当該化学物質の影響に関する精密検査を実施するとともに，ばく露状況を確認し，職場の環境や作業方法の改善を行ってばく露が低減するよ

表7−23　化学物質のばく露の分布

対象物質名	検査項目名	試料	単位	分布		
				1	2	3
鉛	鉛	血液	μg/dL	≦20	20<, ≦40	40<
	デルタアミノレブリン酸	尿	mg/L	≦5	5<, ≦10	10<
	赤血球プロトポルフィリン	血液	μg/dL 全血	≦40	40<, ≦100	100<
トルエン	馬尿酸	尿	g/L	≦1	1<, ≦2.5	2.5<
キシレン	メチル馬尿酸	尿	g/L	≦0.5	0.5<, ≦1.5	1.5<
N,N−ジメチルホルムアミド	N−メチルホルムアミド	尿	mg/L	≦10	10<, ≦40	40<
ノルマルヘキサン	2,5−ヘキサンジオン	尿	mg/L	≦2	2<, ≦5	5<
1,1,1−トリクロルエタン	総三塩化物	尿	mg/L	≦10	10<, ≦40	40<
	トリクロル酢酸	尿	mg/L	≦3	3<, ≦10	10<

う対策を講じることが必要となる。このような考え方は，検査項目の測定値と予防すべき健康影響との量－影響関係あるいは量－反応関係の情報に基づいている。

　なお，分布２，３であるということであっても必ずしも有所見を意味するものではない。

エ　健康管理区分

　一般健康診断の健康管理区分は，前出（255頁）の健診結果の措置に関する指針では，診断区分（異常なし，要観察，要医療等の区分をいう。）に関し医師等の判定を受けるものとされている。これは，医師が有所見の判定結果に対し，どう対応すべきかについて総合的に判定しているものである。具体的には，新たに医療機関に紹介し，診断や治療を勧奨するべき者（要医療），すでに医療機関に受診中で，その継続を勧奨すべき者（要受診継続），保健指導を要する者（要指導），一定期間後の再検査や次回の健康診断まで経過をみていく者（要経過観察），次回の健康診断まで特別な措置が不要の者（放任可）などの健康管理区分がある。

オ　医師等からの意見聴取

　事業者は，健康診断の結果に基づき，有所見者に必要な措置について健康診断の行われた日より３カ月以内に医師や歯科医師の意見を聴取しなければならない。意見を聴くに当たって，産業医の選任義務のある事業場においては，産業医の意見を聴くことが適当であると考えられる。また，産業医の選任義務がない事業場の場合は，事業場の実態についてよく把握している医師などから意見を聴くことや地域産業保健センターを活用することが適当である。

　また，聴取した意見を当該労働者の健康診断個人票に記載しなくてはならない。これに伴って健康診断個人票に医師の診断と診断した医師の氏名とは別に，医師等の意見の欄と意見をした医師等（産業医を想定）の氏名の記載をする必要がある。ここに記載する意見とは就業区分と作業環境管理や作業管理についての意見であることについては，健診結果の措置に関する指針に示されている。

4 健康診断の事後措置

(1) 健康診断結果の通知

　事業者は，安衛法第66条の6に基づき，健康診断結果を，受診後遅滞なく，受診した労働者に通知しなければならない。健康診断結果を労働者に通知する趣旨は，労働者が自ら健康管理ができるようにすることなので，総合判定だけでなく，各検査の項目ごとの結果も通知する必要がある。なお，特殊健康診断の結果に関しても受診者に通知するよう定められている。

(2) 健康診断結果の保存

　事業者は，安衛法第66条の3及び安衛則第51条（特殊健康診断については各特別則の規定）に基づき，健康診断の結果に基づいて健康診断個人票を作成し保存しなければならない。保存期間は一部の健康診断を除き5年と定められている（**表7-24**）。なお，慢性あるいは，遅発性の業務上疾病の対応にするため，じん肺健康診断結果は7年間の保存が必要であり，電離放射線に関する健康診断の結果及び特定化学物質のうち特別管理物質に関する健康診断の結果は，ばく露から発病までの期間が長いため，健康診断の実施日から30年間の保存が定められている。また，石綿に関する健康診断の結果は，常時当該業務に従事しないこととなった日から40年間の保存が定められている。

表7-24　健康診断個人票の保存期間

保存期間	健康診断の種類
5年	(1)一般健康診断 (2)特殊健康診断のうち 　①有機溶剤　②鉛　③四アルキル鉛　④特定化学物質（特別管理物質を除く）　⑤高気圧作業 (3)リスクアセスメント対象物
7年	じん肺
30年	(1)特定化学物質健康診断のうち特別管理物質にかかるもの (2)電離放射線　　　(3)除染等電離放射線 (4)リスクアセスメント対象物健康診断のうちがん原性物質にかかるもの
常時当該業務に従事しないこととなった日から40年	石綿

⑶ 健康診断結果の報告

ア 健康診断結果の集計

健康診断結果については，集団の情報を集計・解析することによって，各種の調査や健康教育などの目的で利用することができる。全国平均との比較を行うことにより事業場の特徴を明らかにしたり，部署ごとの特徴を捉え，業務による健康影響を評価したり，健康増進プログラムの作成に役立てたりするなどに利用できる。

イ 衛生委員会への報告

健康診断結果については，衛生委員会における調査審議事項として委員に提示して，労働衛生管理上の課題の抽出や改善策の検討のために活用することが望ましい。

ウ 労働基準監督署への報告等

一般健康診断と特定業務従事者の健康診断（いずれも定期のものに限る。）を実施した結果は，安衛則第52条に基づいて，産業医が署名した（電子申請の場合は署名不要）健康診断結果報告書を作成し，所轄労働基準監督署長に提出しなければならない。この報告書には，健康診断の対象労働者数，各項目別の受診者数と有所見者数を記載する。なお，この報告の義務は常時使用する労働者数が50人以上の事業場が対象となっている。

歯科医師による健康診断を含む特殊健康診断（定期のものに限る。）の結果については，事業場の規模に関わりなく1人でも健康診断を実施すれば労働基準監督署長への報告義務がある。また，じん肺健康診断においては，有所見であった場合には，都道府県労働局にエックス線写真とじん肺健康診断結果証明書を提出するよう定められている。

いずれの場合も健康診断結果報告書等の提出は，遅滞なく行うこととされている。

⑷ 就業上の措置

ア 就業区分の決定

前出（254頁）の健診結果の措置に関する指針において，**表7-25**に示すように就業上の措置の内容が3つに大別されている。すなわち，就業上の措置は不要であり通常勤務をさせてよいもの（制限なし），就業上何らかの制限を加える必要のある者（就業制限），勤務を休む必要がある者（要休業）の3つである。就業区分の判定は，産業医等の意見聴取により行う。

表7−25　就業区分と措置の内容

就業区分		就業上の措置の内容
区　分	内　容	
通常勤務	通常の勤務でよいもの	
就業制限	勤務に制限を加える必要のあるもの	勤務による負荷を軽減するため，労働時間の短縮，出張の制限，時間外労働の制限，労働負荷の制限，作業の転換，就業場所の変更，深夜業の回数の減少，昼間勤務への転換等の措置を講じる
要休業	勤務を休む必要のあるもの	療養のため，休暇，休職等により一定期間勤務させない措置を講じる

イ　職場や作業の評価と改善

　　就業上の措置の内容は，就業制限という人事管理による方法だけではなく，作業環境測定や作業分析の実施，作業方法の変更や改善が必要かどうかなどについて判断することが含まれる。

ウ　労働者の就業制限

　　就業制限の内容については，産業医等が作業環境や作業方法について十分に理解した上で意見を述べることができるように，衛生管理者が説明をしたり，管理者の意見を聴く機会を設けたりして，できるだけ多くの具体的な選択肢が検討できるように配慮すべきである。なぜなら，労働者の症状や病態は一人ずつ異なり，また，職場や作業の内容も常に変化するものであるため，就業制限の内容は多様な組み合わせとなるからである。

　　実際に就業上の措置の内容を決定する際には，ライン管理者，人事・労務担当者，労働者，産業保健専門職が集まって相談することが望ましいが，最終的には事業者が決定する。

　　なお，就業上の措置については，労働者の健康の確保に必要な範囲を超えて，不利益な取扱いを行うことは，あってはならない。

(5)　保健指導

ア　生活習慣等の改善

　　安衛法第66条の7に基づき，事業者は，有所見者を対象として医師又は保健師による保健指導を実施するように努めなければならない。この指導には，検査データに有所見があり，その改善のために必要な内容を指導する場合と，検査データには有所見を認めないが，栄養摂取，運動，余暇の過ごし方などに関する生活

習慣や職場における行動に改善すべき課題があり，その指導をするものがある。これらの習慣や行動を改善するための指導は，労働者ごとに意欲を促すように配慮して行うことが望ましい。

イ　医療機関への紹介

保健指導には医療機関への紹介が含まれる。医療機関への紹介が必要かどうかは医師が判断しなければならない。この指導では，本人が納得の上，受診をし，医療機関で必要なサービスが円滑に受けられるようにサポートすることが大切である。多忙などを理由になかなか受診しない者に対しては，受診しないことで疾病が悪化した場合，本人，家族，職場にとってどのような影響や不利益を与えるのかなどについて認識させるとともに，就業しながら受診できるような具体的な受診方法について助言することが重要である。また，受診の際には健康診断結果を必ず持参させることが重要である。なお，受診の理由が何なのか，結果として期待することは何なのかを明確にするために，産業医による紹介状（医療情報提供書）を持参させることが望ましい。

ウ　治療継続

労働者によっては，自己判断で治療を中断している場合もある。保健指導の後も，必要に応じて定期的に経過を確認し，治療の継続を勧めることによって，健康状態を確保させることが望ましい。なお，平成28年に厚生労働省が「事業場における治療と職業生活の両立支援のためのガイドライン」を公表している（令和5年3月改訂）。

(6)　就業上の措置と保健指導のバランス

医師や保健師等は健康診断結果に基づいて，労働者に保健指導を行う。また，産業医等の医師は，事業者に対して就業上の措置に関する助言を行う。産業医等の医師が，これらの措置の実施状況を継続的に観察し，適正配置が双方の努力により達成されるように指導を継続していくことが望ましい。

(7)　健康診断の評価と改善

いかなる活動も，評価が行われなければ，持続的な改善を進めることができない。健康診断であっても同様である。

健康診断の評価指標には以下のようなものがある。これらの評価結果を利用して，健康診断について継続的に改善を行っていくことが望ましい。

① 健康診断の実施状況の評価

健康診断の受診率，受診者の待ち時間，精密検査の受診率などが指標になる。

② 健康診断を委託した機関の評価

健康診断に外部労働衛生機関を利用した場合にはその評価を行う。あらかじめ打ち合わせした内容が実施されたか，例年と比べて再検率や精検率はどうか，健康診断結果の通知に要する期間などが指標になる。

③ 受診者による健康診断の評価

受診者から直接意見を聴取することも有効である。

5 適正配置

(1)　健康面の就業適性

ア　雇入時及び配置前の健康評価

業務に対する健康面の就業適性は，配置前に評価しておくことが必要である。雇入時の健康診断は，採用後の健康状態の変化を評価する上で必要な個々人の基準値を把握する目的のほかに，配置する業務に関して労働者の適正配置を図る目的で実施する。特殊健康診断は，配置前の実施が義務付けられている。特に，既往歴や業務歴を詳しく聴取するなどして，その業務で使用する化学物質などに対してアレルギー症状を起こしたりしないこと，業務における負荷が労働者の健康状態を増悪させるようなものではないことなどを確認する。

イ　職務分析

労働者を配置しようとする業務において，最低限必要とされる心身の機能が明らかにされているのであれば，それを分析しておくことによって健康面の就業適性を評価する上で参考になる。心身の機能には，視力や聴力といった感覚器の機能，握力や背筋力などの筋力，平衡覚，持久力，瞬発力などさまざまなものが考えられる。職務分析は，労働者の配置のためだけに利用するのではなく，求める心身の機能が過大にならないように，業務による労働者への負担を改善していくためにも必要であることを衛生管理者は理解しておく。

(2)　復職時の健康管理

ア　主治医との連携

病欠後の復職は，慎重に就業適性の判断をしなければならない場面である。労

働者は休職前の心身の機能を保持しているとは限らないこと，業務は休職中に変更されている可能性があることから，休職前からの変化についての情報を収集し，産業医などがライン管理者や本人と面談するなどして，復職に際して必要な措置や配慮の内容を検討した上で，事業者が判断することが望ましい。

そこで，必要があれば，事業者は本人の同意を得て，本人の健康状態について最もよく理解していると考えられる主治医に対して，就業上配慮すべき事項についての意見を求めることが重要である。なお，その際は，健康情報の取扱いについて十分留意する必要がある。

イ　産業医との連携

主治医は，本人の健康状態については十分に把握できているが，職場環境や業務が労働者に与える負担については理解できていないことが多い。したがって，就業適性の判断や就業上必要な措置の範囲について的確な判断ができない場合もある。そこで，労働者の健康状態について主治医と健康情報についての連携が可能で，職場環境や業務についても理解している医師である産業医を活用することが望ましい。その際は，復職を予定している職場や業務について，産業医が十分承知していないようであれば，衛生管理者やライン管理者が必要な説明をすることとなる。

ウ　本人との面談

復職を円滑に進めるには，労働者本人が，働く決意と意欲を持つこと，健康の保持のために必要な受診をすること，そして禁煙や運動習慣の確立などの保健行動などを継続することが重要である。特に，就業上の措置として，一定の業務について制限を加えることについては，本人の意見や希望を確認した上で，本人が納得できるように説明して，理解を求めることが望ましいが，必要があれば本人の希望に沿わなくても就業制限を行わなければならないこともある。

(3)　特別な職場における就業適性

ア　旅客運送

航空機や船の操縦士，鉄道やバスの運転士などは，旅客安全を確保することが何よりも重要な業務上の使命である。旅客運送に関係する職種については，法令や公的団体によって適性検査の方法と基準が定められていて，操縦や運転を直接担当する労働者だけでなく，管理者も毎日の体調をみて，過労や体調不良がないことを確認することが求められる。

イ　自動車運転

　運送業でなくても自動車やトラックの運転に従事する労働者は多く，業務中の交通安全の確保は重要である。運転業務がある労働者についても，旅客運送業の運転手と同様に，運転業務に対する健康面からの適性を評価する。また，過労や体調不良の場合は運転を控えさせることが求められる。

ウ　医療施設・介護福祉施設

　医療施設や介護福祉施設は，免疫抵抗力が低下した患者や入所者が多く，通常は大事に至らないような感染症であっても生命の危険にさらされることがある。したがって，これらの施設の従事者は，結核をはじめとする呼吸器の感染症にり患していないことが就業の条件となる。定期健康診断において，感染症にり患していないことを確認するとともに，日常の体調管理にも努め，感染症が疑われる場合には対人業務には従事しないことなどの配慮をする。

(4)　病者の就業禁止

　排菌のある結核など感染力の強い感染症にり患している労働者は，就業することによって同僚や顧客などに感染を蔓延させるおそれがある。安衛法第68条は，事業者がこれらの労働者の就業を禁止しなければならないことを規定している。また，就業を禁止すべきかどうかについては，産業医等の医師の意見を求めることとされている。また，異常気圧による健康障害や鉛等の中毒を有する者については，それぞれ特別則において，就業を禁止しなければならないことが定められている。

(5)　身体的機能障害者への配慮

　何らかの原因によって身体等の機能が障害されている者が就業する場合には，その機能回復，代償機能の向上を図るべきであることは言うまでもないが，就業可能とする職務設計を考慮することは極めて重要な課題である。障害者と健常者とが区別されることなく共存できる社会を実現するという考え方をノーマライゼーションと呼んでおり，この考え方は尊重されるべきである。

(6)　中高年齢者への配慮

　中高年齢者については，加齢とともに災害が増加し，併せて一般には重篤化する傾向もあるが，行動災害に分類される転倒災害は動作の反動・無為な動作（腰痛等含む）と共にその発生割合が増加の一途をたどっている。

　転倒事故防止には，つまずき，滑り，踏み外し等を防ぐことに注目したリスクアセ

図7－2　事故の型別死傷者数の構成割合（％）の推移
2000〜2022年（全国/全産業/休業４日以上）

スメントの取組みと災害防止のための設備の安全化・バリアフリー化や危険の見える化，「高年齢労働者の安全と健康確保のためのガイドライン（エイジフレンドリーガイドライン，令和２年３月）等の取組みの中で，姿勢や筋力・敏捷性等の維持に必要な基礎体力づくり等の保健衛生的なアプローチも欠かせない要素である。**図7－2**は墜落・転落災害が死傷災害のワースト１位を占めていた平成12年からの推移を表しているが，転倒と動作の反動・無理な動作の占める割合についてはいずれも増加傾向にあり，今や主役の座にある。

　なお，転倒災害は加齢による影響が大であるが，40代を境に女性の被災割合が男性を超え，加齢と共に急激に増加しており，70代をピークに男性の２倍を超える被災割合となっている。また，加齢とともに災害が重篤化することも明らかになっており，特に女性の働く職場への取り組みが急務となっている。

⑺　年少者の保護

　年少者労働基準規則は，18歳未満の年少者が，一部のものを除いて，深夜業，暑熱作業，粉じん作業，有害な化学物質を使用する作業などの有害な作業に就業することを禁止している。また，重量物の取扱いについては，**表7－26**のとおり限度を設けており，この限度以上の重量物取扱い業務に就かせることを禁じている。

表７−26　年少者及び女性労働者による重量物の取扱いの制限重量

年齢及び性		重量（単位　キログラム）	
		断続作業の場合	継続作業の場合
満16歳未満	女	12	8
	男	15	10
満16歳以上 満18歳未満	女	25	15
	男	30	20
満18歳以上	女	30	20

表７−27　女性労働者の就業制限対象物質と管理濃度

特化則の適用を受けるもの 物質名	管理濃度
1　塩素化ビフェニル（PCB）	0.01mg/m³
2　アクリルアミド	0.1mg/m³
3　エチルベンゼン	20ppm
4　エチレンイミン	0.05ppm
5　エチレンオキシド	1ppm
6　カドミウム化合物	0.05mg/m³
7　クロム酸塩	0.05mg/m³
8　五酸化バナジウム	0.03mg/m³
9　水銀及びその無機化合物（硫化水銀を除く）	0.025mg/m³
10　塩化ニッケル（Ⅱ）（粉状のものに限る）	0.1mg/m³
11　スチレン	20ppm
12　テトラクロロエチレン（パークロルエチレン）	25ppm
13　トリクロロエチレン	10ppm
14　砒素化合物（アルシンと砒化ガリウムを除く）	0.003mg/m³
15　ベータ−プロピオラクトン	0.5ppm
16　ペンタクロルフェノール（PCP）及びそのナトリウム塩	0.5mg/m³
17　マンガン　（注）マンガン化合物は対象とならない。	0.05mg/m³

鉛則の適用を受けるもの 物質名	管理濃度
18　鉛及びその化合物	0.05mg/m³

有機則の適用を受けるもの 物質名	管理濃度
19　エチレングリコールモノエチルエーテル（セロソルブ）	5ppm
20　エチレングリコールモノエチルエーテルアセテート（セロソルブアセテート）	5ppm
21　エチレングリコールモノメチルエーテル（メチルセロソルブ）	0.1ppm
22　キシレン	50ppm
23　N,N−ジメチルホルムアミド	10ppm
24　トルエン	20ppm
25　二硫化炭素	1ppm
26　メタノール	200ppm

※カドミウム，クロム，バナジウム，ニッケル，砒素の金属単体は対象とならない。
※上記３，11～13，19～26の物質を含む混合物について有機則の規定（３，11～13については特化則において準用する有機則の規定）に基づき作業環境測定を行う場合は，当該混合物として評価を行う。

⑻　母性の保護

　女性則は，全ての女性労働者について，**表７−26**のとおり重量物の取扱いに限度を設けている。また，妊娠，出産，授乳機能に影響があり，特化則，鉛則，有機則の適用を受ける**表７−27**の26化学物質を扱う業務のうち，安衛法令の規定により呼吸用保

護具等の使用が義務付けられている業務及び作業環境測定の評価の結果，第3管理区分に区分された屋内作業場における業務についても，女性の就業が禁止されている。なお，第3管理区分が改善せず，女性が就業できない環境を放置していると，「雇用の分野における男女の均等な機会及び待遇の確保等に関する法律」（法律第113号）違反となる。

　このほか，労働基準法では，妊娠中又は出産後の女性労働者に対して危険有害業務への就業制限など母性健康管理の措置を講じなければならないことを規定している。

　事業者は，女性労働者が妊産婦のための健康診断等を受診するために必要な時間を，確保することができるようにしなければならない。また，母子健康管理指導事項連絡カード等により主治医から就業上の指導事項が示された場合には，適切な措置を講じる必要がある。

6 雇用・就業形態と健康管理

(1) 短時間（パート）労働

　短時間労働者の雇用管理の改善等に関する法律に基づいて，「事業主が講ずべき短時間労働者の雇用管理の改善等のための措置に関する指針（パートタイム労働指針）」が示されており，常時使用する短時間労働者（期間の定めのない労働契約により使用される者(注)，かつ，その者の1週間の労働時間数が当該事業場において同種の業務に従事する通常の労働者の1週間の所定労働時間数の4分の3以上である者）には，事業者が一般健康診断を実施する義務がある。なお，期間の定めのない労働契約により使用されている者(注)で，1週間の労働時間数が当該事業場において同種の業務に従事する通常の労働者の所定労働時間のおおむね2分の1以上の者には，一般健康診断を実施することが望ましいとされている。また，一定の有害業務に常時従事させる者については，短時間労働者に該当するか否かに関わりなく，特殊健康診断を実施する義務がある。

(2) 季節雇用・有期雇用

　期間の定めが1年未満である者（特定業務従事者の健康診断の対象となる業務に従事する場合は6カ月未満である者）については，定期健康診断を実施する義務はない

(注)もしくは，期間の定めはあるが契約の更新により1年（特定業務従事者にあっては6カ月）以上使用される予定の者，契約更新により1年（同）以上引き続き雇用されていることが予定されている者・雇用されている者

が，一定の有害業務に常時従事させる場合には特殊健康診断の実施義務はある。これらの労働者に対しても，事業者は労働衛生管理を徹底して本人や同僚に対する健康障害が生じないようにしなければならない。

(3)　海外勤務

　6 カ月以上にわたる海外派遣労働者については，安衛則第45条の 2 で規定する健康診断を行う必要がある。これは，海外派遣労働者の増加に対応して，海外において定期健康診断を実施する機会を逸することがないように出国前や帰国時に行うものである。

　一般に，海外勤務では，気候，文化，言語，食事など生活や就業の環境が大きく異なる場合があり，身体的及び心理的な負担を生じやすく，渡航前に派遣先の各種情報を提供するようにする。特に，持病のある者については，派遣先での診療の継続ができるように英語あるいは派遣先の言語で記載された健康管理記録や紹介状を持参させることが望ましい。また，海外勤務中も定期的に健康診断を行うことが望ましい。

　感染症については，派遣先での流行状態について把握して，予防接種などの対策を検討しておく必要があり，検疫所の海外渡航と予防接種などの情報が参考になる。時差が生じる場合は，移動に余裕を持たせた日程とすること，時差に慣れるまでは業務負担を軽減することが望ましい。長期にわたる単身赴任の場合は，一時帰国制度を設けて，家族との交流を確保させることが望ましい。

(4)　単身赴任

　単身赴任は，労働者の家族と生活を共有できないことから，さまざまな負担が生じることがある。そこで，休日前後は就業時間を短縮するなどして，定期的に帰宅させやすい環境をつくったり，家族の誕生日に特別休暇を与える，持病のある労働者については赴任先で医療の継続が図られるように産業医等の意見に基づいて必要な情報を提供する，などの工夫を行って，負担を軽減することが望ましい。

(5)　派遣労働者

　派遣労働者は，労働者派遣法に基づいて，派遣元事業者に雇用され，派遣先事業者に使用される。よって定期健康診断の実施など一般的な健康管理，安衛法第66条の10に基づくストレスチェック及び面接指導については派遣元事業者の責任のもとに行い，作業環境に特徴的な健康管理については派遣先事業者の責任において行うことになる。実施が努力義務であるストレスチェック結果をもとにした職場の集団的分析は，派遣先の事業者が派遣労働者を含めてこれを行う。

　一定の有害業務に派遣労働者を常時従事させている場合については，派遣先事業者が特殊健康診断を行うことになる。ただし，安衛法第66条の8の長時間労働者に対する面接指導等は，派遣元事業者が実施する。このように，派遣労働者は雇用が不安定な場合があること及び事業者の責任が分担されていることから，労働衛生管理が不徹底になりやすいという懸念がある。そこで，派遣元事業者と派遣先事業者の産業保健担当者は，相互に定期的に連絡を取り合うこと，派遣労働者の労働衛生管理を徹底する上での分担内容を取り決めることが必要であろう。

⑹　構内請負

　製造業における元方事業者は，その労働者と関係請負人の労働者が混在して作業することによって生じる労働災害発生を防止するために必要な措置を講じなければならない。また，化学物質等を取り扱う設備の改善等の仕事の注文者は，関係請負人の労働者の労働災害防止のために必要な措置を講じなければならないとされている。

　健康管理については，労働者の健康診断の実施日について，日程調整を行って受診率を高めることや，健康診断機関のあっせん，健康管理手帳制度やその他有害業務に係る健康管理措置の周知等を元方事業者から関係請負人に対して行うなど，元方事業者の指導援助のもと，関係請負人を含めた総合的な管理を行う。また，作業環境の管理や就業上の措置を講じるに当たり，関係請負人の労働者の健康診断結果等の個人情報を，元方事業者に提供する場合には，関係請負人がその旨，労働者に説明し本人の同意を得て行わなければならない（平成18年8月1日付け基発第0801010号）。

　また，以下の要件に該当するときには，元請事業場に選任されている専属の産業医が下請事業場等で選任される非専属の産業医を兼務することができるとされている（平成9年3月31日付け基発第214号，最終改正：令和3年3月31日付け基発0331第5号）。

①　労働衛生に関する協議組織が設置されている等労働衛生管理が相互に密接し関連して行われていること，労働の態様が類似していること。

②　専属産業医が兼務する事業場の数，対象労働者数については，訪問頻度や事業所間の移動に必要な時間を踏まえ，その職務の遂行に支障を生じない範囲内とし，衛生委員会等で調査審議を行うこと。なお，対象労働者の総数については，3,000人を超えてはならないこと。

7 過重労働による健康障害防止対策

⑴　過重労働による健康影響

関連ページ　113頁

　長時間にわたる過重な労働は，疲労の蓄積をもたらす最も重要な要因と考えられ，さらには，長時間労働による睡眠時間の短縮は，脳，心臓疾患の発症との関連性が強いという医学的知見が得られている。

　業務は，程度の差はあっても心身に負荷をかける。負荷に対する反応をストレス反応というが，その反応は個々人によって異なる。また，一般的な日常の業務などによって生じるストレス反応は一時的なもので，休憩・休息，睡眠などによって元に戻り得るものである。しかし，慢性的な長時間労働などが続いた場合にはストレス反応は持続し，それが長期間持続すると疲労の蓄積として自覚されるようになる。過重労働は，単に労働者の健康障害の要因となるだけではなく，労働者の集中力や作業効率を低下させて労働災害を招くおそれもあり，その対策は事業場全体で講じる必要がある。

　一方，職場には，就業形態，家事負担，生活習慣，健康状態などの異なる労働者が就業しており，過重労働によって健康障害を生じるかどうかは個別に異なる。したがって，労働者が健康な職業生活を送ることができるように，労働者の健康状態を含む個別の状況を勘案しつつ，労使が連携して過重労働対策を推進することが重要である。

　そこで，対策を考える上では，長時間労働のほかにも，不規則な勤務，勤務間インターバルが短い業務や，休日のない連続勤務，拘束時間の長い勤務，出張の多い業務，精神的緊張を伴う業務などの労災認定基準の負荷要因，業務内容，職場の人間関係などの職場のストレス負荷要因，家族環境などの職場外のストレス負荷要因や，年齢，飲酒，喫煙などの生活習慣，高血圧・脂質代謝異常症などの基礎疾患などの個人要因について考慮することが必要となる。

⑵　過重労働の把握

　過重労働対策のためには，まず，過重労働状態にある労働者を把握する必要がある。事業場においては，面接指導の対象となる労働時間等も考慮して，長時間にわたる労働や疲労の蓄積がみられる労働者などを把握する。

　過重労働対策では，単に脳・心臓疾患だけが対象とはならず，メンタルヘルス不調の早期発見なども期待されている。そこで，過重労働にある労働者の把握のために，労働者の疲労蓄積度自己診断チェックリストや家族による労働者の疲労蓄積度チェックリストなどの労働者の疲労の状況を調べる調査票を利用する方法も示されている。

⑶　労働時間の算定

　過重労働対策において労働時間を考える場合に重要なことは，個々の労働者が睡眠時間を確保して健康を保持することができるかということである。したがって，労働のために費やす時間が労働者の日常生活に与える影響を評価することが肝要である。時間外の労働時間としては，平日の残業だけでなく，休日出勤の時間や会社にいなくとも待機によって拘束されている時間なども考慮に入れなければならない。

⑷　長時間にわたる時間外・休日労働等を行った労働者に対する面接指導

　安衛法第66条の8は，事業者の義務として長時間労働者等に対する医師による面接指導（以下「面接指導」という。）を行わなければならないと規定している。また，労災認定された自殺事案をみると長時間労働であった者が多いことから，面接指導の実施の際には，うつ病等のストレスが関係する精神疾患等の発症を予防するためにメンタルヘルス面にも配慮することとされている。

　なお，安衛法に定められている面接指導は，長時間労働やストレスを背景とする労働者の脳・心臓疾患やメンタルヘルス不調を未然に防止することを目的としており，医師が面接指導において対象労働者に指導を行うだけではなく，事業者が就業上の措置を適切に講じることができるよう，事業者に対して医学的な見地から意見を述べることが想定されている。

　「働き方改革を推進するための関係法律の整備に関する法律」により改正された安衛法では，長時間労働やメンタルヘルス不調などにより，健康リスクが高い状況にある労働者を見逃さないため，医師による面接指導が確実に実施されるようにし，労働者の健康管理が強化された。

　その面接指導が確実に実施されるためには，労働者の労働時間の状況の把握が大切であり，その方法として，タイムカードによる記録，パソコン等の情報機器の使用時間（ログインからログアウトまでの時間）の記録等の客観的な方法により行わなければならないこととなった。

　また，産業医を選任した事業場は，その事業場における産業医の業務の具体的な内容，産業医に対する健康相談の申出の方法及び産業医による労働者の心身の状態に関する情報の取扱いの方法を，労働者に周知しなければならないこととされた。

　その方法として，次のものが挙げられている。

　①　常時各作業場の見やすい場所に掲示し，又は備え付けること。

② 書面を労働者に交付すること。

③ 事業者の使用に係る電子計算機に備えられたファイル又は電磁的記録媒体に記録し，かつ，各作業場に労働者が当該記録の内容を常時確認できる機器を設置すること。

ア　対象者の選定等

事業場では，労働者ごとに労働時間を正しく把握する必要があるとともに，時間外・休日労働時間（休憩時間を除き1週間当たり40時間を超えて労働させた場合におけるその超えた分の時間をいう。以下同じ。）が1月当たり80時間を超えた労働者に対し，速やかに超えた時間に関する情報を通知しなければならない。また，疲労の蓄積があるかどうかは，客観的な判定方法が確立しておらず，労働者本人の自覚に依存する。したがって，対象者を選定する基準は，事実上，労働者が面接指導の受診を申し出ることといえる。そこで，事業場においては，自己申告しやすい環境をつくることが求められる。さらに，労働者の申告に頼るのではなく，職場上司による観察や，産業医による申出の勧奨によって面接指導の対象者を適切に把握することが重要である。

① 一般労働者・管理監督者・裁量労働制労働者

(a) 1月の時間外・休日労働時間が80時間を超え，かつ，疲労の蓄積が認められる労働者であって，申出を行った者に対しては，医師による面接指導を確実に実施しなければならない（義務）。

(b) 1月の時間外・休日労働時間が80時間を超えた者に対しては，本人の申出がない場合でも，医師による面接指導を実施するよう努める。

(c) 1月の時間外・休日労働時間が45時間を超える労働者で，健康への配慮が必要と認めた者については，医師による面接指導等の措置を講ずることが望ましい。

② 研究開発業務従事者

(a) 1月の時間外・休日労働時間が100時間を超える者に対しては，本人の申出の有無にかかわらず，医師による面接指導を確実に実施しなければならない（罰則付き義務）。

(b) ①(a)，(b)，(c)と同じ。

③ 高度プロフェッショナル制度の該当者

(a) 対象労働者が事業場内において作業した時間と事業場外において作業した時間の合計を「健康管理時間」といい，その健康管理時間が1週間当たり40時間を超えた場合におけるその超えた時間が1月当たり100時間を超えた者

に対しては，本人の申出の有無にかかわらず，医師による面接指導を確実に実施しなければならない（罰則付き義務）。

(b)　高度プロフェッショナル制度該当者（(a)に該当する者を除く）であって，申出を行った者に対しては医師による面接指導を確実に実施するよう努める。

イ　過重労働者からの申出の勧奨

産業医は，前記アの労働者に対して申出を勧奨することができることとされている。事業者は，産業医が勧奨できるよう，産業医から求めがあれば，当該労働者に関する作業環境，労働時間，深夜業の回数及び時間数等の情報を提供しなければならない。勧奨の方法として，産業医が，健康診断の結果等から脳・心臓疾患の発症リスクが長時間労働により高まると判断される労働者に対して，安衛則第52条の2の面接指導の対象となる要件に該当した場合に申出を行うことをあらかじめ勧奨しておくことや，家族や周囲の者からの相談・情報をもとに産業医が当該労働者に対して申出の勧奨を行うことも考えられる。

ウ　面接指導の内容

面接指導を担当する医師は，労働者の業務内容，労働時間，疲労の状況を確認した上で，前回までの面接指導や健康診断の記録を調査し，必要に応じて，疲労やメンタルヘルスについての調査，診察，臨床検査を追加して，脳・心臓疾患や精神疾患のリスクを正確に評価することが求められる。

エ　医師からの意見聴取・面接指導の結果の記録

① 事業者は，面接指導を実施した労働者の健康を保持するために必要な措置について，医師の意見を聴かなければならない。

② 医師の意見聴取は，面接指導を実施した医師から面接指導の結果の報告に併せて行うことが適当である。

③ 面接指導の結果の記録は，面接指導を実施した医師からの報告をそのまま保存することで足りる。

④ 事業者は，面接指導等の記録を作成し，5年間保存すること。

オ　事後措置の実施の際に留意すべき事項

① 事業者は，医師の意見を勘案して，必要と認める場合は，労働時間の短縮，深夜業の回数の減少等の適切な措置を実施しなければならない。

② 面接指導により労働者のメンタルヘルス不調が把握された場合は，必要に応じて精神科医等と連携をしつつ対応を図る。

③ 特にメンタルヘルス不調に関して，面接指導の結果，労働者に対し不利益な

取扱いをしてはならないことに留意する必要がある。

(5)　過重労働の原因の調査と対策

　過重労働の予防のためには，過重労働によって健康に障害を受けた労働者に対する適切な措置を充実させるだけでなく，その労働者がなぜ過重な労働をするようになったのかについての原因を調査することが重要である。過重労働の原因には，作業内容，作業方法，作業量，職場の人間関係などの職場要因と，生活習慣，基礎疾患，家族環境などの個人要因が挙げられる。そこで，それらの原因を調査して過重労働の原因のうち職場要因を抽出し，その要因に対する有効な対策を検討する。有効な対策としては，業務の負担を軽減し，疲労回復のための十分な睡眠時間及び休息時間の確保をすることである。事業場においては，まず，業務の見直しや効率化により，長時間にわたる労働や過重感のある業務による負担を軽減することが求められる。次に，年次有給休暇の計画的な取得の促進，良質な睡眠を取るための工夫に関する助言，通勤時間の短縮などを考慮する。

　さらに，長時間労働により健康影響が増すような有害環境を改善する対策，過重労働者の健康障害を治療する対策，労働以外の有害要因を改善する対策などが考えられる。

(6)　衛生委員会での報告

　衛生委員会では，面接指導の実施状況について概要を報告し，面接指導が徹底されるよう対応を調査審議する。具体的には，面接指導等の実施方法及び実施体制の評価，労働者の申出が適切に行われるための環境整備，面接指導等の申出を行ったことで不利益な取扱いが行われることのないようにするための対策，面接指導に準ずる措置を実施する対象者の基準の策定，これらの対策の労働者への周知などについて調査審議することが望ましい。

8 職場における受動喫煙防止対策

　「受動喫煙」とは，人が他人の喫煙によりたばこから発生した煙にさらされることをいう（健康増進法）と定義される。

　受動喫煙によるストレスが報告されており，労働者の健康確保の観点から，職場における受動喫煙防止のための労働衛生上の対策が求められている。

　職場における喫煙対策は，平成8年に旧労働省が「職場における喫煙対策ガイドライン」を公表し，その後，平成15年5月健康増進法の施行により，事務所その他の多

数の者が利用する施設を管理する者は，受動喫煙を防止するために必要な措置を講じるよう努めなければならないとされた。

　平成26年には，安衛法が改正され，事業者及び事業場の実情に応じた受動喫煙防止対策措置を講ずることが事業者の努力義務とされた（安衛法第68条の2）。各事業場において受動喫煙防止対策に効果的に取り組むために「労働安全衛生法の一部を改正する法律に基づく職場の受動喫煙防止対策の実施について」（平成27年5月15日付け基安発0515第1号。以下「受動喫煙防止対策の実施」という。）が示された。

　さらに，平成30年7月に健康増進法が改正され，受動喫煙対策の一層の充実が図られた。

　なお，職場における受動喫煙防止対策に関して，平成27年5月に示された「受動喫煙防止対策の実施」に代わって健康増進法で義務付けられる事項及び安衛法第68条の2により事業者が実施すべき事項が一体的に示された「職場における受動喫煙防止のためのガイドライン」（令和元年7月1日付け基発0701第1号。以下「ガイドライン」という。）が示されている。

(1)　施設の種類別の規制内容

　健康増進法では，各施設を**表7−28**のように分類し，それぞれについて採るべき措置が定められている（ガイドラインも同じ）。

(2)　施設・設備面の対策

　職場における施設・設備面の対策としては，事業場の実情を把握・分析した結果等を踏まえ，次のうち，最も効果的な措置をとる。

①　屋外喫煙所の設置（屋内全面禁煙）

②　喫煙室の設置（空間分煙）

③　健康増進法の適用が猶予されている「既存特定飲食提供施設」であっても，屋外喫煙所や喫煙室の設置が困難な場合には，喫煙可能な区域を設定した上で，区域内の適切な換気を実施する。

　いずれの場合も，喫煙区域から非喫煙区域にたばこの煙が漏えいしないような設置場所，施設構造とし，併せて効果的な利用方法を利用者に周知する。

　喫煙室には，たばこの煙を吸引して屋外に排出する装置を設ける。この装置はたばこの煙が他の部屋に拡散しないように適切に稼働させるようにする（**図7−2**）。

　健康増進法では，喫煙室専用等の必要な技術的基準を次のとおりとしている。

①　喫煙室出入り口の気流：0.2m/s以上であること（扉の全開放時）

表7−28　改正健康増進法による施設の種類別の規制内容

【第一種施設】子供や患者等に配慮 学校，児童福祉施設，病院，診療所，行政機関の庁舎等	敷地内禁煙 屋外で受動喫煙を防止するために必要な措置がとられた場所に，喫煙場所を設置することができる。
【第二種施設】第一種施設以外 事務所，工場，ホテル，旅館，飲食店，旅客運送事業，船舶，国会，裁判所等 ＊個人の自宅やホテル等の客室など，人の居住の用に供する場所は適用除外	原則屋内禁煙 （喫煙を認める場合は喫煙専用室などの設置が必要） ・屋内禁煙　　・喫煙専用室設置　　・加熱式たばこ専用の喫煙室設置 　　 　　　　　　　　掲示義務　　　　　　　掲示義務
【経過措置による「既存特定飲食提供施設」】 既存の経営規模の小さな飲食店 ＊個人又は中小企業が経営（客席面積100m²以下）	・喫煙可能　　　　　　　　　・屋内禁煙 　　 　　掲示義務
【喫煙目的施設】 喫煙を目的とする施設	・施設内喫煙可能
【屋外や家庭など】	・喫煙を行う場合は周囲の状況に配慮
注）地方公共団体の条例がある場合は，そちらに従わなければならない。	

図7−2　施設・設備及び空気環境

②　たばこの煙が室内に流出しないよう壁，天井等によって区画されていること

③　たばこの煙が屋外に排気されていること

　なお，空気清浄装置では有害なガス状成分を除去できないという問題点がある。この装置をやむを得ず設置する場合は，適切に維持管理し，屋外排気装置を併用し換気に特段の配慮をするようにする。

(3)　職場の空気環境

　たばこの煙は，粒子状物質とガス状物質に大別できる。職場の空気環境の測定を行い，健康増進法やガイドラインに定めはないが，浮遊粉じん濃度は，事務所則の空気調和設備等による調整に定められている0.15mg/m³以下及び一酸化炭素濃度を10ppm 以下とするように必要な措置を講ずることが望ましい。

　したがって，健康増進法に定められた，非喫煙場所と喫煙室等との境界において，喫煙室等へ向かう気流の風速を0.2m/s 以上とするように必要な排気量以上の排気が望まれる場合があることは言うまでもない。

　測定方法等については，「受動喫煙防止措置の効果を確認するための測定方法の例」に示されている。

たばこの煙の有害性

　たばこに火をつけ，空気を吸うと燃焼して煙が出る。喫煙者の吸気によって吸い込まれる煙が主流煙であり，たばこの燃焼部分より直接，立ち昇る煙を副流煙という。

　主流煙は酸性であるのに対して，副流煙はアルカリ性である。副流煙は刺激性が強く，受動喫煙により，目の粘膜痛，流涙，鼻・のどの痛み，頭痛などの症状や呼吸抑制，心拍増加，血管収縮などに関する知見が得られている。副流煙には，ニコチンのほか，一酸化炭素，アンモニア，それに発がん物質と考えられるタール，ベンゾピレン，ニトロソアミンなどの多くの有害成分が含まれている。IARC（国際がん研究機関）ではたばこの煙の発がん性を，ヒトに対し十分な証拠があるとされるグループ1に分類している。

---

9 健康管理手帳

　健康管理手帳は離職の際又は離職の後に，都道府県労働局長（離職の際に要件に該当する場合は事業場の所在地を，離職の後に交付要件に該当する場合はその者の住所地を管轄する都道府県労働局長）に申請し，審査を経て，交付される。

　職場において有害な要因にばく露されてから長い期間を経て発症する疾病については，在職期間を終えて退職後に発生することも考えられるので，健康管理手帳を交付された労働者は，退職後も継続して特殊健康診断を受診して健康管理をすることが望ましい。このため安衛法では**表7-29**に示す15の業務に従事した者に対し，一定の要件を満たした場合に健康管理手帳を交付し健康診断を実施している（安衛則第53条）。

　健康管理手帳保持者は，都道府県労働局長に指定された医療機関又は健康診断機関

表7－29　健康管理手帳を交付する業務（安衛法施行令第23条）

1　ベンジジン等の製造・取扱い業務
2　ベーターナフチルアミン等の製造・取扱い業務
3　じん肺法に規定する粉じん作業にかかる業務
4　クロム酸及び重クロム酸等の製造・取扱い業務（鉱石からの製造事業場に限る。）
5　無機砒素化合物を製造する工程における粉砕業務，三酸化砒素の製造工程における焙焼・精製業務，特定の方法による鉱石からの砒素の製錬業務
6　コークス又は製鉄用発生炉ガスの製造業務
7　ビス（クロロメチル）エーテル等の製造・取扱い業務
8　ベリリウム等の製造・取扱い業務
9　ベンゾトリクロリドの特定の方法による製造・取扱い業務
10　塩化ビニルの重合業務等
11　石綿の製造・取扱いに伴い石綿の粉じんを発散する場所における業務
12　ジアニシジン等の製造・取扱い業務
13　1,2-ジクロロプロパン等の取扱い業務（屋内作業場等の印刷機，その他の設備の清掃の業務）
14　オルト-トルイジンの製造・取扱い業務
15　3,3-ジクロロ-4,4'-ジアミノジフェニルメタンの製造・取扱い業務

において，定められた項目による健康診断を受けることができる。

　健康管理手帳に基づく健康診断を受診できる健康診断機関については，都道府県労働局（健康安全課又は健康課）に問い合わせることができる。

10 健康情報の取扱い

(1)　健康情報の取得

ア　法定外の健康情報の取得

　安衛法令に関連する労働者の健康情報には，健康診断結果，面接指導結果，ストレスチェック結果，保健指導結果の記録，THP における健康測定結果等があり，このうち健康診断，面接指導の結果，労働者の同意を得て実施者から提供を受けたストレスチェックの結果の記録は，事業者が一定の期間保存することが義務付けられている。

　前出（255頁）の健診結果の措置に関する指針は，個々の労働者の健康に関する情報が，個々のプライバシーであり，「関係者へ提供する健康情報の範囲は，就業上の措置を実施する上で必要最小限とする必要」があるとしていることから，事業者は，労働者の健康情報の保護に留意する必要がある。

　一方，安衛法令などの個別の法令に関連しない健康情報（以下「法定外の健康情報」という。）として，事業場が任意で実施した健康診断の結果，診断書，健康相談や健康保持増進活動の記録などが存在する場合がある。これら法定外の健康情報の取扱いについても，個人情報保護法による包括的な規定が適用される。したがって，法定外の健康情報を事業者が取得して利用することについては，その目的をできる限り特定し，労働者の同意なく，その目的を超えて取り扱わないことが必要である。具体的には，法定外の健康情報は，本人から提出された結果だけを取得するか，あるいは，事業者が医療機関等から結果の報告を受けることについて衛生委員会で利用目的を説明して包括的な承諾を得ること，そして，本人の希望（不服申立てを含む）について受け付ける窓口を設けてプライバシーに配慮する必要がある。

イ　説明と同意（インフォームド・コンセント）

　個人には，自分の生き方や生活について自由に決定する自己決定権があり，医師が医療行為を行う場合であっても，十分な説明をした上で患者が承諾しなければならないことが原則となっている。労働衛生における健康情報の取扱いにおいては，一般医療において医療職が患者に説明する場合と比べて，職業や就業に関する固有の価値観に触れることが多く，労働者本人に対し，より一層丁寧な説明をすることが求められる。

　職場において健康情報が不適切に取り扱われると，労働者は，雇用・就業上の差別，職場における偏見，精神的苦痛などを受けるおそれがある。しかし，一方で事業者は安全配慮義務として実施すべき就業上の措置を確実に実施しなければならない。

　したがって，事業者は労働者の健康情報を取得する範囲や利用する目的を明確にした上で，これらのことについて，あらかじめ事業者が労働者からの同意を得ておくことが望ましい。

　また，健康情報の第三者への提供に当たっても労働者からの同意を得ることや，取得した健康情報を本人が閲覧できるようにすることも求められる。

(2)　健康情報の保存

ア　健康情報の安全管理（セキュリティの確保）

　健康情報は個人情報の中でも特に機微な情報であり，特に厳格に保護されるべきである。

　事業者は，事業場内の産業保健業務従事者はもとより，健康情報を記録して人

表7−30　職場における健康情報の安全管理（セキュリティの確保）の対策（例）

- ・記録や書類は鍵のかかる保管庫に入れる
- ・記録や書類は保管場所外への持ち出しを制限する
- ・席を離れるときは記録や書類を机の上に放置しない
- ・席を離れるときはパソコン画面を閉じる
- ・健康情報の入ったパソコンは持ち出さない
- ・私用で使うパソコンに健康情報を入れない
- ・パソコン等へのアクセスにパスワードを使用する
- ・コンピュータウイルス対策を徹底する
- ・印刷した文書をプリンタに放置しない
- ・健康情報が記載された書類は，再利用せず，シュレッダーで処理する
- ・ファックスを送信する前に受信者に連絡する
- ・電子メールに個人名と生データを共存させない
- ・郵送の際は配達記録扱いにする
- ・配達する書類は密封する
- ・配達する書類は親展扱いにする
- ・個人面談は，話し声が漏れない部屋で行う
- ・健康診断のときに前後の人の記録が見えないようにする

事・労務上の権限を行使する者や，事業場から委託を受けて健康診断を実施する外部健康診断機関にも適正に秘密を保持させること（監督）が必要である。

　健康情報を電子的に取り扱う場合には，電子媒体(記録メディア)を鍵のかかるキャビネットに入れるなどの物理的な対策，担当者の守秘義務をルール化するなどの組織的な対策とともに，健康情報が保存されているパソコンやサーバーにアクセスするためのパスワード設定など電子的な対策を講じることが望ましい。

　したがって，事業場内で健康情報の適正な取扱いを確保するために，健康情報に係る安全管理（セキュリティの確保）として，**表7−30**に示すような対策を徹底することが望ましい。

イ　健康診断や面接指導の結果及び診断書等の保存

　事業者は，安衛法令の規定に基づいて，健康診断や面接指導の結果などの健康情報を保存している。それらとともに，事業場において，人間ドックやがん検診の結果や休職者の診断書などの法定外の健康情報が保存されていることがある。これらの法定外の健康情報も個人情報保護法においては，安全管理措置を講じて適切に保存しなければならない。健康情報を保存する担当部門は，情報の内容が不用意に漏えいしたりすることがないように，健康情報の処理の状況（誰が何の目的で使用したのか等）を記録しておくことも必要である。健康情報の保存は，産業医又は産業保健業務従事者が責任をもって行うことが望ましい。

　また，労働者が事業場を異動した場合には，その健康管理記録も本人とともに

異動させなければならない。また，このように保存している健康情報については，法定外の健康情報であっても，労働衛生管理の目的に沿って，就業上の措置や保健指導を実施する上で活用することが求められる。

(3)　健康情報の活用

関連ページ　287頁

ア　健康診断・面接指導の結果の活用

　労働者の健康情報は，労働者の健康を確保するために活用することが大切である。安衛法令が定める健康診断や面接指導などの結果については，事業者が産業医等の医師による意見を聴取して，必要な就業上の措置等を行わなければならない。就業上の措置を講じる際には，その内容を労働者に説明・了解の上で，就業制限や配置転換を受け入れたり，精密検査や治療のために活用することが望ましい。これらの健康情報の取扱い方については，「雇用管理分野における個人情報保護に関する法律についてのガイドライン（通則編）」（平成28年11月個人情報保護委員会告示第6号）及び「雇用管理分野における個人情報のうち健康情報を取り扱うに当たっての留意事項」（平成29年5月29日付け基発0529第3号，最終改正：令和5年10月27日付け基発1027第5号）に従う。

　なお，「高齢者の医療の確保に関する法律」や「健康保険法」の規定に基づき，医療保険者から定期健康診断に関する記録の写しの提供の求めがあった場合，事業者は当該記録の写しを医療保険者に提供しなければならない。当該規定に基づく提供は，個人情報の保護に関する法律に規定する「法令に基づく場合」に該当するため，第三者提供に係る本人同意は不要である。

イ　診断書・人間ドックの結果等の活用

　法定外の健康情報は，活用するための規程等を作成しておくとよい。その規程は，労働組合も参加している衛生委員会等で目的や方法について審議し，健康情報の利用目的，安全衛生管理体制，健康情報を取り扱う者及びその権限並びに取り扱う健康情報の範囲，健康情報の開示，第三者提供の際に同意を得る手続き，保存の期間，苦情の処理の窓口に関して定めておくことが望ましい。また，健康保険組合などの医療保険者の保健事業の結果を活用する場合は，あらかじめ共同利用することについて周知しておくか，又は個別の同意を得る必要がある。

ウ　産業保健業務従事者による情報の共有

　事業場の産業医，看護職，衛生管理者などの産業保健業務従事者は，それぞれが異なる情報源から労働者個人の健康情報やそれに関連する情報を取得している場合がある。例えば，健康診断の結果の記録，健康増進活動の記録，病気休暇を

取得するために提出した診断書などである。これらの健康情報を労働者個人に対して利用する場合には，産業保健業務従事者が相互に必要な情報を共有して，統一した指導や判断を行うことが求められる。特に，外部の医療職やカウンセラーに委託している場合には，本人に対する就業上の措置など事業者として対応の必要な事項に関係すると考えられる情報については，必ず，内部の産業保健業務従事者に通知するよう求めておく必要がある。

⑷　健康情報を取り扱う体制の整備

ア　規程の整備

　　事業者は，「労働者の心身の状態に関する情報の適正な取扱いのために事業者が講ずべき措置に関する指針」（平成30年 9 月 7 日労働者の心身の状態に関する情報の適正な取扱い指針公示第 1 号，最終改正：令和 4 年 3 月31日付け同公示第 2 号）に基づき，事業場における労働者の健康情報の取扱いについて，**表 7 −31** に示した事項等について，取扱規程を定め，労使で共有することが必要である。

イ　産業医等の活用

　　本来，診断名や検査結果などいわゆる健康情報の生データについては，医療職でない者にとってはその解釈ができなかったり誤解したりする可能性があることから，医療職であり，かつ法的に守秘義務のある医師や看護職に取り扱わせることが望ましい。産業医などの医療職がいない事業場は，健康診断や診療を担当した医師，同じ会社の別の事業場に関与している医師又は地域産業保健センターの登録医などに解釈について相談を求めることを検討する。特に，これらの健康情

表 7 −31　事業場における健康情報の取扱いに関する規程に定めるべき事項

①　心身の状態の情報を取り扱う目的及び取扱方法
②　心身の状態の情報を取り扱う者及びその権限並びに取り扱う心身の状態の情報の範囲
③　心身の状態の情報を取り扱う目的等の通知方法及び本人同意の取得方法
④　心身の状態の情報の適正管理の方法
⑤　心身の状態の情報の開示，訂正等（追加及び削除を含む。）及び使用停止等（消去及び第三者への提供の停止を含む。）の方法
⑥　心身の状態の情報の第三者提供の方法
⑦　事業継承，組織変更に伴う心身の状態の情報の引継ぎに関する事項
⑧　心身の状態の情報の取扱いに関する苦情の処理
⑨　取扱規程の労働者への周知の方法
なお，②については，個々の事業場における心身の状態の情報を取り扱う目的や取り扱う体制等の状況に応じて，部署や職種ごとに，その権限及び取り扱う心身の状態の情報の範囲等を定めることが適切である。

報に基づいて，就業上の措置を決定する際には，医師の意見に基づいて判断することが求められる。

ウ　情報漏えい時の対応

　健康情報の漏えいが判明したときは，関係者から情報を収集して事実を把握するように努めて，予想される被害と対応策を検討した上で，速やかに事業者に報告し，実施する対策について検討する。その上で，衛生委員会等で労働者の代表などと協議しながら，今後の再発防止に生かすための対策を立てることが望ましい。また，情報主体である労働者に対して，速やかに，把握している状況，予想される影響，対応策について説明して，意見を求め，必要に応じて追加的な対策を検討する。

11 健康に関する危機管理（感染症）

関連ページ　102頁

　感染症の発生のおそれがある場合，あるいは発生した場合，それが職場にも広がることが懸念されるときには，健康に関する危機と位置付け，必要な危機管理を行うことが大切である。

(1)　結　核

　事業場で排菌陽性の結核患者が発生した場合には，保健所の要請に従って患者との接触が濃厚であった労働者に結核健康診断を受診させる必要があるので，速やかに保健所と相談し，受診対象者を決定しなければならない。また，近年，労働形態の多様化により派遣労働者が増加しているが，派遣労働者の場合は定期健康診断の結果が派遣元で管理される。そのため，結核等集団感染の可能性がある疾患が発生した場合は，派遣元と連携して対応を行うことがある。

　長引く咳などの症状を放置して，病状が悪化し，集団感染につながる事例も報告されているため，普段から定期健康診断結果を利用した健康管理に努め，そのような労働者がいる場合には適切に受診を促していくことも予防の上で大切である。

⑵　インフルエンザ

関連ページ　104頁

　季節性インフルエンザは流行に季節性があるために，流行シーズン到来前に予防接種を推奨することが感染予防の上で大切である。インフルエンザワクチンは流行が予想されるウイルスの株から作られるため，毎年の接種が必要になる。インフルエンザの流行は1月上旬から3月上旬が中心であること，ワクチン接種による効果が出現するまでに2週間程度を要することから，毎年12月上旬までにワクチン接種を受けることが推奨される。

　一般的に，インフルエンザを発症してから7日間はウイルスを排出するといわれており，患者は感染力があるといえる。排出期間の長さには個人差があるが，排泄されるウイルス量は解熱とともに減少する。咳（せき）などの症状が続いている場合には，咳（せき）エチケットを励行して周囲へ配慮することが望まれる。学校保健安全法では，「発症した後5日を経過し，かつ解熱した後2日を経過するまで」を出席停止期間としているが，成人もこれに準じて出勤を控えるなどの対応が望ましい。

⑶　新型コロナウイルス感染症

関連ページ　105頁

　流行期には一般社会で，マスクの着用，手洗いの励行に加えて，密閉・密集・密接（三密）を避ける取組みが行われ，一時的に旅行や外食等の活動を制限する政策も実施された。職場では，在宅勤務の奨励，会議や研修への通信方式の導入，室内の換気，手指消毒用品の設置，会食の自粛，遮へい板の設置，体温等の体調管理，検温器の設置，ワクチン接種の勧奨等が行われた。

⑷　流行性角結膜炎

　アデノウイルスによる眼の感染症で，感染者との接触や汚染されたティッシュペーパーやタオルなどに触れても感染する。感染者はできるだけ出勤を控えることが望ましい。

⑸　食中毒

関連ページ　105頁, 375頁

　職場で食中毒の発生が疑われた場合は，保健所に連絡の上で，協力して，食べた食品についての事実関係の調査を行うことが望ましい。その上で，食中毒の原因や対応策等について把握できた情報があれば，関係者に積極的に公開する。

⑹ 帰国者の感染症

海外からの帰国者に感染症の発生が疑われた場合には，医療機関で受診させた上で，本人などから検疫所に連絡させ，協力して対応することとする（海外における感染症情報については，107頁，第4章参照）。

12 健康管理に関する事業場外との連携

⑴ 労働衛生関係団体との連携

ア 産業保健総合支援センター及び地域窓口（地域産業保健センター）

（独）労働者健康安全機構が，産業医，保健師，衛生管理者などの産業保健業務従事者の活動を支援するとともに，事業者等に対し職場の健康管理への啓発を行うことを目的として，全国に地域窓口（地域産業保健センター）及び産業保健総合支援センターを設置している。これは，国の委託事業である「産業保健活動総合支援事業」として，地域の産業保健活動の支援を行うものである。産業保健に関する専門的技術的事項についての個別相談，研修，情報提供を行っている。また，産業保健総合支援センターでは，メンタルヘルス不調の予防から職場復帰支援までのメンタルヘルス対策全般についても対応し，専門家が個別に事業場に訪問して，相談アドバイスするなどの事業を行っている。

なお，地域窓口（地域産業保健センター）では（288頁，⑹ア参照）労働者数50人未満の小規模事業場を対象とした支援を行っている。

イ 労災病院

労災病院は，（独）労働者健康安全機構が全国に設置しており，職業性疾病の予防から労働災害被災者の治療，リハビリテーションによる職場復帰，治療と就労の両立支援と，幅広い労災医療及び勤労者医療の各分野についての専門センターを設置している。また，労災保険の二次健康診断等も実施している。

ウ 労働災害防止団体

中央労働災害防止協会は，労働災害防止のための企業の自主的な安全衛生活動を促進することを目的に，リスクアセスメント等の労働安全衛生に関する研修会・セミナー等の開催，図書・定期刊行物やインターネット等による安全衛生情報の提供，労働災害防止のための調査研究活動，専門技術サービスの提供，労働安全衛生マネジメントシステムの評価・認定，ゼロ災運動の展開，快適職場づくり

285

や心とからだの健康づくり活動の推進を行っている。また，業種別の労働災害防止団体として，建設業，陸上貨物運送事業，港湾貨物運送事業，林業・木材製造業の各労働災害防止団体がある。

エ　労働基準協会

労働基準協会は，労働安全衛生活動の普及と事業場における安全衛生管理と労働条件の向上及び改善を図ることを目的とし，労基法，安衛法に基づく各種資格講習や労働災害防止のための教育・研修，国家試験の受験準備講習会等を実施する機関である。各都道府県には労働基準協会又は労働基準協会連合会等が設置されている。多くの地域の労働基準協会連合会等は，衛生管理者の資質向上を目的とする「衛生管理者協議会」の事務局となっている。

オ　産業医科大学

優れた産業医の養成と産業医学の振興を目的に設立された大学である。学内には，産業医を養成する医学部や作業環境測定士や保健師を養成する産業保健学部のほか，産業医学に関する専門的な研究を行うとともに専門家を養成する産業生態科学研究所，医師を対象とした実務研修を行う産業医実務研修センター等が設置されている。

(2)　健康管理専門機関との連携

ア　企業外健康診断機関（全国労働衛生団体連合会）

健康診断は，産業医等が事業場内で実施する場合もあるが，多くの場合，外部の健康診断機関に委託して行う。(公社)全国労働衛生団体連合会（全衛連）は，優良な健康診断機関を育成するための総合精度管理事業を推進している。健康診断の委託先を選定する際には，この事業に参加し，継続的な精度管理に努めている機関であるかどうかが参考となる。

イ　従業員支援プログラム（Employee Assistance Program：EAP）

1970年代にアメリカの企業でアルコールや薬物依存による従業員の業務遂行能力低下を解決するため導入されたプログラムである。現在，日本では従業員の精神的な問題に対して各種団体がサービスを提供している。EAPの専門家がカウンセリングを行うなどメンタルヘルス対策の一つとして導入を検討する事業場もある。主に，社外の機関であるため従業員が利用しやすい利点があるが，産業医など社内担当者との情報の共有については困難な場合もある。

(3)　医療保険者と事業者との共同実施

関連ページ　281頁

　企業や業種団体の設立している健康保険組合（医療保険者）は，医療の給付や出産の際などの手当金を支給する「保険給付」に加え保健事業としてデータヘルス計画に従った歯科検診や人間ドックなどの健康増進活動を推進している。企業が一般健康診断の実施を健康保険組合に委託することがあるが，事業者は応分の費用を健康保険組合に支払う必要がある。また法定健康診断項目以外の検査が併せて実施されている場合は，結果の取扱いについて事業場としては法定項目とは区別して取り扱うべきである。THP指針では，生活習慣病の予防のために，医療保険者と連携したコラボヘルスの推進に積極的に取り組んでいくことが必要とされている。

　また高齢者の医療の確保に関する法律（高齢者医療確保法）により，保険者が被保険者と被扶養者を対象に，生活習慣病に関する特定健康診査及び特定保健指導を実施しており，人材，設備，情報の共同利用など，保険者と事業者間の連携が進められている。

(4)　医療職との連携

　事業場内の医療職として産業医，保健師等がいる。健康診断とその事後措置，労働基準監督署への報告書作成，産業医の職場巡視，衛生教育，安全衛生委員会や個別の事例対応などで医療職と連携をとりながら業務を行う場面は多い。

　また，衛生管理者は現場を巡視する機会が最も多いことから，現場で発生した衛生管理上の問題点を産業医へ情報提供し，健康障害を防止するための措置を協力して講じることが重要である。

(5)　地域保健等との連携

ア　健康日本21と健康増進法

　健康日本21（第3次）は健康寿命の延伸及び健康格差の縮小の実現に向けた，厚生労働省による都道府県などの地域も参加して進める国民健康づくり運動の政策である。5つの基本的方向に対し各分野の数値目標を設定し，生活習慣の改善に加えて，社会環境の整備も推進することによって，令和6年度から令和17年度までをめどに目標の達成を目指す。労働衛生に関連の深い項目として，週60時間以上就労する者の割合を5％以下とすること及びメンタルヘルス対策に取り組む事業所の割合を100％とすることが含まれている。

　また，健康日本21を中核とする健康づくり・疾病予防をさらに積極的に推進す

るため，医療制度改革の一環として平成14年に健康増進法が施行された。この法律により公共の場所での受動喫煙の防止措置が努力義務とされた。このような地域保健と産業保健の連携は今後重要性を増していくと考えられている。

イ　保健所・保健センター

都道府県，政令指定都市などに設置され地域保健の各種業務を行っている保健所と各市町村で住民の健康相談や保健指導を行う保健センターがある。企業との接点としては，食品営業施設や給食施設を有する場合の監督指導，結核などの感染症発生時の対応などを行っている。

⑹　地域医療との連携

ア　小規模事業場と地域窓口（地域産業保健センター）

小規模事業場（労働者数50人未満の事業場）では衛生管理者や産業医の選任義務がなく産業保健活動が十分に行われていない現状がある。そこで，先述のとおり，「産業保健活動総合支援事業」として，おおむね，監督署管轄区域ごとに地域窓口（地域産業保健センター）を設置している。これら小規模事業場の事業者やそこで働く労働者の産業保健サービスを充実させることを目的として，健康相談，産業保健指導の実施，産業保健情報の提供をはじめ，医師や保健師によるメンタルヘルス不調に関する相談・指導，長時間労働者に対する面接指導などのサービスを無料で提供している。

イ　かかりつけの医師・専門医

労働者が治療を受けながら職場復帰する際，産業医が就業上の意見を検討する上で主治医であるかかりつけの医師や専門医からの情報が必要なことがある。その際は本人の同意を得て，できれば産業医を介し必要な情報を得るようにする。

また事業場内での災害，急病発生時の受け入れについて周囲の医療機関と日ごろから良好な関係を保っておくことが望ましい。

第8章

健康保持増進対策と メンタルヘルス対策

科目：労働衛生

試験範囲	学習のポイント
健康の保持増進対策	○ 「事業場における労働者の健康保持増進のための指針」の内容について、健康保持増進の対策を継続的かつ計画的に進めるための基本事項、健康保持増進措置である労働者の健康状態の把握から健康指導の実施の内容と留意事項等について学習する。
メンタルヘルス対策	○ 「労働者の心の健康の保持増進のための指針」の内容について，メンタルヘルスケアや教育，ストレスチェック制度，職場復帰支援等について学習する。

1 健康保持増進対策（THP）の意義と目的

　本格的な少子高齢化社会を迎えて，労働者の高年齢化が進んでおり，また労働者の就業意識や働き方の変化，業務の質的変化等に伴い，定期健康診断の有所見率が増加傾向にある。中でも心疾患及び脳血管疾患の誘因となるメタボリックシンドロームが強く疑われる者とその予備群は，男性の約2人に1人，女性の約5人に1人の割合に達している。また，仕事に関して強い不安やストレスを感じている労働者の割合が高い水準で推移している。

　このような状況の中で，労働者がいつまでも健康で安全に働くためには，生活習慣の偏りなどを早い段階から改善するよう心身両面にわたる健康教育等に取り組むことが重要である。また，労働者の健康の保持増進は，自らが自発的に取り組むことであるが，職場には労働者自身の努力だけでは取り除くことができない要因があるため，労働者の健康を保持増進していくためには，労働者の努力に加えて，事業者としての積極的な取組みが必要である。なお，労働者の健康の保持増進を図ることは，労働生産性向上の観点からも重要である。

　厚生労働省は，事業場において労働者の健康保持増進措置が適切かつ有効に実施されるための「事業場における労働者の健康保持増進のための指針」（昭和63年9月1日付け指針公示第1号，最終改正：令和5年3月31日付け指針公示11号）及びその手引きを示している。

　事業者は本指針に基づき，事業場内の産業保健スタッフ等に加えて，積極的に事業場外資源を活用し，事業場の実態に即した形で健康保持増進対策（THP；Total Health promotion Plan）に取り組むことが望ましいとしている。

2 THP推進に当たっての衛生管理者の役割

　職場環境は事業場によってさまざまであり，業種や働き方などの特性に応じた取組みが行われなければ効果は十分に発現しない。したがって，事業場の特性を把握した上で対策を講じるなど，適切な健康保持増進対策を模索，確立することが求められる。そこで，事業者は健康保持増進措置を行うに当たって，産業医等，保健師，衛生管理者などの事業場内産業保健スタッフを活用し，健康保持増進措置の実施は，衛生委員会などを通じた労使双方が一体となって取り組む体制が基本となる。その中で，衛生

管理者は保健師等の産業保健スタッフや人事労務管理スタッフ及び事業場外資源との連絡調整役を担うことが求められる。

③　健康保持増進対策の基本的考え方

　生活習慣病予備群（生活習慣病になるリスクが高い人）に対して，生活習慣改善の取組みを行った効果に関する科学的根拠が国際的に蓄積されており，生活習慣改善を目的とした効果的なプログラムが開発されてきている。さらに，メタボリックシンドロームの診断基準が示され，内臓脂肪の蓄積に着目した保健指導が重要であることが明らかになっている。また，健康管理やメンタルヘルスケアといった心身両面にわたる健康指導に関する技術開発も進み，多くの労働者を対象とした健康の保持増進活動が行えるようになってきた。

　事業場には，労働者の自助努力を支援する取組みや，労働者自身の力では解決できない課題への対応を支援し，より良い生活習慣を獲得することの意欲や継続性を高めるための環境を作るなど，健康管理の積極的推進が必要である。また，生活習慣病の発症や重症化の予防のため，保健事業を実施している医療保険者（健康保険組合，全国健康保険協会（協会けんぽ）など）と積極的に連携したコラボヘルスの推進に積極的に取り組んでいく必要がある。

④　健康保持増進対策の推進に当たっての基本事項

(1)　健康保持増進対策の推進に当たってのポイント

ア　中長期的な視点に立った継続的・計画的な実施

　健康保持増進対策は，中長期的視点をもち，継続的かつ計画的に進める必要がある。このためには，以下のPDCAサイクルに沿って進めることが重要である（図8-1）。

イ　事業場の実態に即した取組みの実施

ウ　企業単位での取組み

(2)　健康保持増進対策の各項目（PDCAサイクル）

ア　健康保持増進方針の表明

図8-1　健康保持増進対策の各項目（PDCA サイクル）
厚生労働省「職場における心とからだの健康づくりのための手引き」（令和3年）を基に作成

　事業者は，次の事項を含む健康保持増進方針を表明する。

- ●事業者自らが事業場における健康保持増進を積極的に支援すること
- ●労働者の健康の保持増進を図ること
- ●労働者の協力の下に，健康保持増進対策を実施すること
- ●健康保持増進措置を適切に実施すること

イ　推進体制の確立

　事業者は，事業場内の健康保持増進対策を推進するため，その実施体制を確立する。

ウ　課題の把握

　健康保持増進措置を検討する上で，事業場における労働者の健康保持増進に関する課題などを把握することが重要である。

　労働者の健康状態などが把握できる客観的なデータやセルフチェックなどについては，以下のようなものが挙げられる。

- ●健康診断の結果
- ●コラボヘルス，データヘルスに基づき，医療保険者から提供されるデータ
- ●例えば，中央労働災害防止協会などが提供している運動機能検査
- ●地域の医師会，歯科医師会などが提供しているチェックリスト
- ●健康経営度調査（経済産業省）

エ　健康保持増進目標の設定

　　事業者は，健康保持増進方針に基づき，課題や過去の目標の達成状況を踏まえ，健康保持増進目標として具体的な数値目標を設定する。

オ　健康保持増進措置の決定

　　事業者は，健康保持増進目標を踏まえ，事業場の実情も踏まえつつ，健康保持増進措置を決定する。

カ　健康保持増進計画の作成

　　事業者は，健康保持増進目標を達成するため，健康保持増進計画を作成するものであり，次の事項を必ず含むようにする。

- 健康保持増進措置の内容及び実施時期に関する事項
- 健康保持増進計画の期間に関する事項
- 健康保持増進計画の実施状況の評価及び計画の見直しに関する事項

キ　健康保持増進計画の実施

　　事業者は，健康保持増進計画に基づいて健康保持増進活動を適切かつ継続的に実施する。

ク　実施結果の評価

　　健康保持増進対策を，継続的かつ計画的に推進していくためには，健康保持増進対策の各項目の PDCA サイクルを回すことが求められる。「④健康保持増進目標の設定」で設定した目標値の達成度の評価を行い，達成できなかった場合にはその原因分析と対応策を検討し，改善・見直しにつなげるようにする。

5　健康保持増進対策の推進に当たって事業場ごとに定める事項

　健康保持増進措置の実施体制や措置内容は，事業場の実態に応じて柔軟に決定することができる。時間・費用などの負担を軽減しつつ効果的に対策を推進するために，事業場の人員体制や健康課題を十分に考慮した上で，以下の事項より適切な実施体制を確立し，措置内容を選択して行うようにする。

(1)　推進体制の確立

ア　事業場内の推進スタッフ

　　事業場の実情に応じて，事業者が，労働衛生等の知識を有している産業医等，衛生管理者等，事業場内の保健師等の事業場内産業保健スタッフ及び人事労務管

理スタッフ等を活用し，各担当における役割を定めた上で，事業場内における体制を確立する。

　これらのスタッフは，健康づくりの十分な知識・技能と労働衛生等についての知識を有していることが必要である。このため，事業者は，これらのスタッフに研修機会を与える等の能力の向上を図るようにする。

イ　事業場外資源

　事業場内の推進スタッフを活用することに加え，必要に応じて以下に掲げるような事業場外資源を活用する。

- 労働衛生機関，中央労働災害防止協会，スポーツクラブ等の健康保持増進に関する支援を行う機関
- 医療保険者
- 地域の医師会や歯科医師会，地方公共団体等の地域資源
- 産業保健総合支援センター

(2)　健康保持増進措置の内容

ア　労働者の健康状態の把握

　健康診断や必要に応じて行う健康測定等により労働者の健康状態を把握する必要がある。健康測定とは，健康指導を行うために実施される調査，測定等（握力測定による筋力や全身反応時間測定による全身持久性など）のことをいい，疾病の早期発見に重点をおいた健康診断を活用しつつ，追加で生活状況調査等を実施し，生活習慣の偏りを把握することが大切である。

　事業場内の推進スタッフなどは，健康測定結果に基づき決定された個々の指導内容を，労働者に伝え，理解を促し，指導することが効果的である。

　また，データヘルスやコラボヘルス等を推進するため，医療保険者と連携して労働者の健康状態の改善や健康保持増進に係る取組みの決定等に積極的に活用することが重要である。

イ　健診結果や測定結果を踏まえた健康指導の実施

　健康指導は，健康測定結果等で把握した労働者の健康状態，生活状況及び労働者の希望に沿って健康指導の内容を決定する。健康指導の内容としては以下のようなものが挙げられる。

- 運動の種類及び内容が安全に楽しくかつ効果的に実践できるよう配慮された運動指導
- ストレスに対する気付きへの援助，リラクセーションの指導等のメンタルへ

　　　ルスケア

- 食習慣や食行動の改善に向けた栄養指導
- 歯と口の健康づくりに向けた口腔保健指導
- 睡眠，喫煙，飲酒等に関する健康的な生活に向けた保健指導

6　健康保持増進対策の推進における留意事項

　事業者は，健康保持増進対策を進めるのに当たり，事業場の特性を踏まえて適切な内容を行うことが必要であるが，中でも以下の３つの点に留意する。

(1)　「ハイリスクアプローチ」と「ポピュレーションアプローチ」の視点

　THP には，生活習慣の偏りなどで健康障害を引き起こす可能性のある労働者に対して個々の健康状態の改善を目指すために行うハイリスクアプローチと，生活習慣上の課題の有無にかかわらず労働者を集団として捉え事業場全体の健康状態の改善や健康増進に係る取組みの活性化等を目指すために行うポピュレーションアプローチの２つの視点がある。健康保持増進計画を立てる際には，それぞれの特徴を理解した上で，これらの措置を効果的に組み合わせて取り組むことが大事である。

(2)　労働者の積極的な参加を促すための取組み

　健康づくりに関心を持たない労働者も一定数存在することから，これらの労働者にも楽しく興味を持って健康づくりに取り組んでもらえるようにすることが重要である。また，労働者の生活習慣が無意識のうちに健康的に変化する環境づくりやスポーツ等の楽しみながら参加できるしくみを作るなど，事業場として健康づくりに取り組む文化や風土を醸成していくことが望ましい。

(3)　労働者の高齢化を見据えた取組み

　労働者が高年齢期を迎えても健康で安全に働くためには，心身両面の総合的な健康が維持されていることが必要である。加齢に伴う健康状態の悪化や身体機能低下を防ぐためには，高齢期のみならず，若年期から健康的な生活習慣を身に付けることが重要である。労働者の高齢化対策においても，若年者から高年齢労働者までの全労働者を対象とした取組みが重要である。

筋力や認知機能の低下に伴う転倒等の労働災害を防止するため，体力の状況を客観的に把握し，自らの身体機能の維持向上に取り組めるよう，具体的には以下の健康測定等を実施することが考えられる。

・転倒等のリスクを確認する身体機能セルフチェック

・加齢による心身の衰えを確認するフレイルチェック

・移動機能を確認するロコモ度テスト

　併せて，高年齢労働者に対しては，フレイルやロコモティブシンドロームの予防を意識した健康づくり活動を実施することが重要である。なお上記アに掲げたフレイルチェックの結果を踏まえ市町村が提供する一般介護予防事業等を利用できる可能性があるため，当該高年齢労働者の居住する市町村や地域包括支援センターに相談することも可能である。

7 職場におけるメンタルヘルス対策

(1)　メンタルヘルス対策をめぐる状況

　職業生活等に関して，強い不安やストレスを感じる労働者が約8割を超え（**表8－2**），さらにメンタルヘルス上の理由により，休業し，又は退職する労働者が増えている。さらに，業務による心理的負荷を原因として精神障害を発病し，あるいは当該精神障害により自殺にいたる数は高水準にあり，労災補償請求件数についても増加傾向にある（21〜22頁，図1－7，1－8参照）。

　こうした状況の背景として，社会情勢の変化等の影響により，仕事の質や量，職場の人間関係をはじめとした職場環境等の悪化，雇用形態の変化などが挙げられ，それに伴う心の健康問題を抱える労働者の増加が，危惧されるところである。

　このため，心の健康問題の未然防止に向けた，メンタルヘルス対策に関する事業場における取組みは重要な課題となっている。

　事業場におけるメンタルヘルス対策として，ストレスチェック制度が平成27年12月より義務化された（従業員50人未満の事業場については当面の間は努力義務）。令和3年には，実施義務対象事業場のうち9割を超える事業場が実施をしている。

　この制度は，事業者が，労働者に対し，医師，保健師等による心理的な負担の程度を把握するための検査（ストレスチェック）を行い，労働者のストレスマネジメントの向上を促し（セルフケア），職場環境の改善につなげ，メンタルヘルス不調の未然防止のための取組み（一次予防）を強化するものである。詳細は303頁，本項(6)参照。

表8-2 仕事や職業生活に関する強いストレスの有無及び内容別労働者割合

(単位：%)

区　分		令和4年	男	女	（就業形態）				令和3年
					正社員	契約社員	パートタイム労働者	派遣労働者	
労働者計		100.0	100.0	100.0	100.0	100.0	100.0	100.0	100.0
強い不安，悩み，ストレスを感じる事柄がある		82.2	80.5	83.7	86.2	62.6	65.9	56.9	53.3
		(100.0)	(100.0)	(100.0)	(100.0)	(100.0)	(100.0)	(100.0)	(100.0)
強い不安、悩み、ストレスの内容（主なもの3つ以内）	仕事の量	(36.3)	(39.6)	(34.0)	(38.1)	(37.4)	(33.8)	(13.4)	(43.2)
	仕事の質	(27.1)	(29.3)	(25.2)	(28.3)	(22.9)	(22.4)	(27.6)	(33.6)
	対人関係（セクハラ・パワハラを含む。）	(26.2)	(23.8)	(30.7)	(25.9)	(31.6)	(34.2)	(22.7)	(25.7)
	役割・地位の変化等（昇進,昇格,配置転換等）	(16.2)	(17.8)	(15.0)	(18.5)	(5.4)	(6.4)	(1.8)	(17.9)
	仕事の失敗,責任の発生等	(35.9)	(38.2)	(34.9)	(37.5)	(29.4)	(35.6)	(21.6)	(33.7)
	顧客、取引先等からのクレーム	(21.9)	(22.8)	(21.9)	(22.8)	(13.0)	(27.0)	(1.7)	(17.7)
	事故や災害の体験	(3.6)	(4.2)	(2.6)	(3.8)	(6.1)	(0.7)	(0.5)	(1.9)
	雇用の安定性	(11.8)	(11.7)	(12.6)	(8.8)	(34.6)	(20.9)	(70.7)	(11.9)
	会社の将来性	(23.1)	(25.7)	(15.9)	(23.9)	(7.1)	(8.1)	(3.8)	(20.8)
	その他の事柄	(12.5)	(11.2)	(14.9)	(12.6)	(16.8)	(12.6)	(16.6)	(11.6)
強い不安，悩み，ストレスとなっていると感じる事柄がない		17.5	19.3	15.8	13.6	37.3	33.7	42.7	46.5

注：1）「労働者計」には，強い不安，悩み，ストレスを感じる事柄の有無不明が含まれる。
　　2）令和4年調査から本設問の形式を変更した。
　　　令和3年調査は，最初にストレスの有無を選択させ，「ある」を選択した場合にストレスと感じる事柄（10項目）から3項目以内を選択させる設問形式としていたが，令和4年調査は，ストレスの有無の選択を前置せず，ストレスと感じる事柄（10項目）から3項目以内で選択する設問形式としており，1つでも選択した場合に，ストレスが「ある」に該当するものとしている。
　　3）（　）は，強い不安，悩み，ストレスを感じる事柄がある労働者のうち，強い不安，悩み，ストレスの内容（主なもの3つ以内）別にみた割合である。
　　4）「合計」には，「年齢階級」，「性」，「就業形態」の各区分の不明が含まれる。
（資料：厚生労働省「令和4年労働安全衛生調査」）

(2)　労働者の心の健康の保持増進のための指針

　事業場におけるメンタルヘルス対策を推進するため，平成18年3月に「労働者の心の健康の保持増進のための指針」（平成18年3月31日付け指針公示第3号，最終改正：平成27年11月30日付け指針公示第6号）が策定されている。事業場においてはこの指針に沿った，体制づくりを行っていく必要がある。

　指針では，事業者は事業場におけるメンタルヘルスケアを積極的に推進するため，「心の健康づくり計画」を策定するとともに，ストレスチェック制度の活用，関係者に対する教育研修・情報提供を行い，セルフケア，ラインによるケア，事業場内産業保健スタッフ等によるケア及び事業場外資源（事業場外の専門機関）によるケアの「4つのケア」を効果的に推進し，職場環境等の改善，メンタルヘルス不調への対応，職場復帰のための支援が円滑に行われるよう求めている。

　メンタルヘルスケアの推進に当たっては，事業者が労働者の意見を聴きつつ事業場の実態に即した取組みを行うことが必要であり，「心の健康づくり計画」の策定，実施体制の整備等の具体的な実施方策や個人情報の保護に関する規程等の策定に当たっては，衛生委員会等において十分調査審議を行うことが必要とされている。

　また，メンタルヘルスケアにおいては，心の健康問題の特性，個人の健康情報の保護への配慮，人事労務管理との関係，家庭・個人生活等の職場以外の問題等との関係に留意する必要がある。

　以下，指針に沿ってメンタルヘルス対策の概要を解説する。

(3)　心の健康づくり計画

　「心の健康づくり計画」とは，メンタルヘルスケアに関する事業場の現状とその問題点を明確にするとともに，それぞれの事業場の実態と必要性に応じて，その問題点を解決する具体的な取組事項等についての基本的な計画をいう。心の健康づくり計画策定においては，衛生委員会等において十分調査審議を行い，各事業場における労働安全衛生に関する計画の中に位置付けることが望ましい。

　心の健康づくり計画で定めるべき事項は次に掲げるとおりである。

① 事業者がメンタルヘルスケアを積極的に推進する旨の表明に関すること。
② 事業場における心の健康づくりの体制の整備に関すること。
③ 事業場における問題点の把握及びメンタルヘルスケアの実施に関すること。
④ メンタルヘルスケアを行うために必要な人材の確保及び事業場外資源の活用に関すること。

⑤　労働者の健康情報の保護に関すること。

⑥　心の健康づくり計画の実施状況の評価及び計画の見直しに関すること。

⑦　その他労働者の心の健康づくりに必要な措置に関すること。

なおストレスチェック制度についても事業場の実情に即して，心の健康づくり計画においてその位置付けを明確にすることが望ましい。

⑷　メンタルヘルスケアの推進

「労働者の心の健康の保持増進のための指針」では，次の4つのメンタルヘルスケアを継続的かつ計画的に行うよう示している。

ア　セルフケア（労働者が自ら行うストレスへの気付きと対処）

①　事業者は労働者に対してセルフケアに関する教育研修，情報提供等を行うこと。

②　事業者は労働者が自ら管理監督者や事業場内の産業保健スタッフ等に相談をしやすいよう必要な環境整備を行うこと。

③　ストレスへの気付きを促すために，ストレスチェック制度によるストレスチェックの実施が重要であり，特別の理由がない限り，全ての労働者が受検することが望ましい。また，ストレスチェックとは別にセルフチェックを行う機会を提供することも効果的である。

イ　ラインによるケア（管理監督者が行う職場環境等の改善と相談への対応）

①　管理監督者は，作業環境，作業方法，心身の疲労回復のための施設等，労働時間，仕事の量と質，職場の人間関係等の職場環境等の具体的問題点を把握すること。

②　管理監督者は，産業保健スタッフ等の助言を受け，産業保健スタッフ等とともに職場環境の改善を図ること。また管理監督者は個々の労働者に過度な長時間労働，過重な疲労，心理的負荷，責任等が生じないようにする等，労働者の能力，適性及び職務内容に合わせた配慮を行うこと。

③　管理監督者は，日常的に労働者からの自主的な相談に対応するよう努めること。

④　事業者は，管理監督者に対する心の健康に関する教育研修，情報提供を行うこと。

ウ　事業場内産業保健スタッフ等によるケア（産業医，衛生管理者等によるケア）

①　事業場内産業保健スタッフ等は，セルフケア及びラインによるケアが効果的に実施されるよう，労働者及び管理監督者に対する支援を行う。

②　心の健康づくり計画に基づく具体的なメンタルヘルスケアの実施に関する企画立案，メンタルヘルスに関する個人の健康情報の取扱い，事業場外資源とのネットワークの形成やその窓口となること。

③　事業者は，事業場内産業保健スタッフ等によるケアに関して，次の措置を講じること。

・職務に応じた専門的な事項を含む教育研修，知識修得等の機会の提供を図ること。

・メンタルヘルスケアに関する方針を明示し，実施すべき事項を委嘱又は指示すること。

・事業場内産業保健スタッフ等が労働者の自発的相談やストレスチェック結果の通知を受けた労働者からの相談等を受けることができる制度及び体制を，それぞれの事業場内の実態に応じて整えること。

・産業医等の助言，指導等を受けながら事業場のメンタルヘルスケアの推進の実務を担当する「事業場内メンタルヘルス推進担当者」を，事業場内産業保健スタッフ等の中から選任するよう努めること。事業場内メンタルヘルス推進担当者としては，衛生管理者等や常勤の保健師等から選任することが望ましいこと。なお，事業場の実情によっては，人事労務管理スタッフから選任することも考えられること。ただし，労働者のメンタルヘルスに関する個人情報も扱うことから，解雇，昇進，異動に直接の権限を持つ者は選任しない。

・一定規模以上の事業場では，事業場内又は企業内に，心の健康づくり専門スタッフや保健師等を確保し，活用することが望ましいこと。

④　メンタルヘルスケアに関するそれぞれの事業場内産業保健スタッフ等の役割

　a　産業医等

　　　産業医等は，専門的な立場から，事業場の心の健康づくり計画の策定への助言・指導及び対策の実施状況を把握する。また，同様にセルフケア及びラインによるケアを支援し，教育研修の企画及び実施，情報の収集及び提供並びに助言及び指導等を行う。就業上の配慮が必要な場合には，事業者に必要な意見を述べる。専門的な相談対応が必要な事例については，事業場外資源との連絡調整に専門的な立場から関わる。さらに，ストレスチェック制度及び長時間労働者等に対する面接指導の実施やメンタルヘルスに関する個人の健康情報の保護についても中心的役割を果たすことが望ましい。

　b　衛生管理者等

　　　衛生管理者等は，心の健康づくり計画に基づき，産業医等の助言，指導等

を踏まえて，具体的な教育研修の企画及び実施，職場環境等の評価と改善，心の健康に関する相談ができる雰囲気や体制づくりを行う。またセルフケア及びラインによるケアを支援し，その実施状況を把握するとともに，産業医等と連携しながら事業場外資源との連絡調整に当たることが効果的である。

c　保健師等

　衛生管理者以外の保健師等は，産業医等及び衛生管理者等と協力しながら，セルフケア及びラインによるケアを支援し，教育研修の企画・実施，職場環境等の評価と改善，労働者及び管理監督者からの相談対応並びに保健指導等に当たる。

d　心の健康づくり専門スタッフ

　事業場内に心の健康づくり専門スタッフ（精神科・心療内科等の医師，心理職等）がいる場合には，事業場内産業保健スタッフ（産業医等，衛生管理者，保健師等）と協力しながら，教育研修の企画・実施，職場環境等の評価と改善，労働者及び管理監督者からの専門的な相談対応等に当たるとともに，当該スタッフの専門分野によっては，事業者への専門的立場からの助言等を行うことも有効である。

e　人事労務管理スタッフ

　人事労務管理スタッフは，管理監督者だけでは解決できない職場配置，人事異動，職場の組織等の人事労務管理が心の健康に及ぼしている具体的な影響を把握し，労働時間等の労働条件の改善及び適正配置に配慮する。

エ　事業場外資源によるケア（事業場外の専門機関によるケア）

① 事業場が抱える問題や求めるサービスに応じて，メンタルヘルスケアに関し専門的な知識を有する，各種の事業場外資源からの支援を活用することが有効である。ただし，サービスが適切に実施できる体制であるか，情報管理が適切に行われているか等について，事業場外の専門機関に確認する。

② 労働者が相談内容等を事業場に知られることを望まないような場合にも，事業場外資源を活用することが効果的である。

③ メンタルヘルスケアに関する専門的な知識，情報等が必要な場合は，事業場内産業保健スタッフ等が窓口となって，適切な事業場外資源から必要な情報提供や助言を受けるなど円滑な連携を図るよう努める。

④ 必要に応じて労働者を速やかに事業場外の医療機関及び地域の保健機関に紹介するためのネットワークを，日頃から形成しておく。

⑤ 小規模事業場においては，必要に応じて産業保健総合支援センターの地域窓

口（地域産業保健センター）等の事業場外資源を活用することが有効である。

⑸　メンタルヘルス教育

事業者は4つのメンタルヘルスケアが適切に実施されるよう，それぞれの職務に応じ，メンタルヘルスケアの推進に関する教育研修・情報提供を行う。なお，労働者や管理監督者等に対する教育研修を円滑に実施するため，事業場内に教育研修担当者を計画的に育成することも有効である。

ア　労働者への教育研修・情報提供

セルフケアを促進するため，管理監督者を含む全ての労働者に対して，次に掲げる項目等を内容とする教育研修，情報提供を行う。

① メンタルヘルスケアに関する事業場の方針
② ストレス及びメンタルヘルスケアに関する基礎知識
③ セルフケアの重要性及び心の健康問題に対する正しい態度
④ ストレスへの気付き方
⑤ ストレスの予防，軽減及びストレスへの対処の方法
⑥ 自発的な相談の有用性
⑦ 事業場内の相談先及び事業場外資源に関する情報

イ　管理監督者への教育研修・情報提供

ラインによるケアを促進するため，管理監督者に対して，次に掲げる項目等を内容とする教育研修，情報提供を行う。

① メンタルヘルスケアに関する事業場の方針
② 職場でメンタルヘルスケアを行う意義
③ ストレス及びメンタルヘルスケアに関する基礎知識
④ 管理監督者の役割及び心の健康問題に対する正しい態度
⑤ 職場環境等の評価及び改善の方法
⑥ 労働者からの相談対応（話の聴き方，情報提供及び助言の方法等）
⑦ 心の健康問題により休業した者の職場復帰への支援の方法
⑧ 事業場内産業保健スタッフ等との連携及びこれを通じた事業場外資源との連携の方法
⑨ セルフケアの方法
⑩ 事業場内の相談先及び事業場外資源に関する情報
⑪ 健康情報を含む労働者の個人情報の保護等

ウ　事業場内産業保健スタッフ等への教育研修・情報提供

　事業場内産業保健スタッフ等によるケアを促進するため，事業場内産業保健スタッフ等に対して，次に掲げる項目等を内容とする教育研修，情報提供を行う。また，産業医，衛生管理者，事業場内メンタルヘルス推進担当者，保健師等，各事業場内産業保健スタッフ等の職務に応じて専門的な事項を含む教育研修，知識習得等の機会の提供を図る。

① メンタルヘルスケアに関する事業場の方針

② 職場でメンタルヘルスケアを行う意義

③ ストレス及びメンタルヘルスケアに関する基礎知識

④ 事業場内産業保健スタッフ等の役割及び心の健康問題に対する正しい態度

⑤ 職場環境等の評価及び改善の方法

⑥ 労働者からの相談対応（話の聴き方，情報提供及び助言の方法等）

⑦ 職場復帰及び職場適応の支援，指導の方法

⑧ 事業場外資源との連携（ネットワークの形成）の方法

⑨ 教育研修の方法

⑩ 事業場外資源の紹介及び利用勧奨の方法

⑪ 事業場の心の健康づくり計画及び体制づくりの方法

⑫ セルフケアの方法

⑬ ラインによるケアの方法

⑭ 事業場内の相談先及び事業場外資源に関する情報

⑮ 健康情報を含む労働者の個人情報の保護等

(6) ストレスチェック制度

　ストレスチェック制度の実施については，「心理的な負担の程度を把握するための検査及び面接指導の実施並びに面接指導結果に基づき事業者が講ずべき措置に関する指針」（平成27年4月15日付け指針公示第1号，最終改正：平成30年8月22日指針公示第3号。以下「ストレスチェック指針」という。）に詳細が規定されている（50人未満の事業場では努力義務）。さらに，厚生労働省より，「労働安全衛生法に基づくストレスチェック制度実施マニュアル」も公表されている。

　ストレスチェック制度は，**図8-3**の流れに沿って実施前の準備からストレスチェック，面接指導の実施，集団的な分析による職場環境の改善までを行う仕組みである。事業者は，メンタルヘルス指針に基づき各事業場の実態に即して実施される二次予防及び三次予防も含めた労働者のメンタルヘルスケアの総合的な取組みの中にス

図8−3　ストレスチェック制度の概要

トレスチェック制度を位置付け，メンタルヘルスケアに関する取組方針の決定，計画
の作成，計画に基づく取組みの実施，取組結果の評価及び評価結果に基づく改善の一
連の取組みを継続的かつ計画的に進めることが望まれる。

　ア　衛生委員会等における調査審議

　　制度の導入に当たっては，事業者はストレスチェック制度に関する基本方針を
　表明した上で，ストレスチェック制度の実施体制，実施方法など指針に示した事
　項を含め，事業者側の代表，衛生管理者，産業医，労働者から組織される衛生委

図8-4　ストレスチェック制度の実施体制

員会等で調査審議を行う。また，事業者は，調査審議の結果を踏まえて，ストレスチェック制度に関する規程を定め，それを労働者に周知する。

イ　**実施体制の整備（図8-4）**

　事業者は，「ストレスチェック制度担当者」を指名し，実施計画の策定，実施者や委託先業者等との連絡調整，計画に基づく実施の管理等の実務を行わせる。この制度担当者には，衛生管理者又は事業場内メンタルヘルス推進担当者を指名するのが望ましい。

　「実施者」は，医師，保健師，厚生労働大臣が定める研修を修了した歯科医師，看護師，精神保健福祉士もしくは公認心理師がなる。

　また，検査を受ける労働者について，人事を決定する権限又は人事について一定の判断を行う権限を持つ監督的地位にある者は，実施事務に従事することはできず，医師等であっても実施者にはなれない。

ウ　**実施方法**

　ストレスチェックは，調査票を用いて，次の3つの領域に関する項目により検査を行い，労働者のストレスの程度を点数化して評価する。その評価結果を踏まえて高ストレス者を選定し，医師による面接指導の要否を確認する。

①　仕事のストレス要因：職場における当該労働者の心理的な負担の原因

②　心身のストレス反応：心理的な負担による心身の自覚症状

③　周囲のサポート：職場における他の労働者による当該労働者への支援

　実際に用いる調査票は，上記の①～③の3つの領域に関する項目が含まれているものであれば，実施者の意見及び衛生委員会等での調査審議を踏まえて，事業者の判断により選択することができる。なお，調査票としては，「職業性ストレス簡易調査票（57項目）」を用いることが望ましいとされている。質問項目を23

項目とした簡易型の調査票もある。

　対象者は，一般定期健康診断と同様で，実施の頻度としては，1年以内ごとに1回，定期に実施する。

　以下のことは，必ず実施者が行わなければならない。

・調査票の選定並びにストレスの程度の評価方法及び高ストレス者の選定基準の決定について事業者に対して専門的な見地から意見を述べること

・結果に基づき，医師による面接指導を受ける必要があるか否かを確認すること

エ　ストレスチェック実施後の対応

㋐　結果の通知

　ストレスチェックの結果は，実施者から本人に直接通知し，結果を本人以外が把握できない方法によらなければならない。通知する内容は，個人ごとのストレスの特徴や傾向を数値，図表等で示したもの（調査票の3つの領域ごとの点数を含むもの），高ストレスに該当するかどうかを示した結果，面接指導の要否の3点を必ず含める。

　上記のほかに，労働者がセルフケアを行う際のアドバイス，面接指導の申出方法，その他の相談窓口なども通知することが望まれる。

㋑　同意の取得

　ストレスチェックの結果は，事業者には提供されない。事業者に結果を提供する場合には，必ず本人の同意が必要となる。同意の取得は，本人に結果を提供した後に行われなければならず，検査の実施前や実施時に同意を取得することは認められない。ただし，本人から面接指導の申出があった場合は，結果の提供に本人が同意したものとみなし，改めて同意を取得する必要はない。

㋒　面接指導の申出の勧奨

　ストレスチェックの結果，ストレスの程度が高く，医師による面接指導を受ける必要があると判断された者は，できるだけ申出を行い，面接指導を受けることが望まれる。

　申出を行わない者がいることも考えられるため，医師等の実施者から，面接指導の申出を行うよう勧奨する。産業医による日常的な相談対応や，産業医等と連携しつつ，保健師等や心理職が相談対応を行う体制を整備し，その中で必要に応じて本人に申出を勧め，医師による面接指導につなげる。

㋓　結果の記録・保存

　ストレスチェック結果は，医師等の実施者が記録を5年間保存する。実施者による保存が困難な場合は，事業者が他の実施事務従事者を指名して，保存さ

せることもできる。保存が適切に行われるよう，保存場所の指定，保存期間の設定及びセキュリティの確保等必要な措置を講じなければならない。

　また，本人の同意により事業者に提供された結果については，事業者に5年間の保存義務が課されている。

オ　面接指導と就業上の措置

　面接指導の申出があった者に対しては，医師，できれば事業場の状況を把握している産業医が面接指導を実施する。

　面接指導の結果，面接指導を実施した医師から，就業上の措置の必要性の有無及び講ずべき措置の内容やその他の必要な措置に関する意見を聞く。そして，必要があると認めるときは，当該労働者の実情を考慮して，就業場所の変更，作業の転換，労働時間の短縮，深夜業の回数の減少等の措置を講じ，メンタルヘルス不調の予防に努める。

カ　集団ごとの集計・分析の実施

　ストレスチェックを通じて労働者のメンタルヘルス不調を防止するためには，本人に結果を通知して，セルフケアや必要な場合は医師による面接指導につなげるだけでなく，ストレスの要因となり得る職場環境の改善を図っていくことも極めて重要である。このため，事業者は，実施者にストレスチェック結果を一定規模の集団ごとに集計・分析させるとともに，その結果を勘案し，その集団の労働者の実情を考慮して，職場環境の改善により心理的負担の軽減に努めなければならない。なお，集団ごとの集計・分析や職場環境の改善は努力義務であるが，実施することが望ましい。

　また，派遣労働者は，派遣元事業主がストレスチェックの実施義務を負うが，集団ごとの集計・分析は，職場単位で実施する必要がある。よって，派遣先においても派遣労働者に対してストレスチェックを行い，派遣労働者も含めて集団ごとの集計・分析を行うとよい。

キ　不利益取扱いの防止とプライバシーの保護

　労働者の心の健康に関する情報は，特に取扱いに注意が必要である。このため，事業者は，ストレスチェック制度の実施に当たっては，ストレスチェック結果のみを理由としたり，労働者が受検しないことや面接指導結果を理由とした不利益な取扱いを行ってはならない。

(7)　職場復帰支援

メンタルヘルス不調により休業した労働者が円滑に職場復帰し，就業を継続できる

ようにするため，事業者は，その労働者に対する支援として，次に掲げる事項を適切
に行う。

　なお，平成16年に「心の健康問題により休業した労働者の職場復帰支援の手引き」
（最終改訂：平成24年）が公表されているので，これを参考にすることが望ましい。

　① 　衛生委員会等において調査審議し，産業医等の助言を受けながら職場復帰支援
　　プログラムを策定する。職場復帰支援プログラムにおいては，休業の開始から通
　　常業務への復帰に至るまでの一連の標準的な流れを明らかにするとともに，それ
　　に対応する職場復帰支援の手順，内容及び関係者の役割等について定める。

　② 　職場復帰支援プログラムの実施に関する体制や規程の整備を行い，労働者に周
　　知を図る。

　③ 　職場復帰支援プログラムの実施について，組織的かつ計画的に取り組む。

　④ 　労働者の個人情報の保護に十分留意しながら，事業場内産業保健スタッフ等を
　　中心に労働者，管理監督者がお互いに十分な理解と協力を行うとともに，労働者
　　の主治医との連携を図りつつ取り組む。

　また，手引きには，衛生管理者等の役割として，産業医等の助言，指導等を踏まえ
て，職場復帰支援が円滑に行われるよう労働者に対するケア及び管理監督者のサポー
トを行うこと，また，必要に応じて人事労務管理スタッフや事業場外資源との連絡調
整に当たることが挙げられている。

⑻　職場環境等の評価と改善

　事業者は，職場環境等の改善に積極的に取り組むとともに，管理監督者等や事業場
内産業保健スタッフ等に対し，職場環境等の把握と改善の活動を行いやすい環境を整
備するなどの支援を行うものとする。

　ア　職場環境等の評価と問題点の把握

　　職場環境等を改善するためには，まず，職場環境等を評価し，問題点を把握す
　ることが必要である。このため，ストレスチェック結果の集団ごとの分析の結果
　や面接指導の結果等を活用して，職場環境等の具体的問題点を把握する。さらに，
　職場巡視による観察，管理監督者による日常の職場管理や労働者からの意見聴取
　の結果も参考とする。

　イ　職場環境等の改善

　　職場環境等を評価し問題点を把握した上で，職場環境だけでなく勤務形態や職
　場組織の見直し等のさまざまな観点から職場環境等の改善を行う。事業場内産業
　保健スタッフ等は，職場環境等の評価結果に基づき，管理監督者に対してその改

　善を助言するとともに，管理監督者と協力しながらその改善を図る。また，管理監督者は，労働者の労働の状況を日常的に把握し，個々の労働者に過度な長時間労働，過重な疲労，心理的負荷，責任等が生じないようにする等，労働者の能力，適性及び職務内容に合わせた配慮を行うことが重要である。

　　また，事業者はその改善の効果を定期的に評価し，効果が不十分な場合には取組方法を見直す等，対策がより効果的なものになるように継続的な取組みに努めるものとする。これらの改善を行う際には，必要に応じて，事業場外資源からの助言及び支援を求めることが望ましい。

　　なお，職場環境等の改善に当たっては，労働者の意見を踏まえる必要があり，労働者が参加して行う職場環境等の改善手法等を活用することも有効である。

(9)　心の健康に関する相談機能の整備

　事業者は，個人情報の保護に十分留意しつつ，労働者，管理監督者等，家族等からの相談に対して適切に対応できる体制を整備するものとする。さらに，相談等により把握した情報を基に，労働者に対して必要な配慮を行うこと，必要に応じて産業医や事業場外の医療機関につないでいくことができるネットワークを整備するよう努める。

ア　労働者による自発的な相談とセルフチェック

　　労働者によるメンタルヘルス不調への気付きを促進するため，事業場の実態に応じて，その内部に相談に応じる体制を整備する，事業場外の相談機関の活用を図る等，労働者が自ら相談を受けられるよう必要な環境整備を行う。

　　この相談体制については，ストレスチェックの結果の通知を受けた労働者が，相談しやすい環境を作るために重要である。また，ストレスへの気付きのために，ストレスチェックとは別に，随時，セルフチェックを行うことができる機会を提供することも効果的である。

イ　管理監督者，事業場内産業保健スタッフ等による相談対応等

　　管理監督者は，日常的に労働者からの自発的な相談に対応するよう努める必要がある。特に，長時間労働等により疲労の蓄積が認められる労働者，強度の心理的負荷を伴う出来事を経験した労働者，その他特に個別の配慮が必要と思われる労働者から，話を聴き，適切な情報を提供し，必要に応じ事業場内産業保健スタッフ等や事業場外資源への相談や受診を促すよう努める。

　　事業場内産業保健スタッフ等は，管理監督者と協力し，労働者の気付きを促して，保健指導，健康相談等を行うとともに，相談等により把握した情報を基に，

必要に応じて事業場外の医療機関への相談や受診を促す。

ウ　労働者個人のメンタルヘルス不調を把握する際の留意点

　　事業場内産業保健スタッフ等が労働者個人のメンタルヘルス不調等の労働者の心の健康に関する情報を把握した場合には，本人に対してその結果を提供するとともに，本人の同意を得て，事業者に対して把握した情報のうち就業上の措置に必要な情報を提供することが重要であり，事業者は提供を受けた情報に基づいて必要な配慮を行うことが重要である。ただし，事業者がストレスチェック結果を含む労働者の心の健康に関する情報を入手する場合には，労働者本人の同意を得ることが必要であり，また，事業者は，その情報を，労働者に対する健康確保上の配慮を行う以外の目的で使用してはならない。

　　また，健康診断や医師による面接指導等により，労働者のメンタルヘルス不調が認められる場合において，事業場内産業保健スタッフ等のとるべき対応についてあらかじめ明確にしておくことが必要である。

エ　労働者の家族による気付きや支援の促進

　　労働者に日常的に接している家族は，労働者がメンタルヘルス不調に陥った際に最初に気付くことが少なくない。また，家族は治療の勧奨，休業中や職場復帰の際のサポートなどメンタルヘルスケアに大きな役割を果たす。

　　このため，事業者は，労働者の家族に対して，ストレスやメンタルヘルスケアに関する基礎知識，事業場のメンタルヘルス相談窓口等の情報を社内報や健康保険組合の広報誌等を通じて提供することが望ましい。また，事業者は，事業場に対して家族から労働者に関する相談があった際には，事業場内産業保健スタッフ等が窓口となって対応する体制を整備するとともに，これを労働者やその家族に周知することが望ましい。

(10)　産業保健スタッフ等及び管理監督者との連携

　衛生管理者等は，心の健康づくり計画に基づき，産業医等の助言，指導等を踏まえて，具体的な教育研修の企画及び実施，職場環境等の評価と改善，心の健康に関する相談ができる雰囲気や体制づくりを行う。また管理監督者と連携して，セルフケア及びラインによるケアを支援し，その実施状況を把握するとともに，産業医等と連携しながら事業場外資源との連絡調整に当たることが効果的である。

　健康診断，ストレスチェック制度や長時間労働を行った者に対する医師による面接指導等により，労働者のメンタルヘルス不調が認められた場合における，事業場内産業保健スタッフ等の取るべき対応についてあらかじめ明確にしておくとよい。

　衛生管理者は産業医等の助言，指導等を得ながら事業場のメンタルヘルスケアの推進の実務を担当する事業場内メンタルヘルス推進担当者として，役割を果たすことが期待されている。

(11)　職場のいじめ・嫌がらせによるメンタルヘルス不調の防止

関連ページ　111頁

　職場におけるいじめ・嫌がらせ（ハラスメント）は，相手の尊厳や人格を傷つける許されない行為であるとともに，職場内の人間関係を悪化させて職場の秩序を乱し，労働者の勤労意欲を阻害し，組織の生産性を低下させる。こうした職場環境の悪化は，労働者のメンタルヘルス不調の原因ともなり，職場において未然防止対策に取り組む必要がある。

　職場のいじめ・嫌がらせは，近年，社会問題として顕在化しており，都道府県労働局に寄せられる相談件数は，年々急速に増加している。このような状況の中，令和2年の第198回通常国会において「女性の職業生活における活躍の推進に関する法律等の一部を改正する法律」が成立し，これにより労働施策総合推進法[注1]に第9章「職場における優越的な関係を背景とした言動に起因する問題に関して事業主の講ずべき措置等」が追加され，職場におけるパワーハラスメント対策の強化が図られた。

　同法の規定に基づいて制定されている指針[注2]では，パワーハラスメントを「職場において行われる①優越的な関係を背景とした言動であって，②業務上必要かつ相当な範囲を超えたものにより，③労働者の就業環境が害されるものであり，①から③までの要素を全て満たすものをいう。」と定義しており，客観的にみて，業務上必要かつ相当な範囲で行われる適正な業務指示や指導については，職場におけるパワーハラスメントには該当しないとしている。また，同指針では，職場のパワーハラスメントに当たり得る行為として挙げられる6つの行為類型について，具体的に「該当すると考えられる例」及び「該当しないと考えられる例」を示している（**表8-3**）。

　なお，①の「優越的な関係を背景とした」言動とは，当該事業主の業務を遂行するに当たって，当該言動を受ける労働者が当該言動の行為者とされる者に対して抵抗又は拒絶することができない蓋然性が高い関係を背景として行われるものを指す。

　②の「業務上必要かつ相当な範囲を超えた」言動とは，社会通念に照らし，当該言

（注1）労働施策の総合的な推進並びに労働者の雇用の安定及び職業生活の充実等に関する法律（昭和41年法律第132号）
（注2）事業主が職場における優越的な関係を背景とした言動に起因する問題に関して雇用管理上講ずべき措置等についての指針（令和2年厚生労働省告示第5号）

表8-3　「職場のパワーハラスメントに当たり得る行為」としてあげられる6つの行為類型

類　型	該当すると考えられる例	該当しないと考えられる例
1.　身体的な攻撃（暴行・傷害）	①殴打，足蹴りを行うこと。 ②相手に物を投げつけること。	①誤ってぶつかること。
2.　精神的な攻撃（脅迫・名誉棄損・侮辱・ひどい暴言）	①人格を否定するような言動を行うこと。相手の性的指向・性自認に関する侮辱的な言動を行うことを含む。 ②業務の遂行に関する必要以上に長時間にわたる厳しい叱責を繰り返し行うこと。 ③他の労働者の面前における大声での威圧的な叱責を繰り返し行うこと。 ④相手の能力を否定し，罵倒するような内容の電子メール等を当該相手を含む複数の労働者宛てに送信すること。	①遅刻など社会的ルールを欠いた言動が見られ，再三注意してもそれが改善されない労働者に対して一定程度強く注意をすること。 ②その企業の業務の内容や性質等に照らして重大な問題行動を行った労働者に対して，一定程度強く注意をすること。
3.　人間関係からの切り離し（隔離・仲間外し・無視）	①自身の意に沿わない労働者に対して，仕事を外し，長期間にわたり，別室に隔離したり，自宅研修させたりすること。 ②一人の労働者に対して同僚が集団で無視をし，職場で孤立させること。	①新規に採用した労働者を育成するために短期間集中的に別室で研修等の教育を実施すること。 ②懲戒規定に基づき処分を受けた労働者に対し，通常の業務に復帰させるために，その前に，一時的に別室で必要な研修を受けさせること。
4.　過大な要求（業務上明らかに不要なことや遂行不可能なことの強制・仕事の妨害）	①長期間にわたる，肉体的苦痛を伴う過酷な環境下での勤務に直接関係のない作業を命ずること。 ②新卒採用者に対し，必要な教育を行わないまま到底対応できないレベルの業績目標を課し，達成できなかったことに対し厳しく叱責すること。 ③労働者に業務とは関係のない私的な雑用の処理を強制的に行わせること。	①労働者を育成するために現状よりも少し高いレベルの業務を任せること。 ②業務の繁忙期に，業務上の必要性から，当該業務の担当者に通常時よりも一定程度多い業務の処理を任せること。
5.　過小な要求（業務上の合理性なく能力や経験とかけ離れた程度の低い仕事を命じることや仕事を与えないこと）	①管理職である労働者を退職させるため，誰でも遂行可能な業務を行わせること。 ②気にいらない労働者に対して嫌がらせのために仕事を与えないこと。	①労働者の能力に応じて，一定程度業務内容や業務量を軽減すること。
6.　個の侵害（私的なことに過度に立ち入ること）	①労働者を職場外でも継続的に監視したり，私物の写真撮影をしたりすること。 ②労働者の性的指向・性自認や病歴，不妊治療等の機微な個人情報について，当該労働者の了解を得ずに他の労働者に暴露すること。	①労働者への配慮を目的として，労働者の家族の状況等についてヒアリングを行うこと。 ②労働者の了解を得て，当該労働者の性的指向・性自認や病歴，不妊治療等の機微な個人情報について，必要な範囲で人事労務部門の担当者に伝達し，配慮を促すこと。

動が明らかに当該事業主の業務上必要性がない，又はその態様が相当でないものを指す。

③の「労働者の就業環境が害される」とは，当該言動により労働者が身体的又は精神的に苦痛を与えられ，労働者の就業環境が不快なものとなったため，能力の発揮に重大な悪影響が生じる等当該労働者が就業する上で看過できない程度の支障が生じることを指す。

また，事業者には，「職場におけるパワーハラスメントを防止するために講ずべき措置」として，次の措置をとることが必要となる。

① 職場におけるパワハラの内容・パワハラを行ってはならない旨の方針を明確化し，労働者に周知・啓発すること
② 行為者について，厳正に対処する旨の方針・対処の内容を就業規則等文書に規定し，労働者に周知・啓発すること
③ 相談窓口をあらかじめ定め，労働者に周知すること
④ 相談窓口担当者が，相談内容や状況に応じ，適切に対応できるようにすること
⑤ 事実関係を迅速かつ正確に確認すること
⑥ 速やかに被害者に対する配慮のための措置を適正に行うこと
⑦ 事実関係の確認後，行為者に対する措置を適正に行うこと
⑧ 再発防止に向けた措置を講ずること（事実確認ができなかった場合も含む）
⑨ 相談者・行為者等のプライバシーを保護するために必要な措置を講じ，その旨労働者に周知すること
⑩ 相談したこと等を理由として，解雇その他不利益取り扱いをされない旨を定め，労働者に周知・啓発すること

併せて，男女雇用機会均等法[注1]及び育児・介護休業法[注2]においても，セクシュアルハラスメントや妊娠・出産・育児休業等に関するハラスメントに係る規定が一部改正され，今までの職場でのハラスメント防止対策の措置に加えて，相談したこと等を理由とする不利益取扱いの禁止や国，事業主及び労働者の責務が明確化されるなど，防止対策の強化が図られた。

事業場の管理・監督の立場にある者は，これまで職場におけるセクシュアルハラスメント等の防止措置を講じてきた経験を活かしつつ，パワーハラスメント防止対策についても必要な措置を講ずることが求められ，働く人自身も，上司・同僚・部下をはじめ取引先等仕事をしていく中で関わる人たちをお互いに尊重することで，皆でハラ

(注1) 雇用の分野における男女の均等な機会及び待遇の確保等に関する法律（昭和47年法律第113号）
(注2) 育児休業，介護休業等育児又は家族介護を行う労働者の福祉に関する法律（平成3年法律第76号）

スメントのない職場にしていくことが望まれる。

　衛生管理者は、「職場におけるパワーハラスメントを防止するために講ずべき措置」に述べた①から⑩までの措置が的確に行われていることを確認するとともに，少なくとも毎週1回行うこととされている作業場等の巡視に際しても、パワーハラスメントの実態を把握するように努める必要がある。その情報を衛生委員会等において開示することにより、職場全体で情報を共有することが求められる。また、衛生委員会等が、パワーハラスメント防止対策を年間または月間の重点課題として樹立し、衛生管理者が中心となって、パワハラによるメンタルヘルス不調や自殺を防止するための必要な措置を講じることが重要となり、衛生委員会のメンバーでもある産業医との連携も必要である。

第9章

労働衛生教育

科目：労働衛生

試験範囲

労働衛生教育

学習のポイント

○ 労働衛生管理における労働衛生教育の位置付け，その進め方を学習する。

1 労働衛生教育の目的と意義

　職場における労働衛生管理は，作業環境管理，作業管理，健康管理に加え，総括管理，労働衛生教育を一体となって進める必要がある。特に，関係する作業環境や設備，取扱い物質について，その危険性や有害性，取扱い方法などについて，労働者に十分な知識・技能を身に付けさせておくことは，職場における労働衛生管理を効果的に進める上での前提となることは，過去の幾多の職業性疾病発生事例をみても明らかである。

　このようなことから，労働者に必要な知識・技能を習得させ，訓練することにより，業務上疾病のみならず，作業関連疾患，さらには一般疾病の防止を図ること等を目的として労働衛生教育が展開されている。

2 労働安全衛生法と労働衛生教育

　安衛法及び関係する法令では各種の安全衛生教育の実施を事業者に求めている。安衛法第59条においては，雇入れ時や作業内容変更時に，従事する業務に関する安全又は衛生のための教育の実施，さらに，危険又は有害な一定の業務（潜水作業者への送気調節業務，酸素欠乏危険場所での業務等）に労働者を就かせるときは，その業務に関する安全又は衛生のための特別の教育を行うことを定めている。また，安衛法第60条では，一定の業種について，新たに職務に就くことになった職長等に対する教育を，安衛法第60条の2においては事業場の安全衛生水準の向上を図るため，危険又は有害な業務に現に就いている者への安全又は衛生に関する教育に努めるように規定している。なお，労働衛生教育ではないが，一定の業務についてその業務にかかる免許を受けた者（潜水士等）又は技能講習を修了した者などの有資格者でなければ就かせることはできないとする就業制限の規定（安衛法第61条）もある。

　また，厚生労働省は安全衛生教育について，昭和59年，労働者の職業生活全般を通じた適時・適切な安全衛生教育の推進を主眼とする「安全衛生教育推進要綱」を定めた。その後，技術革新の急速な展開，第三次産業化の進展，高年齢労働者やパートタイム労働者の増加等にみられる就業形態の多様化等，社会経済情勢の変化に伴い，安全衛生水準の向上に資する適切かつ有効な安全衛生教育の実施が必要とされたことから，平成3年に「安全衛生教育等推進要綱」（平成3年1月21日付け基発第39号，最終

改正：平成31年3月28日付け基発0328第28号）が定められた（**表9-1，表9-2**）。この要綱は，事業場における労働衛生教育を含めた安全衛生教育全般についての具体的な指標となるものであり，各事業場ではこの要綱に基づいて安全衛生教育を推進することが必要である。

　また，最近では安全衛生のベテランが第一線を退きつつあり，安全衛生に精通した人材が育っていない場合があることや，危険性や有害性を実感していない若い労働者が増加してきていることなど，安全衛生教育の重要性は高まっているといえる。

❸ 労働衛生教育の企画，実施に当たって

　事業場における労働衛生教育の対象，時期，内容等の基本的な部分については，前述の「安全衛生教育等推進要綱」で示されているとおりであるが，事業場の労働衛生教育は，この要綱に基づき，また要綱にない教育についても必要に応じて企画，実施する必要がある。

❹ 労働衛生教育の進め方

(1)　労働衛生教育の目標を立てる

　実際に行われている労働衛生教育には多くのものがあるが，いずれにしてもその目的を明確にしてから進めなければならない。そのためには労働衛生教育に何を求めるかを正しく認識しなければならない。

　これまでの労働衛生教育は法令等に規定された科目，範囲，時間数等の実施に主眼を置くあまり，教育の目標である到達水準に関する意識が不明確になる傾向がみられた。そのため，まず労働衛生教育の目標を立てることから考えていく必要がある。**表9-3**（323頁）は労働衛生教育による効果を5段階に分けて示した。

表9−1　「安全衛生教育等推進要綱」で示された安全衛生教育の体系（一部改変）

教　育　等　の　対　象　者		就業資格	就業時教育	就　業　中　教　育
1 経営トップ等	事業者 総括安全衛生管理者 統括安全衛生責任者 安全衛生責任者 管理職		⎫ ⎬ ⎭	安全衛生セミナー
2 安全衛生に係る 　 管理者	安全管理者 衛生管理者 安全衛生推進者 衛生推進者 店社安全衛生管理者 元方安全衛生管理者 救護技術管理者 計画参画者 作業主任者 安全推進者	実務経験等 免許試験等 実務経験・ 養成講習 実務経験 実務経験 研　修 実務経験・研修 免許試験・技能講習 実務経験	能力向上教育 　（初任時）	能力向上教育（定期又は随時） 能力向上教育に準じた教育 （定期又は随時）
	職長等 作業指揮者 安全衛生責任者		職長等教育 指名時教育 選任時教育	能力向上教育に準じた教育 （定期又は随時） 能力向上教育に準じた教育 （定期又は随時）
	交通労働災害防止担当 管理者		選任時教育	
	荷役災害防止担当者		指名時教育	
	危険性又は有害性等の 調査等担当者・労働安 全衛生マネジメントシ ステム担当者		指名時教育	
	化学物質管理者		選任時教育	原材料，作業方法等に大幅な 変更があったとき（随時）
	健康保持増進措置を実 施するスタッフ			健康保持増進措置を実施する スタッフ養成専門研修
	事業場内産業保健ス タッフ			メンタルヘルスケアを推進す るための教育研修
3 作業者	一般業務に従事する者		雇入れ時教育	（作業内容変更時教育）
	危険有害業務に従事す る者 　・就業制限業務に従 　　事する者 　・特別教育を必要と 　　する危険有害業務 　　に従事する者 　・その他の危険有害 　　業務に従事する者 一般業務に従事する者 及び危険有害業務に従 事する者	免許試験・技能講習	特別教育 特別教育に 準じた教育	高齢時教育 危険有害業務従事者教育 （定期又は随時） 及び危険再認識教育 健康教育
4 安全衛生専門家	産業医 労働安全コンサルタン ト 労働衛生コンサルタン ト 作業環境測定士 安全管理士 衛生管理士	医師 免許試験・登録 試験・講習・登録 実務経験等		実務能力向上
5 技術指導	特定自主検査に従事す る者 定期自主検査に従事す る者 生産技術管理者 設計技師等	実務経験・研修	選任時教育	能力向上教育に準じた教育 （定期又は随時） 技術者に対する機械安全教育 （随時）
6 その他	就職予定の実業高校生		卒業前教育	

表9－2　「安全衛生教育推進要綱」で示された安全衛生教育の対象者・種類・
実施時期（一部改変）

対象者	種類	実施時期	教育等の内容	備考
1 経営トップ等 (1) 事業者，総括安全衛生管理者，統括安全衛生責任者，安全衛生責任者	安全衛生セミナー	随時	労働災害の現状と防止対策，安全衛生と企業経営，労働安全衛生関係法令等に関する事項	
(2) 管理職	安全衛生教育	随時	労働災害の現状と防止対策，安全衛生と企業経営，労働安全衛生関係法令等に関する事項 事業場におけるメンタルヘルス，治療と職業生活の両立に関する全般的事項	メンタルヘルス指針 両立支援ガイドライン
2 安全衛生に係る管理者 (1) 安全管理者，衛生管理者，安全衛生推進者，安全推進者，店社安全衛生管理者，衛生推進者及び元方安全衛生管理者	①能力向上教育（安衛法第19条の2） ②能力向上教育に準じた教育	ア　当該業務に初めて従事する時 イ　定期（おおむね5年ごとに） ウ　随時（機械設備等に大幅な変更があった時）	当該業務に関する全般的事項 当該業務に関連する労働災害の動向，技術革新等の社会経済情勢，事業場における職場環境の変化等に対応した事項	労働災害の防止のための業務に従事する者の能力向上教育に関する指針（平成元年5月22日能力向上教育指針公示第1号）（以下「能力向上教育指針」という。）（編注：平成18年改正）
(2) 救護技術管理者，計画参画者及び作業主任者	能力向上教育（安衛法第19条の2）	ア　定期（おおむね5年ごとに） イ　随時（機械設備等に大幅な変更があった時）	当該業務に関連する労働災害の動向，技術革新等の社会経済情勢，事業場における職場環境の変化等に対応した事項	能力向上教育指針
(3) 職長等	①職長教育（安衛法第60条） ②能力向上教育に準じた教育	当該職務に初めて就く時 ア　定期（おおむね5年ごとに） イ　機械設備等に大幅な変更があった時	労働安全衛生規則（以下「安衛則」という。）第40条に規定された事項 当該業務に関連する労働災害の動向，技術革新等の社会経済情勢，事業場における職場環境の変化等に対応した事項	
(4) 作業指揮者	指名時教育	当該職務に初めて指名された時	作業指揮者の職務，安全な作業方法，作業設備の点検及び改善措置等に関する事項	
(5) 安全衛生責任者	①選任時教育 ②能力向上教育に準じた教育	新たに選任された時 ア　定期（おおむね5年ごとに） イ　随時（機械設備等に大幅な変更があった時）	当該業務に関する全般的事項 当該業務に関連する労働災害の動向，技術革新等の社会経済情勢，事業場における職場環境の変化等に対応した事項	

(6)　交通労働災害防止担当管理者	交通労働災害防止担当管理者教育	新たに選任された時	当該業務に関する全般的事項	
(7)　荷役災害防止担当者	指名時教育	当該職務に初めて指名された時	当該業務に関する全般的事項	「陸上貨物運送事業における荷役作業の安全対策ガイドライン」の策定について（平成25年3月25日基発0325第1号）「陸上貨物運送事業における荷役作業の安全対策ガイドライン」に基づく安全衛生教育の推進について（平成25年6月18日基安安発0618第1号, 基安労発0618第1号）
(8)　危険性又は有害性等の調査等担当者　労働安全衛生マネジメントシステム担当者	指名時教育	当該職務に初めて指名された時	当該業務に関する全般的事項	危険性又は有害性等の調査等に関する指針（平成18年3月10日指針公示第1号）労働安全衛生マネジメントシステムに関する指針（平成11年4月30日労働省告示第53号）
(9)　化学物質管理者	選任時教育	ア　新たに選任された時　イ　随時（原材料, 作業方法等に大幅な変更があった時）	当該業務に関する全般的事項	化学物質等による危険性又は有害性等の調査等に関する指針（平成27年9月18日指針公示第3号）
(10)　健康保持増進措置を実施するスタッフ	健康保持増進措置を実施するスタッフ養成専門研修	随時	事業場における健康保持増進措置に関する全般的事項	事業場における労働者の健康の保持増進のための指針（昭和63年9月1日健康保持増進のための指針公示第1号）（編注：令和3年改正）
(11)　事業場内産業保健スタッフ等	メンタルヘルスケアを推進するための教育研修	随時	事業場におけるメンタルヘルスケアに関する全般的事項	メンタルヘルス指針
3　作業者　(1)　就業制限業務に従事する者	危険有害業務従事者教育（安衛法第60条の2）	ア　定期（おおむね5年ごとに）　イ　随時（取り扱う設備等が新たなものに変わった時等）	当該業務に関連する労働災害の動向, 技術革新の進展等に対応した事項	危険又は有害な業務に現に就いている者に対する安全衛生教育に関する指針（平成元年5月22日安全衛生教育指針公示第1号）（以下「安全衛生教育指針」という。）

(2) 特別教育を必要とする危険有害業務に従事する者	①特別教育（安衛法第59条第3項）②危険有害業務従事者教育（安衛法第60条の2）	当該業務に初めて従事する時　ア　定期（おおむね5年ごとに）　イ　随時（取り扱う設備が新たなものに変わった時等）	安全衛生特別教育規程に規定された事項　当該業務に関連する労働災害の動向，技術革新の進展等に対応した事項	安衛則第36条 安全衛生教育指針
(3) (1)又は(2)に準ずる危険有害業務に従事する者	①特別教育に準じた教育②危険有害業務従事者教育（安衛法第60条の2）	当該業務に初めて従事する時　ア　定期（おおむね5年ごとに）　イ　随時（取り扱う設備等が新たなものに変わった時等）	当該業務に関して安全又は衛生のために必要な知識等　当該業務に関連する労働災害の動向，技術革新の進展等に対応した事項	安全衛生教育指針
(4) (1)，(2)及び(3)の業務に従事する者並びにその他の業務に従事する者	①雇入れ時教育（安衛法第59条第1項）②作業内容変更時教育（安衛法第59条第2項）③健康教育（安衛法第69条）	雇入れ時 作業内容変更時 雇入れ時，定期，随時	安衛則第35条に規定された事項　同　　上　事業場におけるメンタルヘルス，治療と職業生活の両立を含めた健康の保持増進に関する事項	労働者の心の健康の保持増進のための指針（平成18年3月31日健康保持増進のための指針公示第3号）事業場における治療と職業生活の両立支援のためのガイドラインについて（平成28年2月23日付け基発0223第5号）
(5) (1)及び(2)の業務のうち車両系建設機械等の運転業務に従事する者	危険再認識教育	当該業務に係る免許取得後若しくは技能講習修了後又は特別教育修了後おおむね10年以上経過した時	当該作業に対する危険性の再認識，安全な作業方法の徹底を図る事項	
(6) (1)から(3)までの業務に従事する者及び(1)から(3)までの業務以外の業務のうち作業強度の強い業務に従事する者	高齢時教育	おおむね45歳に達した時	高年齢者の心身機能の特性と労働災害に関すること，安全な作業方法・作業行動に関すること，健康の保持増進に関すること等の事項	①高年齢労働者の労働災害発生率の高い業務②高所作業，重筋作業等作業強度の強い業務に従事する高年齢労働者を対象とする。

4 安全衛生専門家 産業医 労働安全コンサルタント 労働衛生コンサルタント 安全管理士 衛生管理士 作業環境測定士	実務向上研修	随時	当該業務に必要な専門的知識等のうち技術革新の進展等社会経済情勢及び職場環境の変化等に対応した事項	
5 技術者等 ⑴ 特定自主検査に従事する者	能力向上教育に準じた教育	おおむね5年ごとに	機械の自動化，高速化等の構造・機能の変化に対応した検査方法等に関する事項	整備を担当する者には整備に関する事項も含む。
⑵ 定期自主検査に従事する者	選任時教育	新たに選任された時	定期自主検査の意義，検査方法，検査結果の評価方法，検査機器等に関する事項	整備を担当する者には整備に関する事項も含む。
⑶ 生産技術管理者	生産技術管理者に対する機械安全教育	随時	機械の設計・製造段階のリスクアセスメントとリスク低減等	設計技術者，生産技術管理者に対する機械安全に係る教育について(平成26年4月15日基安発0415第3号)生産部門において生産設備の運転・保全等の業務を管理する技術者
⑷ 設計技術者	設計技術者に対する機械安全教育	随時	機械の設計・製造段階のリスクアセスメントとリスク低減等	設計技術者，生産技術管理者に対する機械安全に係る教育について(平成26年4月15日基安発0415第3号)工作担当者，仮設機材管理者等を含む。
6 その他 ⑴ 就職予定の実業高校生	学校教育	卒業前	安全衛生の基礎的知識に関する事項	

表9-3　労働衛生教育の5段階

レベル1（実施）	労働衛生教育を実施するという基本的な段階である。受講者は単に受講しているという消極的な姿勢になる場合が多い。もちろん労働衛生教育は「実施」することがスタートである。しかしこの段階で止まってしまっては本来の労働衛生教育の目的を果たすことはできない。法定教育においてもこの段階で止まってしまうことは，法違反にはならないにしても実質的効果は期待できない。
レベル2（知識）	労働衛生教育を受講することにより，労働衛生に対する知識が深まる段階である。受講者の状態はレベル1の「習っている」から「知っている」にステップアップする。一般的な健康教育ではこの段階でも意義があるといえるが，労働衛生活動の実行を狙いとする場合には未達の段階といえる。もちろん，限られた時間の中で受講したすべてを理解することは到底不可能である。本来，教育は1回の講義では数点を理解できれば良いのであって過剰な期待はできないものである。むしろ一部の理解が受講者の意識付け，動機付けに結び付けば成功である。労働衛生知識はまず理解することから始まるからである。 　このレベルに達するためのキーワードは教育方法であり，教育計画，教材，講師の技量が充実して初めて達成することができる。
レベル3（技能）	レベル2は頭の中で理解した段階であり，それを実際の労働衛生活動に結びつけるものではない。そのため，ここでは教育をさらに訓練まで発展させている。例えば労働衛生保護具の正しい着用は単に教育で説明しただけでは不十分であるため，防毒マスクに例を取れば実際に受講者に着用させ，着用感を経験するとともに，面体における空気漏れのチェック（フィットチェック）を実際に行わせることが有効である。また，作業標準については標準書を基にして実際の作業を行わせながら教える（OJT：On the Job Training）必要がある。
レベル4（実行）	労働衛生教育では正しい労働衛生行動を実行させなければ教育の効果があったとはいえない。そのため，この段階では訓練から指導へ移行しなければならない。教育内容を実際の行動に移させるのは容易ではない。実行に結び付けるためには職場の管理監督者が意識的に熱意のある日常的な指導を行うことが重要である。
レベル5（定着）	レベル4で実行に移っても，労働衛生行動は継続するとは限らない。労働衛生行動は職場において継続的に実施されることが重要であるから，フォローアップ教育と管理監督者の協力により，安全衛生文化として定着させることが重要である。

⑵　教育計画の作成

　教育計画の作成に当たっては次のような5W1Hの手法を活用することが有効である。

ア　Who（誰が，あるいは誰を）

　対象となる受講者を決める場合，教育内容は対象者により大きく異なるため，専門的な内容の場合は，いろいろな受講者層が混在しないよう注意する必要がある。

　また教育の講師を決める場合にはテーマ及び対象となる受講者層に最も適した講師を選ぶことがポイントである。必要に応じ講師としての教育を行ったり，外

部講師を活用したりすることも検討すべきである。ただし，外部講師に委託する場合は，事業場における労働衛生ニーズを含め，事前に十分な打ち合わせを行うことが重要である。

イ　What（何を）

　労働衛生教育の対象者に何を教えるか，まず事業場の労働衛生ニーズなどを正確に把握し，そのニーズに適切に対応してカリキュラムを作成することが必要である。

　カリキュラムは，例えば職場における化学物質の取扱いに問題があれば，化学物質の有害性などの特性，取扱い方法，労働衛生保護具の正しい使用方法等が主眼になるし，生活習慣病対策についての教育では，健康的な生活習慣に結び付ける内容が主眼となる。

　次いで，カリキュラムに応じた教材が必要になる。教材は，市販のものがある場合は内容を吟味のうえ使用してもよいが，できるだけ身近なところから題材をとった自前のものとした方が受講者の共感を得て効果を上げることができる。動画教材やプレゼンテーションソフトなども同様に，自分たちで作ったものの方が親近感がわいてよい。

ウ　Why（なぜ）

　カリキュラムの内容を決める際には，その教育内容が事業場にとって，また，受講者にとってなぜ必要かを明確にしなければならない。このことが明確に受講者に伝わっていなければ，教育への熱意や真剣さが受講者に伝わらず，結果として教育の効果が失われることにつながる。

エ　When（いつ）

　教育の実施日は他に行われる教育との関連や，効果が上がりやすい時期を計画して設定するとよい。また，事業場の業務による制約もあるため，長時間必要な場合には，時間を分散するなど，最も受けやすい日，時間帯を設定することである。

オ　Where（どこで）

　教育の会場については，受講者の人数，教育機材などを考慮して比較的ゆったりできるスペースでプレゼンテーション資料などの見やすい会場を設定する。また，騒音が少なく，職場から多少離れた場所を設定するとよい。

カ　How（どのように）

　教育手法を決めるものである。教育内容，受講者層によって効果的な手法を検討する必要がある。

特に，一方的な講義形式よりもグループ討議や演習形式を取り入れた受講者参加型の方が，教育効果が大きいと認められている。

〔参考：5W2H〕

5W1HにHow much（いくら）を加え，5W2Hとする表現がある。事業場における教育は当然費用の制約を受けるため，教育計画を立案する場合には，研修実施に関る直接的な費用に加え，受講時間，会場への移動時間等，労働時間に影響を与える非稼働時間も考慮するべきである。

(3) 教育の進め方

ア 代表的な教育手法

教育手法には多くのものがあるが，重要なことはその一つを取り上げるのではなく，これらのそれぞれの特性を活用しながら組み合わせることにより最大の効果を狙うことである。主な教育手法は次のようなものがあるが，それらの長所・短所を**表9－4**に示す。

(ア) 講義法

最も基本的な手法であり，労働衛生教育の中心を占めるものである。一度に多数の受講者を対象にできる，相手の反応により容易に内容を変化させることができる等の長所がある半面，一方通行になりやすい，長時間受講意欲を継続させることが困難である等の問題もあり，講師の技量に大きな影響を受けやすい。

(イ) 討議法

受講者をいくつかのグループに分け，テーマに応じて討議を行うものである。一方通行ではなく，受講者が積極的に参加できる点が長所であるが，発言が一部の者に偏る場合があるため，特にリーダーの進行がポイントである。討議終了後，討議結果の発表を行い，講師が講評・コメントを行うことにより，狙いとする結論に導くことも可能になる。

(ウ) 役割演技法（ロールプレイング）

受講者が特定の人間の役割を演じ，実際の場に立ったことを想定して進める形式のものである。他人の心理状態を考えながら演技する等リアリティーに富むが，運営には技術が必要である。

(エ) 事例研究法

災害発生事例等を題材として，発生原因，背景，対策等を討議するもので，現実的な場面に即した学習ができる半面，資料の作成，事例の事前検討，リー

表9−4　代表的な教育手法の長所・短所

	長　　所	短　　所
講義法	1 一度に多くの内容を多勢の学習者に示すことができる。 2 学習者の反応を見ながら臨機応変に学習指導が展開できる。 3 教育内容の追加，変更などが容易にできる。 4 指導者と学習者との間に人間的な触れ合いができる。	1 注入的な指導になりやすく，学習者を受身にしやすい。 2 言語中心の説明が主となるため，平板になりやすい。 3 指導技術の巧拙により効果が異なる。
討議法	1 学習者相互の発言で思考が深められる。 2 集団で学習するからよい結論が得られる。 3 学習者が積極的に学習活動に参加できる。 4 自分の意見をまとめて発表するため，考える力，発表する力が付く。 5 他人の意見を尊重する態度が養える。	1 特定の者の意見に引きずられることがある。 2 時として脱線することがある。 3 時間が多くかかる。 4 感情的に対立することがある。 5 口下手の者は討議に参加しないことがある。
役割演技法	1 活発な学習活動が行える。 2 対人関係を実際に近い状態で学習できる。 3 感受性の訓練ができる。	1 時間がかかる。 2 進行が停滞することがある。 3 個人批判になることがある。
事例研究法	1 積極的に学習できる。 2 行動力が育成できる。 3 現実的なことがらが学べる。	1 事例作成に手間がかかる。 2 リーダーに指導技術が要求される。 3 学習に多くの時間を要する。
視聴覚的方法	1 視覚，聴覚などの感覚を活用して学習できる(プレゼンテーションソフト，DVD 等。以下同じ)。 2 動きのある内容を学習できる。 3 現場まで行かなくても，実物に近い状態を見ることができる。 4 繰り返し学習できる。	1 設備・機器の準備を要する。 2 注入的な教育になりやすい。
問題解決法	1 具体的，実際的に学習できる。 2 理解を深めることができる。 3 積極的に学習活動をさせることができる。	1 学習に時間がかかる。 2 系統的な学力がつきにくい。 3 テーマの選び方が難しい。
発見学習法	1 理解を深めることができる。 2 応用力，転移力が着く。 3 興味深く学習できる。	1 学習に多くの時間を要する。 2 テーマの設定が難しい。
プログラム学習法	1 個人のペースで確実に学習できる。 2 積極的な学習ができる。 3 スモールステップで無理なく学習できる。 4 自学自習が可能である。 5 フィードバックが可能で学習の強化が行われる。 6 個人差，能力差に応じた指導が可能である。	1 教育内容が固定化される。 2 教材の作成に技術と労力，費用がかかる。 3 学習に多くの時間を要する。 4 集団思考の機会がない。 5 教育内容の変更修正に手数がかかる。

ダーの選定等，多くの手数を必要とする。

　㋺　視聴覚的方法

　　　パソコンやプロジェクター等の視聴覚機材を活用して視覚，聴覚を同時に刺激する手法である。機器の発達とともに，最近では複雑な動きのできるプレゼンテーションソフトを使ったり，パソコンの画面をリアルタイムに映写したりできるようになっている。

　㋬　問題解決法

　　　事例研究のため，ある問題を提示し，ステップに従って解決策を検討していくものである。適切なテーマを選ぶことがポイントであり，事業場の労働衛生ニーズに一致したテーマを選ぶことが望ましい。

　㋖　発見学習法

　　　学習のスタートを問題点の発見から行うものであり，問題発見→原因分析→対策まで進めていくものである。問題点の発見に当たってはリスクアセスメントやKYT（危険予知訓練），職場巡視の手法を利用することが望ましい。

　　このほか実習方式，シミュレーション教育等，多くの手法がある。重要な点はこれらの手法をテーマごとに最も適した手法を選定し総合化して，目的にあった教育効果を上げることにある。

　㋗　プログラム学習法

　　　決められたマニュアルにより個人ペースで進めるもので，フォローアップは個人に対して行われる。討議法に比べ集団で学ぶ機会がないことが欠点でもある。

イ　OJT（On the Job Training：現場教育）

　　OJTは，現場で職務を遂行する中で，管理者や先輩から受ける教育訓練であり，次のような長所が挙げられる。

　①　個人の能力に応じた指導ができる。

　②　個人の仕事に応じた指導ができる。

　③　日常的に機会をとらえて指導ができる。

　④　効果の把握がしやすい。

　⑤　成績の向上に直結する。

　　OJTは前記アの代表的な教育手法と車の両輪のような関係にあるといえる。このようなことから，労働衛生教育でもOJTを重視する必要がある。

ウ　効果的な教え方

　　労働衛生教育の講師は教え方の技術を持つことが肝要である。単に教育を行う

表9−5　教えるときの8原則

─── 教えるときの心構え3原則 ───

1　相手の立場に立って
①　教育の目的は，相手を「育てる」ことにある。
②　相手のレベルに応じて教育内容や進め方を変える必要がある。

2　やさしいことから，難しいことへ
①　最初から難しい話をすると，相手は理解できずに学ぶことを投げ出してしまう。
②　相手が理解し納得したことを確かめながら，だんだんとレベルの高い内容に進んでいくのがよい。

3　動機付けを大切に
①　自分から学びたい気持ちになることが一番大切である。
②　押しつけや無理やりやらされていると感じたときは，受け入れてくれない。

─── 教 え 方 の 3 原 則 ───

4　一時に一事を
①　一度に多くのことを覚えることはなかなか難しい。
②　あれやこれやと欲張るよりは，ポイントを絞ってじっくり教えたほうが効果が上がる。

5　反復して
①　繰り返して強調することで，教えたことをしっかり頭に叩き込むことができる。
②　同じ言葉を繰り返すよりは「手を変え品を変え」という具合に，いろいろな方角からみせるほうが効果が上がる。

6　身近な事例で強い印象を与えるように
①　身近な災害事例やヒヤリ・ハット事例は，強い印象を受けて理解しやすく記憶に残る。

─── 効果的な教え方のポイント2原則 ───

7　急所の理由をいって
①　「成否，安全，やりやすく」という急所は，「なぜ」それが急所かという急所の理由を理解すれば，二度と忘れないし実行される。

8　体験させ五感を働かせて
①　体験することは最も印象を強くする手段である。
②　「聞くだけ」では90％忘れてしまうといわれる。五感をフルに働かせて，記憶に残る教え方をする。

だけで教育の内容が伝わるとは限らないからである。効果的な教え方については，教えるときの8原則（**表9−5**）が知られている。

⑷　教育結果の評価

　教育は実施したらそれで終わりというものではない。教育が狙いどおり成果を上げることができたかを検討して，その結果を次の教育計画に反映させるために，評価を

しなければならない。そのため，個人の成績だけを評価の対象とするのではなく，計画そのものや実施の方法などが適切であったかどうかを評価することも重要となる。

　評価の方法は，教育の内容によっていろいろな方法がとられるが，例えば，教育を受けた後の参加者の態度を観察する方法やアンケートによる方法，面接による方法，知識教育の場合には筆記試験などという方法もある。その他，グループ討議や研修日誌の類も評価の方法として役立つものであり，実情に合った評価方法を選択すればよい。

　なお，アンケートにより受講者の意見・感想を評価した結果，理解が十分でないということであれば，教育の手法や内容に問題があると考えるべきであり，その見直し，改善のために評価の結果を活用する必要がある。また，アンケートにより理解の度合いを評価するだけでなく，受講者の今後の行動変容などの動機付けを与え得たかという視点のアンケート項目を入れておくことも有効である。例えば，管理者向けメンタルヘルス教育で傾聴法についての説明を受けた結果，「部下の話を聴くことを心掛けるようになった」と回答した管理者が多くいたならば，動機付けという面での教育の効果が十分あったと評価できる。

5 教育技法としての職場小集団活動

　職場小集団活動は，小集団としての活動を通じて，安全衛生の確保，品質の向上，ロスの減少などの生産性の向上や経営の効率化が期待されることから，いろいろな分野で実施されている。

　また，小集団としての活動は，相互啓発による知識・技能の向上，相互理解と協力関係の形成，主体的な活動参加による態度変容，自己啓発の推進などの教育効果が期待できることから，教育技法としても取り入れられている。

　しかし，単に自主的に職場の全員で話し合わせるだけでは教育上の効果は上がらない。効果を上げるためには，管理監督者の慎重な配慮による準備・運営が必要である。ただし，管理監督者の配慮が一方的になりすぎれば，自主的な活動どころか，育てる教育に結びつかない。

　労働衛生の問題を職場小集団活動のテーマに取り上げると，多くの場合，病気のことを考えがちになる。そのような場合，病気の内容だけの話に終わったり，病気は結局よく分からないということになりやすい。どんな問題をテーマにどの角度から検討していくとよいかという導入段階での適切なアドバイスなども大切である。

　また，小集団活動で労働衛生の問題をテーマに取り上げるには，参加者がある程度衛生管理の知識を持っていることが必要で，そのためには参加者に対する基本的な教育が済んでいることが前提になる。これを行わずに，全て小集団まかせではその成果を期待することはできない。

　小集団活動を進めるに際しては次のことに留意する。

① 　身近な問題を取り上げる。

② 　予防的な方策についての問題を主体にする。

③ 　全員が常に興味や関心が持てるように進め方を工夫する。

④ 　自由に意見の言える職場づくりをする。

　小集団活動のテーマのうち，労働衛生に関係しているテーマの事例を挙げると次のようなものがある。

① 　保護具を正しく装着するには

② 　保護具の使用を徹底するには

③ 　局所排気装置のフードの吸引効果を高めるには

④ 　騒音へのばく露を減らすには

⑤ 　作業場の換気をよくするには

⑥ 　重量物取扱いの負担を軽減するには

⑦ 　有機溶剤などをこぼさないで作業するには

⑧ 　作業姿勢を改善するには

⑨ 　粉じんの発生を防止するには

第10章

労働衛生管理統計

試験範囲	学習のポイント
労働衛生管理統計	○　事業場の労働衛生管理の実態を把握するための統計について学習する。 ・統計の目的，データの種類，分析方法などについて理解する。 ・各疾病休業統計について，計算式を用いて，具体的な数値が求められるようにする。

1 労働衛生管理統計の目的と意義

　労働衛生管理統計の目的は，労働衛生管理に関する集団的情報を数量的データとして把握し，起きている現象を定量的に捉え解析することにより，背景にある問題点を読み取り，対応策を検討し，実行することにある。統計データとしては**表10-1**のようなものがある。

　統計は，労働衛生管理において，大別して次のように役立てることができる。

① 統計を作成することにより，事業場の労働衛生管理の現状，動向を把握する。

　・得られた統計からどんな問題点があるか，緊急性を要するものがあるかなど現状を把握し，今後の労働衛生リスクを予測することが可能になることによって，問題が発生する前に対策を立案，実行に移すことができる。

　・全国統計，業種別統計と比較することにより，事業場の労働衛生管理水準を評価することができる（各種全国統計は，毎年，総務省統計局や厚生労働省から公表されている）などである。

② 立案した対策を衛生委員会，管理者等に説明することにより，周囲の理解を深めることができる。

表10-1　労働衛生管理において用いられる基礎資料

基本的な統計資料	従業員の人数，年齢構成，性別，通勤方法・時間，家族状況，職歴，教育歴，有害物質・有害エネルギーの種類と使用工程，作業工程等
作業環境管理に関わる統計	使用する原材料等の種類及び使用量の経時的変動，生産設備の現況，局所排気装置等設備の能力と稼働状況，作業環境測定結果（評価）
作業管理に関わる統計	作業工程，作業方法，作業負担，作業時間，休憩時間，勤務形態，労働衛生保護具の種類と着用状況等
健康管理に関わる統計	既往歴，現病歴，特殊・一般健康診断結果，運動歴等個々の健康状態のデータ，喫煙歴，有害物質・有害エネルギーのばく露歴，疾病状況等

2 統計の基礎知識

　衛生管理者は，労働衛生管理に関わるデータの収集，集計を行い，その結果を分析・評価し，新たな衛生管理の基礎資料とする必要がある。そのためには，データの集

計，分析，評価に関する基礎的な統計学や疫学の知識が必要となる。

(1)　統計とは

　一定の場所，一定の時間（あるいは一定の期間）における集団（何らかの点で共通な性質を持った事象の集まり）に関する数量的な記録である。

① 集団の大きさを示すもの　⇒　労働者数等

② 集団の内訳を示すもの　⇒　年齢構成，疾病別発生件数等

③ 個々の要素が持つ値の平均的大きさを示すもの　⇒　平均年齢等

④ 集団同士のある関係を示すもの　⇒　事業場別疾病率等

(2)　統計の活用とは

　統計の数字を土台として物事を判断し，さらにそれを統計を取ることになった動機や目的のために役立てることである。

(3)　統計データの種類

ア　量的データと質的データ

① 量的データ［数量化されたデータ］　⇒　体重，身長，年齢等

② 質的データ［質的に分類されたデータ］　⇒　職種，自覚症状，性別等

イ　静態データと動態データ

　健康管理統計において，「ある時点（例えば健康診断の日）における受診者数に対する有所見者の割合」を有所見率といい，このようなデータを静態データという。また，「一定期間（例えば1年間）に有所見等が発生した人の割合」を発生率といい，このデータを動態データという。

　両者は意味の異なる指標であり明確に区別して用いなければならない。

① 静態データ［ある時点の集団に関するデータ］（年末現在の疾病者数等）

② 動態データ［ある期間の集団に関するデータ］（年度の疾病発生件数等）

ウ　計数データと計量データ

① 計数データ［個数を数えられる要素のデータ］（対象人数，受診者数等）

② 計量データ［各要素の何らかの量に関するデータ］（体重，摂取カロリー等）

エ　全数データと標本データ

① 全数データ［ある集団の全てを調査したデータ］（国勢調査等）

② 標本データ［ある集団一部を取り出したデータ］（アンケート調査等）

⑷　母集団と標本

ア　母集団

　統計を取る元となる集団（情報を得たいと考える対象）を母集団という。例えば事業場の労働衛生ではその事業場の全労働者が母集団であり，国民栄養調査では全国民が母集団となる。

イ　標　本

　母集団から抽出した一部分を標本という。大きな母集団の全てのデータを取ることは効率的でない。そのため母集団より取り出した標本（サンプル）を調べることにより，母集団の特性を推定することが行われる。例えば事業場の規模が大きい場合，全従業員の20％のデータを取ることにより，その事業場の特性を推定する場合である。ただしこのデータを単純に国の統計と比較することはできない。なぜならば，国とその事業場とでは，年齢構成，職種等の面で，母集団の性質が異なるからである。

ウ　統計処理の目的

　標本の性質を知ることにより，母集団の性質を推定し，それを有効なデータとして活用していくことにある。

　また，標本の取り方は母集団と同じ性格を持たせて選ばないと，そのデータは一致しない。例えば社内診療所の利用者からデータを集めた場合，そのデータは事業場の労働者の特性ではなく，治療中の労働者のデータとなってしまう。

⑸　データの分析

　生データをそのまま読んでも集団の特性を読み取ることは困難である。そのためそのデータの代表値を知ることにより，集団の特性を知ることが多い。主な代表値は**表10－2**のとおりである。どの代表値を選ぶかはデータの特性を知ることにより選択する。またデータのばらつきが大きい場合は，その精度が低下するため，そのばらつきを把握することも重要である。

　データそのものの質が悪ければ，どんなに精密な分析をしても意味ある結果は得られない。データを集める時点からその質に十分留意しなければならない。良質なデータとは，出所が信頼でき，精度が高いデータである。

　一般に生体から得られた諸指標の分布は，多くの場合正規分布と呼ばれる型をとることが多い。集団のばらつきの程度は，分散やその平方根である標準偏差で表される。集団を比較する場合，平均値が明らかに異なれば，集団は異なった特徴を有すると評

表10－2　分布の代表値とばらつき指標

分　布	指　標	指標の意味
代表値	平均値	全データの和をデータ数で割った値
	中央値	データを大きい値（又は小さい値）の順に並べた場合の，中央値
	最頻値	データの中で最も多くみられた値
ばらつき	分　散	値のばらつき程度
	標準偏差	分散の平方根。値のばらつき程度
	範　囲	最大値と最小値との差

価されるが，平均値が等しくても分散が異なっていれば，やはり異なった特徴を有する集団と評価される。生体指標の GOT，GPT，γ-GTP，中性脂肪等や，化学物質の作業環境測定の結果は対数正規分布の型となることが多い。

⑹　データの扱い方

① データの定義を確認する

→ そのデータの母集団は何で，標本はどのように取られたか？

→ データは５Ｗ１Ｈ（何から，どこで，いつ，誰が，何のために，どのようにして）で作られたのか？

② データの母集団を多く取る

→ 小さなデータは固有の特性を持つが，たくさんのデータを観察すれば個々の不規則性が消え，全体の規則性が現れる。特に％や割合で示されたデータを読むときは元の数字の大きさを確認する必要がある。

【例】 $\dfrac{500}{1,000}$ と $\dfrac{1}{2}$ はいずれも50％であるが精度が異なる

③ 短期間のデータを読むことは危険

→ 現象にはばらつきがあり，一定期間内に大きく変動する場合がある。ある期間内の短い時間のデータは，真の値と全く違った傾向を見せることがある。

【例】ある瞬間の照度測定結果，ある時点における血圧測定結果

④ ０（ゼロ）や無回答も回答の内

→ データ内の０は数字であり，０の数字を入れなければならない。また，無回答の場合にも意味があり，無回答群の意見は回答群の意見と同じ性格ではない。

⑤ 疑わしいデータは有意差検定を行う

→ 有意差検定には T 検定，F 検定，カイ二乗検定等がある。

　→　データには偶然が入る要素が非常に大きい。データでものをいう場合には有
　　意差検定を行うべきである。

③　疫学について

⑴　疫学とは

　疫学とは，ある人の集団について，何らかの健康事象の分布を調べ，原因を統計学
的に追跡し，対策を立てる次のような手法をいう。
　①　まず，第一に健康事象（ある病気など）の分布を集団ごとに調べる（これを記
　　述疫学といい，統計データが用いられる）。
　②　次いでこれらのデータを分析して，ある原因と病気との関係の仮説を立てる。
　③　この仮説に基づいて原因のある群とない群に分け，その後追跡調査をして，病
　　気の発生の相違を調べたり（前向き調査），あるいは病気のある群とない群に分
　　け，各々の群で原因と考えられる事象の相違があるかどうかを調べる（後向き調
　　査）。これらの調査を分析疫学という。
　これらのデータを解析して，因果関係の有無を明確にしたり，原因を除去して対策
を立てたりする。

⑵　事象の多発

　疫学を行うヒントとなるのは，ある健康に関する事象が特定の作業場で他の作業場
より多く発生していることや，特定期間あるいは最近数年間に増加していることを発
見することにある。
　多発しているかどうかの客観的な判定は，標準化死亡比や年齢標準化死亡率等の指
標を用いる（詳細は疫学・統計学の専門書を参照）。逆に発生は少数であっても，ま
れな疾病の場合は注意を要する。例えば，塩化ビニルのばく露により，まれに肝臓に
血管肉腫が発生することがある。一事業場でのこれらの作業者は少なく，また，極め
てまれな病気であるので，一事業場での観察では多発かどうか不明であるが，何かお
かしいと思ったら，同種の他の事業場を含めて調査することにより確認できる。

⑶　因果関係

　二つの事象の間に因果関係があるかどうかの判定は難しい。常に相関（統計上，一
方が増えると他方が増える現象）がみられても，因果関係のないこともある。因果関

表10-3 因果関係が成立するための5つの条件

時間的先行性	原因となる事象が, 結果の出現する前に作用していること
関係の普遍性	いつ, どこででもその関係がみられること
関係の強さ	原因と思われる事象と結果と思われる事象の間に, 強い関連があること 量—影響関係, 量—反応関係, 相対危険度等の指標で関連の強さが測られる
関係の特異性	原因と結果の間が特異的であること
関係の一致性	過去の知見と大きく矛盾しないこと

係を判断するためには**表10-3**に記したような条件が必要となる。

4 労働衛生管理に用いられる統計の特徴

(1) 一般的な特徴

労働衛生統計では次の特徴がある。

①　一般に対象人数が少ない。対象となる事業場, 対象作業場等により異なるが, 一般的には50～100人位である。

②　性や年齢が偏っている。業種及び作業によって構成の性別が異なるところがあり, また年齢も通常18～65歳である。

③　健康レベルでも, 一般社会に比べ企業では一般に良好であり, 大企業ほど一般社会との差が著しい。これは, 雇入時健康診断や以降の健康管理施策の違いによると考えられている。例えば, 重筋労働を伴う業種では健康で体力のある人でなければ, 働き続けることは難しく, 一般社会における健康や体力のレベルと比較はできない。

(2) スクリーニングレベル

ある検査を行った際, 正常と有所見とをふるい分ける判定値を決めておく必要がある。これをスクリーニングレベルという。この値を高くとると, 正常（疾病なし）の人を有所見（陽性）と判定する率（偽陽性率）は低くなるが, 有所見（疾病あり）の人を正常（陰性）と判定する率（偽陰性率）は高くなる。逆にスクリーニングレベルを低く設定すると, 偽陽性率は高くなり, 偽陰性率は低くなる（**図10-1**）。

労働衛生管理では, 有所見者は, 再検査又は精密検査で再チェックされ, 最終的には異状なしと判断されるケースがある。これは, スクリーニングレベルを低めに設定しているため, 偽陽性率が高くなっているのである。

スクリーニングレベル（参考値）

健康群

疾病群

b

d

a

c

a 四分表

		検　査		計
		＋	－	計
疾病異常	＋	真陽性 a	偽陰性 c	疾病あり a＋c
	－	偽陽性 b	真陰性 d	疾病なし b＋d
計		検査陽性 a＋b	検査陰性 c＋d	総　数 a＋b＋c＋d

b 指標

1）偽陽性率

$$= \frac{b}{b+d} \times 100(\%)$$

2）偽陰性率

$$= \frac{c}{a+c} \times 100(\%)$$

3）敏感度 $= \frac{a}{a+c} \times 100(\%)$

4）特異度 $= \frac{d}{b+d} \times 100(\%)$

図10－1　スクリーニングレベルと検査法の有効性の指標

5 疾病休業統計

疾病休業統計は，労働衛生活動の成果を評価する上で重要である。

事業場が使用する疾病休業統計の中で主なものは，次のとおりである。

※労働衛生の場で用いられている主な統計指標

① 病休度数率 $= \dfrac{疾病休業件数^{*1}}{在籍労働者の延べ実労働時間数^{*2}} \times 1,000,000$

② 病休強度率 $= \dfrac{疾病休業延べ日数^{*3}}{在籍労働者の延べ実労働時間数^{*2}} \times 1,000$

③ 疾病休業日数率 $= \dfrac{疾病休業延べ日数^{*3}}{在籍労働者の延べ所定労働日数^{*4}} \times 100$

④ 病休件数年千人率 $= \dfrac{疾病休業件数^{*1}}{在籍労働者数} \times 1,000$

＊1　負傷が原因で引き続き発生した疾病も件数に含める。
＊2　残業時間数，休日労働時間数も算入する。
＊3　年次有給休暇のうち，疾病によることが明らかなものは日数に含める。
＊4　所定休日に労働した場合でも，その日は算入しない。

6　保健統計作成のステップ

① 統計を取る目的を明確にする

　【例】BMI と摂取カロリーとの関係を知ることにより，食事指導による肥満対策を計画し，実施する。

② 統計データの入手方法を考える^(注)

　【例】BMI は定期健康診断結果から求める（算出されていない場合は計算する）。摂取カロリーは労働者の20％に対して食事内容の調査を実施する。

③ 統計データを作成する

　【例】BMI と摂取カロリーとの相関をみる統計表を作成する。

　a　表題はデータの内容，性格を正しく表していること

　　A社B事業場労働者のBMIと摂取カロリー（○年度定期健康診断結果から）

　b　単位を明確に示すこと

　c　データの順序には規則性を持たせること（組織表順，年齢順，大小順等）

④ データを検討する

　a　生データを読む（高いデータが集中しているのはどの層か等）

　b　生データが不十分な場合は別のデータを活用（他のデータの定義に注意）

　c　必要によりデータを加工する（【例】二つのデータの相関を計算する）

　d　グラフ化して見やすく加工する

⑤ データの精度を確認する

　a　データの検定を行う

　b　理論的背景を検証する（根拠のないデータは公表しない）

⑥ 関係者に公表する

　a　統計表，グラフ等を関係者(事業者，管理者，安全衛生委員会等)に提出し，説明する

　b　調査結果に基づく行動計画を提出し，事業者等の承認を取る

(注) この際，母集団の性質（定義）に注意する。事業場全体を推定しようとする場合は，サンプルの性，年齢，職種等の分布が事業場のそれと一致することが重要。サンプルを診療所利用者や寮生等の特殊な条件者から取ってはならない。

第11章

救急処置

科目：労働衛生

試験範囲	学習のポイント
救急処置	○　救急蘇生法の概要と手順，応急手当の方法について学習する。

1　救急蘇生法

⑴　一次救命処置及び応急手当における衛生管理者の役割

　事業場で傷病者が発生した場合には，バイスタンダー（その場に居合わせた人）が適切かつ速やかに救護（一次救命処置（Basic Life Support：BLS））を行い，産業保健スタッフや救急隊員に引き継ぐ体制が必要である。衛生管理者は，組織的な救護計画の樹立，日本赤十字社や消防機関等との協力による一次救命処置・応急手当の普及啓発，救急資材の整備など，不測の事態に対応できる積極的な組織づくりのコーディネーターとしての役割が期待されている。

⑵　手当の重要性

ア　救急要請の現状

　救急出動件数は高齢化の進展等に伴い急増しており，令和6年1月に総務省消防庁が発表した「令和5年版 救急・救助の現況」によると，令和4年には約723万件（年間・全国）に達している。約4.4秒に1回の割合で救急車が出動し，国民の約20人に1人が搬送されたことになる。こうした救急需要の急増によって，救急車の現場到着時間が遅れる傾向にある。救急車の現場到着までの所要時間の全国平均は約10.3分，医療機関収容までの所要時間の全国平均は約47.2分となっている。労働災害による救急出動件数は，約5万8千件（年間・全国）である。また，急病や一般負傷のうちの何割かは事業場で発症したものであることを考慮すれば，事業場において救命・応急手当を求められる機会はそうまれではない。

イ　救命救急の体制

　救急救命士が行う救急救命処置の範囲が拡大され，現場で「除細動」，「静脈路確保」，「気管挿管」，「アドレナリン投与」ができるようになり，プレホスピタルケア（病院前救護）の体制が充実した。非医療従事者である一般市民について，一次救命処置が認められたことを踏まえ，駅，空港，スポーツ施設，イベント会場等の公衆の集まる場所や職場，学校などへ，AED（Automated External Defibrillator：自動体外式除細動器）や，AED搭載清涼飲料自販機などが順次設置されるなど，救命効果を向上させるための体制は改善しつつある。

ウ　手当の目的

　救命及び応急手当には，「救命」，「悪化防止」，「苦痛の軽減」の3つの目的がある。傷病者が発生したときは，バイスタンダーが手当を速やかに開始することに

よって，生命の危険を回避できる場合がある。ケガや病気を治すのではなく，現在以上に悪化させないようにすることは，傷病者の治癒にも良い結果をもたらす。傷病者は心身ともにダメージを受けていることから，励ましの言葉を掛けることなどで，激しい痛みなどを緩和する効果もある。

エ　手当の必要性

心臓が停止し脳血流が途絶えると，10秒あまりで意識が消失し，4分以上無酸素状態になると脳に障害が発生する。心筋梗塞などが原因で心室が小刻みにブルブルと震え（けいれん），全身に血液を送り出すというポンプの役割を果たせない状態（心室細動）では，そのまま放置すると死に至る。直ちに AED を用いた除細動（電気ショック）を行えば，心臓が本来持っているリズムに回復させることができる。

心停止状態になると，その直後から時間の経過に伴い救命の可能性は急速に低下する。そのため，心停止から AED による除細動実施までにかかる時間が，生死を分ける重要な因子となる。救急隊到着前に市民が除細動のための電気ショックを行った場合の1カ月後社会復帰率は，救急隊到着後に行った場合の2倍に上っている。救急隊が現場に到着するまでの空白時間が傷病者の生命を大きく左右するため，この間にバイスタンダーによる AED の使用が極めて重要である。心肺停止状態の人を救命するためには，「早い119番通報」，「早い心肺蘇生」，「早い除細動」，「二次救命処置（Advanced Life Support：ALS）」の4つが連続性（救命の連鎖：チェーン・オブ・サバイバル）をもって行われることが必要である。

まず，バイスタンダーが119番通報し，救急隊が到着するまでの間，除細動，心肺蘇生（Cardio Pulmonary Resuscitation：CPR）を行う。この後，到着した救急救命士などが，より高度な二次救命処置を継続して医療機関に搬送する。この4つの救命の連鎖のうち，いずれかの一つでも途切れてしまえば，救命効果は低下してしまう。特に，バイスタンダーは，この救命連鎖の最初の3つの鎖を担っている救命の重要なキーパーソンである。

オ　手当の効果

「令和5年版救急・救助の現況」によると，急病で心停止した傷病者への救命手当として，AED による除細動をした場合の生存率は，しない場合に比べて高く，バイスタンダーが応急手当をした場合の1カ月後生存率は，しなかった場合の約1.3倍であった。この報告から，バイスタンダーによる救命・応急手当が適切に実施された場合，より高い救命効果が期待できることが分かった。

カ　各種講習制度

職場の同僚などが事故や災害に遭遇したとき，「助けたい」という思いはあっても，助ける術を知らなければ，いざというとき，その人を救うことはできない。救命・応急手当に関する講習会は，消防署が実施する普通救命講習等や日本赤十字社が実施する救急法講習会がある。衛生管理者及び衛生管理者を志す者は，いずれかの講習会を受講して，救命・応急手当に関する基本的な知識と技術を身に付けておくべきである。また，事業場内の全ての従業員にも広く受講できる機会を提供するために，全社的な取組みが必要である。一部の講習会では，一定数の受講者及び会場を確保できれば，事業場内で実施してもらうことができる。受講後は，定期的な訓練を心掛けるとともに（イメージトレーニングを含む），いずれの講習会も「更新講習会」が設定されているので，継続してブラッシュアップしていくことが望ましい。東京消防庁などでは，事業場と連携し，実効性のある応急救護づくりを図るため，「応急手当奨励制度」を推進している。一定の要件を満たした事業場に，「救命講習受講優良証」を交付するなどして，救命講習の受講を奨励している。

(3)　救命及び応急手当の手順

救命・応急手当を行う際は，周囲の状況を観察し，安全を確保するとともに，迅速に連絡・119番通報を行う必要がある。事業場においては，緊急事態が発生した場合，事業場関係者がなすべき役割を明確にし，迅速かつ的確に救命・応急手当を実施するために，実行可能な「救命・応急手当のマニュアル」を整備しておくことが望ましい。その主な内容は次のとおりである。

① 　連絡及び119番通報に関すること（観察及び安全確保を含む）
② 　傷病者の応急・救命手当に関すること
③ 　救急隊の現場誘導に関すること

あらかじめ作成したマニュアルを関係者に周知し，その手順で訓練を行い，実行可能性を検証しておくことは有効である。また，化学物質を扱っている事業場ではSDSを整備しておく。

ア　周囲の状況の観察

傷病者を助けるだけではなく，自身を事故や感染等の二次災害の危険から守らなければならない。傷病者が倒れている場所に，落下物，通行車両，有毒ガス，酸欠，火炎，漏電等の危険因子がないか，瞬時に何が起きたのかを冷静に観察し，状況を判断した上で迅速に行動することが必要である。併せて，傷病者の概況に

ついて，大まかな傷病の程度（重大性・緊急性）と反応の有無を把握する。

イ　安全の確保

　危険因子がある場合は，自身の安全を確保した上で，傷病者を安全な場所に静かに移動する。原因が明確でない場合は，不用意に傷病者に近づかない。1人では危険又は無理な場合は，周囲に協力を求める。必要に応じて保護具（防毒マスク，送気マスク，ビニル手袋等）を使用する。化学物質による災害はSDS（応急手当に関する内容を抜粋して常備しておくことが望ましい）で対処法を確認するなどして，二次災害を防止する。

ウ　連絡と119番通報

　周囲に協力者がいる場合は，傷病者の反応がなければ，大声で叫んで周囲の注意を喚起し，心肺蘇生を開始する。協力者が来たら，119番通報やAEDを持ってくるよう，一次救命処置・応急手当の協力を求める（**図11-1**）。救急車のサイレンが聞こえたら，協力者に合図をして，救急車を誘導してもらう。周囲に協力者がいない場合は，傷病者の反応がなければ，119番通報を優先し，AED（近くにある場合）を取りに行く。その後，心肺蘇生を開始する。ただし，電話が近くになく119番通報に数分以上かかる場合は，まず心肺蘇生を2分間実施してから助けを呼びに行き，急いで戻り再び心肺蘇生を実施する（窒息・外傷・溺水・薬物（化学物質）中毒は，心肺蘇生が優先）。なお，119番通報すると，電話を通して行うべき処置の指導を受けることもできるので，落ち着いて処置する。その

図11-1　救急蘇生法

際，両手を自由に使える状態で指導を受けながら胸骨圧迫を行うことができるよう，スピーカー機能などを活用する。

　また，近隣の医療機関とネットワークを構築するなどして，「連絡表」を職場内の見やすい場所に掲示しておくことも有効である。

エ　手当の記録

　事業場内で救急処置等を実施した場合には，関係者に記録を求め報告書を提出してもらうことが望ましい。報告の内容は，①記録日と記録者サイン，②救護者名，③傷病者名（住所），④発生日時，⑤場所及び状況，⑥症状及び手当内容（搬送先の医療機関名等）などの項目である。

⑷　一次救命処置（BLS：Basic Life Support）

　心肺蘇生は，傷病者が呼吸停止，心停止，もしくはこれに近い状態に陥ったときに，人工呼吸と胸骨圧迫で呼吸及び血液循環を補助し，救命するために行うものである。AHA（American Heart Association：アメリカ心臓協会）が科学的な根拠に基づき心肺蘇生法に関する指針を見直してガイドライン2005を発表した。それに伴ってわが国においても救急蘇生ガイドラインが大きく改訂（平成18年6月）された。AEDは，心停止のときに心臓が蘇生するように電気ショックを与える機械で，一次救命処置に組み込まれ，一般市民でも使用が可能になった。心肺蘇生の実施やAEDの取扱いに当たっては，傷病者を十分に観察し，判断し，適切な手順に従って一次救命処置を行う必要がある。

　その後，ガイドラインは数次にわたる改訂を経て，令和3年に日本蘇生協議会（JRC）及び日本救急医療財団により「JRC蘇生ガイドライン2020」が発刊され，最新の救急蘇生法の手順が示されている（図11−2）。

　なお，胸骨圧迫により肋骨骨折や後遺症を残したり，AEDを使用しても救命が不成功に終わってしまった場合でも，救助者が道義的に行った救命手当で発生した事故については，一般人が民事又は刑事上の法律的な責任を問われることはないので，躊躇せず一次救命処置を実施すべきである。

ア　発見時の対応

㋐　反応の確認

　　反応の有無は，一次救命処置を行うか行わないかの重要な指標となる。まず，倒れている傷病者を発見したら，周囲の安全を確めた後，近づき，「大丈夫ですか？」と声を掛けつつ，肩を軽く叩いて刺激を与えてみる。このとき，開眼するか，発語があるか，目的のある仕草があるかを確認する。全くこれらのし

1 安全確認

2 反応はあるか？ → あり → 具合を尋ねる

なし・判断に迷う

3 大声で応援を呼ぶ
119番通報・AED依頼
通信指令員の指導に従う

4 普段どおりの呼吸はあるか？ → あり → 様子をみながら
応援・救急隊を待つ

なし・判断に迷う

5 ただちに胸骨圧迫を開始する
強く（約5cm）*1
速く（100〜120回/分）
絶え間なく（中断を最小にする）

*1 小児は胸の厚さの約3分の1

6 人工呼吸の技術と意思があれば

胸骨圧迫30回と
人工呼吸2回の組み合わせ

7 AED装着

心電図解析
電気ショックは必要か？

必要あり

必要なし

電気ショック
ショック後ただちに
胸骨圧迫から再開*2

ただちに
胸骨圧迫から再開*2

*2 強く，速く，絶え間なく胸骨圧迫を！

8 救急隊に引き継ぐまで，または傷病者に普段どおりの呼吸や
目的のある仕草が認められるまで続ける

図11−2　一次救命処置の流れ
（「JRC蘇生ガイドライン2020」より引用）

ぐさがみられないときは，「反応なし」と判断する。

　もしこのときに，反応はないが普段どおりの呼吸があるなら，回復体位（**図 11−3**）をとらせて安静にして，必ずそばに観察者を付けて傷病者の経過を観察し，普段どおりの呼吸がなくなった場合にすぐに対応できるようにする。また，反応があっても異物による窒息の場合は，後述する気道異物除去を実施する。

図11－3　回復体位

　(イ)　協力者の要請（119番通報と AED 手配）

　　一次救命処置は，できる限り単独で行うことは避けるべきである。もし，傷病者に反応がなければ，「誰か来てください」，「人が倒れています」と周囲に注意喚起し，協力者を確保する。協力者が来たら，119番通報と AED の手配を依頼する。救助者が１人の場合で，協力者が誰もいない場合には，次の手順に移る前に，自分で119番通報することを優先する（345頁，(3)ウ「連絡と119番通報」を参照のこと）。

イ　心停止の判断—呼吸の確認

　　傷病者に反応がなければ，「普段どおりの呼吸（正常な呼吸）をしているか」を確かめる（10秒以内）。呼吸の有無を確認するときには気道確保を行う必要はない。傷病者の胸と腹部の動きを観察し，胸と腹部が（呼吸にあわせ）上下に動いていなければ「呼吸なし」と判断する。呼吸の状態がよく分からない場合は，呼吸が停止していると判断し，心停止とみなす。また，しゃくり上げるような，途切れ途切れに起きる呼吸（心停止が起こった直後にみられる呼吸で，「死戦期呼吸（あえぎ呼吸）」という。）の場合も，心停止とみなす。これらの場合は，すぐに心肺蘇生を開始する。傷病者に普段どおりの呼吸を認めるときは，回復体位にし，気道確保（350頁参照）を行い，応援や救急隊の到着を待つ。この間，傷病者の呼吸状態を継続観察し，呼吸が認められなくなった場合には，直ちに後述する心肺蘇生を開始する。応援を求めるために，やむを得ず現場を離れるときには，傷病者を回復体位（図11－3）に保つ。

ウ　心肺蘇生の開始と胸骨圧迫（心臓マッサージ）の実施

　　呼吸が認められず，心停止と判断される傷病者には胸骨圧迫を実施する。傷病者を仰臥位（ぎょうが）に寝かせて，救助者は傷病者の胸の横にひざまずく。圧迫する部位は胸骨の下半分とする。この位置は，「胸の真ん中」が目安になる（図11－4）。この位置に片方の手のひらの付け根をあて，その上にもう片方の手を重ねて組み，肩が圧迫部位の真上になるような姿勢で両肘を伸ばしたまま押すと，胸骨圧迫ができる（図11－5）。

図11－4　胸骨圧迫を行う位置

図11－5　胸骨圧迫の方法

　このときは腕の力だけで押すのではなく，体全体の体重を手のひらの付け根だけにかけて圧迫するのがコツである。傷病者の胸が約5cm沈む強さで，1分間に100〜120回のテンポで圧迫する。圧迫を解除（弛緩）するときには，手のひらの付け根が胸から離れたり浮き上がって位置がずれることがないように注意しながら，胸が元の位置に戻るまで十分に圧迫を解除することが重要である。この圧迫と弛緩で1回の胸骨圧迫になる。胸骨圧迫のポイントは，「強く」，「速く」，「絶え間なく」，「圧迫解除は胸がしっかり戻るまで」である。

　なお，傷病者がやわらかいふとんに寝ている場合などに胸骨圧迫を行うと心臓が十分に圧迫されず効果が上がらないので，平らな堅い床面（堅い板など）を背中にして行う。

　AEDを用いて除細動する場合や階段で傷病者を移動させる場合などの特殊な状況でない限り，胸骨圧迫の中断時間はできるだけ10秒以内にとどめる。

エ　気道確保と人工呼吸

　人工呼吸が可能な場合は，胸骨圧迫を30回行った後，2回の人工呼吸を行う。

図11−6　頭部後屈あご先挙上法による気道確保

その際は，気道確保を行う必要がある。

㋐　気道の確保

反応がない場合は，その原因として気道が閉塞して，脳が低酸素状態となっており，外界の刺激に反応できなくなっていることがある。舌根が咽頭に落ち込んでいるか，吐物や異物が咽頭部に引っ掛かり，空気の通り道を閉塞することがある。気道確保はこのような状態の気道を開放する方法である。具体的には，頭部後屈あご先挙上法を行う（**図11−6**）。救助者は，傷病者の頭側にある救助者の手を傷病者の額に当て，他方の手の人差指と中指の2本をそろえ，傷病者の下あご先の骨の部分に当てる。下あごを引き上げるようにして頭部を後方に軽く反らせ，気道を確保する。

㋑　人工呼吸（口対口人工呼吸）の実施

気道確保ができたら，救助者が訓練を受けている場合は，口対口人工呼吸を2回行う。気道を開いたまま行うのがコツである。救助者は口を大きく開けて傷病者の口を覆い，1回の吹き込みに約1秒かけて傷病者の胸が呼吸をしているように動くのが見える程度まで吹き込む。このとき，額に当てていた手の親指と人差指で，傷病者の鼻をつまみ空気が漏れないようにすること（**図11−7**）。1回目の人工呼吸で胸の盛り上がりを確認できなかった場合は，気道確保をやり直してから2回目の人工呼吸を試みる。2回目が終わったら（胸の盛り上がりが確認できた場合も，できなかった場合も），それ以上の人工呼吸を行わず，直ちに胸骨圧迫を開始すべきである。人工呼吸のために胸骨圧迫を中断する時間は，10秒以上にならないようにする。吹き込みを2回試みても胸が1回も上がらなければ，胸骨圧迫のみの心肺蘇生に切り替える。

図11−7　口対口人工呼吸

　気道をきちんと確保しないまま吹き込むと，吹き込んだ空気が胃に流入し，胃が膨張して胃の内容物が口の方に逆流する。このため，口や喉が窒息して気道閉塞が起こる危険があるので注意しなければならない。

　なお，口対口の人工呼吸を行う際には，感染のリスクは低いとはいえゼロではないので，感染防護具（一方向弁付き呼気吹き込み用具（フェイスマスク）など）を使用することが望ましい。もし救助者が訓練を受けていなかったり，人工呼吸の実施に躊躇する場合は，人工呼吸を省略し，胸骨圧迫のみを行う。

オ　心肺蘇生中の胸骨圧迫と人工呼吸

　胸骨に両手を置いて胸骨圧迫を30回，次に人工呼吸を2回実施する。これを1サイクルとして図11−8のように絶え間なく実施する。このサイクルを救急隊が到着するまで，あるいはAEDが到着して傷病者の体に装着されるまで繰り返

図11−8　胸骨圧迫と人工呼吸のサイクル

す。胸骨圧迫30回は目安の回数であり，回数の正確さにこだわりすぎる必要はない。この胸骨圧迫と人工呼吸のサイクルは可能な限り２人以上で実施することが望ましいが，１人しか救助者がいないときでも実施可能であり，１人で行えるよう普段から訓練をしておくことが望まれる。

　なお，胸骨圧迫は予想以上に労力を要する作業であるため，長時間１人で実施すると自然に圧迫が弱くなりがちになる。救助者が２人以上であれば，胸骨圧迫を実施している人が疲れを感じていない場合でも，約２分（５サイクル）を目安に他の救助者に交替する。救助者が初めから２人いる場合は，まずは１人が心肺蘇生を行い，もう１人は119番通報やAEDの手配等を行った後に，２人で交代しながら心肺蘇生を行ってもよい。交代による胸骨圧迫の中断時間はできるだけ短くする。

カ　心肺蘇生の効果と中止のタイミング

　心肺蘇生が有効なら，続けているうちに傷病者がうめき声を上げたり，普段どおりの息をし始めたり，もしくは何らかの応答や目的のあるしぐさ（例えば嫌がるなどの体動）が現れる。この場合は心肺蘇生を中止して，観察を続けながら救急隊の到着を待つ。

　こうした反応が見られない場合には，AEDを装着するまで，もしくは救急隊や医者に引き継ぐまで絶え間なく心肺蘇生を続行する。

キ　AEDの到着と準備

　「普段どおりの呼吸（正常な呼吸）」がなければ，直ちに心肺蘇生を開始し，AEDが到着すれば速やかに使用する。

　AEDは，心電図波形が除細動の適応かどうかをすばやく解析する装置が内蔵されていて，音声メッセージで救助者に使用方法を指示してくれるので，それに従って除細動を実施する。なお，AEDを使用する場合も，AEDによる心電図解析や電気ショックなど，やむを得ない場合を除いて，胸骨圧迫など心肺蘇生をできるだけ絶え間なく続けることが重要である。

　AEDの使用手順は以下のようになる。

①　AEDの準備

　AEDを設置してある場所は，目立つようにAEDマークが貼られ，その専用ボックスの中に置かれていることもある（**写真11−１**）。ボックスを開けると警告ブザーが鳴ることがあるが，ブザーは鳴らしたままでよいので，かまわず取り出し，傷病者の元に運んで，傷病者の頭の近くに置く。

写真11-1　AED専用ボックスの例

② 電源を入れる

　AEDのふたを開け，電源ボタンを押して電源を入れる。機種によってはふたを開けるだけで電源が入るものもある。電源を入れたら，以降は音声メッセージ（文字や画像のメッセージ表示の場合もある）に従って操作する。

③ 電極パッドを貼り付ける

　まず傷病者の胸をはだけさせ（ボタンやフック等が外せない場合は服を切り取る必要がある），肌が濡れている場合は水分をふき取り，シップ薬等ははがしてよく拭く。次にAEDに入っている電極パッドを取り出し，1枚を傷病者の胸の右上（鎖骨の下で胸骨の右），もう1枚を胸の左下（脇の下から5～8cm下，乳頭の斜め下）に，空気が入らないように肌に密着させて貼り付ける（**図11-9**）。

　機種によってはこの後，ケーブルをAED本体の差込口に接続する必要があるものもあるので，音声メッセージに従う。

④ 心電図の解析

「からだから離れてください」との音声メッセージが流れ，自動的に心電図の解析が始まる。この際，誰かが傷病者に触れていると解析がうまくいかないこ

電極パッドには貼付け位置が
図示されている

図11-9　電極パッドの貼付け

図11−10　ショックボタンを押す

とがあるので，周囲の人にも離れるように伝える。

⑤　電気ショックと心肺蘇生の再開

　　AED が心電図を自動解析し，電気ショック（除細動）が必要な場合には，「ショックが必要です」などの音声メッセージが流れ，充電が開始される。

　　ここで改めて，傷病者に触れている人がいないか確認する。充電が完了すると，連続音やショックボタンの点灯とともに，電気ショックを行うようにメッセージが流れるので，ショックボタンを押し電気ショックを行う（**図11−10**）（ショックボタンを押さなくても自動的に電気が流れる機種（オートショックAED）もある）。このとき，傷病者には電極パッドを通じて強い電気が流れ，体が一瞬ビクッと突っ張る。

　　電気ショックの後は，メッセージに従い，すぐに胸骨圧迫を開始して心肺蘇生を続ける。

　　なお，心電図の自動解析の結果，「ショックは不要です」などのメッセージが流れた場合には，その後に続く音声メッセージに従って，すぐに胸骨圧迫を再開し心肺蘇生を続ける。

　　いずれの場合であっても，救急隊員と交代するまで電極パッドはそのままはがさず，AED の電源も入れたまま，心肺蘇生を行う。

⑥　心肺蘇生と AED の繰り返し

　　心肺蘇生を再開後，2分（胸骨圧迫30回と人工呼吸2回の組み合わせを5サイクル）ほど経過すると，AED が音声メッセージとともに心電図の解析を開始するので，④と⑤の手順を実施する。

　　以後，救急隊が到着して引き継ぐまであきらめず④〜⑥の手順を繰り返す。

　　なお，傷病者が（嫌がって）動き出すなどした場合には，前記カで記載した「心肺蘇生の効果と中止のタイミング」の手順で救急隊を待つが，その場合でも電極パッドははがさず，AED の電源も入れたままにして，再度の心肺停止が起こった際にすぐに対応できるよう備えておく。

ク　気道異物の除去

　気道に異物が詰まることにより窒息すると，死に至ることも少なくない。傷病者が強い咳（せき）ができる場合には，咳により異物が排出される場合もあるので注意深く見守る。しかし咳（せき）ができない場合や，咳（せき）が弱くなってきた場合は窒息と判断し，迅速に119番通報するとともに，以下のような処置をとる。

（ア）　反応がある場合

　傷病者に反応（何らかの応答や目的のある仕草）がある場合には，腹部突き上げ法（妊婦及び高度の肥満者，乳児には行わない）又は背部叩打法（こうだ）による異物除去を試みる。この際状況に応じてやりやすい方を実施するが，一つの方法を数度繰り返しても効果がなければ，もう一つの方法に切り替える。異物が取れるか，反応がなくなるまで二つの方法を数度ずつ繰り返し実施する。

a　背部叩打法（こうだ）

　傷病者の後ろから，左右の肩甲骨の中間を，手のひらの付け根で数回以上力強く何度も連続して叩く（**図11－11**）。妊婦や高度の肥満者，乳児にはこの方法を試みる。

b　腹部突き上げ法

　反応がある場合，傷病者の後ろからウエスト付近に両手を回し，片方の手で臍（へそ）の位置を確認する。もう一方の手で握りこぶしを作り，親指側を臍（へそ）の上方，みぞおちの下方に当て，臍（へそ）を確認したほうの手を握りこぶしにかぶせて組んで，すばやく手前上方に向かって圧迫するように突き上げる（**図11－12**）。この方法は，傷病者の内臓を痛めるおそれがあるので，異物除去後は救急隊に伝えるか，医師の診察を必ず受けさせる。また，妊婦や高度の肥満

図11－11　背部叩打法（こうだ）

図11-12　腹部突き上げ法

者，乳児には行わない。

（イ）　反応がない場合

直ちに心肺蘇生を開始する。胸骨圧迫によって異物が除去できることもある。口中に異物が見えないのに指などで探ることはしないこと。人工呼吸の際に呼気吹き込みに抵抗があり胸郭が上がらなければ，気道異物があって気道が閉塞している場合もあるが，異物を探すために胸骨圧迫の手順を中断してはいけない。人工呼吸と異物除去は省略して，胸骨圧迫のみを実施する。

【引用・参考文献】
・一般社団法人日本蘇生協議会監修『JRC 蘇生ガイドライン2020』医学書院，2021年
・日本救急医療財団心肺蘇生法委員会監修『改訂6版救急蘇生法の指針2020（市民用）』へるす出版，2021年
・同『改訂5版救急蘇生法の指針2020（市民用・解説編）』へるす出版，2021年

2　応急手当

（1）　外傷の応急手当

ア　創傷と多量出血

（ア）　創　　傷

「創」は，切創，割創，刺創，挫創など開放性損傷を意味し，「傷」は，打撲傷，挫傷のように非開放性損傷を意味する。日常で用いられる「きりきず」は

「創」,「すりきず」は「傷」に当たる。

【応急手当】

　　日常的に起こりやすい,切りきず(切創),擦りきず(擦過傷),刺しきず(刺創)などの応急手当は,まず出血しているときは止血をする。傷口が汚いときは水道水で洗い流す。この際,出血を助長することがあるため手際良く行い,傷口を押し開いたり,傷の奥に触れてはいけない。洗浄後は市販の消毒薬があれば消毒し,清潔なガーゼで傷口を覆い包帯を巻いておく。古釘や木片を踏んだ刺創,泥で汚れた深い創では,破傷風の心配があるため,医療機関で受診する。

(イ)　多量出血

　　多量出血とは,500cc(成人)以上の出血で,たくさんの量の血液が血管の外に出ることである。全血液量の約3分の1を短時間に失うと生命が危険な状態となり,2分の1を失うと死に至るといわれる。応急手当はこの出血を最小限にとどめるために早急に開始し,確実に行うことである。出血は外出血と内出血に大別する。外出血とは血液が体外に流出する場合を指し,内出血とは胸腔,腹腔など体腔内への出血や,皮下などの軟部組織に出血し,血液が体外に流出しない場合をいう。外出血は一般の人でも応急手当が十分に可能であるが,内出血は判断が難しく,内臓損傷が疑われるときは,医療機関で受診する。

　a　出血の種類

　　毛細血管性出血:擦り傷(擦過傷)のときにみられ,傷口から少しずつにじみ出るような出血で傷口を圧迫することで確実に止血できる。

　　静脈性出血:浅い切り傷にみられ,傷口からゆっくり,とぎれることなくあふれるような出血である。

　　動脈性出血:動脈からの出血は,拍動性で鮮紅色を呈し,出血量が多く,短時間でショックに陥る。早急な止血が必要である。

【応急手当】

　　止血法には,直接圧迫法,間接圧迫法,直接圧迫法と間接圧迫法の併用,止血帯を用いる方法がある。前出の「JRC蘇生ガイドライン(2020)」では,直接圧迫法が推奨されている。他の方法は市民が行うには訓練が必要である。

　　直接圧迫法:出血部を直接圧迫する方法であり,最も簡単でしかも確実な止血法である。出血部にできるだけきれいなガーゼやハンカチなどを当て,しっかりと止血するまで圧迫する。四肢の出血はほとんど対処できる。救

護者は，使い捨て手袋の着用もしくはビニル袋等を代用し，自らの感染予防に努めることが大切である。

イ　熱　傷

熱による生体の組織障害を熱傷という。医学的には「火傷」とは呼ばない。熱による組織破壊はその作用時間と温度で決まる。通常45℃の熱作用（低温熱源）で1時間，70℃では1秒間で組織が破壊される。低温熱源が長時間皮膚に触れていると，熱が体外へ放出されないで蓄積されるため，気付かないうちに低温熱傷になっていることがある。暖房器具による被害が多く，一見，軽症に見えても，熱傷深度は深く，難治性である。そのほか特殊な熱傷として，水蒸気，加熱空気，有毒ガスなどを吸い込むことによって生ずる気道熱傷がある。

重症度の評価

現在の重症度判定基準は面積，深度，年齢，部位を判定因子としている。重症熱傷とは，一般にはⅡ度熱傷以上の熱傷受傷面積が，成人で体表面の30%以上と定義されている。

㋐　熱傷深度の分類

Ⅰ度熱傷：傷が表皮層に限局したもので，皮膚が赤くなり，ヒリヒリ痛い。

Ⅱ度熱傷：傷が真皮層の中間までのもので，水疱ができ赤くはれ，強い痛みを感じる。

Ⅲ度熱傷：皮膚が乾いて硬くなり，傷は皮下組織まで達する。白くなり焦げ，痛みは感じなくなる。

【応急手当】

熱傷の原因物質をまず除去すること，現場から傷病者を救出することが第一の手当である。ただし原因物質が皮膚に付着している場合は無理に取り除かない。火災現場などでは救助者の安全も十分考慮しなければならない。次に傷病者の数，受傷状況（一酸化炭素（CO）中毒が疑われる閉鎖空間での火災，有毒ガス，熱傷の原因物質と熱源の温度）の確認は治療及び病院選定において重要となる。

㋑　局所の手当

手当のポイントは「冷却」である。冷却の目的は鎮痛と浮腫（腫れ）の軽減である。水道水による冷却が最も良く，10～20分程度行うとよいとされる。しかし，幼小児や高齢者の広範囲熱傷は，冷却しすぎると容易に低体温となるため注意が必要であり，現在特に幼小児に対する積極的な冷却は勧められていない。着衣の上から熱傷をしたときは，無理に着衣を脱がさず，そのまま水をか

けて冷やす。着衣が皮膚に付着した場合は，取れる部分だけをはさみなどで切り取る。水疱は傷口を保護する効果を持っている。水疱は破らないようにし，きれいなガーゼで覆い，民間療法はせずに医療機関で受診する。

ウ　化学損傷（薬傷）

化学物質が皮膚や粘膜に作用して生じる組織障害が化学損傷である。化学損傷が生じる状況としては，事業場，研究所，家庭内で使用する薬品（漂白剤，洗浄剤，灯油など），有毒ガスなど家庭内事故のような小規模な事例から大災害まで幅広く多様である。化学損傷はほかの温熱熱傷とは異なり，原因物質が除去された後にも皮膚の障害が進行することがある。

【応急手当】

着衣は直ちに除去し，化学物質との接触時間を短くし，皮膚汚染時や眼に入ったときは，大量の水道水でよく洗い流した後に医療機関で受診する。高温のアスファルトやタールなど粘着性の化学物質が皮膚に付着した場合，無理に取り除かない。一般には軟膏や油類を塗らない。中和剤がある薬品もあるが応急手当では原則用いない。フッ酸使用現場では，十分な水洗浄のあとグルコン酸カルシウム軟膏を使用することもある。

エ　低体温症

寒いところで体温が極端に下がると命の危険がある。体温を上げようとする速度より，低下するスピードが上回ると発症する。体温を上げようとするため，ふるえがみられる。うまくしゃべることができなくなり，呼吸もゆっくりとなる。次第に意識ももうろうとする。

【応急手当】

体温低下を防ぐために，暖かい場所に移動し保温をする。衣服が濡れている場合は脱がせて，乾いた毛布や衣服で覆う。

オ　眼窩内異物

眼は異物が入りやすいところである。異物はゴミ，虫，鉄粉などの金属片，コンタクトレンズなどが多い。症状は異物感，眼痛などの訴え，流涙，充血である。

【応急手当】

異物で眼球を傷つけるので，眼をこすらせない。水道水で洗い流してもよいし，水をためた洗面器に顔をつけ，瞬きさせてもよい。異物が上記手当で除去されてもほかに小さな異物が残っている場合や，異物のために眼が傷ついている可能性もあり専門医に受診する。

図11−13　骨折の分類

カ　骨　折

骨折とは骨組織の連続性が断たれた状態である（骨折の分類は**図11−13**）。

骨折部に一致して疼痛，圧痛，腫脹，皮下出血などを認める。

「単純骨折」とは閉鎖骨折で皮膚の下で骨が折れて，皮膚には損傷がない状態をいう。「複雑骨折」とは骨折とともに皮膚，皮下組織が損傷し，骨折部が露出した開放性の骨折をいう。感染が起こりやすく治りにくい。

また，「完全骨折」，「不完全骨折」と分けられる。前者は骨が完全に折れている場合，後者は骨にひびが入った状態である。

完全骨折では変形や骨折端どうしが擦れ合う音である軋轢音などを認める。骨折に伴い神経，血管，筋肉，腱に損傷を合併することがあり，ショックなど全身状態に注意することも必要である。

【応急手当】

骨折部を動かさないことに心掛ける。骨折部を上下関節が動かないように，副子（段ボール，折りたたみ傘，板きれ，雑誌などで代用可能）で固定する（**図11−14及び図11−15**）。この際決して整復を行わず，そのままの状態で固定する。皮膚の損傷がひどいときは，傷と出血の手当を行う。皮膚を突出している骨は戻さない。骨折部を動かさないように固定したら直ちに医療機関に搬送する。ただし，固定することが不安だったり，複雑骨折の場合は救急要請する。

また，脊髄の損傷が疑われる場合は，救急搬送を要請し，動かさないことを原則とする。やむを得ず搬送する場合は，頸部を動かさないように細心の注意を払い，硬い板の上などにのせる。

キ　脱臼，肉離れ，アキレス腱断裂

㋐　脱　臼

脱臼とは関節を構成する関節面の接触が完全に失われた状態である。亜脱臼

数本のタオル
を用いる。

体幹部は上肢のよい
副子となる。

一方の下肢は他方の
下肢の副子となる。

1つの足指は他の足指
のよい副子となる。
手指でも同様である。

図11-14　緊急時の副子のあて方

※副子は上下の関節を含めるこ
とのできる十分な大きさと強度
のあるものを使用する。

図11-15　下腿の骨折の副子のあて方

では関節面の接触が一部保たれている。関節を動かすことのできない疼痛を認め，変形していることがある。神経や血管損傷，骨折を伴うことがある。特に肩・肘・指に起こりやすい。頸椎・脊椎では生命に危険が及ぶこともある。

【応急手当】

　　基本は，痛む関節を三角巾などで固定し，冷却剤や氷のうなどで冷やしながら医療機関で受診する。

(イ)　肉離れ

　　筋肉の急激な収縮などによって，筋肉をつくっている筋繊維と筋繊維の間にある結合組織の損傷で，ほとんどの場合この結合組織の切断による。ストレッチやウォーミングアップ不足で起こりやすく，主に太ももやふくらはぎに症状が現れる。動かすと激しく痛むのが特徴である。

【応急手当】

　損傷部を弾性包帯で圧迫し，その上からよく冷却しながら医療機関で受診する。この際決して歩かせない（安静位を保持する）。

㈅　アキレス腱断裂

アキレス腱が急激で強い運動などにより切れたり，裂けたりする状態である。断裂すると，足首の後ろが凹んだり歩けなくなる（つま先立ちができない）。

【応急手当】

　うつぶせに寝かせ，ふくらはぎの筋肉（腓腹筋）を緩める。つま先を伸ばした状態で固定し医療機関で受診する。

ク　打　撲

打撲は，物に体をぶつけることにより受ける組織の損傷である。損傷の程度は軽いものから，早急に処置を必要とする生命に関わるものまでさまざまである。

㈎　頭部打撲

頭部打撲は日常頻発する外傷である。大部分は無症，軽症であるが，その一部は極めて重症である。脳しんとう，頭蓋骨骨折，頭蓋内出血，脳挫傷などは，特に脳への影響が重大である。重症の場合は意識低下，吐き気・嘔吐，耳や鼻からの出血，手足の麻痺などの症状を認める。

【応急手当】

　上記症状がある場合は，重症と判断し救急要請する。意識がはっきりしている場合でも，しばらくして意識障害が起こることがある。普段通りの呼吸をしていない場合は，胸骨圧迫を開始するなど一次救命処置を始める。なお，高齢者ではすぐに症状が現れない場合があり，数日から1カ月ほど注意を要することがある。

㈏　胸部打撲

胸には肋骨や胸骨で守られた心臓や肺など呼吸循環器系の大事な臓器がある。胸部打撲でも骨折や肺に損傷のない場合は，一時的に胸痛や息苦しさを訴えても，安静により回復する。しかし，単なる打撲でなく，肋骨骨折，肺の損傷があると見た目は何ともなくても，血圧低下，意識消失を起こし，生命に危険が及ぶことがある。

【応急手当】

　上半身を45度くらい起こして寝かせ，楽な姿勢を取らせ安静にする。安静にしていても，呼吸や咳のたびに胸痛を訴える場合は肋骨骨折を疑う。胸痛，血痰，呼吸困難が続く場合は，肺や心臓の損傷を疑う。いずれもすぐに救急

要請する。

㋒ 腹部打撲

腹部には，胃・腸・肝臓・膵臓・脾臓などがある。強く打つと見た目は何ともなくても，内臓が破裂している場合があり，注意が必要である。

【応急手当】

仰向けに寝かせ両膝を立てると腹筋がゆるみ楽になる。吐き気がある場合は顔を横に向け，飲食はさせない。打撲直後は症状がなくても，しばらくして，顔色が悪い，冷や汗をかく，強い腹痛，吐き気や嘔吐などの症状があればすぐに救急要請する。

ケ 急性腰痛

無理な姿勢で重い物を持ち上げたときなど，明らかな原因がなくてもちょっとした動作で腰椎に負担がかかることで急激に発症する腰痛で，「ぎっくり腰」とも呼ばれる。多くの場合疼痛のために起立不能となり，寝返りも困難になる。しかし，椎間板ヘルニアのような神経症状を呈することはなく，あっても軽度である。

【応急手当】

腰部を動かすことができないような激痛や起立不能の場合には，無理に動かして仰向けにする必要はなく，その場で傷病者が最も楽な姿勢をとらせる。移動させる場合は，傷病者のペースでゆっくり行い，その際の転倒には注意する。医療機関に搬送し，安静と薬物療法により，数日から1週間程度で改善することがほとんどである。冷却により痛みや腫れは緩和されやすくなる。ただし，入浴などで温めると，痛みや腫れが強くなることがあり注意が必要である。

コ 電撃症（感電）

電気が人体の一部を通ることを通電といい，通電による人体の損傷を電撃症という。電撃症は，家庭・工場内の低電圧線による感電事故，高電圧送電線や落雷により生じる。電流そのものが生体へ及ぼす障害と電流通過部の熱傷ばかりでなく，通電後の着衣の引火による熱傷や感電後の転倒，転落など二次的に損傷することもある。また高電圧では心停止，呼吸停止，低電圧では心室細動を起こしやすい。

【応急手当】

感電によって倒れた人を救助するときには，まず電源を切ることを優先する。電源が切れない場合は傷病者と電気の接触を断ち安全な場所に移す。その場合は救助者が感電しないように，まずゴム靴などで救助者自身を絶縁する。つぎに絶縁性のある皮又はゴムの手袋をはめ，傷病者を電線から引き離す。救

い出したら，意識の有無を確認し，必要であれば心肺蘇生が重要となる。電撃症は受傷直後は傷も小さく重大に感じられない場合があるが，通電経路として血管，神経が損傷されていることが多く救急要請する。

サ　有害光線

有害光線は眼又は皮膚に損傷を起こすことがある。有害光線を眼に浴びた場合について，紫外線では急性障害として，電気性眼炎を，赤外線では白内障，網膜の熱損傷などの障害を，また，レーザー光線では網膜障害を起こすことがある。これらの有害光線を皮膚に浴びた場合については，熱傷症状を起こすことがあり，特にレーザー光線では，皮膚が発赤や炭化などの熱傷を起こす場合がある。

【応急手当】

眼の痛みや熱感がなくてもダメージを受けている場合があることから専門医で受診する。また，皮膚に熱傷症状がある場合も医療機関で受診する。

シ　電離放射線又は放射性物質　　関連ページ　98頁，166頁

放射線事故のレベルにより，障害の重篤度，被ばく線量や体表面汚染の程度，医療措置が必要な被災者の人数により，何を優先して行うべきかが変わってくる。原子力施設などの事故では，汚染した傷病者への応急手当の際に，傷病者の身体表面に付着した放射性物質から放出される放射線によって，救護に当たる救助者に二次被ばくが生じる可能性がある。ただし，被災者が直接的に受けた放射線被ばく線量や放射性物質による汚染に比べれば，救助者に関わる汚染は少ない。また，放射線事故が発生したときにその場にいた，線量限度を超えて被ばくした，あるいは，創部を汚染した場合も緊急被ばく医療処置を受けさせる必要がある。

【応急手当】

緊急時の措置は，放射線防護に関する知識（防災資機材の使い方，放射線の健康影響等），汚染除去に関する知識，被ばくに対する応急手当の知識等の教育及び訓練を受けた防災業務関係者が対応する。なお，早期に消防機関へ通報し，円滑かつ有効な救助活動を行う。被ばくのほかにも事故によって創傷，熱傷，骨折，打撲等，脳血管障害や急性心筋梗塞等の症状を有している場合は，それぞれについて応急手当を行う。被ばく傷病者を医療機関に搬送する際には，汚染の状況を把握し，傷病の状態を勘案して，できる限りの汚染の拡大防止措置を講じた上で，知識を有する防災業務関係者を傷病者に随行させる必要がある。

ス　溺　水

　溺水とは，水中に顔面が没して窒息することである。溺水には，事故，自殺，疾病などさまざまな原因があるが顔面さえ水中に没していれば生じ得る。溺水の病態を決定する主要な因子は，無呼吸による低酸素症である。低酸素症の持続時間が長ければ中枢神経障害や急性呼吸不全などの臓器障害を合併し，生命に危険を及ぼす。したがって，現場で直ちに心肺蘇生を開始することが回復を左右する。病院到着時に心拍と自発呼吸が再開している場合は回復する見通しが比較的良好である。

　なお，溺水は，統計上24時間以上生存した場合と定義され，24時間以内に死亡した場合は溺死という。

【応急手当】

　溺水者を助ける場合，救助者も危険だということに注意する。単なる使命感・好意だけでは助けることはできない。溺水者の救助は，消防職員やライフセーバーなどの専門家に任せるのが原則である。現場の状況を十分に判断し最良の手段を考え行動する。陸の上から，リング・ブイやロープなどの救助用具を使用する，救助者のシャツやベルトを取って，あるいは身近にある棒，板きれ，なわ等につかまらせて引き寄せる。溺水者がつかまって浮くことができる物があれば，溺水者に向け投げ入れる。泳がないで救助することができれば，それが最善の方法である。なるべく早く引き上げ，気道を確保し人工呼吸を行う。心臓が止まっていれば陸上へ引き上げてから直ちに心肺蘇生を行う。溺水者の心肺蘇生は，無理に水を吐かせる必要はなく，通常どおりに行えばよい（飲み込んだ水は心肺蘇生法にほとんど影響しない）。温泉や風呂での溺水を除けば，体温は低下している。この場合，脳の代謝も低下しており，23～24℃の心肺停止症例で完全に回復した例もあるため医師に引き継ぐまで心肺蘇生を続ける。

(2)　急病の応急手当

関連ページ　47頁，95頁

ア　熱中症

　熱中症の症状は**表11－1**のように分類される。熱疲労と熱射病とでも症状は異なり，応急手当の方法もその症状ごとに異なるが，いずれの場合も体温を下げることが最優先される。また，自力で水分がとれない場合や，意識が薄れたり，ショック症状が現れる重症の場合には，一刻も早く救急要請が必要となる（**図11－16**）。

表11－1　熱中症の症状と分類

分類	症　状	重症度
Ⅰ度	めまい・生あくび・失神 （「立ちくらみ」という状態で，脳への血流が瞬間的に不十分になったことを示し，"熱失神"と呼ぶこともある。） 筋肉痛・筋肉の硬直 （筋肉の「こむら返り」のことで，その部分の痛みを伴う。発汗に伴う塩分（ナトリウム等）の欠乏により生じる。これを"熱痙攣"と呼ぶこともある。） 大量の発汗	小
Ⅱ度	頭痛・気分の不快・吐き気・嘔吐・倦怠感・虚脱感 （体がぐったりする，力が入らないなどがあり，従来から"熱疲労"といわれていた状態である。） 集中力や判断力の低下	↓
Ⅲ度	意識障害・痙攣・手足の運動障害 （呼びかけや刺激への反応がおかしい，体がガクガクと引きつけがある，真直ぐに走れない・歩けないなど。） 高体温 （体に触ると熱いという感触がある。従来から"熱射病"や"重度の日射病"といわれていたものがこれに相当する。）	大

（令和3年4月20日基発0420第3号，最終改正：令和3年7月26日より）

【応急手当】

熱失神

　　涼しい場所で水分を与えて休養させる。

熱けいれん

　　塩分を含んだ水分（スポーツドリンクなど）の補給で，通常は速やかに回復する。涼しい場所で休養させる。

熱疲労

　　涼しい場所に運び，楽な姿勢で足を高くして仰向けに寝かせる。意識があれば水分補給のために，薄い食塩水やスポーツドリンクなどを与える。意識が薄れ皮膚も冷たくショック症状のある場合や，症状が1時間以上続くときは，すぐに救急要請するか医療機関に搬送する。

熱射病

　　風通しの良い涼しい場所に運ぶ。症状が重いときは着衣を脱がせ，熱を放出する。水に濡らしたバスタオルなどで体を覆い，全身を冷やす。着衣やうちわであおいだり，扇風機やクーラーなどで冷やしてもよい。頸，脇の下，足の付け根など太い血管のある部分に氷やアイスパックを当てる方法が効果

※1　熱中症を疑う症状については，「表11-1　熱中症の症状と分類」を参照のこと。

※2　意識が清明である又は水分摂取できる状態であっても，Ⅱ度熱中症が疑われる場合は，医療機関への搬送を検討すること。
＊上記以外にも体調が悪化するなどの場合には，必要に応じて，救急隊を要請するなどにより，医療機関へ搬送することが必要であること。

（令和３年４月20日基発0420第３号，最終改正：令和３年７月26日より）

図11-16　熱中症の救急処置（現場での応急処置）

的である。応急手当後，すぐに救急要請し，一刻も早く医師の手当を受ける。

イ　減圧症

減圧症はスキューバダイビングや潜水作業，潜函作業などで，高気圧の環境にいた者が地上など常圧環境に戻る際に急激な圧低下にばく露されたときに生じる。潜函病，潜水病とも呼ばれたが，現在は減圧症に統一されている。潜水降下すると，10m潜るにつれて水圧が0.1MPa（１気圧（１kg/cm²））ずつ増していき，窒素が79％を占める空気を吸いながら潜水すると，動脈血液中の窒素分圧も環境圧にほぼ比例して増加する。それに伴い，血液や脂肪などの組織に窒素が溶解する。浮上により環境圧が低下し，組織の窒素は血液から肺胞へ運ばれ，呼気として放出する。しかし，急浮上した場合は窒素の呼気への放出が間に合わず，血液や組織中で窒素が気泡化する。この気泡が増加することで，減圧症が発症する。これは，常温で炭酸飲料の栓を開けたときに炭酸ガスの気泡が発生することに似ている。

症状は，かゆみなどの皮膚症状や四肢の大関節部の疼痛，筋肉痛などの痛みをきたす比較的軽症のⅠ型，呼吸困難，胸痛などの呼吸・循環器症状，意識障害，四肢麻痺など中枢神経症状をきたす重症のⅡ型がある。

【応急手当】

安全な場所へ移動させ，窒素の洗い出しと組織の酸素化を目的にできるだけ早く酸素投与を行う。意識障害があれば気道を確保し，状況により心肺蘇生を行う。できるだけ早く救急要請し，再圧治療が可能な医療機関へ連絡し指示を受ける。医療機関へ搬送するまでの間，再圧室の使用については，専門の医師の判断による。

ウ　心臓発作

病気によっては急性発作を起こし，手当が遅れると生命に危険を及ぼすものがある。特に注意が必要なのは，血管障害が原因で起こる虚血性の心臓発作で，心筋の一部分に可逆的な虚血が起きる狭心症や，不可逆的な心筋壊死が起こる心筋梗塞が代表的である。中でも心筋梗塞は，突然に激しい胸痛が起こり，突然死を招く恐ろしい病気である。痛みが起こる場所は心筋梗塞，狭心症もほぼ同じで，胸の中央部から首，のど，みぞおちにかけて痛みを訴える。心筋梗塞は心臓を動かすための血管（冠動脈）の動脈硬化により血管が詰まって起こる。「胸が苦しい」，「締め付けられるように痛い」，「あご，肩，左腕に広がる胸の痛み」などが通常長く続き，1時間以上になることもある。顔面蒼白，冷や汗，呼吸困難，不整脈などの症状も起こす。この病気は，手当が遅れるほど死亡率が高く，すぐに専門病院への搬送が必要になる。狭心症は冠動脈の血液が一時的に滞るために起こる。発作は2〜3分，長くても15分以内に治まる場合が多い。すでに狭心症で治療を受け，治療薬（ニトログリセリン）を持参している場合，錠剤なら舌の裏側に入れ，スプレーの場合は口の中にひと吹きかける。

【応急手当】

直ちに救急要請する。着衣を緩め，傷病者が一番楽に感じられる姿勢をとらせる。呼吸困難感が強いときは，上半身を起こし，ふとんなどに寄りかからせる。意識がなくなったときは，呼吸，循環を確認し，必要なら心肺蘇生を実施する。以上を行った上で「大丈夫！」，「がんばって！」など声を掛けて精神的な不安を取り除きながら，経過をよく観察し救急隊の到着を待つ。

エ　呼吸困難

呼吸困難は自覚症状であり，息苦しい，息がしにくいなどの不快な感覚を自覚した状態をいう。低酸素血症あるいは十分な換気が得られないときこれらの症状

を自覚する。呼吸器疾患，循環器疾患，神経疾患，血液疾患からだけでなく，精神的にも生じる。

【応急手当】

　　応急手当の基本は，呼吸をしやすい姿勢を取らせ，呼吸を楽にさせる。またストレスや精神的な不安が関係していることも多く，励ましの声を掛けるなどして心配や不安を取り除き，精神的に落ち着かせる。発作がしばしば起こるようであれば，適切な検査・治療をきちんと受けることが重要である。

　　着衣を緩めて，横にするなど安静にし，息苦しいときは「ファーラーの体位（半座位の姿勢）」など，傷病者が呼吸しやすい姿勢を取らせる。体を前に押すように背中を呼吸に合わせて上下にさすり，励ましの声を掛け安心させる。呼吸状態に注意し激しい呼吸困難など呼吸状態が悪化する場合はすぐに気道を確保し，救急要請する。

オ　過換気症候群

　　精神的・肉体的ストレスによって突然息苦しくなる。その息苦しさのために不安感を感じ，さらに息苦しくなって呼吸困難感に陥る状態が過換気症候群である。人前で起こりやすく，手足のしびれ，手の突っ張りが起こり，失神を起こすこともある。

【応急手当】

　　まずは落ち着かせ，ゆっくり呼吸させ安心させることである。過換気症候群であることが明らかなときは口と鼻に紙袋をあて，自分の吐いた息を呼吸がゆっくりと落ち着くまで再呼吸させる「ペーパーバック法」が有効であることが多いが，原因が分からないときに用いるのは危険である。

カ　脳卒中

関連ページ　113頁

　　脳血管障害は脳の血管病変が原因で生じる。多くは急激に発症し，脳卒中といわれる。脳卒中は血管障害の総称であり，くも膜下出血と脳出血の出血性病変と脳梗塞の虚血性病変に分けられる。くも膜下出血は，脳表面のくも膜下腔に出血している病態を意味し，多くは脳動脈瘤破裂による。脳出血は，脳実質内に出血した状態である。脳梗塞は，脳血管自体の動脈硬化性病変による脳血栓症と，心臓や動脈壁の血栓などが剥がれて脳血管を閉塞する脳塞栓症に分類される。一般的に高血圧を伴うことが多く，くも膜下出血は急激で激しい痛みを伴い，特に「頭が割れるような」，「ハンマーで叩かれたような」と表現される頭痛が特徴である。脳梗塞，脳出血は，頭痛に伴い，吐き気，手足のしびれ，麻痺，言語障害，視覚障害などの症状を認める。

【応急手当】

　　直ちに救急要請する。着衣などを緩め，呼吸をしやすくする。嘔吐している_{おうと}
場合は，顔を横向きに寝かせ，吐物が気管に入らないように気道を確保する。
安静にし，体をゆさぶったり無理に起こしたりせずに救急隊の到着を待つ。

キ　ショックと意識消失（失神）

　　ショックという言葉は一般的には，「衝突のショック」,「ショックな事件」,「石
油ショック」などのように，機械的，精神的，社会的衝撃を意味する言葉として
使われている。医学的には急性に発生した全身性の循環障害により，生体の重要
臓器や細胞の機能を維持するために必要な酸素や栄養素を供給できなくなり，結
果として組織細胞が障害されるまでになっている状態と定義される。また，失神
とは，脳に流れる血液の減少により一過性に意識を失うことを指す。症状は，蒼
白な冷たい皮膚，意識低下，冷汗，脈拍微弱，浅く速い呼吸，血圧低下がある。

【応急手当】

　　ショック状態にある傷病者は原因の如何を問わず危篤状態である。ショック
の早期判断が重要であり，一般の人にはその判断が難しく上記症状を認め，普
通ではないと判断したら，一刻も早く救急要請し，専門医に任せるべきである。
「重症でないショック」,「緊急度が低いショック」はない。救急隊が到着する
までは，傷病者を水平に寝かせ，両足を30cm位高く上げ（ショック体位），
着衣は緩め，保温する。声掛けしたりして元気付けることも大切である。
　　失神しそうな人がいたら，座るか横にさせることが大切である。

ク　脳貧血

　　脳貧血(脳虚血症状)は，低血圧などにより，脳への血流が一時的に少なくなっ
て起こる。めまいや全身の脱力感などにより立っていられなくなる。倒れる前に，
生あくび，生つば，冷汗，頭重感，頭痛，顔面蒼白，吐き気，うつろな眼，意識
低下などの症状を認める。脳貧血は単なる立ちくらみのほかに，脳卒中の前触れ
や，心筋梗塞による血圧低下によって起こる場合がある。また，脈の不整や糖尿
病がある人は脳虚血と似た症状を示すことがあるので注意を要する。

【応急手当】

　　倒れる前の症状に注意し，おかしいと感じたらすぐにかがみこませ転倒を防
ぎ，頭を低くした姿勢で休ませる。脳血流が回復すれば意識は正常に戻るが，
転倒により頭を強く打っていたり，意識が戻らないときには救急要請する。

ケ　腹　痛

　　腹部には多くの臓器，組織が存在し，痛みの場所や症状はさまざまで，少し休

めば治るような軽いものから，それこそ生命に関わるような重いものまである。腹痛の原因として，胃炎や十二指腸潰瘍，膵炎，虫垂炎，胆石，子宮外妊娠，腹部大動脈瘤破裂などが考えられる。痛みには大きく分けて2種類ある。転げ回るような痛みだが一時的に軽くなり，耐えられるものには，胆石や尿管結石などが考えられる。一方，痛くて動けなかったり，痛みが治まらず腹部が硬くなってエビのように体を曲げて痛がるときは，虫垂炎が進行していたり，胃・十二指腸潰瘍穿孔（胃や十二指腸に穴があく状態）や腸管が穿孔して腹膜炎を起こしている可能性がある。大変危険な状態であり，このような症状が現れたら一刻も早く救急要請するか，医療機関に搬送する。

【応急手当】

　安静にし，着衣を緩め，枕を低く，膝下には座布団などを入れ，腹部が緊張しないような姿勢にすると痛みが軽減する。腹痛が激しいときは，手術が必要な病気の可能性もあるため，水や食物を与えない。吐き気があるときは，顔を横向きにし，嘔吐した場合は気管に入らないようにする。強い痛みが続くときは，早く救急要請する。

コ　けいれん

　けいれんとは，全身又は顔面や四肢の随意筋に起こる発作性の不随意的な収縮をいう。てんかん，脳卒中，脳炎，髄膜炎，脳腫瘍など脳に原因があるもの，低血糖，薬物中毒，熱射病など脳以外の病気が原因であるものがある。

　けいれんの出現は，その原因が何であれ，中枢神経の異常を示す徴候であり，そのけいれんを止めること，原因疾患の治療を早急に行う必要がある。一般によくみられるけいれんは小児のけいれんで，発熱に伴って起こる熱性けいれん，てんかん発作のけいれんがあり，いずれも数分以内に治まる。ただし，症状が10分以上続いたり，1日に何回も繰り返す場合や大人のけいれんの場合は一刻も早く救急要請する。

【応急手当】

　意識がない場合は傷病者の楽な体位でよいが，原則として横向きに寝かせる回復体位とし，嘔吐に注意する。けいれんの発作中，奥歯の間に割り箸，タオルなどを入れることは避ける。けいれんで舌を噛むことはまずなく，かえってそれらにより舌や口内を傷つけたり，舌を喉に押し込んだり，呼吸困難を起こすことがある。名前を呼んだり，揺り動かして刺激を加えたり，無理に押さえつけたりしない。転倒や四肢の打撲の可能性があり二次損傷にも注意する。

サ　不安障害（不安神経症，パニック障害）

不安状態は不安神経症，その他の精神症，うつ病などに起こりやすい。些細な きっかけで起こることが多く，その根底には不安がある。対象のはっきりとしな い漠然とした感じである。自律神経症状や身体症状を伴い，このような不安が急 速に高まった場合をパニック発作という。パニック発作は，突然の不安恐怖感に 加えて，呼吸促迫，息苦しさや窒息感，動悸，ふるえ，発汗，吐き気，しびれ感， 死恐怖などに襲われる。そのなかに，過換気症候群も含まれる。

【応急手当】

まず傷病者を落ち着かせる。落ち着かせ，話しをよく聞くだけで多くの場合 症状が改善することが多い。パニック障害で医療機関に通院している場合は， 抗不安剤を持参していることがあり，内服させる。発作が続く場合は，医療機 関へ搬送する。

⑶　中毒の応急手当

ア　化学物質による中毒

㋐　医薬品中毒

医薬品中毒は薬の副作用によるものと自殺目的などに一度に多量の薬を飲ん だ場合がある。現在の薬は毒性がそれほど強くないように改良されているが， 薬によっては副作用により強いアレルギーを起こす場合がある。

【応急手当】

アレルギーと考えられる場合には，すぐに薬を中止する。いずれの場合も 呼吸に注意し，呼吸困難感，意識低下を認めれば，すぐに救急要請する。こ の際，必ず飲んだ薬か薬が分かるもの（薬包など）を持参する。

㋑　農薬中毒

農薬中毒は，農薬を大量に使用する農業や農薬製造業などにみられる。最近 では家庭菜園や園芸ブームを反映し，一般の人にも増える傾向がある。有機リ ン系薬剤，パラコート製剤が現在販売量，中毒死症例ともに大半を占める。農 薬を飲みこんだ人を処置する医療機関で嘔吐物による中毒を生じるケースも見 られる。

【応急手当】

すぐに救急要請し，意識低下を認めれば気道を確保する。使用した農薬の 容器があれば持参する。

㈦　家庭用品による中毒

　　殺虫剤，防虫剤，洗剤，漂白剤など。消毒や漂白等に用いられる次亜塩素酸塩溶液と，洗浄や水処理等に用いられる酸性溶液の薬品が混触すると，人体に有害な塩素ガスが発生し，中毒を起こすことがあるため，これらを同時に使用しない。

【応急手当】

　　使用した薬剤，量を確認し救急要請する。意識低下の場合は気道を確保する。

㈢　工業薬品中毒

　　青酸化合物，シンナーなどの有機溶剤，ガソリン，灯油など。

【応急手当】

　　窓やドアを全て開放して新鮮な空気を入れる。傷病者を安全で新鮮な空気のある場所に移動する。呼吸や脈をチェックして，応急手当を開始する。意識低下の場合は気道を確保する。使用した化学物質の種類，量を確認し救急要請する。救助する際には必要に応じ労働衛生保護具を使用するなどにより，二次災害が生じないようにする。有機溶剤中毒の場合には，室内に高濃度の有機溶剤の蒸気がただよっている場合があるので，救助者の安全確保に加えて，爆発事故の防止のため，電気のスイッチのON−OFFによる火花など着火源となるものの取扱いには注意する。

イ　一酸化炭素中毒　　　　　　　　　　　関連ページ　84頁，391頁

　　一酸化炭素（CO）中毒は，換気の不十分な場所での内燃機関の使用，暖房器具などの不完全燃焼，練炭等によるコンクリート養生などで発生する。都市ガスの主成分が天然ガスに切り替えられ，一酸化炭素中毒はかなり減少したが，近年練炭による自殺が増えている。一酸化炭素は，空気とほぼ同じ重さで，無色・無臭・無刺激であるため，人間の五感では感知することが難しい気体である。一酸化炭素は酸素よりも血液中の赤血球にあるヘモグロビンとの親和性が高く，赤血球が酸素を運搬できなくなる。

　　中毒の症状は，ガスの濃度，吸入時間，体の状態，個人差などにより大きな違いがある。一酸化炭素ヘモグロビン（CO−Hb）濃度が10%までは無症状であるが，10%を超えると頭痛，めまい，吐き気，嘔吐などが起こる。重症では意識障害が起こり，大声を出して暴れたり，昏睡状態になり，70%以上では死に至る。

【応急手当】

　　二次災害を防ぐために救助者は現場の状況を十分に判断して行動することが重要である。窓や扉を開け，新鮮な空気を入れる。状況に応じ，風通しの良い

安全な場所に移動させる。意識があり軽症と思われてもすぐに救急要請し，意識低下の場合は気道を確保し，必要なら心肺蘇生を行う。

ウ　酸素欠乏，硫化水素中毒 関連ページ　93頁

(ア)　酸素欠乏症（酸欠症）

　酸欠症は酸素の供給が低下したり，さびなどにより酸素が消費された場合やメタンガスなど他のガスが異常に発生したり，窒素や炭酸ガスなどの不活性ガスが流入することにより，吸気中の酸素濃度の低下により発生する。鉱山の坑道，下水道などの地下や，船倉，タンク，サイロなどで起きることが多い。

　吸入酸素濃度が16％以下になると呼吸促迫（速く浅い呼吸），頭痛，作業能力低下などが出現してくる。10％以下では意識消失，けいれんから速やかに呼吸停止，心停止に至る。

【応急手当】

　直ちに救急要請し，二次災害の発生に注意して，傷病者を救出する。救助者自身が酸素欠乏症にならないように空気呼吸器，酸素呼吸器又は送気マスクを使用する。墜落のおそれがある場合には墜落制止用器具や命綱の使用及び監視人を置く。救助活動は必ず応援を要請し，複数で救助活動に当たり単独行動を取らない。他の監視人がいない状態で救出を行わない。傷病者を新鮮な空気環境下に救出し，必要なら心肺蘇生を実施する。

(イ)　硫化水素中毒 関連ページ　93頁

　硫化水素中毒は，事故の件数に比べ，死亡者の割合が高いのが特徴である。工場や実験室でのガス漏れや硫化物などからの発生や下水・廃棄物処理場などでの発生によるもの，温泉旅館の貯湯槽内や温泉から吹き出す硫化水素での中毒，火山ガスによる中毒，地下工事中の地下の堆積層に蓄積されている硫化水素による中毒などがある。

　また，硫化水素中毒による傷病者の救助の際に，救助者が死亡するという二次災害も発生している。

　硫化水素は，無色，腐卵臭の刺激性の気体で，空気よりも重い。頭痛，吐き気，意識混濁，呼吸困難などの全身作用を生じる。また，嗅覚はすぐに麻痺し，警告性がなくなるので注意を必要とする。

【応急手当】

　直ちに救急要請する。硫化水素が溶解した水滴が眼に入ったときは，流水で15分間洗う。皮膚に付いた場合は，せっけんと大量の水で洗う。新鮮な空気の場所に速やかに移し，100％酸素吸入を行う。傷病者を救助する場合は，

二次災害の発生に注意する。救助方法は，酸欠事故に準じる。救助者がガスを吸入し中毒になる危険があるため，口対口人工呼吸は避ける。

エ　食中毒　　　　　　　　　　　　　　　関連ページ　105頁, 284頁 〉

食中毒は，食物や飲み物を飲食したあと，それらに含まれる細菌や毒素などが原因で急に起こる症状である。

(ｱ)　細菌性食中毒

細菌自体や細菌が作る毒素によって起こる。細菌の種類により感染型，毒素型に分けられる。症状は吐き気，嘔吐，下痢，腹痛など消化器系の異常を訴える。発病は細菌の種類や個人差により違いがあるが，遅くても24時間ほどで起こる。食中毒を起こす主な細菌は，カンピロバクター，ウェルシュ菌，ブドウ球菌，サルモネラ，腸炎ビブリオ，病原性大腸菌などで，細菌性食中毒の8～9割を占める。一部に，猛毒をつくるボツリヌス菌など死亡率の高い細菌もある。

(ｲ)　ウイルス性食中毒

ウイルスによる食中毒として代表的なものに，冬季に集団食中毒として多発するノロウイルスがある。ノロウイルスは，手指や食品を介して経口感染し，人間の小腸で増殖し，急性胃腸炎が生じる。潜伏期間は1～2日間と考えられ，嘔吐，下痢，腹痛，発熱などの症状を引き起こす。感染者の便や嘔吐物には，大量のウイルスが含まれるため，二次感染による感染の拡大に注意する。ウイルスの死活化には，エタノールや逆性せっけんはあまり効果がないため，次亜塩素酸ナトリウムを用いる。

(ｳ)　化学性食中毒

有毒，有害な化学物質が混入した飲食物を直接又は間接的に飲食して起こる。毒性が強い場合は食後数分から症状が出ることがある。中毒症状は胃腸症状のほか，頭痛，めまい，けいれんなどの脳の神経症状を訴えることがある。

(ｴ)　自然毒食中毒

自然界に存在する，天然の動物や植物に含まれる毒素を摂取して起こる。動物性は，フグ，カキ，植物性は，毒キノコ，青ウメ，ジャガイモの新芽などがよく知られている。症状は胃腸症状のほか，神経症状も比較的早期に現れるのが特徴である。

【応急手当】

食中毒は予防が最重要であり，調理や食品衛生管理などある程度の知識を持つ必要がある。明らかに食中毒の症状が疑われるときは，吐かせるなどし

て，早めに医療機関で受診する。神経症状を認めるときは，すぐに救急要請する。

⑷　救急資材等の準備と防災組織づくり

ア　救急資材の準備

　事業者は，負傷病者の手当に必要な救急用具及び材料を備え，その備付け場所及び使用方法を労働者に周知させなければならない（安衛則第633条第1項）。事業者は，救急用具及び材料を常時清潔に保たなければならない（同規則第633条第2項）ことになっている。これらの安衛則に定められた内容に加え，化学物質を取り扱う作業場には洗眼器や安全シャワーの設置も必要である。また，AEDを備える事業所も増えている。さらにこれからは，事業場（企業）を含めた社会全体で，地震などの災害に備えるための環境整備と組織づくりに取り組んでいくことが求められている。

　「厚生労働省防災業務計画」（平成13年2月14日付け厚生労働省発総第11号，改正：令和3年9月14日付け厚生労働省発科0914第1号）によると，事業場における防災の促進を図るために，労働基準監督署長は，労働災害防止等のための監督指導に当たり，事業者に対して，地震その他の自然災害の発生に備えた避難，救助等の訓練の実施について啓発指導を行うことになっている。地震などの災害に備えるためには，自助，共助，公助の適切な組み合せが必要であり，事業場における防災・危機管理活動は，特に都市部における地域防災力向上の上で重要な課題となっている。

イ　緊急地震速報の有効活用

　気象庁では，緊急地震速報の一般への提供を行っている。緊急地震速報は，大きな地震による揺れが発生する前に，その揺れの予告を通報するものである。一般にはテレビやラジオ，防災行政無線などから伝えられるが，事業場や工場では民間の配信会社等と契約し受信装置を導入することで入手することができる。緊急地震速報は，「周囲の状況に応じて，慌てずに，まず身の安全を確保する」ことを最大の基本とし，地震被害の軽減に有効に活用されることを目的としている。この情報提供を利用するに際して，緊急地震速報を受け画像，文字や音声などでその情報を知ったとき，どのような対応を取れば安全性が高まるかということなどについて，まずは，第1次避難方法を検討し組織的に策定しておくべきである。

ウ　緊急時の対応マニュアルの作成及び訓練の実施

　　職場，工場などの屋内では，地震の発生直後と同じように机などの下に隠れ，頭を防護し，転倒物や飛散物から離れ，可能な範囲で火を消し，窓や戸を開けて避難経路を確保することなどが求められる。緊急地震速報時の対応を盛り込んだマニュアルを作成し，日頃から訓練しておくことが重要である。また，緊急地震速報システムを導入していない事業場でも，テレビなどで速報が受信されることを考慮して，その際にパニックにならないように相応のマニュアルを作成しておくことが望ましく，併せて訓練しておくべきである。

　　災害時等に必要最低限の資材等は日頃より整備・点検しておく必要があるとともに，いざというときの対応のための組織及びルールづくりとその徹底が必要である。作成したマニュアルの手順で訓練を日常的に繰り返し，その実行可能性などを検証しておくことも重要である。例えば，ストレッチャーや担架で搬送できない通路があり，コンビネーションストレッチャー（簡単な操作で椅子型になる）などの設置が望ましい場合もある。このような問題点を日頃から改善する取組みが大切である。

【参考】

救急資材等（防災用資機材を含む）

救急用品・薬品			防災用品
担架	AED	使い捨てカイロ	携帯ラジオ
毛布	人工呼吸用マスク	胃腸薬	簡易トイレ
タオル	使い捨て手袋	軟膏（外傷薬）	テント
携帯酸素パック	アルミックシート	火傷薬	スコップ
洗眼器	三角巾	解熱鎮痛薬	バール
安全シャワー	止血帯	総合感冒薬	のこぎり
体温計	副木	目薬	ハンマー
はさみ	包帯	湿布薬	はしご
ピンセット	包帯止め	消毒薬	食料，飲料水
とげ抜き	滅菌ガーゼ	塩化ベンザルコニウム	ポリタンク
安全ピン	滅菌脱脂綿	ポピドンヨード	小型発電機
ヘルメット	綿棒	クロルヘキシジン	投光器
拡声器	サージカルテープ	薬用石鹸	消火器
懐中電灯	救急ばんそうこう		防寒衣
ロープ	ウエットティッシュ		すべり止め付き軍手
タグ	冷却材（コールドパック）		防じんマスク

第12章
労働生理

試験範囲	学習のポイント
人体の組織及び機能	○　人体の構造及び機能について下記の項目を学習する。 ・循環器，呼吸器，消化器，筋骨格系，神経系，感覚器のしくみと働き，人体のライフサイクルと環境条件による変化を理解する。
環境条件による人体の機能の変化	○　ストレスに対する人体の反応を理解する。
疲労及びその予防	○　疲労の分類，評価方法について理解する。

1 人体の構造及び機能

(1) 細胞，組織，器官（臓器）の構成

　人体は数十兆個もの細胞により構成されている。受精卵が分裂して最初にできる胚と呼ばれる状態の細胞などは幹細胞（万能細胞）と呼ばれ，刺激を受けて，さまざまな細胞に分化する。例えば，血液の細胞のように全身を移動する細胞もあれば，筋肉の細胞のように結合している細胞もある。また，皮膚の細胞のように分裂や増殖を続ける細胞もあれば，神経細胞のようにほとんど分裂や増殖をしない細胞もある。

　いくつかの細胞が結合している部分を組織という。例えば，神経組織は神経細胞とそれを取り囲む細胞でできている。さらに数種類の組織が組み合わさって，一定のまとまりがある形態で特定の働きをする器官（臓器）が作られる。器官がいくつかの器官と互いに協力して，その働きが統合されたものを器官系という。例えば，呼吸器系は，肺，気管，上気道などの器官が協働して，酸素と二酸化炭素のガス交換という一つの働きをしている。

(2) 体液と血液の組成と働き

ア　体液の組成と働き

　体液とは，血液，リンパ液，組織液，髄液など体内に存在する液体のことである。成人の体液の重量は，男性で体重の約60％，女性で約55％であり，加齢とともに減少する。体液の成分は，大部分が水分であるが，タンパク質，脂質，糖分，電解質などが含まれていて，その濃度は厳密に制御されている。体液中の水分は，摂取した量とほぼ同量を尿などとして体外に排出されるように調節されているため，通常は急激に変動しない。なお，口腔や消化管の中は体外なので，水分が消化管から吸収されたところから体内に移行する。

　体液は，心臓，血管，リンパからなる循環器系で体内を循環し，酸素，栄養分，免疫抗体，ホルモン等を全身の組織へ運搬したり，老廃物等を回収したりする働きをしている。何らかの理由で水分の補給や排泄の調整がうまくできなくなると，生命が危機にさらされることがある。例えば，高温環境での重作業で，発汗が著しく亢進したときに，十分な水分と電解質を補給しないと，脱水や電解質の異常によって熱中症を発症し，意識障害から死に至ることもある。

図12－1　血液の組成

イ　血液の組成と働き

㈎　血液の組成と働き

　血液は，体重65kg の人の場合体内に約5L あり，通常，体重の約8％（約13分の1）の重さがある。血液は，液体成分の血漿成分（血液容積の55％を占める）と有形成分（赤血球，白血球，血小板）に分けられる（**図12－1**）。採血や出血などで血液が血管の外に出ると，血漿に含まれるフィブリノーゲン（線維素原）がフィブリン（線維素）に変化し，血球と結合して凝固する。血液が凝固したあと，しばらくすると少量の液体が出てくるがこの液体成分を血清という。血球は，骨の中にある骨髄で産生される。

　血液の機能は，酸素や栄養分を全身の組織に供給し，二酸化炭素や老廃物を回収するほか，ホルモンの運搬，免疫抗体や免疫細胞による感染防御などの働きをしている。

a　赤血球

　赤血球は，血球の中で最も多く，血液1μL 中に約450万（女性）〜約500万（男性）個含まれている。全血液の体積の約40％を占めている。赤血球の寿命は約120日である。細胞内にヘモグロビン（血色素，Hb）を含み，肺で酸素分子と結合し，組織で解離することで，組織に酸素を供給する。貧血とは血液中のヘモグロビン濃度が低下して，男性で13g/dL 未満，女性で12g/dL 未満になっている状態をいう。血液中に占める血球（主に赤血球）の容積の割合をヘマトクリットという。男性で約45％，女性で約40％である。

　鉛やベンゼンに高濃度でばく露されると，骨髄における赤血球の産生が障害されて貧血を起こすことがある。また，食事で摂取する鉄やビタミンの量が不足したり，月経などが多かったりすると貧血を起こす。貧血になると，組織への酸素の供給が不足するため，疲れや息切れなどの症状が起こりやすくなり，仕事の能力も低下することがある。

b　白血球

白血球は，血液 1 μL 中に約7,000（4,000〜8,500）個含まれている。形態や機能等の違いにより，好中球，好酸球，好塩基球，リンパ球，単球などに分類されている。白血球の寿命は種類によって異なるが，赤血球よりも短いものが多く，一般に 3 〜 4 日といわれている。これらの白血球が協働して，体内への微生物や異物の侵入を防御（免疫）している。

好中球は，白血球の約60％を占めている。好中球や単球などは偽足を出してアメーバ様運動を行い，体内に侵入してきた細菌やウイルス，異物等を貪食する働きがある。感染や炎症があると白血球数が増加する。リンパ球は，白血球の約30％を占め，リンパ節，胸腺，脾臓のリンパ組織で増殖し，T 細胞（リンパ球）や B 細胞（リンパ球）などの種類があり，免疫反応に関与している（「免疫」については403頁，本章 1 ⑽参照）。

電離放射線を高線量で被ばくすると，白血球が急速に減少する。

c　血小板

血小板は，直径 2 〜 3 μm の核を持たない不定形細胞で，血液 1 μL 中に通常15〜35万個含まれる。血小板の機能は止血作用であり，非常に破れやすい膜で包まれているので，損傷部位から血液が血管外に出ると，血液凝固を促進させる物質を放出し，血漿中のフィブリノーゲン（線維素原）を損傷部位で繊維状のフィブリン（線維素）に変化させ，その繊維の網目に赤血球や血小板などが絡みついて固まり，血餅となって損傷部位をふさぎ止血する。

d　血漿

血漿は，通常，淡黄色で，その成分の約90％は水で，タンパク質，糖質，脂質，電解質を含んでいる。血漿 中に含まれるタンパク質は，アルブミン，グロブリン，フィブリノーゲン等であり，肝臓等でつくられている。

アルブミンは，血漿 中に最も多く含まれるタンパク質で，血液中でさまざまな物質を運搬するとともに浸透圧を維持する働きがある。栄養不良，肝硬変，ネフローゼなどの病気のときには減少する。

グロブリンは，α，β，γ−グロブリンの 3 種類がある。免疫グロブリンのかなりの部分は，γ−グロブリンに含まれており体内に侵入してきた細菌やウイルス等の異物と特異的に結合する抗体としての働きがある。

㈠　血液型と輸血

a　ABO 式血液型

ABO 式血液型は，赤血球の血液型分類で最も広く利用されているもので

ある。赤血球には2種類（A抗原とB抗原）の抗原があり，血清には2種類（抗A抗体と抗B抗体）の抗体があり，同じ種類の抗原と抗体が混ざると，赤血球が壊れる溶血反応を起こす。試験管の中では凝集反応を起こす。抗原を凝集原，抗体を凝集素と呼ぶことがある。A抗原を持つものをA型，B抗原を持つものをB型，A抗原とB抗原の両方を持つものをAB型，いずれも持たないものをO型という。

　A型の血清は抗B抗体を，B型の血清は抗A抗体を，O型の血清は抗A抗体と抗B抗体の両方を持つが，AB型の血清はいずれの抗体も持たない（**表12－1**）。日本人の血液型の分布は，A型が約40％，O型が約30％，B型が約20％，AB型が約10％といわれている。

b　Rh式血液型

　Rh式血液型は，赤血球の血液型分類の一つで，D抗原の有無によってRh（＋）かRh（－）に分類する。日本人の場合，99.5％がRh（＋）である。

　Rh（－）の人にRh（＋）の血液が輸血されると，抗D抗体が産生され，赤血球が壊される溶血反応を起こして死亡することがある。Rh（－）の母親がRh（＋）の子供を妊娠したときも，抗D抗体が産生されるので，母親に抗D抗体を中和する抗D血清が投与される。

c　輸　血

　輸血は，外傷や手術時の多量出血の際に行われる。異なった血液型を輸血すると溶血反応を引き起こすので，血液型が一致しているかを必ず検査する。輸血には，全血輸血と成分輸血がある。成分輸血は，血液を赤血球，白血球，血小板，血漿などの成分に分け，必要な成分のみを投与する。輸血する血液にB型肝炎ウイルス，C型肝炎ウイルス，HIVウイルス，梅毒などの病原体が含まれていると，輸血により感染するおそれがあるため，防止対

表12－1　血清中の抗体と血球中の抗原

凝集反応		血清中の抗体			
		A型（抗B抗体）	B型（抗A抗体）	AB型（なし）	O型（抗A・抗B抗体）
血球中の抗原	A型（A抗原）	－	＋	－	＋
	B型（B抗原）	＋	－	－	＋
	AB型（A・B抗原）	＋	＋	－	＋
	O型（なし）	－	－	－	－

策として，検査体制が整えられている。手術を行うことがあらかじめ分かっ
ている場合には，自身の血液を事前に採取しておき，輸血が必要になったと
きにこの血液を用いる自己輸血も行われるようになってきている。

⑶　循環器のしくみと働き

ア　心臓の構造と働き

　心臓は，胸骨の真下に位置する握りこぶし大の臓器で，心筋という筋肉ででき
ている。内部は4つの区画に分かれ，上部に左右の心房，下部に左右の心室があ
り，上下は弁で分けられている。

　心臓は，血液を循環させるポンプの役割を果たしており，律動的に収縮と弛緩
を繰り返し，心房で血液を集めて心室に送り，心室から血液を拍出している。こ
のような心臓の動きを拍動という。この際に，血液が逆流することなく一方向に
流れるように4つの弁があり，拍動と協調して開閉する。

　心臓の拍動は，自律神経の支配を受けており，交感神経は心臓の働きを促進し，
副交感神経は心臓の働きを抑制している。1分間の拍動の数を心拍数という。心
拍数は，右心房に存在する洞結節で設定されている。洞結節は，心臓のペースメ
ーカー（歩調とり）といわれ，心臓の電気的な興奮をコントロールしている。一
般に，成人の安静時の心拍数はおおむね60〜80回/分である。作業や運動をした
り，精神的に興奮したり，体内に炎症があったりすると心拍数は増加する。心拍
数が60回/分未満を徐脈，100回/分以上を頻脈という。また，心臓の拍動は血管
壁を末梢の動脈まで伝わっていく。これを触知したものを脈拍という。一般に，
橈骨動脈（手首の母指側）で触知する。不整脈のある者などでは，拍動と脈拍の
数が一致しないこともある。

　1回の血液拍出量は40〜100mL（平均60mL）であるが，運動時には150〜200
mLにもなる。

イ　血液循環

　心臓の右側部分（右心房・右心室）は，全身から集まってきた血液を肺へ送り
出す。肺では，二酸化炭素を放出し酸素を取り入れるガス交換が行われ，その血
液は心臓の左側部分（左心房・左心室）に入り，そこから全身に血液を送り出す
（図12−2）。

　血液循環系は大きく体循環系と肺循環系とに分けられ，体循環系は心臓のポン
プ作用によって心臓の左心室から血液が駆出され，大動脈を通り，全身の動脈を
経て，毛細血管に入り，ついで静脈系を通り，上及び下大静脈に集まり，右心房

上大静脈
洞結節
右心房
大動脈
三尖弁
下大静脈
右脚枝

肺動脈
肺動脈
肺
左心房
肺静脈
僧帽弁
左心室
左脚枝

右心室

（２つの心房と２つの心室からなる）
図12－2　心臓の構造（正面から見た図）

ガス交換
動脈血 ―――
静脈血 ------

肺循環

肺動脈
二酸化炭素
酸素
肺静脈
肺

心臓
右心室　左心房
右心房　左心室

全身の臓器や組織
毛細血管

大静脈
大動脈

体循環

静脈
二酸化炭素
酸素
動脈

動脈・肺静脈には，酸素を
多く含んだ動脈血が流れ，
静脈・肺動脈には，二酸化
炭素を多く含んだ静脈血が
流れる。

（注）この図は肺循環と体循環の
　　説明をするため，便宜上，
　　右心室と右心房の位置を逆
　　にしている。

図12－3　全身の血液循環（模式図）

へ戻る。心臓から拍出された血液を送る血管を動脈といい，心臓に戻る血液を送る血管を静脈という。

　肺循環は，右心房に戻った血液が右心室から肺動脈を通り，肺胞を囲む毛細血管を通り，肺静脈を経て左心房に戻る（**図12－3**）。

　動脈・肺静脈には，酸素を多く含んだ動脈血が流れ，静脈・肺動脈には二酸化炭素を多く含んだ静脈血が流れる。

　動脈の壁は，静脈と比べて厚く，圧力に耐えられる構造になっている。動脈は分岐して次第に細くなり，最後は毛細血管となり，さまざまな臓器で，酸素と二酸化炭素のガス交換，栄養分と老廃物の運搬を行う。毛細血管は，合流して次第に太い静脈となり，心臓に戻る。ただし，消化管壁の毛細血管の大部分は，合流して門脈という静脈になった後，心臓には戻らず，肝臓に流入する。

　門脈は，消化管で吸収された栄養，アルコールなどのほか，毒素や有害物質等を肝臓に届けて，肝臓は全身の臓器で利用できる物質を合成したり，生体に悪影響を及ぼす物質を解毒したりしている。なお，肝臓には，門脈のほかに，酸素を供給する動脈がつながっている。

　冠動脈は，心臓の心筋に酸素と栄養を送るために，心臓から出た大動脈の起始部から左右の2本が分岐し，左の冠動脈はさらに二つに分岐して，心臓を取り巻いている。

　動脈硬化とは，動脈の壁の内側にある内膜が傷ついて血液の固まり（血栓）ができたり，壁の中にコレステロールが蓄積したりして，やがて壁に線維化や石灰化を生じた状態のことであり，加齢，喫煙，脂質代謝異常，運動不足などによって進行する。動脈硬化が徐々に進行すると，やがて血液が通る内腔が狭窄又は閉塞してしまうことがあり，その先の臓器への酸素や栄養分の供給が障害される。多くの臓器は，別の動脈からも供給を受けているが，脳と心臓には，そのようなバイパスはない。その結果，脳や心筋の細胞が死んでしまうことがある。このように，血液の供給が滞ることで組織の一部が死ぬことを梗塞という。

ウ　血　圧

　血圧とは，血液が血管の側面を押し広げる力で，血管の内圧のことである。心臓が収縮して血液を押し出すときの血圧を収縮期血圧（最高血圧），拡張したときの血圧を拡張期血圧（最低血圧）という。血圧は，上腕動脈で，仰臥位（仰向け）又は座位で測定する。一般に，血圧は年齢とともに上昇する傾向があるが，日本高血圧学会は年齢とは関係なく，分類している。

　血圧は常に変化しており，睡眠中には低く，通常，午後は午前に比べてやや高

い。運動や作業，緊張や興奮，寒さの刺激，食事，喫煙などによって，一過性に上昇する。急に立ち上がったときには，一瞬，低下する。健康診断や診察の際には，血圧が大きく変動する人もいることから，血圧の変化を観察するには，自宅において，いつも同じ条件で測定することが望ましい。

　高血圧の状態になりやすいリスクには，遺伝的な体質，加齢，閉経のほか，生活習慣に関係の深いものとして，肥満，塩分（ナトリウム）の過剰摂取，飲酒や喫煙の習慣，運動不足などがある。高血圧の状態が続くと，血管の壁の厚さが増して弾力性が失われ，内膜の傷を誘発し，やがてその傷の部分に血液の固まり（血栓）やコレステロールがたまって，内腔を狭くしてしまう。この状態が動脈硬化である。動脈硬化は全身の血管に起こるが，脳や心臓に起こると脳梗塞や心筋梗塞の原因となる。また，高血圧の状態が続くと，心臓も高い血圧に逆らって血液を送り出そうとするため，次第に心筋が厚くなり，心肥大という状態になり，心筋梗塞や心不全の原因になることがある。

(4)　呼吸器のしくみと働き

ア　呼吸器の構造と働き

　呼吸とは，生体が酸素を体内に取り込み二酸化炭素を体外に排出するガス交換のことをいう。呼吸は，外呼吸（肺呼吸）と内呼吸（組織呼吸）に分けられる。

　外呼吸とは，肺が酸素を取り入れ，不要となった二酸化炭素を排出するもので，一般にはこれを呼吸と呼ぶことが多い。肺胞内の空気と肺胞を取り巻く毛細血管中の血液との間で，酸素と二酸化炭素のガス交換が行われる。一方，内呼吸とは，血液と組織との間で行われるガス交換のことで，血液が運んできた酸素を各組織が取り込み，代謝で生じた二酸化炭素を血液中に排出することをいう。

　肺は，肋骨に囲まれた胸腔に左右一対ある。肺の表面と胸腔の裏面は，胸膜が覆っている。肺自体に運動能力がないため，息を吸ったり吐いたりするときには，横隔膜や肋間筋などの呼吸筋が収縮と弛緩をすることで胸腔内の圧力を変化させ，肺を受動的に伸縮させて呼吸運動を行っている。横隔膜が下がり胸腔の内圧が低くなると肺は拡張して空気が気道を経て肺内へ流れ込む。これが吸気である。逆に，横隔膜が上がり胸腔の内圧が高くなると肺は収縮して肺内の空気は体外に排出される。これが呼気である。

　呼吸器系は，鼻腔，咽頭，喉頭，気管，気管支，肺からなる。鼻腔から気管支までの空気の通り道を気道といい，そのうち鼻腔，咽頭，喉頭の部分を上気道，気管と気管支の部分を下気道という（図12－4）。

図12－4　呼吸器の構造

　気管支は細かく枝分かれし，末端はブドウの房のような肺胞になっている。肺胞では，心臓から送られてきた血液から二酸化炭素が肺胞気中に拡散し，酸素が血液中の赤血球に取り込まれるガス交換が行われる。肺胞の二酸化炭素は，呼気として排出される。

　呼吸数は，通常，1分間に16回～20回で，労働，運動，食事，入浴，興奮，発熱などによって増加する。成人の安静時の1回換気量（呼吸量）は，約500mLである。肺活量は，最も深い吸気の状態から最も深い呼気の状態までに吐くことができる換気量のことで個人差が大きい。

　気道は，吸入された空気に湿り気と温もりを与えて，乾燥した冷たい空気が流れ込むのを防いでいる。鼻毛は空気中の粉じん等の異物を除去し，鼻腔内が物理的又は化学的な刺激を受けると，反射的にくしゃみを起こして原因物を排出させる。吸い込まれた粉じんや細菌等の異物は，気道粘膜から分泌される粘液にからめ取られ，粘膜の繊毛による運動で咽頭に向けて排出され，痰や唾液とともに排出される。このように，気道は外気からの異物や病原体の侵入路となるため，そこにはいくつもの防御機構が備わっている。

イ　呼吸の調節

　通常，人間は無意識に吸気と呼気を繰り返している。そのリズムをコントロールしているのは，脳幹の延髄にある呼吸中枢である。動脈の中にある受容器が検知した酸素分圧や二酸化炭素分圧などの情報が，呼吸中枢に伝えられてそこからの刺激が横隔膜や肋間筋の動きを調節している。

　労働や運動では，筋肉の酸素消費量が多くなるとともに二酸化炭素の発生量が多くなり，血液で運ばれる二酸化炭素が増加することによって呼吸中枢が刺激さ

れ，これに応じて肺でのガス交換の量を多くする。身体活動時には，1回換気量の増加と呼吸数の増加によって，1分間の換気量は数倍に達する。肺活量が多い人は，肺でガス交換が行われる面積が広く，激しい身体活動に有利であるが，肺活量の少ない人は，換気回数の増加によってガス交換の量を補う必要がある。

ウ　呼吸の変動と異常

㈠　呼吸の変動

a　高所での呼吸

　　高山など酸素分圧が低い場所では，呼吸が促進されて息切れしやすくなる。また，動脈中の酸素と結合したヘモグロビンの割合が減少して，頭痛や悪心などの症状を呈することがある。これを高山病と呼ぶことがある。この際の呼吸数が増加するのは，酸素濃度が低いことを受容器が検知して，呼吸中枢が刺激されるからである。数日間，酸素分圧が低い場所で生活していると，ヘモグロビンと酸素との結合状態が変化するなどして症状は徐々に消失して，換気量も調整されて元に戻る。これを順化という。

b　潜水時の呼吸

　　潜水時に空気ボンベから給気を受けるときは，呼吸用の長い管を付けるため，気道ルートが長くなり吸気する際の抵抗が大きくなる。また，胸に水圧もかかることから，呼吸筋の仕事量は地上に比べて増加する。

　　空気ボンベからの呼吸ガスの圧力は水圧と等しくなっているため，供給される気体の酸素や窒素の圧力も高く，体内に移行しやすい。この際，酸素は消費されるが，窒素は消費されずに体内に溶け込む。体内に溶け込んだ窒素の麻酔作用として酒に酔ったときのように楽観的になり，意識の低下を生じることがある。これを窒素酔いという。

　　また，潜水深度が深く，潜水時間が長く，高圧の空気を長時間呼吸している状態から，急速に水面浮上すると，呼吸による窒素の排出が間に合わず炭酸水の栓を抜いたときのように体内で気泡化する。この窒素の気泡がしびれや痛み，呼吸・循環症状などの身体に障害を引き起こすことがある。これを減圧症という。

　　また，急浮上した際に，肺が過膨張の状態になり，行き場を失った肺内の空気が肺胞を傷つけ，肺の間質気腫を引き起こす。さらにその空気が肺の毛細血管に進入すると，空気が気泡状になって血管内を移動して全身を流れて血管を閉塞することがある。これを空気（動脈ガス）塞栓症という。

図12－5　チェーンストークス呼吸

(イ)　呼吸の異常

a　チェーンストークス呼吸

　　チェーンストークス呼吸は，呼吸をしていない状態から次第に呼吸が深まり，やがて再び浅くなって呼吸が止まる状態を交互に繰り返すパターンの呼吸のことである（**図12－5**）。これは，延髄の呼吸中枢の機能が衰えることで生じる現象で，心不全や脳卒中などが重症化して，脳への酸素の供給が不十分になっていることを示すことが多い。救命手当の際に，傷病者にこのような呼吸が認められた場合は，生命の危険がある重篤な状態と判断される。

b　睡眠時無呼吸症候群

　　睡眠時無呼吸症候群は，呼吸に関連した睡眠障害であり，睡眠中に上気道が閉塞するなどして無意識に断続的な呼吸停止を繰り返す病気である。そのため，睡眠中に覚醒を繰り返したりして，日中に過剰な眠気が出現するほか，呼吸量が低下して血中の酸素の量が低下して，高血圧などの循環器疾患などを誘発しやすくなる。作業能率が低下したり，交通事故や労働災害の原因になったりすることがある。治療によって，睡眠中の断続的な呼吸停止を改善すれば，症状も軽快する。

c　窒　息

　　窒息は，外呼吸又は内呼吸が阻害されて，血液中のガス交換ができなくなり，酸素濃度が低下，二酸化炭素濃度が上昇して，組織や臓器が機能障害を起こした状態をいう。血液中の酸素濃度が低下して，酸素と結合していないヘモグロビン（還元ヘモグロビン）が増えると，皮膚や粘膜が青紫色を呈し，チアノーゼと呼ばれる状態になる。

　　外呼吸を阻害する主な原因は，鼻や口の閉塞，異物や嘔吐物による気道の閉鎖，溺水，空気中の酸素欠乏などがある。また，薬物による呼吸筋の麻痺やけいれんによっても生じる。外呼吸が停止して5分程度経過すると，脳梗塞や心筋梗塞が起こる可能性が高くなる。

　　内呼吸を阻害する主な原因は，一酸化炭素，シアン，砒素，硫化水素など
の化学物質の中毒である。一酸化炭素は，ヘモグロビンとの結合力が酸素の
約200倍以上であるので，ヘモグロビンが一酸化炭素と結合して一酸化炭素
ヘモグロビンになってしまい，血液が酸素を運搬する能力が著しく損なわれ
て症状を起こす。ただし，一酸化炭素ヘモグロビンは鮮紅色を呈するため，
チアノーゼは見られない。

　　酸素欠乏も窒息の一つに分類される。吸気する空気の酸素濃度が８％以下
になると，静脈の酸素分圧よりも低くなるため，肺内で酸素が毛細血管から
肺胞へ逆流する。さらに，酸素分圧の低下に伴う過換気も生じるので，重篤
な酸素欠乏に陥り，失神し，数分以内に死亡する。酸素濃度が６％以下のガ
スを吸入すると瞬時(一呼吸)に失神し，呼吸が停止し，死亡することがある。

⑸　消化器のしくみと働き

ア　消化器の構造と働き

　　消化器は，消化管と消化腺（外分泌腺）からなり食物の摂取，食物の消化，栄
養分の吸収，老廃物の排泄の４つの機能を有する。消化管には，口腔，咽頭，食
道，胃，小腸(十二指腸，空腸，回腸)，大腸(盲腸，結腸，直腸)，肛門がある。
消化腺には，唾液腺，肝臓，膵臓がある（図12－6）。

　　摂取された食物は，消化管の種々の運動による機械的な消化と消化腺（外分泌
腺）から分泌される消化液（消化酵素）による化学的消化によって分解され，生
命を維持していくために必要な栄養素は吸収され，残りかすが体外に排出され
る。食物中のほとんどの栄養素と水分の80％が小腸で吸収される。水分・塩分・
ビタミン・ブドウ糖・アルコール・アミノ酸等は消化されないでそのまま吸収さ
れる。

イ　口　腔

　　口腔は，消化器の入口の部分で，歯，舌，唾液腺（耳下腺，顎下腺，舌下腺）
がある。食物は，歯によって小さく噛み砕かれたあと，唾液腺から分泌される唾
液と舌で撹拌されて，やわらかくなる。このように食物の嚥下（飲み込む運動）
を容易にする過程を咀嚼という。唾液の成分は，ほとんどが水であるが，ムチ
ンやアミラーゼを含む。ムチンは食物に粘性を与えて食道の通過を容易にし，ア
ミラーゼはでんぷんをより小さい糖に分解する消化酵素である。

ウ　咽　頭

　　咽頭は，口腔から食道に通じる食物路と，呼吸器の気道とが交わる部分である。

図12－6　消化器系の構造

　　食道は，気道の後ろに位置している。食物を嚥下（えんげ）するときには，反射的に喉頭蓋（喉頭の入口にある弁）が気道を塞ぎ，食物が気道に誤嚥（ごえん）されるのを防いでいる。咽頭には，咽頭扁桃，口蓋扁桃，舌扁桃などの免疫組織があり，口腔から細菌等が侵入するのを防いでいる。

エ　食　道

　　食道は，胸部にあり，咽頭と胃をつなぐ管状の器官である。
　　嚥下（えんげ）された食物は，重力ではなく蠕動運動（ぜんどう）によって胃まで送られる。蠕動運動（ぜんどう）とは，腸管の収縮輪（くびれ）が口側から肛門側に波のように徐々に伝わっていく運動である。食物が食道に入ると，その刺激で嚥下反射が起こり，蠕動（ぜんどう）を引き起こす。食道の上端と下端には括約筋がある。食道から胃に移行する部分を噴門と呼び，胃の内容物が食道に逆流しないようになっている。

オ　胃

　　胃は，上腹部にあり，食道につながる袋状の器官である。何も入っていない状態では扁平に縮んでいるが，食道から食物が送られてくると，その刺激に反応して容積が広がる。

　胃の壁には，ペプシノーゲン，塩酸（胃酸），粘液（ムチン）の３種類の胃液を分泌する胃腺がある。胃に食物が入った刺激により，胃粘膜が血液中にガストリンという消化管ホルモンを放出して，胃液の分泌が促進される。ペプシノーゲンは，胃酸によってペプシンという酵素になり，タンパク質を消化する。胃酸は，塩酸で殺菌作用を担っている。粘液は，胃の内面が胃酸などで損傷しないように粘膜を保護している。精神的ストレスなどにより胃酸と粘液との分泌のバランスが崩れることが胃潰瘍の原因になることがある。

　胃液による化学的消化と併せて，胃は機械的消化も行う。胃の壁には，３層の平滑筋があり，それらが協調して分節運動（間隔をおいてくびれが生じ，消化物が混和される運動）や蠕動運動が起こり，消化物はすりつぶされ，胃液とまぜ合わされて粥状になる。

　胃は，食物を１～数時間かけて消化することで小腸への排出速度を調整している。胃内に滞留する時間は，糖分（炭水化物）では短く，脂肪分では長い。胃には，吸収機能はほとんどないが，アルコールは吸収される。したがって，空腹時にアルコールを多飲すると，血中のアルコール濃度を急速に増加させる。胃に有害物が混入したときや胃が不調のときは，胃から脳の嘔吐中枢にその情報が伝わり，胃がねじれて消化物が食道に戻される。これが嘔吐である。

カ　小　腸

　小腸は，腹部にあり，胃に続く全長６～７ｍの管状の器官で，十二指腸，空腸，回腸に分けられる。

　小腸は，粘膜にある腸腺（リーベルキューン腺）から腸液を分泌して，化学的消化を行う消化酵素と粘膜を保護するムチンを分泌している。また，消化物を消化液と混合し分解するために，分節運動，振り子運動（腸管が長軸方向にそって伸縮する，いわゆる蛇腹運動），蠕動運動を行って，消化物を大腸に送る。通常は３～４時間，長いときは10時間かけて，消化物中のほとんどの栄養素は小腸で分解され吸収される。また，水分の80％が小腸で吸収される。

　十二指腸は，胃に続く20～30cm の腸管で，途中の乳頭部という場所に胆管及び膵管の開口部があり，胆のうからの胆汁と，膵臓から膵液が分泌され，消化物を本格的に消化する。胃から酸性の消化物が入ってくると，十二指腸の粘膜が血中にセクレチンというホルモンを放出して，アルカリ性の炭酸水素ナトリウムに富む膵液が分泌されて，酸を中和する。また，脂肪性の消化物などが入ってくると，同様にコレシストキニンというホルモンを放出し，これが胆のうと膵臓に作用して，胆汁と膵液が分泌される。十二指腸の粘膜はエンテロキナーゼという酵

素を分泌し，膵液中のトリプシノーゲンを活性化してタンパク質を消化するトリプシンという酵素にする。

十二指腸に続く部分は，口側5分の2を空腸，残りの5分の3を回腸と呼ぶが，明確な境界はない。空腸と回腸の内側には，隆起した輪状のヒダがあり，その表面には無数の絨毛という小突起が密生して，栄養素の吸収効率を高めるために表面積を大きくする構造になっている。これらは，特に空腸で発達している。一方，回腸は，パイエル板と呼ばれるリンパ球が集結した部位が点在し，消化管から身体の中に細菌が侵入するのを防いでいる。

小腸で，糖質はマルターゼによってブドウ糖（グルコース）に，脂肪はモノグリセリドと脂肪酸に，タンパク質はアミノ酸に分解される。ブドウ糖とアミノ酸は小腸の絨毛の毛細血管に吸収され，門脈を通って肝臓に運ばれる。脂肪酸とモノグリセリドは絨毛から吸収された後に再び脂肪になり，リンパ管を通って血管に入り，肝臓に運ばれる。これらの栄養素は代謝されて人体が利用できる物質となり，各臓器に送られる。

キ　膵　臓

膵臓は，上腹部の後腹壁にあり，長さ15cm程度で，横に細長い形をしている。

膵臓は，消化酵素を含む膵液を十二指腸に分泌する消化腺（外分泌腺）であるとともに，血糖値を調節するホルモンを血液中に分泌する内分泌腺でもある。膵液は，タンパク質を分解するトリプシノーゲンなど，脂肪を分解する膵リパーゼなど，糖質を分解する膵アミラーゼなど3大栄養素の消化酵素を全て含んでいる。膵臓には，ランゲルハンス島と呼ばれる組織があり，血糖値を上昇させるグルカゴンなどや血糖値を低下させるインスリンというホルモンを産生して，食後や空腹でも血糖値が変化しすぎないように調節している。

ク　肝　臓

肝臓は，上腹部の右側で横隔膜の下に位置し，重さは約1.2kgあり，再生能力を持つ臓器である。

肝臓は，身体に必要な物質の合成（同化），グリコーゲンなどの有機物質を分解してエネルギーを取り出す（異化），不要な物質や毒素の分解，身体に必要なものの貯蔵など，次に示すような生命の維持に必要な多くの働きを行っている。

㋐　炭水化物の代謝

肝臓は，血糖値が上昇すると，グルコース（ブドウ糖の一種）をインスリンの作用でグリコーゲンに変えて貯蔵する。血糖値が低下すると，グルカゴンの作用でグリコーゲンをグルコースに分解して血中に放出する。

(イ)　タンパク質の代謝

　　肝臓は，アミノ酸から，アルブミンや血液凝固物質（フィブリノーゲン等），血液凝固阻止物質（アンチトロンビン等）などのタンパク質を合成する。アルブミンは，血液の浸透圧を調整するほか，脂肪酸，ビリルビン，電解質，薬剤等の物質を吸着し，運搬する。肝機能障害になると，血液中のアルブミンの濃度が下がり，浸透圧が維持できなくなって，血漿（けっしょう）中の水分が血管外に漏出し，浮腫や腹水などの症状が出る。また，血液凝固因子の合成が低下し，出血しやすくなる。

(ウ)　脂質の代謝

　　肝臓は，コレステロールとリン脂質を合成する。また，過剰なタンパク質と糖分（炭水化物）を脂肪に変換する。

(エ)　胆汁の生成

　　肝臓は，胆汁を生成する。1日約1,000mLを分泌する。胆汁はアルカリ性の消化液で，酵素は含まないが，胆汁酸が食物中の脂肪を乳化させ，脂肪分解の働きを助ける。胆汁は，胆のうで貯えられて，胆管から十二指腸に分泌される。

(オ)　その他の物質の代謝

　　脾臓（ひ）は，赤血球のヘムをビリルビンに分解し，ビリルビンは肝臓から胆汁に排泄される。肝機能障害や胆管の流れが悪い場合には，血中でビリルビン値が上昇して，重症の場合は黄疸（おうだん）を呈する。

　　肝臓は，血中のタンパク質の分解物であるアンモニアから尿素を合成して血中に放出する。重症の肝機能障害では，この機能が障害されて，血中でアンモニア値が上昇する。また，細胞の核に含まれる核酸の分解物から尿酸を合成して血中に放出する。

(カ)　解毒作用

　　肝臓は，有機溶剤などの化学物質，アルコール，薬剤等の身体に有害な物質を分解する。代謝物は，胆汁中に排泄したり，血中に放出したりする。血中の代謝物は，腎臓から尿中に排泄される。

(キ)　貯蔵

　　肝臓は，グリコーゲン，ビタミンA，D，E，K及びB_{12}を貯蔵する。また，全身において脂肪の蓄積が進行してくると，肝臓でも脂肪を貯蔵するようになり，次第に脂肪肝となっていく。

ケ　胆のう

　　胆のうは，肝臓の下側に付着し，容積が70mL程度の洋梨のような形をした袋状

の器官である。

　　肝臓で生成され分泌された胆汁が，肝管を通って胆のう管から胆のうに流入
し，濃縮して貯蔵される。胆のうは，十二指腸から分泌されるコレシストキニン
などの刺激に応じて収縮し，胆汁が総胆管を通って十二指腸に排出されて，脂肪
の消化を助ける。

　　胆のうには，ビリルビンや過剰なコレステロール等を胆汁として十二指腸に排
出する働きもある。ビリルビンは，腸内細菌によって代謝されて，糞便を茶褐色
にする色素になる。一部は，赤血球中のヘモグロビンの合成に使われるので再吸
収される。

　　胆石は，胆のうで濃縮されたビリルビンやコレステロールによって形成され
る。これが総胆管に出たときなどに痛みを生じる。胆石や胆管の腫瘍などで，胆
汁が十二指腸に排出されなくなると，黄疸が出現し，便の着色が薄くなることが
ある。

コ　大　腸

　　大腸は，盲腸，結腸（上行結腸（右側），横行結腸，下行結腸（左側），S字結
腸），直腸，肛門からなる管状の器官で，長さは約1.5m ある（**図12－6**，386頁）。

　　大腸は，アルカリ性の大腸液を分泌するが，消化酵素はほとんど含んでおらず，
小腸までに消化や吸収をされた残りの消化物を蠕動運動で移動させながら，水分
などを内壁から吸収し，固形物（糞便）にする。小腸と異なり，内壁の粘膜には
絨毛が存在しない。下行結腸に留まっていた便が直腸に達すると，便意を感じる
ようになる。

　　肛門は，消化管の最後の部分で，体から便を排泄する部分である。排便以外の
ときは，肛門括約筋が収縮して，肛門を閉じている。

　　大腸の内部には，大腸菌やビフィズス菌などの腸内細菌（常在菌）がバランス
を保ちながら住み着いている。これらの細菌は，血液凝固因子の合成に必要なビ
タミンK などの重要な物質を産生する。これらの物質の一部は，大腸から吸収
される。

⑹　栄養と代謝

ア　栄養素の種類と働き

㈠　三大栄養素

　　人間が生命活動を営むためのエネルギーとなる炭水化物，タンパク質，脂質
をまとめて三大栄養素と呼び，これにミネラル，ビタミン類を合わせたものを

五大栄養素と呼ぶ。健康を保つためには，これらの栄養素を，バランスよく，過不足なくとることが大切である。

(イ)　炭水化物（糖質）

　　糖質が，体内でエネルギー源として使用されると，1gで4kcalのエネルギーを発生し，最終的に，二酸化炭素と水に分解される。糖質には，砂糖などの糖だけでなく，米やイモに含まれるでんぷんも含まれる。でんぷんは，糖が鎖状に結合したものであり，消化されると分解されて糖になる。脳は，エネルギー源として，糖質の一つであるブドウ糖のみしか利用できないという特徴がある。

(ウ)　脂　質

　　脂質が，体内でエネルギー源として使用されると，1gで9kcalとタンパク質（1gで4kcal）や炭水化物（糖質）に比べて約2倍のエネルギーを発生する。脂質は，エネルギー源となるほか，胆汁酸，ホルモン，細胞膜の原料となる。脂質の摂取量が多すぎることは，肥満の原因となる。脂質には，中性脂肪，コレステロール，リン脂質，遊離脂肪酸などがある。脂肪酸のうち体内で合成できないため食物から摂取しなければならないものを必須脂肪酸という。

(エ)　タンパク質

　　タンパク質は，筋肉，内臓，皮膚，血液，酵素，免疫物質など，人体を構成する主成分である。タンパク質は約20種類のアミノ酸が結合してできている物質である。アミノ酸のうち体内で合成することができないため食物から摂取しなければならないものを必須アミノ酸と呼ぶ。

(オ)　ビタミン

　　ビタミンは，さまざまな化学反応を助ける。ビタミンには，A，B_1，B_2，B_6，B_{12}，C，D，E，Kなどがある。このうちB群やCなどは水に溶ける水溶性ビタミンであり，A，D，E，Kなどは脂質に溶ける脂溶性ビタミンである。ビタミンは，体内で合成できないので食物から摂取しなければならない。

(カ)　ミネラル（無機塩類）

　　生命活動を営むには微量のミネラルを摂取する必要がある。代表的なものには，血液に含まれるナトリウム，骨に含まれるカルシウムやリン，ヘモグロビンに含まれる鉄，甲状腺ホルモンに含まれるヨウ素などがある。そのほか，マグネシウム，銅，マンガン，セレン，亜鉛などが必要である。

イ　代謝のしくみ

(ア)　代　謝

　　炭水化物（糖質），脂質，タンパク質の各栄養素は，消化器により消化・吸

収・分解されるなどして，ATP（アデノシン三リン酸）と呼ばれる物質が生成されて，生命活動に必要なエネルギーをまかなう。摂取された栄養素が，種々の化学反応によって，生体に必要な物質に合成されることを同化と呼び，分解により，生体に必要なエネルギーを得ることを異化と呼ぶ。同化と異化を合わせて代謝という。

㈣　エネルギー代謝

　生体におけるエネルギーの転換や授受をエネルギー代謝という。食物のエネルギーは，食品に含まれる三大栄養素の量を測り，それに1g当たりのエネルギーを掛けることによって求められる。人は，生命活動を営む上で，常にエネルギーを使っている。基礎代謝量とは，安静で覚醒，横臥の状態で必要な最小限（心臓の拍動，呼吸運動，体温保持など）のエネルギー代謝量のことであり，体格，年齢，性別などの種々の条件によって異なる。同性，同年齢であれば，体表面積にほぼ比例する。

　成年男性1日当たりの基礎代謝量は約1,500kcal，女性は約1,150kcalである。

①　エネルギー代謝率（RMR：Relative Metabolic Rate）

　また，作業に要したエネルギーが基礎代謝量の何倍に当たるかを示す数値として，エネルギー代謝率（RMR）がある。エネルギー代謝率は，作業に要したエネルギー量（作業時間中の総消費エネルギーからその時間だけ安静にしていた場合の消費エネルギー量［基礎代謝量の1.2倍］を差し引いたもの）を基礎代謝量で割った値で算出される。

　体格や性別などの個人差がかなり除かれ，同じ作業ならほぼ同じ値が得られるため，作業の強度をよく表すことができる。動的筋作業の強度をうまく表す一指標であるが，精神的作業，静的筋作業には適用できない。

②　メッツ（METs：Metabolic Equivalents）

　健康づくりのための身体活動の基準として，身体活動の強さを，座位安静代謝量時の何倍に相当するかで表すメッツがある。座って安静にしている状態が1メッツ，普通歩行が3メッツ，サイクリングは4メッツ，軽いジョギングは6メッツに相当する。

　厚生労働省の「健康づくりのための身体活動基準2013」では，将来，生活習慣病等を発症するリスクを低減させるために，個人にとって達成することが望ましい身体活動の基準を示している。例えば，18歳〜64歳の場合，普通歩行に相当する3メッツ以上強度の身体活動を毎日60分以上，行うことを基準として

いる。

　㈡　糖質代謝

　　食物中の糖質は，ブドウ糖（グルコース）や果糖（フルクトース）などが結
合してできている。糖質は，消化・吸収された後，肝臓でグリコーゲンに合成
されて貯蔵される。グリコーゲンは，必要に応じて再び分解され，全身の組織
でエネルギー源として利用される。一部は，さらに脂肪に変えられて貯蔵され
る。これが，甘いものを食べると太るといわれる理由である。

　　血液中には，一定量の糖が血糖として存在し，エネルギーを必要とする組織
に糖を供給している。特に，多くのエネルギーを必要とする脳にとって糖は大
切なエネルギーである。血糖値は，各種ホルモンの働きによって，一定の範囲
に調節されている。インスリンは，血液中の糖を細胞内に取り込ませるように
働き，糖のエネルギーへの利用を高めることから，血糖値を下げる。一方，グル
カゴン，アドレナリン，コルチゾール（糖質コルチコイド）は，肝臓中のグリコ
ーゲンを分解するなどして血糖を補給するので，血糖値を上げる。また，飢餓
時には，肝臓で，血中のアミノ酸からブドウ糖を生成する糖新生が行われたり，
筋肉組織のタンパク質を分解して，アミノ酸から血糖を補給することもある。

　㈢　脂質代謝

　　食物中に含まれる脂質は，中性脂肪が大部分であり，消化管内で脂肪酸とモ
ノグリセリドに分解され，体内に吸収される。脂質は，糖質やタンパク質に比
べて，多くのATPを産生することができるので，エネルギー源として優れて
いる。余剰のモノグリセリドと脂肪酸は，再び，中性脂肪となり皮下や内臓周
囲に蓄えられる。また，コレステロールやリン脂質などの脂質は，細胞膜の成
分や神経組織の構成成分となる。

　㈣　タンパク質代謝

　　食物中に含まれるタンパク質は，消化管内で，アミノ酸に分解・吸収され，
再び，筋肉，酵素，ホルモンなどに合成される。飢餓時などには，分解されて，
エネルギーとして利用される。アミノ酸は，分解されると有害なアンモニアを
生ずる。アンモニアは，肝臓の細胞内で，無毒な尿素に変換されて腎臓から尿
として排出される。

(7)　体温調節

　ア　体　温

　　体温を一定に保つことは，体内の器官の機能や代謝をほぼ一定に維持するため

に必要である。このような生体内の状態を一定に保つ仕組みをホメオスタシス(恒常性)という。人間は，体内での代謝によって熱を産生するが，それらは体表面から物理現象によって放散される。その際，脳が，熱の産生と放散のバランスが維持されるように全身に指示を出すことによって，身体の深部における体温(核心温)をほぼ37℃で一定に維持している。このような体温調節の中枢は間脳の視床下部にある。

イ　熱の産生

熱の産生は，安静時には主に内臓で行われるが，筋運動時にはほとんどが筋肉で行われる。体温が低下しすぎるおそれがあるときには，脳が，骨格筋を不随意的に収縮させてふるえを生じたり，肝臓などの内臓や脂肪組織の代謝を亢進させたりして，熱の産生を増やす。

ウ　熱の放散

熱の放散は，放射(輻射)，伝導，対流，蒸発の4つの物理現象によって行われる。

輻射は，物体の熱エネルギーが遠赤外線などとして放射され，離れた物体間の空間を通過してほかの物体に当たって吸収され，再び熱に変わる伝播現象をいう。例えば，赤外線ストーブやたき火に当たっていると，外気温が低くても身体がぽかぽかと暖まるのは輻射である。

伝導は，接触した固体の高温の部分から低温の部分へ熱が伝播する現象である。例えば，冷たいベンチに座ると，身体から熱が奪われる。

対流は，液体や気体の移動とともに熱も移動する現象である。例えば，体表面で暖められた空気層が扇風機の風によって身体から離れることで身体から熱が奪われやすくなる。

蒸発は，液体が気化する現象のことであるが，人間はこれを，体表面の汗の水分が気化するときに気化熱を奪うことで熱の放散に利用している。寒冷な環境においては，脳が皮膚の血管を収縮させて，体表面の血流を減らし，熱の放散を減らす。暑熱な環境においては，脳が，体表面の血流を多くして，輻射，伝導，対流が起きやすくするほか，汗腺を刺激して血漿成分から汗を産生させて皮膚表面に分泌させる。体温が上昇しすぎるおそれがあるときには，特に，発汗量を増やすことによって体温を調節(注)している。「発汗」には，体熱を放散する役割を果

(注) 皮膚表面から水1gが蒸発すると，0.58kcalの気化熱が奪われる。人体の比熱は約0.83で，体重70kgの個体の熱容量は，0.83×70＝58.1kcalであるので，100gの水分蒸発により体温を1℃下げることができる計算となる。

たす「温熱性発汗」と，精神的緊張や感動による「精神性発汗」とがある。労働時にはこの両方が現れる。なお，人間は発汗のほかに，常時，呼気や皮膚表面からも水分を蒸発させている。普段は感覚的に意識していないこの蒸発のことを不感蒸泄と呼ぶ。

⑻ 尿の生成と排泄

ア 腎臓

腎臓は，腰のやや上の高さで，背骨の両側に左右一対ある。そら豆形をしており，それぞれの腎臓から，1本ずつの尿管が出て，膀胱につながっている（図12－7）。尿の生成と排泄に関わる腎臓，尿管，膀胱などの器官をまとめて泌尿器系と呼ぶ。

また，一つの腎臓には，一つの腎小体とそれに続く1本の尿細管からなるネフロンという腎単位が約100万個あり，尿の生成に関与している。腎小体は，毛細血管の集合体である糸球体とこれを包み込むボウマン嚢（糸球体嚢）からなる（図12－8）。

（女性では前立腺はない）
図12－7　腎臓・泌尿器系構造

図12－8　腎小体（模型）

表12－2　尿検査の一般的項目

尿タンパク	陽性の場合，腎臓や膀胱，尿道の病気が考えられる。慢性腎炎やネフローゼ，糖尿病性腎症等では，その病態が重いほど，尿中タンパク量は増加する。
尿糖	陽性の場合，糖尿病か，腎性糖尿が考えられる。血糖値が正常であっても，体質的に腎臓から尿糖がもれ出てしまう腎性糖尿の場合があり，糖尿病との鑑別が必要である。
尿潜血	陽性の場合，尿中に赤血球が混入していることを示している。腎炎，膀胱炎，尿路結石，膀胱の腫瘍等で陽性となる。

イ　尿の生成

腎臓では，血液を糸球体からボウマン嚢中へいったんこし出し，原尿が生成される（150～180L/日）。このとき，血球やタンパク質以外の成分がろ過される。そして原尿中の糖などの栄養物質やナトリウムなどの電解質，水分の大部分が，尿細管から血液中に再吸収される。残った成分が尿となり腎盂を経て膀胱に送られ，排泄される。

尿は，体内の水分の量やナトリウムの濃度を調節するとともに，生命活動に伴って生じた不要な物質や体外から摂取された異物などの老廃物のうち水溶性のものが尿中に排出される。例えば，体内に摂取された有機溶剤の多くは，肝臓で水溶性の化学物質に代謝されて，尿中に排出される。

ウ　尿の成分

尿は淡黄色の液体で，固有の臭気を有し，通常，弱酸性を呈する。1日の尿量は，通常，1,500（500～2,000）mLであるが，水分摂取量に応じて増減するほか，発汗量が多いときは減少する。老廃物を処理するためには，通常，最低でも400mLの尿を排泄する必要がある。水分摂取量が多いと尿量が増加し，固形物の割合が少なくなり比重は下がる。尿の95％は水分で，残りの5％が固形物である。尿は，全身の健康状態をよく反映し，検体の採取も簡単なため，尿タンパク，尿糖，尿潜血，化学物質の尿中代謝物等の検査が広く行われている（表12－2）。

これら尿検査のほか，腎臓の機能をみる検査として，血液中の尿素窒素（BUN）がある。これは腎臓から排泄される老廃物の一種で，腎臓の働きが低下すると尿中へ排泄されず，血液中の値が高くなる。

(9)　内分泌腺とホルモン

ア　内分泌腺

人間の体内では，種々の器官が互いに協調して体内の恒常性を維持するように

図12－9　人の内分泌腺

働いている。このような調節を担っている系（統）の一つが内分泌系であり，内分泌腺で構成される系（統）を内分泌系という。内分泌腺を含む器官には，視床下部，下垂体，副腎，甲状腺，副甲状腺，膵臓，胃，十二指腸，性腺（精巣・卵巣）などがある。それぞれ，特有のホルモンを細胞内で産生し，血液中に分泌している（図12－9）。

イ　ホルモン

　ホルモンは，特定の器官（標的器官）ごとに特異的な作用を持つ化学物質である（**表12－3**）。例えば，労働や運動の際には，副腎髄質からアドレナリンが分泌され，動脈を収縮し，血圧を上昇し，心拍出量を増やし，肝臓のグリコーゲンを分解して血糖を上昇させることで，酸素と栄養の供給を増やして，骨格筋の活動に有利な体内環境を整える。

ウ　ホルモンの調整

　血液中のホルモンの値は，フィードバックシステムや日内変動によって調整されている。例えば，甲状腺ホルモンの分泌が盛んな場合は，下垂体からの甲状腺刺激ホルモンの分泌が抑制される。また，副腎皮質からのコルチゾールの分泌は，午前中に高く，午後は低下する。

(10)　免　疫

　細菌やウイルスなどの病原体や異物の体内への侵入を防いだり，体内に侵入した病原体や異物を排除したりするしくみを生体防御という。涙，唾液，気管支粘膜の粘液

表12－3　ホルモンの種類とはたらき

内分泌器官	ホルモン	はたらき
視床下部	成長ホルモン放出ホルモン 成長ホルモン放出抑制ホルモン 甲状腺刺激ホルモン放出ホルモン コルチコトロピン放出ホルモン プロラクチン放出ホルモン プロラクチン抑制ホルモン ゴナドトロピン放出ホルモン	それぞれの内分泌腺からのホルモン放出のコントロールをする
下垂体	甲状腺刺激ホルモン 副腎皮質刺激ホルモン 成長ホルモン 卵胞刺激ホルモン 黄体形成ホルモン プロラクチン 抗利尿ホルモン オキシトシン	甲状腺を活性化させる 副腎皮質を活性化させる 成長促進 卵胞の成熟促進，精子形成促進 卵胞刺激ホルモンと共働し，卵胞を成熟させ排卵を誘発する 黄体形成の促進，乳汁分泌促進 尿細管での水の再吸収促進（尿を減らす） 子宮筋収縮
松果体	メラトニン	睡眠
副腎皮質	コルチゾール 　（糖質コルチコイド） アルドステロン 　（電解質コルチコイド）	血糖上昇 血中の塩類バランスの調節
副腎髄質	アドレナリン，ノルアドレナリン	心機能促進，血糖上昇，血圧上昇，血管収縮
甲状腺	甲状腺ホルモン	酸素消費促進，体温上昇
副甲状腺	パラソルモン（パラトルモン）	血中のカルシウムバランスの調整
膵臓	インスリン グルカゴン	血糖低下 血糖上昇
胃	ガストリン ソマトスタチン	胃酸分泌刺激 消化管ホルモン分泌抑制
十二指腸	セクレチン コレシストキニン	消化液分泌促進 膵液分泌促進
精巣	アンドロゲン	男性二次性徴の発現，発育促進
卵巣	エストロゲン	生殖器の発育や二次性徴の発現，卵胞の成長

の中に含まれている酵素は，病原体を溶かしている。また，胃酸は，食物に混じって侵入してくる病原体を分解する。仮に，分解を免れて胃を通過できても，腸内には，腸内環境を保っている多くの細菌が病原体の増殖や体内への侵入を難しくしている。

　病原体が，これらの生体防御のしくみを突破して，体内に侵入した場合には，白血球を中心とした免疫というしくみが体内に侵入した病原体や異物を排除しようとする。免疫には，リンパ球が産生する抗体によって病原体を攻撃する体液性免疫と，リンパ球などが直接に病原体などを取り込んで排除する細胞性免疫の二つがある。

　抗原とは，免疫に関係する細胞によって異物として認識される物質のことである。例えば，細菌やウイルスの表面に存在するタンパク質や糖質などがある。抗体とは，体内に入ってきた抗原に対して体液性免疫においてつくられる免疫グロブリンと呼ばれるタンパク質のことで，抗原に特異的に結合し，抗原の働きを抑える働きをする。

　人間がウイルスや細菌に感染すると，身体はこれを異物と認識して，同一の病原体が侵入すると排除することにより再び感染を引き起こさないような働きがある。また，体内で生じるがん細胞などの異常な細胞も，通常は異物と認識されて，細胞性免疫によって排除されている。したがって，発がん性のある化学物質を吸入などして，異常な細胞ができても，多くの人が直ちにがんにり患することはないのも免疫の働きである。

ア　アレルギー

　アレルギーは，本来，抗原に対して身体を守るべき免疫が，逆に，人体の組織や細胞に傷害を与えてしまうことである。アレルギー反応を引き起こしてしまう抗原をアレルゲンという。アレルギーは，免疫が通常以上に反応することによって起こる。主なアレルギー性疾患は，**表12-4**のとおりである。

イ　免疫不全とHIV

　免疫の機能が失われたり低下したりすることを免疫不全と呼ぶ。免疫不全になると，感染症にかかりやすくなったり，がんにり患しやすくなったりする。遺伝的に免疫不全である場合があるほか，HIV（ヒト免疫不全ウイルス）が免疫細胞

表12-4　主なアレルギー性疾患

気管支ぜんそく
アトピー性皮膚炎
アレルギー性結膜炎
薬剤アレルギー
食物アレルギー
過敏性肺炎
アナフィラキシー

に感染し数年から数十年経過すると免疫力が低下する。

コラム　免疫に関係する細胞

　免疫に関係する細胞には，主に，Ｔ細胞（リンパ球），Ｂ細胞（リンパ球），マクロファージがある。Ｔ細胞は，骨髄でつくられ，胸腺に移動し，増殖・成熟する。両者ともに血中のほか，リンパ節や脾臓などに多く存在する。Ｔ細胞には，ヘルパーＴ細胞，細胞障害性Ｔ細胞（CTL）などの種類があり，それぞれ違った機能を持っている。CTL は細胞性免疫の中心となる細胞で，細菌やウイルスを攻撃する。Ｂ細胞は，体液性免疫において中心的な役割を担い，ヘルパーＴ細胞によって活性化されると形質細胞に変身し，抗体を放出するようになる。マクロファージは，全身の組織に広く分布し，細菌などの病原体を取り込んで分解する働きと，病原体が侵入した情報をヘルパーＴ細胞に伝える働きを持っている。この３種類の細胞が協働して免疫システムを作っている。

---

(11)　筋骨格系の種類と働き

ア　骨と筋の種類と働き

　人体の骨のうち，脊椎などは身体を支える支柱になる働きがある。頭蓋骨や肋骨などは脳，心臓，肺などの臓器を保護する働きがある。上肢の上腕骨や下肢の大腿骨などは，関節を介して骨格筋と協力し，身体の運動を可能にする働きがある。また，骨には，体内のカルシウムの99％を蓄えたり，骨の中にある骨髄で血液細胞を産生し増殖させたりする働きもある。

　筋肉は，筋細胞内の細長い円柱状又は紡錘形の筋線維が集まってできている。筋肉は，一般に，横紋筋と平滑筋に分類される（**図12－10**）。ほとんどの横紋筋は，その両端が腱になって骨に付着し，身体を動かすときに使われるので骨格筋とも呼ばれ，また，人間の意志によって動かすことができるので随意筋とも呼ばれる。

　一方，平滑筋は，主に内臓に存在するため内臓筋とも呼ばれる。また，意志によって動かすことができないので不随意筋とも呼ばれる。心筋は，内臓に存在しながら横紋筋であるが，意志によってその動きを調節できないので不随意筋である。

図12－10　筋肉の種類

イ　筋収縮のしくみ

　筋肉は，神経の刺激によって収縮する。

　筋肉自体が収縮して出す最大筋力は筋肉の断面積1cm²当たりの平均値をとると，性差，年齢差がほとんどない。したがって筋肉の太い人ほど一般に筋力が強い。強い力を必要とする運動を続けていると，1本1本の筋線維が太くなることで筋力が増強する（筋肉の活動性肥大）。

　筋肉の収縮の仕方には，等尺性収縮と等張性収縮の2通りがある。等尺性収縮とは，手で荷物を同じ位置で持ち続けたり，鉄棒にぶら下がったりしたときのように，関節運動を生じたり筋肉の長さを変えたりせずに外力に抵抗して筋力を発生させる収縮の仕方をいう。人が直立しているときにも重力の影響を受けているので，姿勢保持の筋肉は等尺性収縮を常に起こしている。等張性収縮とは，荷物を持ち上げたり，屈伸運動をしたりしたときのように，関節運動によって筋肉の長さを変えながら一定の張力で筋力を発生させる収縮の仕方をいう。長時間の姿勢維持を伴う情報機器作業などでは，等尺性収縮が主体となる。等尺性収縮は，持続的な筋収縮を必要とするため，血行不良を引き起こし，筋疲労が生じやすい。

　筋肉が仕事をするときは，次のような事実が認められる。

① 筋肉が引き上げる物の重さは，筋肉の太さ(筋線維の数と太さ)に比例する。太い筋肉ほど収縮によって生じる力（出力）が大きい。

② 筋肉が物を引き上げる高さは，筋肉の長さ（筋線維の長さ）に比例する。

③ 筋肉は，収縮しようとする瞬間に一番大きい力を出す。

④ 筋肉は，負荷する重さが適当なときに一番仕事量が大きい。小さすぎると，筋肉は十分に伸びないため仕事量は小さい。重すぎると，動かすことができないため仕事量として表せない。

⑤ 筋肉の縮む速さが適当なときに仕事の効率が一番大きい。

　なお，筋肉の疲労は，例えば筋肉に1秒間に1回ぐらいの割合で刺激を繰返して与えると，収縮はだんだん小さくなり潜伏期や収縮時間が延び，弛緩して元の長さに戻らないようになってくるような状態のことをいう。疲労が現れた後もなお引き続いて刺激を与えていると，ついに全く収縮できなくなってしまう。この状態を困憊という。筋肉は神経に比べ疲労しやすい特徴がある。

ウ　筋収縮とエネルギー

　筋収縮のエネルギーは，ATP（アデノシン三リン酸）の分解によって得られる。運動を長時間持続させるためには，ATPを再合成して，再び分解できるようにしなくてはならないが，この再合成には，筋肉中のクレアチンリン酸が分解

されたときのエネルギーを利用する。さらに，収縮を持続させるに不十分な場合は，筋肉や肝臓にあるグリコーゲンが分解して，ATP を再合成する。グリコーゲンは酸素が十分にあると，完全に分解して水と二酸化炭素になり，多量の ATP を供給するが，酸素が不足すると，完全に分解されず，乳酸が産生される。したがって，身体の酸素が不足すると，ATP が十分に供給されず，乳酸が蓄積され，筋肉の働きが鈍くなる。

エ　運動調節のしくみ

運動は，神経の働きによって調節される。運動には，大脳により意識されて行われる随意運動と大脳の統制から離れて無意識に行われる不随意運動とがある。随意運動は，大脳皮質からの刺激が脊髄の運動神経を通って筋肉を刺激して生じる。不随意運動は，感覚器からの刺激が大脳皮質に伝わる前に，脳幹・小脳・脊髄などを経て，運動の刺激として脊髄から運動神経を通って筋肉を刺激して生じる。反射や姿勢の調節などの際に生じる。

オ　運動と反射のしくみ

熱い物体に手を触れると思わず手を引っ込めたりしてしまう。このように無意識に，特定の感覚入力に対して特定の動作が起こることを反射という。

最も単純な反射は，神経と神経とを中継するシナプスが一つだけの伸張反射である。例えば，膝蓋腱（ひざの下の腱）を叩くと下腿が前に蹴りだされる膝蓋腱反射では，腱を叩くことで急に伸張された大腿の筋肉の中にある筋紡錘という感覚受容器からの信号が，脳を経由せずに，脊髄で運動神経を刺激して大腿の筋肉を収縮させるものである。

熱いものに触れたときの刺激から遠ざけようとする反射は屈曲反射（防御反射）と呼ばれ，関節を曲げる筋肉を収縮させ，関節を伸ばす筋肉の収縮を抑制する反応が同時に起こるやや複雑な反射である。姿勢の保持においても，全身の筋骨格系が協調して働くさまざまな反射が生じている。

(12)　神経系のしくみ

神経系は，

①　身体の内外で起こったあらゆる情報を皮膚などの感覚器から中枢に送り，

②　中枢に送られてきた情報を分析し，判断し，その対応を指令し，

③　その指令を筋肉など末梢に伝えている。

神経は，肉眼的には，頭蓋骨や脊椎に囲まれた中枢神経（脳・脊髄）とそれぞれの外に伸びる末梢神経に分類される。また，機能面からは，体性神経（感覚神経・運動

脳（図12‐13参照）

図12－11　**神経の分類**

図12－12　**人の神経系の概略**

神経）と自律神経（交感神経・副交感神経）に分類される（**図12－11**）。実際には，一つの神経が中枢神経から末梢神経までつながっていて，脳と脊髄から出ている末梢神経をそれぞれ脳神経と脊髄神経と呼ぶ（**図12－12**）。

ア　神経系の構造と働き

　神経系を構成する基本単位は神経細胞（ニューロン）である。神経細胞は，一般的に，1個の細胞体，1本の軸索，複数の樹状突起の3つの部分からなる。一部の神経は，軸索が神経鞘と呼ばれる被膜で覆われていて，この神経鞘の内側に髄鞘という鞘を形成する場合がある。髄鞘を持つ軸索を有髄神経線維と呼び，髄鞘を持たない軸索を無髄神経線維と呼ぶ。有髄神経線維は無髄神経線維よりも神経伝導速度が速い。一般に，軸索とその鞘を含めて神経線維と呼ぶ。

　また，神経細胞の細胞体が集合しているところを，中枢神経系では神経核と呼び，末梢神経系では神経節と呼ぶ。

イ　中枢神経系の構造と働き

　中枢神経系は，脳と脊髄からなる。脳は，大脳（左右の大脳半球），脳幹（間脳（視床・視床下部）・中脳・橋・延髄），小脳からなり，その重量は約1,300gである（**図12－13，図12－14**）。

　中枢神経系においては，主として神経細胞の細胞体が集合した部分は，肉眼的に灰色に見えるので灰白質といわれ，有髄神経線維が多い部分は白く見えるので白質といわれる。大脳では，表層に灰白質があり，内側に白質がある。逆に，脊

図12-13　脳の正中縦断面

図12-14　中枢神経の区分

髄では，中心部に灰白質，その外側に白質がある。

　脳や脊髄は，髄膜という膜で覆われて保護されている。外側から硬膜・クモ膜・軟膜という3層から成る。クモ膜下腔には髄液が満たされ，脳や脊髄の周囲を循環させることで，脳の水分含有量や形を保つ役目をしている。

(ア)　大　脳

　大脳は，外側の皮質（灰白質）と内側の髄質（白質）からなり，左右の大脳半球に分かれている。大脳半球の表面は，多数の溝が表面積を広げている。特に深い明瞭な溝によって前頭葉，頭頂葉，側頭葉，後頭葉に分けられている。

　大脳皮質には，主に次のような機能がある。

　①　前頭葉：運動機能中枢，運動性言語中枢，精神機能中枢

　②　頭頂葉：感覚中枢（温冷覚，触圧覚，関節の感覚等）

　③　側頭葉：記憶中枢，聴覚中枢，嗅覚中枢，感覚性言語中枢

　④　後頭葉：視覚中枢

　それぞれの脳葉に関係する機能は，連合野と呼ばれる部位で，他の情報と統合され，判断や行動が形成されていく。また，大脳の内側には，大脳辺縁系と呼ばれる部位があり，情動，意欲，記憶や自律神経の活動に関わっている。

(イ)　小　脳

　小脳は，延髄と橋の背側に位置し，大きさは手のこぶし大である。小脳には，

骨格筋，関節などからの感覚情報や視・聴覚からの情報が，脊髄を経由して入り，それらの全ての情報を統合し，随意運動，平衡機能，姿勢反射の調整に関係している。小脳が侵されると，筋運動がぎこちなくなり，歩行はよろめき（酪酊歩行），姿勢や身体の平衡が保てなくなる。また，複雑で細かい運動ができなくなったりして，運動失調と呼ばれる状態を生じる。

㋒　脳　幹

脳幹は脊髄と上位の脳をつないでいる部分で，間脳，中脳，橋，延髄から構成されている。脳幹には種々の姿勢反射の中枢があり，姿勢保持と運動制御に関係している。また，心拍，血圧，呼吸などの生命維持に重要な働きをしているので，生命維持中枢と呼ばれる。

㋓　脊　髄

脊髄は，延髄に続き下方に連なる部分で，下端は第1～2腰椎に位置し，全体が脊椎管によって囲まれている。運動系，知覚系，自律神経系の神経伝導路で，脊髄反射，交感神経，副交感神経の中枢でもある。灰白質の腹側には運動ニューロンがあり，背側には知覚ニューロンがあり，側方には自律神経系ニューロンがある。

脊髄は，皮膚などの感覚器からの刺激を脳へ送り，脳からの指令を末梢の筋肉などに伝えたりしているほか，反射をつかさどっている。

ウ　末梢神経の構造と働き

㋐　脳神経

脳神経は，脳から直接出る12対の末梢神経である。嗅神経・視神経・動眼神経・滑車神経・三叉神経・外転神経・顔面神経・内耳神経・舌咽神経・迷走神経・副神経・舌下神経で，順に第Ⅰ～第Ⅻ脳神経とも呼ぶ。

㋑　脊髄神経

脊髄神経は，脊髄から出る31対の末梢神経である。8対の頸神経，12対の胸神経，5対の腰神経，5対の仙骨神経，1対の尾骨神経からなる。

㋒　感覚神経

視覚器，聴覚器，嗅覚器などの身体各部の感覚器から得られた刺激を，脳などの中枢神経に伝える働きをする神経のことを感覚神経と呼ぶ。

㋓　運動神経

身体や内臓の筋肉の動きを指令するために中枢神経からの刺激を伝える神経のことを運動神経と呼ぶ。

㋜　自律神経

　　自律神経系は，身体の内外環境の変化に対応して，生命の維持に必要な体内環境を一定の状態に維持するよう（ホメオスタシス）に働く神経系であり，その中枢は脳幹や脊髄にある。内臓，血管，腺などの不随意筋に広く分布し，各種臓器の消化，呼吸，循環などの機能を意志とは関係なく（不随意）調節している。ここで，自律とは，脳からの指令がなくても独立して働くという意味である。例えば，体温が上昇すると汗が出るのは自律神経の作用によるものである。

　　自律神経系は，交感神経系と副交感神経系とに分類される。各種臓器に対して交感神経系と副交感神経系の両方の神経が支配している（二重支配）。双方の神経系は多くの臓器に対して相反する作用（拮抗作用）を有している。交感神経系は身体の機能をより活動的に調節する神経系で，緊張感を持って仕事をしているときや運動時に活動が高まる。副交感神経系は身体の機能を回復に向けて働く神経系で，休息や睡眠状態で活動が高まる。例えば，交感神経系は心拍数を増加し，消化管の運動を抑制する。副交感神経は心拍数を減少し，消化管の運動を亢進（こうしん）する。一般的には，昼間は「交感神経系」が優位に働き，夜間は「副交感神経系」が優位に働くため，例えば血圧は昼間に上昇し夜間に下がる。このように，体の機能は，交感神経系と副交感神経系の調節によってバランスよく制御されている。

(13)　感　覚

ア　感覚の特徴

　　感覚とは外界からの感覚情報に気付き，意識することである。

　　感覚は，眼，耳，鼻，舌，皮膚などに存在する感覚の受容器が物理化学的な刺激に反応し，その情報が感覚神経から脊髄などを通って，最終的に大脳に伝わることで意識される。

　　物理化学的な刺激の量と人間が意識する感覚の強度との関係は，一般に，直線的な比例関係ではない。感覚を感じる最小の刺激量（しきい値）を超えると人が意識する感覚の強さが急に強くなり，刺激量が非常に大きいときはその変化を感じにくくなるという関係がある。例えば，嗅覚を例にすると，人間の感覚の感じ方（感覚強度）と臭いの量（刺激量）の関係は，臭いの量がある量に達したときに初めて臭いがあると感じるようになる。その後，臭いの量の増加とともに感じ方も強くなるが，それが非常に多いと，臭いの量が多少増えても臭いの感覚が麻痺してしまい，それほど強くなったと感じなくなる。これらのことから，臭いの

刺激を与える化学物質を使用している際に，化学物質が少量しか存在しない場合には，無意識に有害物質にばく露されていることがある。また，化学物質による刺激が一定以上の状況で作業をしている際に，化学物質の量が大量になっていても気付かずに急性中毒を引き起こしてしまうことがある。

イ　視　覚

(ア)　眼のしくみ

　　眼は，**図12−15**に示すような構造をしている。虹彩は，瞳孔の大きさを調節することで網膜に入る光量を調節する。水晶体は，その厚さを変えることで異なる距離にある物体の像を網膜の上に結像させている。また，網膜は，視神経の感覚器そのものであり，明るいところで働き，色を感じる錐体（錐状体，中心に分布）と暗いところで働き，弱い光，明暗を感じる杆体（杆状体，周辺に分布）という2種類の視細胞が並んでいる。網膜の中心窩と呼ばれる部位には，錐体が集まっていて，視力の鋭敏な部位である。

(イ)　眼の機能

　　正視とは，眼に入る平行光線が角膜や水晶体で屈折して網膜上に結像するものをいう。近視（近眼）とは，角膜や水晶体の屈折率が強過ぎたり眼軸長が長過ぎたりするために，水晶体の厚さを調節しても平行光線が網膜の前方で結像してしまうもので，網膜上に結像させるには凹レンズのめがね等で矯正する必要がある。逆に，遠視とは，平行光線が網膜の後方で結像してしまうもので，

図12−15　人の眼球の水平断面

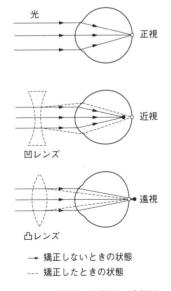

図12−16　正視，近視，遠視と
レンズによる矯正

凸レンズのめがね等で矯正する必要がある（図12－16）。

　また，乱視眼とは，角膜が完全な球面ではなく凹凸があるために正しく結像しないもので，凹凸をめがね等で矯正する必要がある。

　調節とは，網膜上に結像させるために水晶体の厚みを変えることをいう。物体を網膜上に結像させることができる物体と眼の距離には一定の範囲があり，最も近くと最も遠くの距離をそれぞれ近点と遠点と呼ぶ。老視（老眼）とは，加齢によって水晶体が徐々に変性して調節できる範囲が狭まり，近点が遠くなり，遠点が近くなることをいう。一般生活では，近点が遠くなることが障害になることが多いので，近くを見るときに凸レンズで矯正することが多い。

　また，調節疲労とは，近くや遠くへの調節を頻繁に繰り返すことによって調節できる範囲が一時的に狭くなることをいう。なお，白内障の手術で，水晶体を人工のものに交換すると，水晶体の厚みは変わらなくなるので，調節はできなくなる。

　視野とは，眼の前の一点を凝視したときに見えている空間の範囲をいう。一般に，上方，内方はいずれも約60度，下方は約70度，外方では約100度である。

　「暗順応」とは，明るい場所から暗い場所に入ったときに，初めは見えにくいが，徐々に網膜の光に対する感受性が高まって見やすくなることをいう。逆に，「明順応」とは，暗い場所から急に明るい場所に出ると，初めはまぶしいが，徐々に網膜の光に対する感受性が低下してまぶしさを感じなくなる。一般に，明順応よりも暗順応のほうが時間が掛かる。

　眼を使う作業を継続すると，「眼が疲れる」，「眼が痛い」などの症状を感じることがあり，はなはだしい場合には，「ものがだぶって見える」などの症状が現れたり，「頭が痛い」，「吐き気がする」など眼以外の症状を伴うことがある。これらの症状は，水晶体の厚みを調節するときに緊張する毛様体筋の疲労や脳の疲労によると考えられている。これらの症状の予防には，連続作業において作業を休む時間を確保すること，適度な照度を維持すること，作業に合っためがねを使用することが大切である。

(ウ)　視力検査

　視力検査は，視覚を評価する検査として最も広く行われており，一般に，5mの距離で実施されている。近年，情報機器作業などで近距離の視力を必要とする作業が増加するとともに，労働者の高齢化に伴って老視の影響がみられることも多くなり，30cmや50cmの距離での検査（近見視力）も併せて実施されることがある。

ウ　聴覚・平衡覚

㋐　耳のしくみ

耳は，聴覚や平衡覚（前庭感覚）などをつかさどる器官で，外耳，中耳，内耳の３つの部位に分かれ，その構造は**図12－17**のとおりである。

外耳は，耳介と外耳道からなる。耳介は，音を集め，その形状は個人差が大きい。外耳道は，途中で屈曲して側頭骨の中を通過し，鼓膜により中耳と隔てられている。したがって，耳栓を使用するときには，耳介を後上方に引っ張ることで外耳道を伸ばせば深く挿入することができる。

中耳は，外耳と内耳の間にあり，鼓膜，耳小骨及び鼓室と呼ばれる空洞，耳管からなる。鼓室は，耳管によって咽頭に通じていて，その中の空気の内圧は外気圧と等しく保たれている。鼓室には，３個の耳小骨（ツチ骨・キヌタ骨・アブミ骨）があり，鼓膜が受ける音の振動を梃子（テコ）の原理で増幅させて内耳に伝えている。

内耳は，側頭骨の中にあり，前庭，半規管，蝸牛の３部からなる。前庭と半規管が平衡覚を，蝸牛が聴覚をそれぞれ分担している。

前庭は，体の傾きの方向や大きさを感じ，半規管は体の回転の方向や速度を感じる平衡感覚器であり，土木建築工事その他墜落の危険のある高い場所での作業に従事する者は，この感覚が特に正確でなければならない。

㋑　耳の機能

関連ページ　97頁

中耳の鼓膜，耳小骨から内耳に伝えられた音の振動は，蝸牛の中のリンパ液を介して蝸牛の中の有毛細胞に伝わり，この細胞が蝸牛神経に接触することで

図12－17　耳の構造

神経が刺激される。大きな振動は，大きな音として伝えられる。また，周波数によって異なる部位の有毛細胞が振動するので，音の高さの違いが伝えられる。

　加齢とともに高音域の振動は伝わりにくくなる。また，大きな音に長くばく露されていると，一時的に聞こえが悪くなることがある。これが長期間にわたり繰り返されると，有毛細胞が変性して，不可逆的な聴力低下を生じることがあり，これを騒音性難聴と呼ぶ。騒音性難聴は，まずはじめに4,000Hz（3,000～6,000Hz）の周波数付近の高音領域の聴力損失から生じやすい。このことを聴力検査の結果を示した図（オージオグラム）でc^5dip（ディップ）と呼ぶ。

　騒音とは，主観的に耳障りな音のことであり，物理的には定義できない。人間が感じることのできる音の周波数は，20Hzから20,000Hzぐらいまでであるが，話し声を聞き分けるために重要であるのは500Hzから2,000Hzである。

(ウ)　聴力検査

　聴力検査は，一般に，周波数ごとの純音について，対象者が聴取できる最も小さな音の大きさを検査する。通常，人間が聴取できる最も小さな音の大きさを0dBと表して，対象者の検査結果を図示したものがオージオグラムである。高音域の聴力低下は，難聴の早期発見のために重要であるが，自覚的には気付きにくいので，聴力検査を実施することが大切である。

エ　味　覚

　味覚は，舌の味蕾細胞などに伝わる物質の化学的性質を認知する感覚である。基本味覚は，甘味・塩味・酸味・苦味・うま味の5種に区別される。

オ　嗅　覚

　嗅覚は，鼻腔の上部に存在する嗅神経細胞を刺激する物質の化学的性質を認知する感覚である。嗅覚は，わずかな濃度で臭いを感じるほど鋭敏である反面，同じ臭気に対しては疲労しやすく，しばらくすると臭いを感じなくなる。また，非常に強い臭気により，嗅覚を失うことがある。有毒ガス（硫化水素など）に対しても，初めは微量の臭気を感じるが，いつの間にか嗅覚が疲労してしまうと危険である。

カ　皮膚感覚

　皮膚感覚は，皮膚にある感覚を感じる受容器が刺激されて感じる触圧覚，振動覚，温度覚（温覚，冷覚），痛覚などの感覚である。このうち，触圧覚は，刺激の強弱で触覚や圧覚になる。皮膚の部位によって触圧覚を感じる場所が分布する密度には差があり，下肢や背中は粗で，指や頭部は密である。これが触覚の鋭敏

さに関係する。振動覚は，周波数によって振動感覚と粗振動感覚に分かれている。温度覚は，温覚と冷覚に分かれており，冷覚の方が温覚よりも鋭敏で急速に現れる。痛覚は，強い刺激によって皮膚から遊離された化学物質が神経を刺激して認知される。痛覚を感じる場所は他の感覚よりも密度が高い。

キ　深部感覚

深部感覚は，骨格筋や関節内にある受容器が自分の手足の位置や関節の角度などを感じて，姿勢や動きなどを認識する感覚である。

ク　内臓感覚

内臓感覚は，内臓の動きや炎症などを感じて，内臓痛などを認識する感覚である。ただし，感度は高くなく，細かい部位も特定できない。誤って別の場所の痛みとして感じることを関連痛と呼ぶ。

(14)　生殖器

ア　生殖器の特徴

人間の生殖器は，思春期頃から急速に発育し，性腺（精巣と卵巣）で性ホルモンを分泌し，生殖細胞（精子と卵子）を作り始める。卵子が受精すると受精卵という新しい個体が誕生し，母体の子宮内で約10カ月成育した後に出産される。母体は，授乳して子の発育を促す。このように，生殖細胞の産生，受精，発育に関わる器官を生殖器系と総称する。生殖器系は，細胞分裂が盛んな組織であるため，放射線により障害を受けやすい。

イ　男性生殖器の構造と働き

男性の生殖器は，精巣（睾丸），前立腺，陰茎などで構成される。精巣は，陰嚢に左右一対あり，精子を産生して成熟させるとともに男性ホルモンを分泌する。前立腺は，尿道を囲む臓器で，精子の運動を良くする前立腺液を尿道に分泌する。陰茎は，尿道を囲む海綿体と呼ばれる組織からなる。性的興奮により，海綿体に大量の血液が急速に流入して陰茎が勃起し，精子が尿道に運ばれて，射精する。

ウ　女性生殖器の構造と働き

女性の生殖器は，卵巣，卵管，子宮，腟などで構成される。卵巣は，骨盤腔に左右1対あり，脳の下垂体から分泌されるホルモンの刺激によって1個ずつ卵胞を成熟させ，卵胞ホルモン（エストロゲン）を分泌する。エストロゲンの分泌の増加に伴って，脳下垂体から黄体形成ホルモン（LH）が急速に分泌されると，卵胞が排卵される。これが卵子となって，卵管に入り，子宮に移動する。また，

卵巣は，黄体ホルモン（プロゲステロン）を分泌するようになる。

　子宮は，上3分の2の子宮体部と下3分の1の子宮頸部に区別される。卵子が受精すると受精卵となり，分裂を繰り返しながら，厚みを増した子宮の内膜に着床する。受精卵は，やがて胎芽となり，さらに胎児になる。受精しないと，子宮の粘膜の表層部分が脱落し，血液とともに腟から排出される。これを月経という。この変化が約28日の周期でを繰り返されることを，月経周期（生理周期）という。

エ　乳　腺

　乳腺は，男女ともにある器官だが，女性では乳児の哺育器としてよく発達している。エストロゲンやプロゲステロンは，乳腺の発育を促す。

2 ライフサイクルと人体の機能の変化

(1) 加　齢

　少子高齢化に伴い今後はますます労働者の高齢化が予想される。加齢による人体の生理機能の変化を知ることは中高年者の適切な作業形態を考える上で重要なことである。加齢による変化はさまざまな部位に及ぶが，ここでは主に労働に影響を与える項目について取り上げることにする。加齢による身体的機能の低下と職場の環境整備は大きな課題である。

ア　性　差

　日本人の男女の平均寿命はおよそ6年，女性のほうが長い。なぜ女性の寿命がより長いかについての明確な答えはないが，死亡原因の上位を占めるがんや循環器疾患の死亡率に男女で差が認められる。これらの差の原因の一部は喫煙や飲酒などの生活習慣によるものと考えられるが，男女の解剖学的構造や生理機能，さらに妊娠，出産等のライフサイクルによる違いが寄与していることは否定できない。

イ　体　力

　一般に「体力」というと，体力テスト等で計測する握力や背筋力などの「筋力」，懸垂や上体起こしなどの「筋持久力」，伏臥上体そらしや立位体前屈，長座体前屈などの「柔軟性」，踏み台昇降や持久走，最大酸素摂取量などで表される「全身持久力」，反復横とびなどの「敏捷性」などを思い浮かべるだろう。これらは，およそ30歳以降からの筋力の減少や心肺機能の低下により加齢とともに確実に衰える。

　日頃の鍛錬により，衰える速度を遅くすることはできるものの，多くの者にとっ

てその衰えは中年以降加速度的となる。

　文部科学省スポーツ庁が実施している令和4年度体力・運動能力調査の結果では，筋力の指標である握力は，全ての年齢段階で男性が女性より高い水準を示している。そのピークは男性は35～39歳，女性は40～44歳で体力の他の要素に比べピークに達する年代が遅い。ピーク時以後は男女とも緩やかな低下傾向を示し，60～64歳には男女ともピーク時の9割，75～79歳では7割に低下する。

　また，筋持久力の指標である上体起こしも，ほとんどの年齢段階で男性が女性より高い水準を示している。男女ともに17歳頃ピークに達し，その後は低下傾向を示し，男性は60～64歳にはピーク時の6割に，75～79歳では4割にまで低下する。女性は65～69歳にはピーク時の約5割に，75～79歳では約4割にまで低下する。

　同様に，全身持久力の指標である20mシャトルラン（往復持久走）も，全ての年齢段階で男性が女性より高い水準を示している。男性は15歳，女性は13歳のピークまで著しい向上傾向を示すが，20～24歳頃から男女とも著しい低下傾向を示す。

　以上のように，加齢による体力変化は，持久力において特に顕著である。このことは長時間にわたる労働の現場においては影響が大きいと思われる。また，背筋，腹筋の低下から腰痛を起こしやすくなるので，作業姿勢の改善などについての対策が必要である。

ウ　更年期

　人のライフサイクルにおいて性ホルモンが果たす役割は大きい。性の分化，成長，受精，妊娠，出産の過程において性ホルモンは，身体機能の調節に大きな影響を及ぼす。女性の更年期は，個人差はあるものの大体40歳代から55歳くらいまでの間の閉経を迎える前後をいうが，この頃，卵巣の機能が低下し，女性ホルモンであるエストロゲンの分泌が低下すると，全身のエストロゲン作用を受けていた子宮，腟，乳腺，尿道，膀胱，毛髪，皮膚，骨などの器官が萎縮してくる。また，それに伴い，のぼせや顔のほてり，発汗といった自律神経失調症状，睡眠障害やいらいら，うつ病などの精神症状，腰痛，手足のしびれ等，その他のいわゆる更年期障害症状が起こってくる。

　男性においても更年期は存在する。男性の更年期は女性と同様，男性ホルモンである血液中のテストステロンの分泌が低下する時期をいう。血液中のテストステロンの分泌が低下することにより，精巣機能の低下とともに身体症状として筋力低下も起こってくる。その他，女性と同様，自律神経失調症状や精力減退など

が認められる。

　中高年齢者の労働においては，男女とも一定期間の更年期障害，更年期以降に加速する生涯にわたって継続する身体の変化について留意する必要がある。

エ　老　視

　体力とともに，加齢により日常生活に大きな影響を受ける身体変化としては，眼，耳などの感覚器の機能低下がある。年を取るとともに，眼のかすみや近くが見えにくくなる症状が起こってくる。これらは調節力と呼ばれる焦点を合わせる能力の低下に伴うものである（413頁，本章1⒀イ「視覚」参照）。この調節力は25歳から65歳頃まで徐々に低下を続け，個人差はあるものの40歳代以降に自覚が明らかになってくる。加齢により，調節力だけでなく，視野の低下，暗い場所に慣れるための時間がかかったり，動いているものを見る動体視力も衰える。車両運転業務，機械装置による加工作業等で影響を及ぼすことがあり，作業中の照度，高所作業での安全面など中高年齢の労働者には特別の配慮が必要となる。

オ　聴覚と平衡感覚

　眼と同様，感覚器である耳は，加齢による変化を自覚しやすい器官である。騒音性難聴が4,000Hz の周波数から特異的に低下するのに対し，老人性の難聴では1,000Hz より高い音域の聴力が低下する。典型的な老人性難聴では内耳にある高音に感受性が高い機能が喪失してくるといわれている。また，同じく内耳がつかさどる，平衡感覚も加齢に伴い低下する。このようなことから，中高年齢の労働者については，騒音職場や高所作業での安全面などには配慮が必要となる。騒音が大きな職場などでは，警報音はランプ等でも知らせる視力・聴力併用装置を活用する。高所作業などでは，作業床や安全柵の設置に加え，高所作業台，地上作業への変更を検討する。

⑵　妊娠・出産

　妊娠，出産は女性の身体に大きな変化を及ぼし，その影響は，妊娠4〜7週から始まるつわりから，出産後の授乳期まで継続する。母体の健康と安全な出産に配慮し，労基法，男女雇用機会均等法により，女性労働者には産前6週間，産後8週間の休業が認められているほか，妊産婦には時間外労働や重量物取り扱い業務の制限の配慮がされている。

ア　ホルモンの分泌変化と生理機能の変化

　妊娠の経過とともに母体にはさまざまな変化が起きるが，それらは女性ホルモンの分泌の変化に伴う直接の作用や，胎児の成長に伴う物理的，機械的な影響等

である。体重増大は通常6～11kg程度であるが，胎児や胎盤などの付属物によるもののほか，母体の脂肪増大，水分貯留の影響もある。体重増加は妊娠後半に顕著となるが，身体の負担はそれとともに増してくる。出産後6～8週間のいわゆる産褥期に，ホルモンバランス，体重，各器官は妊娠前の状態に徐々に回復していく。

　主な器官の影響をみていくと，まず循環器系では酸素を運ぶ赤血球の数，ヘモグロビン量が増大するが，それ以上に血漿量が増えるために相対的に貧血傾向を来しやすくなる。

　また，血液量の増大，体重の増加により心臓の負担が増え，息切れが起こり疲れやすくなる。呼吸器系では子宮が大きくなることにより横隔膜が上に上がり胸式呼吸となり，呼吸数が増加する。また，消化器系では，歯肉炎や歯槽膿漏が起こりやすくなり，また圧迫のために胃のもたれや便秘も起こる。泌尿器系では，やはり圧迫のため頻尿が起こり，尿の滞留により膀胱炎や腎盂腎炎も発生しやすい。その他，ホルモンの影響により基礎代謝が亢進し，耐糖能や腎の糖排泄能が低下し，糖尿病が起こりやすくなる。

イ　メンタル面の変化

　妊娠，出産に伴うホルモンをはじめとする生理機能の急激な変化と身体の負担，環境の変化等により，出産後に精神面での影響が現れやすい。その多くはマタニティーブルーと呼ばれ，出産3～10日後に発症する一過性の抑うつ状態である。多くは約2週間で消失する。

ウ　身体変化による腰痛

　前述のように，妊娠中，特に後期に体重が増加し，また子宮の増大により腹部が前方にせり出すために腰椎が弯曲し，さらに女性ホルモン分泌の変化と関係するといわれる靱帯の弛緩により骨盤が不安定となる。これらが原因となり，妊婦のおよそ半数という高率で腰痛が起こってくるといわれている。その多くは出産後，体重や姿勢が出産前に戻ると消失するものであるが，中には遷延化するものや，あるいは分娩時の外傷により腰痛が持続するものがある。

3 環境条件による人体の機能の変化

(1)　恒常性（ホメオスタシス）

　人間の体温は，気温が大きく上昇したり労働や食事をしたりしても，ほぼ一定に維

持される。このように，外部環境の状態や身体活動量が大きく変化しても，人間には調整する機能があり，体内の状態はそれほど変化せず安定している。このことを恒常性（ホメオスタシス）の維持と呼ぶ。調整できる範囲には限界はあるが，環境の変化や心身の活動が何度も繰り返されたり長く続いたりしていると，それが次第に広がってくる。また，目的に必要な機能が連鎖的に起こるようになり不必要な機能が抑えられるようになる。例えば，ある作業に従事し続けていると，動作が速く起こり不必要な付随動作を抑えることができるようになる。このことを適応という。適応は，主として自律神経系と内分泌系によって営まれる。

⑵　環境による人体機能の変化

　人間を取り巻く環境は，その性質と人間の反応の仕方から物理的環境，化学的環境，生物学的環境，心理社会的環境の４つの条件に分類できる。これらの因子は，多くの場合，複合して，人間を刺激している。この刺激が，人間が調整できる範囲内であれば恒常性が維持されるが，刺激が強過ぎたり急激過ぎたりすると恒常性が維持できず，心身に障害を生じることがある。そこで，人間は，環境を変えたり適応の能力を鍛えたりして，環境と適応しようとする。適応がうまくいくかどうかは，環境と心身の能力とのバランスによって決まる。

⑶　ストレス

　外部環境からの刺激は，人間の心身にさまざまな変化を生じる。また，その変化を元の状態に戻そうとする反応も生じる。ここで，外部環境からの刺激をストレッサーと呼び，ストレッサーによって生じる変化をストレスと呼び，ストレッサーに対する反応をストレス反応と呼ぶ。ストレッサー，ストレス，ストレス反応は，よく，ゴムボールを指で押さえつけた状態に例えられる（**図12−18**）。ここで，ストレッサーはボールを押さえつける力であり，ストレスはボールの歪みであり，ストレス反応はボールの歪んでいる状態から元の状態に戻ろうとする反応である。ストレッサーがなく

図12−18　ストレスの状態

なれば，元のような丸い球の状態に戻る。逆に，ストレッサーが長く続いたり，限度を超えて強かったりすると，ストレッサーがなくなってもボールが元の状態に戻らず，変形が残ってしまう。この変形は，ストレスにより，人に何らかの健康障害が生じている状態を表している。

ア　職場のストレス

職場のストレスについては，アメリカ国立労働安全衛生研究所（NIOSH）が職業性ストレスモデル（**図12−19**）を示している。このモデルは，職場のストレッサーが労働者の急性のストレス反応を生じて，それが長期になると疾病へ進展する可能性があることを示している。また，ストレス反応に影響を与えるその他の要因として，性，年齢，性格などの個人的要因，家庭生活における要求などの仕事以外の要因，同僚や家族による支援や適切な対処行動などの緩衝要因があることを示している。

厚生労働省の「労働安全衛生調査」（令和4年）によると，自分の仕事や職業生活に関して「強い不安，悩み，ストレスを感じる事柄がある」とする労働者は，82.2％に上ぼる。ストレスの内訳をみると「仕事の量」が最も高く，次いで「仕事の失敗，責任の発生等」となっている（297頁，第8章7，**表8−2**参照）。その他に，職場のストレスには，産業の技術革新，国際的な競争，雇用形態の多様化，個人の価値観や生活様式の変容と多様化，労働者の高年齢化などが複雑に関係している。

イ　ストレッサー

個人にとって適度なストレッサーは，身体的には活動の亢進を，心理的には意欲の向上，作業後の爽快感，満足感，充実感を生じさせる。しかし，個人の能力や感性に適合しないようなストレッサーは，心理的には不安，焦燥感，抑うつ感

図12−19　職業性ストレスモデル（NIOSH）

表12-5　職場におけるストレッサー（例）

労働形態の変化　…………	コンピューター機器の使用，情報機器作業など
人事関係　………………	採用，適正配置，単身赴任，昇進，転勤，配置替えなど
人間関係　………………	上司，同僚など
物理・化学的環境　………	騒音，気温，湿度，悪臭など
勤務体制　………………	勤務時間，交替制など

を，身体的には疲労を生じることがある。

　職場のストレッサーには，物理的，化学的，生物学的，心理社会的なものがある。そのうち，心理社会的なストレッサーには，職位・業務・勤務体制・勤務地の変更，上司・部下・同僚・顧客との人間関係，業績（**表12-5**）などがあるが，客観的に定量化することは難しいことから，労働者が自覚するストレスを尋ねる調査票を利用して，仕事の要求度，仕事のコントロール，上司や部下の支援を評価する。また，努力に応じた賃金や能力が正当に評価されているかどうかを評価することもある。

ウ　ストレス反応

　ストレッサーの種類が異なっていても，ストレス反応は同様であることが多い。例えば，ストレッサーが物理的なものでも心理的なものでも，自律神経系にはカテコールアミン（ドーパミン，ノルアドレナリン，アドレナリン）が，内分泌系にはコルチゾールなどの副腎皮質ホルモンが深く関与しており，それぞれストレッサーの強弱や質に応じて分泌が亢進する。また，ストレス反応は，個人差が大きい。同じ程度のストレッサーが作用しても，大きなストレス反応を示す人がいる一方で，何事もなかったかのように振る舞う人もいる。ストレス反応が大きすぎる，又は，長く継続しすぎることによって，自律神経系や内分泌系によるホメオスタシスの維持ができなくなり，健康障害の発生や増悪を招く場合がある。そのような疾病には，精神神経科的疾患（気分障害，神経症性障害など）や内科的疾患（高血圧症，気管支ぜんそく，狭心症，不整脈，胃・十二指腸潰瘍など）がある。

エ　ストレス対策と予防

　職場において，適度なストレッサーを維持し，職場で働く人々が心身の健康を保持しつつ働きがいを感じながら就業するには，保健指導などの健康管理を徹底するだけではなく，充実した労働衛生管理体制があること，及び職場の管理者を含めて労働衛生教育が行われていることが重要である。特に，職場の上司や同僚が労働者のストレス反応を日常的に配慮し，産業保健の専門職による健康相談が

気軽に受けられる体制があることが望ましい。

4 疲労及びその予防

(1) 疲　労

関連ページ　184頁

　労働態様と産業疲労及び産業疲労対策については，第6章2（184頁）で紹介したが，ここでは労働生理面からみた疲労及びその指標等について紹介する。

　疲労は，多くの場合，主観的なものである。疲労は，その質，発生する部位，範囲，持続時間などに多様性と個人差がある。疲労を客観的に評価する方法については，筋肉の疲労，感覚器の疲労，大脳の疲労などを生理学的な方法や自覚症状調査によって評価する方法はあるが，総合的に評価する方法は確立されていない。

　働くことが原因となって生じた疲労を産業疲労と呼ぶことがある。産業疲労は，生理機能と作業能率の低下として現れる。その状態で，休息を取れば，生理機能と作業能率は自然に回復するが，労働を継続すると，心身の健康障害を生じることがある。したがって，産業疲労に適切に対処することは，生産性やサービスの向上にもつながることが期待される。

(2) 疲労の分類

ア　身体的疲労と精神的疲労

　疲労は，身体的疲労と精神的疲労に分類される。身体的な活動によって生じた疲労は，それが適度であった場合には爽快感を感じることがあるが，過度であった場合には筋肉内に乳酸が蓄積することによる筋肉痛などの身体症状とともに疲労感が出現する。また，精神的な活動によって生じた疲労は，主観的な不快感が長く続くことがある。近年の職場では，精神的疲労が新たな課題となっている。

イ　動的疲労と静的疲労

　疲労は，身体の活動によって生じる動的なものだけではなく，身体は座位などで安静にしていることによって生じる静的なものもある。近年の職場では，情報機器作業などで長時間，同一姿勢を保持して行う作業に伴って生じる静的疲労が新たな課題となっている。

ウ　全身疲労と局所疲労

　疲労は，全身の負担となる全身疲労だけではなく，身体の一部だけに負担となる局所疲労がある。近年の職場では，情報機器作業などで，長時間眼や手指を使

う作業などで局所疲労が課題となっている。

⑶　疲労の評価

　疲労を測定する指標は，自覚的なもの，他覚的なもの，生理的なものの3つに大別される。自覚的に測定する指標としては，厚生労働省の労働者の疲労蓄積度自己診断チェックリスト（**表12－6**）（中災防ホームページで閲覧可。https：//www.jisha.or.jp/web_chk/），日本産業衛生学会の自覚症しらべ，POMS 2（Profile of Mood States 2 nd Edition）などの質問紙がある。

　他覚的に測定する指標としては，作業能率と副次行動を測定する方法がある。作業能率とは，単位時間当たりの作業量，エラーの発生率などを測定することであり，副次行動とは，あくび，軽いストレッチ，雑談など作業には直接関係のない行動の発生頻度を測定することである。

　生理的に測定する指標としては，神経系や内分泌系の検査が使用される。例えば，自律神経の機能は，心拍変動（HRV），血圧などで測定される。感覚神経の機能は，皮膚の表面の異なる2点を触り，2点であることが判別できる最小の距離を測る2点弁別閾検査などで測定される。大脳の機能は，脳波などで測定される。内分泌系の機能は，コルチゾールやカテコールアミンなどで測定される。

　自覚的に測定する指標は，疲労を鋭敏に評価することができるが，回答者の協力が必要で，主観に依存することが課題となる。他覚的又は生理的に測定する指標は，客観的かつ定量的な評価が可能であるが，その変化が疲労によるものなのかどうかの判別が課題となる。したがって，産業疲労を評価するには，作業や労働者の特性に応じて，これらの指標を選択し，組み合わせるなどして，総合的に評価する必要がある。

⑷　産業疲労の経過と対応

　産業疲労対策については，第6章で詳述しているが，対策の考え方の概要は次のようにまとめることができる。

　疲労は，安静や休息によって回復する場合は，急性疲労，睡眠をとっても継続する場合は，慢性疲労あるいは蓄積疲労と呼ぶ。慢性疲労は，回復に時間がかかり，事例によっては抑うつ状態を招くなどして医学的な治療の対象となることがある。

　産業疲労を早期に発見し，その進行を予防するには，職場の上司や同僚が気付くこと，衛生管理者や産業医などに連絡すること，そして，個別にその対応策を検討することが重要である。産業疲労の予防のためには，作業負荷と個人の就業適性を適合させること，休憩時間には疲労している心身を十分に休ませること，そして，休日や余

表12-6　労働者の疲労蓄積度自己診断チェックリスト（2023年改正版）

記入者＿＿＿＿＿＿＿＿　実施日＿＿年＿月＿日

このチェックリストは，労働者の仕事による疲労蓄積を，自覚症状と勤務の状況から判定するものです。

1. 最近1か月間の自覚症状
各質問に対し，最も当てはまる項目の□に✓を付けてください。

1. イライラする	□ ほとんどない (0)	□ 時々ある (1)	□ よくある (3)
2. 不安だ	□ ほとんどない (0)	□ 時々ある (1)	□ よくある (3)
3. 落ち着かない	□ ほとんどない (0)	□ 時々ある (1)	□ よくある (3)
4. ゆううつだ	□ ほとんどない (0)	□ 時々ある (1)	□ よくある (3)
5. よく眠れない	□ ほとんどない (0)	□ 時々ある (1)	□ よくある (3)
6. 体の調子が悪い	□ ほとんどない (0)	□ 時々ある (1)	□ よくある (3)
7. 物事に集中できない	□ ほとんどない (0)	□ 時々ある (1)	□ よくある (3)
8. することに間違いが多い	□ ほとんどない (0)	□ 時々ある (1)	□ よくある (3)
9. 仕事中，強い眠気に襲われる	□ ほとんどない (0)	□ 時々ある (1)	□ よくある (3)
10. やる気が出ない	□ ほとんどない (0)	□ 時々ある (1)	□ よくある (3)
11. へとへとだ（運動後を除く）（★1）	□ ほとんどない (0)	□ 時々ある (1)	□ よくある (3)
12. 朝，起きた時，ぐったりした疲れを感じる	□ ほとんどない (0)	□ 時々ある (1)	□ よくある (3)
13. 以前とくらべて，疲れやすい	□ ほとんどない (0)	□ 時々ある (1)	□ よくある (3)
14. 食欲がないと感じる	□ ほとんどない (0)	□ 時々ある (1)	□ よくある (3)

★1：へとへと：非常に疲れて身体に力がなくなったさま

＜自覚症状の評価＞　各々の答えの（　）内の数字を全て加算してください。　合計 ［　　　］点

I	0～2点	II	3～7点	III	8～14点	IV	15点以上

2. 最近1か月間の勤務の状況
各質問に対し，最も当てはまる項目の□に✓を付けてください。

1. 1か月の労働時間（時間外・休日労働時間を含む）	□ 適当 (0)	□ 多い (1)	□ 非常に多い (3)
2. 不規則な勤務（予定の変更，突然の仕事）	□ 少ない (0)	□ 多い (1)	——
3. 出張に伴う負担（頻度・拘束時間・時差など）	□ ない又は小さい (0)	□ 大きい (1)	——
4. 深夜勤務に伴う負担（★2）	□ ない又は小さい (0)	□ 大きい (1)	□ 非常に大きい (3)
5. 休憩・仮眠の時間数及び施設	□ 適切である (0)	□ 不適切である (1)	——
6. 仕事についての身体的負担（★3）	□ 小さい (0)	□ 大きい (1)	□ 非常に大きい (3)
7. 仕事についての精神的負担	□ 小さい (0)	□ 大きい (1)	□ 非常に大きい (3)
8. 職場・顧客等の人間関係による負担	□ 小さい (0)	□ 大きい (1)	□ 非常に大きい (3)
9. 時間内に処理しきれない仕事	□ 少ない (0)	□ 多い (1)	□ 非常に多い (3)
10. 自分のペースでできない仕事	□ 少ない (0)	□ 多い (1)	□ 非常に多い (3)
11. 勤務時間外でも仕事のことが気になって仕方ない	□ ほとんどない (0)	□ 時々ある (1)	□ よくある (3)
12. 勤務日の睡眠時間	□ 十分 (0)	□ やや足りない (1)	□ 足りない (3)
13. 終業時刻から次の始業時刻の間にある休息時間（★4）	□ 十分 (0)	□ やや足りない (1)	□ 足りない (3)

★2：深夜勤務の頻度や時間数などから総合的に判断してください。深夜勤務は，深夜時間帯（午後10時－午前5時）の一部又は全部を含む勤務をいいます。

★3：肉体的作業や寒冷・暑熱作業などの身体的な面での負担をいいます。

★4：これを勤務間インターバルといいます。

<勤務の状況の評価>　各々の答えの（　）内の数字を全て加算してください。　　合計 [　　　] 点

A	0点	B	1～5点	C	6～11点	D	12点以上

3. 総合判定

次の表を用い，自覚症状，勤務の状況の評価から，あなたの疲労蓄積度の点数（0～7）を求めてください。

【疲労蓄積度点数表】

		勤　　務　　の　　状　　況			
		A	B	C	D
自覚症状	I	0	0	2	4
	II	0	1	3	5
	III	0	2	4	6
	IV	1	3	5	7

※糖尿病や高血圧症等の疾患がある方の場合は判定が正しく行われない可能性があります。

⇒　あなたの疲労蓄積度の点数は：　[　　　] 点（0～7）

	点　数	疲労蓄積度
判定	0～1	低いと考えられる
	2～3	やや高いと考えられる
	4～5	高いと考えられる
	6～7	非常に高いと考えられる

4. 疲労蓄積予防のための対策

あなたの疲労蓄積度はいかがでしたか？本チェックリストでは，健康障害防止の視点から，これまでの医学研究の結果などに基づいて，疲労蓄積度が判定できます。疲労蓄積度の点数が2～7の人は，疲労が蓄積されている可能性があり，チェックリストの2に掲載されている勤務の状況の項目（点数が1又は3である項目）の改善が必要です。個人の裁量で改善可能な項目については，自分でそれらの項目の改善を行ってください。**個人の裁量で改善不可能な項目については，勤務の状況を改善するよう上司や産業医等に相談してください。**なお，仕事以外のライフスタイルに原因があって自覚症状が多い場合も見受けられますので，睡眠や休養などを見直すことも大切なことです。疲労を蓄積させないためには，負担を減らし，一方で睡眠・休養をしっかり取る必要があります。労働時間の短縮は，仕事による負担を減らすと同時に，睡眠・休養を取りやすくするので，効果的な疲労蓄積の予防法のひとつと考えられています。あなたの時間外・休日労働時間が月45時間を超えていれば，是非，労働時間の短縮を検討してください。

暇には仕事のことを忘れてリフレッシュすることも疲労回復につながるものであり，新たな意欲を増進させる上でも望ましい。

5 睡 眠

(1) 睡 眠

　睡眠は，疲労を回復させる重要な因子の中の一つである。松果体から分泌されるメラトニンは，夜間に分泌が上昇するホルモンで睡眠と覚醒のリズムに関与している。人間の1日は24時間で構成されているが，生活のリズムを併せ考えたとき，約8時間の労働の後に，8時間の睡眠をとるのは，その人の心身の健康維持にとって極めて合理的といえるだろう。睡眠中には，副交感神経の働きが活発になり，それに伴い心拍数が減少し，体温の低下がみられる。

　睡眠が不足すると，人間の感覚機能や集中力は低下するので，周囲の刺激に対する反応も鈍り，作業能率が落ち，災害の発生しやすい条件がそろうことになる。

　一般に，最適な睡眠は夜10時頃から翌朝の6〜7時頃とされているが，遅くとも午前0時前には就寝し，少なくとも6〜7時間の睡眠時間を確保したいものである。

　睡眠状態は，急速眼球運動を伴うレム睡眠とそれを伴わないノンレム睡眠に分けることができる。入眠の直後から前半にはノンレム睡眠が生じ，これが不十分な時には，日中に覚醒度が落ちて眠気を催しやすい。厚生労働省が現在検討中の「健康づくりのための睡眠ガイド2023」（令和5年度内に公表予定）を参考に，夜更かしを避け日中は適度に身体を動かすことで睡眠と覚醒のメリハリをつけて，体内時計のリズムを保つことが大切である。寝つけない，熟睡感がない，早朝に目が覚める，疲れていても眠れないといった不眠症状はメンタルヘルス不調から生じることがある。また，睡眠中の激しいいびきや日中に異常な眠気がある場合には専門医に相談する必要がある。

　一方，食事と睡眠は深く関係している。つまり，就寝直前の過食は肥満と不眠を招き，また，極度の空腹も不眠の原因となるので，非常に軽い食事をとるのも良い睡眠を得るための一つの方法といえるだろう。

(2) サーカディアンリズム

　サーカディアン（概日）リズムとは，約1日のリズムという意味である。人間は，約1日のリズムで身体のホメオスタシスを維持している。通常は，太陽が昇ると身体が活動しはじめ太陽が沈む夜になると休息するという昼行性の活動リズムであるが，

429

時計も光の変化もない環境下であっても，多くの人間は24〜25時間の周期で活動することが分かっている。体内時計の周期を外界時間の周期に適切に同調させることができないために生じる睡眠障害を概日リズム睡眠障害という。

　交替制勤務や深夜勤務において，夜間に働いて昼間に眠るという行動は，サーカディアンリズムに反することから，身体の機能を乱すことになる。例えば，体温は，昼間に上昇して夜間に低下するというリズムを繰り返すが，夜間に活動すると体温の上下が不明瞭となり，1日の中で平坦化してしまう。ただし，このような機能の乱れには個人差が大きいので，交替制勤務や深夜勤務に慣れてしまう人がいる一方で，なかなか慣れることができずに夜間の労働中に眠気や疲労感を感じ続ける人もいる。

　一般に，夜間に働いた後の昼間に睡眠する際には，就寝から入眠までの時間が長くなり，睡眠時間が短縮し，睡眠の質も低下する。加えて，昼間は，音や明るさなど外因性リズムによる妨害も多く，夜間と同じ睡眠環境を整えられないことも，睡眠の量と質を下げる要因の一つになる。

　日中なるべく良質の睡眠時間を確保するため，特に夏期の猛暑の時期に健康的な睡眠を得るのは困難であるが，部屋を暗くする，静かな音楽を流す，頭部を冷やすなどの工夫は効果があるようである。また，なかなか寝つけない場合には，体を横たえて安静を保つのみでも疲労はある程度回復するという事実を念頭に入れ，あまり無理をしないように心掛けたい。

索　引

衛生管理（上）≪第1種用≫

平成22年3月10日	第1版第1刷発行
平成23年3月18日	第2版第1刷発行
平成24年2月29日	第3版第1刷発行
平成25年2月20日	第4版第1刷発行
平成26年2月26日	第5版第1刷発行
平成27年2月20日	第6版第1刷発行
平成28年2月15日	第7版第1刷発行
平成29年2月15日	第8版第1刷発行
平成30年2月15日	第9版第1刷発行
平成31年2月15日	第10版第1刷発行
令和2年2月21日	第11版第1刷発行
令和4年3月10日	第12版第1刷発行
令和5年2月28日	第13版第1刷発行
令和6年2月29日	第14版第1刷発行
令和6年8月23日	第2刷発行

編　　　者　　中央労働災害防止協会
発　行　者　　平山　剛
発　行　所　　中央労働災害防止協会
　　　　　　　〒108-0023
　　　　　　　東京都港区芝浦3丁目17番12号
　　　　　　　吾妻ビル9階
　　　　　　　電話　販売　03(3452)6401
　　　　　　　　　　編集　03(3452)6209
印刷・製本　　新日本印刷株式会社
表紙デザイン　ア・ロゥデザイン

落丁・乱丁本はお取り替えいたします　　©JISHA 2024
ISBN978-4-8059-2125-8　C3060
中災防ホームページ　https://www.jisha.or.jp/

MEMO

MEMO

MEMO

MEMO